HANGIL
GREAT BOOKS
157

조르조 바사리

르네상스
미술가 평전

이근배 옮김

3

고종희 해설

한길사

Giorgio Vasari
Lives of the Most Eminent Painters, Sculptors and Architects 3

Translated by Lee Keun Bai

Vasari, Giorgio, 1511-74
Le Vite de' più Eccellenti Pittori, Scultori ed Architettori, 2nd ed., 6vols., Giunti, Firenze, 1568
Lives of the Most Eminent Painters, Sculptors, and Architects /
Giorgio Vasari; translated by Gaston Du C. de Vere.
Originally published by McMillan Co. & The Medici Society, London, 1912-1915.
Korean Translation Copyright © 2018 Hangilsa Publishing Co., Ltd.

HANGIL GREAT BOOKS · 157

조르조 바사리

르네상스
미술가 평전

이근배 옮김

3

고종희 해설

한길사

LE VITE

DE PIV ECCEL-
LENTI ARCHITET-
TI, PITTORI, ET SCVL-
TORI ITALIANI, DA CIMABVE

INSINO A' TEMPI NOSTRI: DESCRIT-
te in lingua Toſcana, da GIORGIO VASARI
Pittore Aretino. Con vna ſua vtile
& neceſſaria introduzzione
a le arti loro.

IN FIRENZE
M D L.

르네상스 미술가 평전
3

차례

제3부

르네상스 미술가 평전 1

제1부

제2부

르네상스 미술가 평전 2

일러두기

1. 외래어 표기는 국립국어원의 규정을 원칙으로 했다.

2. 이탈리아어의 표기는 원음주의를 원칙으로 하되 k, t, p는 ㄲ, ㄸ, ㅃ으로 소리나지만 ㅋ, ㅌ, ㅍ으로 표기했다.

3. 고유명사(인명, 지명, 교회명, 작품명 등)는 원칙적으로 해당 나라의 언어(이 책에서는 대부분 이탈리아어)로 표기했다. 모음으로 시작되는 교회명이나 인명은 본래의 알파벳을 떠올리게 표기했다. 예를 들면 S. Agostino 성당은 '산 아고스티노' 성당으로, 성녀(聖女) Sant' Anna는 '성녀 안나'로 표기했다. 그러나 잘 알려진 성당, 지명, 인명은 '한국가톨릭용어위원회'의 기준에 따랐다. 예를 들면 '산 피에트로' 대성당은 '성 베드로' 대성당, 사도 '파올로'(Paolo)는 사도 '바오로'로 표기했다. 고대와 중세기의 인명, 특히 교황 이름은 라틴어 표기를 따랐다.

4. 신화에 나오는 인물명은 원서 그대로 따랐다. 예를 들어 같은 인물이 그리스신화에서는 제우스(Zeus)이고 로마신화에서는 주피터(Jupiter)이지만 구태여 통일하지 않았다.

5. 영역본에는 주(註)가 없으나 독자의 이해를 돕기 위해 옮긴이가 각주를 넣었다.

6. 덧붙이는 글은 미술가에 대한 바사리의 연구가 미흡한 곳이나 틀린 곳을 후세 미술사가들이 바로잡은 내용을 정리해 옮긴이가 각 장 끝에 넣었다.

7. 각 장의 [해설]은 고종희가 넣은 것이다.

8. 그림의 크기는 세로×가로순으로 표기했다.

르네상스 미술가 평전
제3부

서설

이미 이 책 제2부에서 서술한 거장들은 건축, 그림, 조각예술에서 제
1부에서 이야기한 예술가들의 업적보다 기준基準, 규칙規則, 비례比例,
소묘素描, 기법技法 등에서 많은 발전을 보였다.* 그것들이 모두 완벽하

---

* 바사리는 예술의 재생이라는 단계를 관찰하면서 3종 예술의 기초적 원
리를 제시했다. 이 개념은 원래 건축에서만 논했는데 바사리가 회화에
도입함으로써 비난도 적지 않게 받았다. 르네상스의 2대 명제가 '고대로
복귀'와 '자연에 충실'임은 기베르티(Ghiberti)와 알베르티(Alberti)의
일관된 주장이다. 조형예술의 각 분야를 바사리가 '디세뇨를 아버지로
하여 태어난 딸들'이라고 처음으로 언급한 것을 파노브스키(Panowski)
는 높이 평가했다(*Renaissance & Renaissances*, 1946). 제2부 서론에 언급
한 바와 같이 바사리는 1550년 발행된 초판에서 예술재생의 발전을 세
단계로 나누었는데 그중 다 빈치(da Vinci)에서 시작하여 바사리 자신을
포함해 미켈란젤로(Michelangelo)를 정점으로 하는 16세기 친퀘첸토를
발전의 최고 단계로 생각했다.

16세기 미술을 저술하면서 바사리는 다음과 같은 문서를 인용했다.
즉 니콜로 마키아벨리(N. Machiavelli), 프란체스코 귀차르디니(F.
Guicciardini), 피에트로 벰보(P. Bembo), 베네데토 바르키(B. Varchi),
빈첸초 보르기니(V. Borghini), 파올로 조비오(P. Giovio), 마르첼로 아
드리아니(M. Adriani), 피에로 세니(P. Segni) 등이 저술한 역사서; 빈첸
초 포파(Vincenzo Foppa), 부티노네(Butinone), 체날레(Zenale), 로렌초
로토(L. Lotto), 야코포 다 폰토르모(J. da Pontormo), 바르톨로메오 반
디넬리(B. Bandinelli), 벨루치(Bellucci), 일 트리볼로(I. Tribolo), 프란체

다고는 할 수 없으나 사실에 매우 가까워졌다. 그 결과 우리가 이제부터 이야기하려는 제3부의 거장들은 선배들이 남긴 후광과 업적으로 더욱 가치 있고 훌륭한 작품을 제작함으로써 완벽이라는 정상에 다다르게 되었다. 그러나 이 거장들이 이룩한 진보의 본질이 어떤 것인지를 밝히기 위해, 위에 열거한 다섯 가지 핵심의 의미를 간단히 설명하고, 나아가 고대의 유품들을 능가하여 오늘날 이토록 영광스럽게 만든 우수한 제작들의 근원이 어디서 나왔는지를 생각해보려 한다.

건축에서 '기준'regola이란 고대古代* 건물의 평면도를 잘 연구하여 측량법을 체득하고 현대건축에 응용하는 것이다. '규칙'ordine이란 어떤

스코 다 산 갈로(Francesco da San Gallo), 미켈란젤로(B. Michelangelo) 등 여러 예술가의 비망록과 연구서들; 아스카뇨 콘디비(A. Condivi)의 『미켈란젤로의 생애』(*Vita di Michelagnolo Buonarotti*); 벤베누토 첼리니(B. Cellini)의 『자서전』(*La Vita Scritta per lui medesimó*); 프란체스코 데 올란다(Francesco de Hollanda)의 『고대 화법에 대한 논고』(*Trattato de Pintura Antigua*); 람프소니우스(Lampsonius)의 『롬바르도의 생애』(*Vita di Lombardo Lamberti*); 비온도(Biondo), 도니(Doni), 돌체(L. Dolce) 등이 저술한 베네치아 회화에 대한 연구서; 프란체스코 알베르티니(Francesco Albertini)의 『로마와 피렌체의 일곱 가지 불가사의』(*Septem mirabilia orbis et urbis Romae et Florentinae*, 1510); 레안드로 알베르티(Leandro Alberti)의 『이탈리아 전서』(*Descrizione di tutta Italia*, 1550); 우골리노 베리노(Ugolino Verino)의 『피렌체의 재조명』(*De Ilustratione urbis Florentina*); 마르칸토니오 미켈(Marcantonio Michiel)의 『소묘 작품 일람』(*Notizie d'opere di disegno*, 1516); 데 팔코(De Falco)의 『고대 나폴리 박물지』(*Descrittione dei luoghi antichi di Napoli*, 1535); 마를리아니(B. Marliani)의 『로마 지형학』(*Topographia Urbis Romae*, 1544); 산소비노(Sansovino)의 『베네치아의 명물만상 일람』(*Dialogo di tutte le cose notabile che sono in Venezia*, 1556); 피에트로 라모(Pietro Lamo)의 『볼로냐의 적쇠』(*Graticola di Bologna*, 1560); 기타 동시대 인사들의 서한집 등이다.

* 바사리가 말하는 고대(古代)는 고전고대를 말한다. 현대라는 말에는 두 가지 뜻이 있다. 즉, 넓게는 중세와 대립시켜 부흥된 르네상스를 말하며, 좁게는 다 빈치에서 시작되는 제3기를 말한다.

종류를 다른 종류와 잘 구별함으로써 각 개체가 자기 나름대로 특징을 지니는 것으로, 도리아식dorico · 이오니아식ionico · 코린트식corintio · 토스카나toscano 방식이 서로 뒤범벅되지 않도록 하는 것이다. 조각scultura에서 '비례'misura는 건축architettura에서와 마찬가지로 똑바로 선 몸을 만들고 사지를 제자리에 붙이는 것이다. 그림pittura에서도 마찬가지다. '소묘'disegno*는 모든 조상을 자연 속에 있는 것 가운데 가장 아름다운 사물로 재현하는 것으로 이는 회화나 조각에서도 마찬가지다. 그러려면 눈에 보이는 모든 사물을 데생으로 패널에, 돋을새김에, 조각에 정확하고 섬세하게 재현할 수 있는 솜씨와 재능을 갖추고 있어야 한다. 끝으로 '기법'maniera인데, 이것은 가장 아름다운 사물을 항상 사생하는 데에서 진보되고 향상된다. 아름다운 손, 머리, 몸, 다리를 서로 알맞게 붙여 완전한 조상을 만들어내며 이것을 모든 작품과 조상에 응용해 가장 훌륭한 형상figure을 구성하는 것이다. 즉 이를 '우미優美의 기법'bella maniera이라 한다.

　지금까지 이야기한 사항들은 조토Giotto를 비롯하여 제1부에서 거론한 예술가들 누구도 능히 해내지 못했으나 그들은 이런 곤란한 문제의 원리를 발견했고 피상적으로 다루어보기도 했다. 예를 들면, 데생으로 말하면 이전에는 볼 수 없을 만큼 정확해졌고 자연에 가까워졌으며 색

---

* 바사리는 자신의 저술 도처에서 디세뇨는 '3종 예술의 아버지'며, '마음 속에 깃들어 있는 미와 자연에 대한 관념의 직접적 움직임'이라고 했다. 이 디세뇨는 자연의 모방에서 얻는 것인데, 자연을 예술의 어머니라고 보면 디세뇨는 예술의 아버지라고 강조하면서 자연을 연주하는 수단으로 사용되는 디세뇨는 우리말로 '데생'이나 '소묘'라고 번역해도 무방하지만, 자연과 더불어 이것에 대항하면서 예술의 근본을 담당하는 이념으로서 디세뇨는 단순히 데생의 의미를 넘어 '조형' 또는 '내적 의장'(內的意匠)의 의미도 함포하고 있다. 바사리뿐만 아니라 콰트로첸토(16세기)의 예술가들은 디세뇨를 단순한 자연의 사생으로가 아니라 예술적 상상력의 고장으로 여겼다고 파노브스키는 강조한다.

채의 조화나 장면 속 인물들의 구성도 마찬가지다.

제2부에서 언급한 예술가들도 조각, 회화, 건축 세 부분에서 괄목할 만한 진보를 보였지만 완전한 단계에 도달했다고는 말할 수 없다. 거기에는 규칙 속의 자유가 결여되어 있었다. 이 자유는 규칙 안에서도 질서가 잡혀서 방식을 파괴하거나 문란하게 하지는 않는다. 거기에는 풍부한 상상력과 구석구석까지 손길이 가는 미美가 필요하다. 또 그들에게는 비례에 대한 올바른 판단력이 없었다. 판단력이 있었다면 조상을 재지 않고도 선택된 크기에서 예측한 것보다 뛰어나게 우아한 작품을 만들었을 것이다.

그들은 소묘에서도 정상頂上에 도달하지 못했다. 팔은 토실토실 살지게, 다리는 곧게 그릴 수 있었으나 근육을 묘사하는 데는 서툴렀으며, 우아하고 유연한 자세에서 살아 있는 듯이 느끼게 하는 표현이 미흡했다. 즉, 인물의 체격은 거칠고 지저분했으며, 눈매는 어색하고 자세는 굳어 있었다. 그뿐인가, 몸을 늘씬하고 우아하게 표현해야 할 경쾌한 필치筆致를 갖추지 못했다. 특히 여자와 어린이의 경우에 그러한데, 물론 남자의 조상같이 충실히 그리면서도 투박하지 않고 자연스럽고 세련되며 판단력이 좋아야 한다. 그런데도 아름다운 의상의 묘사, 갖가지 기묘한 구상체의 다양한 배치, 색채의 우아한 매력, 건축물의 종합적인 배치, 풍경의 원근법 처리 방식 등에서 결함이 많았다.

안드레아 베로키오Andrea Verrocchio, 안토니오 델 폴라이우올로Antonio del Pollaiuolo와 그밖의 현대 화가들이 인체 연구에 정진한 결과 인체 드로잉은 점점 자연에 가까워지기는 했으나 아직 기초가 튼튼하지 못했다. 베로키오가 피렌체의 메디치 궁전에 있는 마르시아스Marsyas의 조상을 보고 자기가 만든 대리석상의 팔다리를 다시 만들었다는 예와 같이, 그들은 고대 작품을 표본으로 삼았다. 그러나 그 시대 예술가들은 팔, 다리, 머리카락, 수염 등을 완전무결하게 제작하지는 못했으며, 고대의 조상같이 사지四肢의 비례가 훌륭한 조상을 만들지 못했다.

만일 그들이 예술의 완성이며 정화라 할 사지를 손질할 만한 능력을 지녔다면 그들 작품에서는 단호한 대담성을 볼 수 있었겠으며, 또 돈을 새김과 회화에서 예술의 최고라고 할 교묘함과 세련됨과 우아함이 나타났을 것이다. 그러나 도저히 이런 경지에는 도달할 수 없었다. 열심히 연구했는데도 그들이 부족했던 마무리 작업을 쉽게 극복할 수 없었다. 그런데 이와 같은 연구는 이제까지의 무미건조한 양식이 마무리되어서야 시작되었다.

후세 사람들은 플리니우스Plinius가 이야기한 고대의 명작들, 즉 라오콘Laocoön, 헤르쿨레스Hercules, 벨베데레Belvedere궁의 큰 토르소torso, 베누스Venus, 클레오파트라Cleopatra, 기타 땅에서 파낸 많은 조각을 관찰하며 그들 선배들의 작품에서 부족했던 것을 발견하게 되었다. 그들은 이들 아름답고 생생한 표본에서 자세의 부드러움과 경직됨 그리고 전신을 뒤틀지 않고 일부만 움직임으로써 가장 우아한 행동을 나타내는 것을 볼 수 있었다. 그리하여 선배들의 건조하고 미숙한 양식을 개선하는 계기가 되었다.

즉, 피에로 델라 프란체스카Piero della Francesca, 라차로 바사리Lazzaro Vasari, 알레소 발도비네티Alesso Baldovinetti, 안드레아 델 카스타뇨Andrea del Castagno, 페셀로Pesello, 에르콜레 페라레세Ercole Ferrarese, 조반니 벨리니Giovanni Bellini, 코시모 로셀리Cosimo Rosselli, 라바테 디 산 클레멘테 l'Abate di San Clemente, 도메니코 기를란다요Domenico Ghirlandaio, 산드로 보티첼리Sandro Botticelli, 안드레아 만테냐Andrea Mantegna, 필리포 리피 일명 필리피노Filippo Lippi, called Filippino, 루카 시뇨렐리Luca Signorelli 등이 열심히 연구한 결과라고 하겠다.

그들은 형언할 수 없는 고심 끝에 불가능한 것을 가능하도록 만드는 데 정열을 기울였다. 특히 단축법短縮法과 보기에 불쾌한 사물의 원근법遠近法에 따른 모사법에서 그랬다. 그들의 작품은 무난하게 잘 그려졌으나 활력이 없었고, 볼로냐 화가 프란치아Francia와 피에트로 페루지노Pietro Perugino가 처음으로 보여준 것 같은 색조의 부드러운 조화를 볼 수 없었다. 이들이 그린 참신하고 생동하는 아름다운 그림을 보려고 관람자들이 몰려와 열광했다. 당시 사람들은 그 이상 훌륭한 그림은 그릴 수 없을 것이라고 생각했다.

그러나 레오나르도 다 빈치Leonardo da Vinci의 작품이 그 사람들의 생각이 잘못되었다고 일깨워주었다. 다 빈치는 우리가 현대 양식이라고 부르는 제3의 양식을 창시했다. 제도자로서 건전하고 위대한 그는 자연의 모든 미세한 부분을 교묘하고 정확하게 재현했다. 기준에 대한 깊은 이해, 방식에 대한 넓은 지식, 정확한 비례, 완전한 데생 그리고 신기神技에 가까운 우아함, 넓은 시야와 기교, 풍부한 창의력으로 자신이 그린 인물을 마치 살아 움직이고 숨 쉬고 있는 것처럼 만들었다.

그보다 얼마 후에 조르조네 다 카스텔프랑코Giorgione da Castelfranco 역시 자기 그림에 색조를 점차 어울리게 하여 어둠을 표현하는 방법에 능숙했으며, 인물에 놀랄 만큼 활력을 표현해냈다. 산 마르코의 프라 바르톨로메오Fra Bartolommeo도 다 빈치 못지않게 힘과 입체감, 감미로움, 우아함을 자기 그림에 표현하는 화가였다.

어느 누구보다도 가장 우아한 우르비노Urbino의 라파엘로Raffaello는 고금의 거장들의 작품을 샅샅이 연구하는 한편, 그들에게서 장점만을 취해 고대의 아펠레스Apelles와 제욱시스Zeuxis가 그랬던 것처럼 조상이 갖춘 완벽함을 회화 기술에 불어넣었다.

만일 이런 말을 하는 것이 허락된다면, 라파엘로 작품의 완벽함은 고대의 이들 거장 작품보다 뛰어나다고 하겠다. 특히 라파엘로의 색채는 자연이 보여주는 색채보다도 아름답다. 그의 상상력은 자연스럽고 독창적이므로 그의 그림을 보고 있으면 마치 문자로 쓰인 역사책을 읽는 것 같다. 그림에서는 장소와 건물이 우리 앞에 나타나며, 우리나라 사람이나 외국 사람의 의복과 풍채도 그는 원하는 대로 그린다. 남녀노소의 얼굴도 성격에 따라 점잖게 혹은 담력 있게 마음대로 완벽하게 표현한다. 어린애는 장난꾸러기 같은 눈매에 금방 날뛰려는 자세이며, 의상은 너무 간단하지도 않고 그렇다고 복잡하지도 않으면서 실물처럼 보인다.

안드레아 델 사르토Andrea del Sarto도 이 양식을 따른 화가이지만 색채는 더욱 감미롭고, 역동성은 조금 미흡하지만 드물게 보는 화가였다. 그의 그림에서는 거의 결점을 찾아낼 수 없다. 또 안토니오 다 코레조Antonio da Correggio의 작품도 우아한 생명감에 넘치는 특징을 무엇이라고 표현하기가 힘들다. 그는 종래에는 머리카락을 윤기 없고 딱딱하게 그렸는데, 그 후 어떻게 새로운 방법을 터득했는지는 모르지만 부드럽고 마치 새털 같은 느낌을 주는 머리카락을 힘들이지 않고 그리게 되었다. 그래서 보는 사람을 경쾌하고 기분 좋게 했으며, 마치 금으로 만든 것 같아 진짜 머리카락보다도 아름다워 보인다.

파르마Parma 출신 프란체스코 마촐라 파르미자니노Francesco Mazzola Parmigianino도 그 기법은 비슷했지만 여러 점에서, 즉 우아함과 장식의 아름다움과 양식에서 스승을 앞질렀다. 그의 인물화는 그를 가장 만족시키는 화필畵筆에 따라서 웃는 얼굴에, 말하는 것 같은 눈매에, 박동이 들리는 듯하다. 폴리도로Polidoro와 마투리노Maturino가 함께 그린 프레스코를 자세히 보면 그들은 인물들의 자세를 극치의 화필로 불가사의하게 표현해냈으며, 쉬운 말 대신 붓을 사용해 옛 로마 사람의 사적을 보여주는 걸출한 솜씨에 감탄하지 않을 수 없다.

지금은 벌써 고인이 된 사람들 가운데 색채로 화폭의 인물에 넋을 불어넣은 이가 얼마나 많았던가! 일 롯소Il Rosso, 프라 세바스티아노Fra Sebastiano, 줄리오 로마노Giulio Romano, 페리노 델 바가Perino del Vaga 등이 그들이다. 지금 살아 있는 이들 중에는 이름난 사람이 많지만 이 자리에서는 언급하지 않겠다. 그런데 오늘날에는 드로잉, 상상력, 부채법賦彩法을 완전하게 체득한 현대의 화가들이 — 과거의 우리 스승이 그림 한 장을 그리는 데 6년이 필요했다면 — 그림 6장을 1년에 그릴 수 있으리만큼 기술이 완벽해졌다. 나 자신의 경험과 내가 관찰한 바에 따르면 틀림없다고 확신한다. 그리고 그들은 과거 거장들의 작품보다 완벽한 것들을 제작하고 있다.

그러나 이들 죽은 사람들과 산 사람들 중에서 승리의 종려잎을 들고 모든 예술가 위에 군림하는 사람은 바로 신神과 같은il Divino 미켈란젤로 부오나로티Michelangelo Buonarroti다. 그는 3종 예술 가운데 어느 하나에서가 아니고 모든 것에서 윗자리를 차지한다. 이 사람은 자연을 정복한 모든 현대의 거장들뿐만 아니라 의심할 나위 없이 자연을 능가한 고대의 거장들까지도 뛰어넘었다.

그는 하늘이 준 천재성과 근면함, 디세뇨, 기술력, 판단력 그리고 우아함을 간직한 힘을 바탕으로 정복에서 정복으로 전진했으며, 그 대상은 비단 회화에서뿐만 아니다. 회화에서는 모든 형태, 구부리거나 똑바로 서 있는 인체, 우리가 촉지觸知할 수 있는 것과 없는 것, 보이는 것과 안 보이는 것을 모두 표현했으며, 조각에서도 마찬가지였다. 그리하여 그는 낡은 유행에 젖어 있던 세상에 이토록 풍성하게 사방으로 나뭇가지를 뻗어 맛있는 열매를 드리우게 함으로써 이 고귀한 예술—조각, 회화, 건축—을 완벽한 극치로 이끌어갔다.

그가 제작한 조상은 어느 모로 보아도 고대의 그것보다 아름답다. 왜냐하면 그들이 제작한 조상의 손, 발, 두부, 팔을 서로 비교해보면 미켈란젤로의 것이 더욱 굳건한 기초 위에 서 있으며, 좀더 우아하고 완벽하기 때문이다. 또 그의 그림을 가장 유명한 그리스나 로마 화가의 그림과 비교해보면, 그의 조각이 고대의 그것보다 뛰어나듯이 그림도 광휘를 발한다.

그러나 이와 같은 높은 명성과 행운에 둘러싸여 걸작을 창조해낸 거장들을 칭송하는 것과는 별도로, 드물게 보는 재능을 지녔으면서도 비참한 궁핍 속에서 제대로 명성을 얻지 못한 채 예술의 고귀한 열매를 열리게 한 사람들을 우리는 어떻게 평가해야 할까? 만일 이들이 우리

시대에 제대로 보상을 받았다면 옛사람들이 이룩한 것보다도 훨씬 더 위대한 작품을 만들었을 것이라고 확신한다. 그들이 예술의 명예를 위하여 싸우는 것 이상으로 굶주림과 싸움에 직면하는 사실을 알고도 방관하는 것은 천재를 사멸시키는 행위다. 이는 어려운 처지에 있는 예술가들을 도와야 하는 사람들의 책임이 분명하며, 동시에 우리가 수치스럽게 느껴야 할 부분이기도 하다.

이것으로 전제는 충분하다고 본다. 제3의 양식을 써서 뛰어난 작품들을 창조해낸 여러 사람에 관해 자세하게 이야기해야 할 「전기」로 되돌아갈 때가 왔다. 그 첫째 사람은 레오나르도 다 빈치다. 그의 이야기부터 시작하자.

피렌체의 화가 겸 조각가

레오나르도 다 빈치
Leonardo da Vinci
1452~1519

LIONARDO DA VINCI PITT.
E SCVLTOR FIOR.

미켈란젤로, 라파엘로와 함께 르네상스 3대 거장으로 꼽힌다. 다 빈치는 이탈리아 르네상스가 최고의 전성기를 누리던 시대를 살았다. 그는 화가, 조각가, 건축가이자 미술이론가였다. 하지만 미술은 그가 관심을 가지고 평생을 바친 많은 영역 중 하나일 뿐이고, 그는 인간이 관심을 가질 수 있는 거의 모든 분야를 섭렵했다. 음악, 과학, 해부학, 천문학, 의학 등 인간이 할 수 있는 거의 모든 분야에 정통했으며, 인간의 삶을 향상하기 위하여 자연의 법칙을 이용한 많은 발명품을 개발했고 지형학, 산을 떠서 옮기는 법, 운하 공사, 악기 제조, 연주, 비행기 만들기, 자전거 만들기, 스쿠터다이빙 방법, 플라스틱 재료법, 기중기를 이용한 물체 옮기기, 폭탄 제조법 등 일일이 열거할 수 없을 정도다. 르네상스 만능인이란 다 빈치를 가리키는 대명사가 되었다.

그의 비망록에는 "태양은 움직이지 않는다"라는 글도 있다. 갈릴레오보다 1세기 전에 지동설을 예고한 것이다. 이 위대한 천재의 업적과 발명품은 스스로 관찰하고 실험하여 얻은 것들로 그는 스스로를 '문자를 모르는 사람'이라고 칭했다. 이는 문헌이나 추상적 사고에 의존하던 인문주의자들과 달리 과학적 바탕 위에 자신이 직접 실험하고 관찰한 것을 신뢰하겠다는 태도를 보여주는 것으로 여길 수 있다. 그는 자신의 관심사와 발명품을 드로잉으로 그려냈으며, 드로잉 한쪽 편에 원리와 기능 등을 글로 기록했는데 왼손으로 반대 방향으로 썼기 때문에 거울로 봐야 읽을 수 있다. "태양은 움직이지 않는다"와 같이 그가 생각하고 발견한 내용들이 알려지면 종교재판에 넘겨질 것도 있었기에 타인에게 알려지길 원치 않았던 것 같다.

오늘날 다 빈치 연구자들은 이들 드로잉을 바탕으로 그가 고안한 발명품이나 기구들을 실제 모형으로 제작했으며 많은 모형이 밀라노의 레오나르도 다 빈치 과학박물관National Museum of Science and Technology Leonardo da Vinci과 그의 고향에 있는 레오나르도 다 빈치 박물관에 소장되어 있다. 그는 생전에 이 같은 드로잉을 6,000장 이상 남겼다. 드로잉을 단순한 스케치가 아니라 작가의 내면사상이자 발상으로 보았으며, 이를 내적 드로잉disegno interno이라고 칭했다. 그의 드로잉은 예술가의 작업이 노동의 산물이 아니라 지적 산물이라는 토대를 마련했으며, 다 빈치 이후 예술가들은 노동자 계급에서 엘리트 계급으로 신분상승하여 귀족으로 대우받은 작가들도 많게 되었다. 그의 드로잉은 법전이라는 의미의 코텍스라 불리며 전 세계 유명 미술관이나 박물관에서 소장하고 있다.

바사리는 다 빈치의 전기 도입부에서 이 천재의 핵심을 꿰뚫고 있다.

"하늘은 사람들에게 위대한 선물을 주시는데, 어떤 때에는 아름다움과 우아함과 재능을 단 한 사람에게만 엄청나게 내리실 때가 있다. 그러면 이 사람은 그가 하고자 하는 일은 무엇이든 마치 신과 같이 행하여 모든 사람보다 우월하다. 인간의 기술로 이루어졌다기보다는 마치 신의 도움을 받은 것이라고 생각하게 한다."

천재란 타고나지만 다른 한편으로는 초인간적인 노력을 지속할 수 있는 사람이기도 하다. 다 빈치 역시 「최후의 만찬」을 그리기 위하여 시체를 해부하고 두개골을 연구했으며, 인간의 관상과 심리학까지 연구한 것을 보면 천재는 결국 피나는 노력을 한 사람에게 주어지는 찬사의 다른 표현임이 분명하다.

레오나르도 다 빈치는 빈치 출신의 레오나르도라는 뜻으로 1452년 토스카나의 빈치라는 마을에서 공증인이었던 피에르 세르의 서자로 태어났다. 1469년 피렌체의 대표적 조각가 안드레아 델 베로키오의 공방에서 해부학, 원근법, 드로잉을 비롯한 미술의 기초를 배웠다. 1472년 화가들의 길드인 성 루카 아르테Arte di san Luca에 등록했으며 이 시기에 스승 안드레아 베로키오를 도와 첫 회화 작품 「그리스도의 세례」 중 왼편의 천사와 그 위의 풍경 부분을 그렸다. 이 첫 작품부터 자연의 현상을 관찰한 것을 묘사했는가 하면, 그의 트레이드마크라 할 수 있는 스푸마토 기법을 선보였다는 점에서 놀랍다. 스푸마토 기법은 윤곽선을 흐리게 함으로써 더 실제처럼 보이게 하는 것으로, 레오나르도의 대표작 「모나리자」의 신비로운 아름다움은 바로 스푸마토 기법의 결과다. 스푸마토 기법은 이후 라파엘로를 비롯한 전성기 르네상스 화가들에게 결정적인 영향을 주었으며 17세기 바로크 회화를 비롯하여 후대 회화에 지대한 영향을 미쳤다.

다 빈치가 활동하던 15세기 후반은 피렌체의 문화, 예술이 절정에 이른 시기였으나 정치적으로는 위기의 시기였다. 당시 피렌체 통치자는 '위대한 자 로렌초'Lorenzo il Magnifico로 그의 조부는 '피렌체의 국부'라는 칭호를 얻은 코시모 데 메디치이며 부친 피에로 데 메디치가 병약하여 일찍 세상을 뜨는 바람에 어린 나이에 권좌에 앉았다. 그가 통치하는 동안 피렌체는 유럽 최고 도시가 되었고 이탈리아의 여러 독립국가는 로렌초의 외교력 덕분에 평화를 누렸다. 시오노 나나미가 로렌초를 '이탈리아의 저울 추'라고 칭했을 정도로 그는 전쟁이 아니라 능숙한 외교를 통해 피렌체의 평화를 유지했다. 1492년 이 지도자가 사망한 후 메디치가는 피렌체에서 추방당했으며, 이탈리아의 여러 도시국가는 프랑스 군대와 에스파냐 군대의 침략을 받는 등 전쟁의 소용돌이에 휘말리게 된다.

외교의 달인이었던 로렌초 데 메디치는 외교를 위하여 예술품과 예술가들을 활용했다. 피렌체 예술가들을 다른 지방으로 파견하고 그 대가로 정치적 이익을 얻기도 했는데 1482년 메디치 가문이 밀라노의 로도비코 일 모로Ludovico il Moro에게 체트라라는 악기를 선물하기 위해 다 빈치를 보낸 것이 대표적 사례다. 지나치게 경쟁적이었던 피렌체 환경을 좋아하지 않은 다 빈치는 이후 밀라노에서 25년1482~1499, 1506~1513이라는 긴 세월을 살았고, 그중 18년을 밀라노의 공작궁에서 머물며 군주 로도비코 일 모로를 위해 봉사했다. 그의 대표작 「최후의 만찬」, 「동굴의 성모」를 비롯한 회화와 많은 발명품이 대부분 밀라노의 공작을 위해 봉사하던 시기에 제작되었다.

　오늘날 5세기 전 로도비코 일 모로를 우리가 기억하는 것도, 밀라노가 다 빈치의 흔적으로 가득한 도시가 된 것도 그가 이 도시에서 오랜 세월 살았기 때문이다. 1499년 프랑스군의 침략으로 군주 로도비코 일 모로가 밀라노에서 추방되자 다 빈치 역시 그곳을 떠나 만토바, 베네치아 등 이탈리아 북부 도시를 여행하다가 1501년 피렌체로 돌아왔다. 이후 다시 피렌체를 떠났다가 돌아와 1503년부터 1506년까지 머물렀으며 이 시기에 「성모자와 성녀 안나」, 「모나리자」 같은 걸작들을 제작했고, 피렌체의 시청인 베키오궁에서 미켈란젤로와 그 유명한 경합을 벌인다. 이때 다 빈치는 벽화를 위해 「앙기아리 전투」를, 미켈란젤로는 복도를 사이에 두고 「카시나 전투」를 그렸다. 1516년 프랑스 왕의 초청을 받아 프랑스로 떠났으며 1519년 그가 머물던 클루성에서 생을 마쳤다.

대자연의 흐름 속에서 하늘은 사람들에게 가끔 위대한 선물을 주시는데, 어떤 때에는 아름다움과 우아함과 재능을 단 한 사람에게만 엄청나게 내리실 때가 있다. 그러면 이 사람은 그가 하고자 하는 일은 무엇이든 마치 신神같이 행하여 모든 사람보다 우월하다. 인간의 기술로 이루었다기보다는 마치 신의 도움을 받은 것이라고 생각하게 한다. 화가 레오나르도 다 빈치가 바로 이런 사람이다. 그의 몸매의 아름답기란 아무리 칭찬해도 지나치지 않다. 그뿐인가! 그의 행동은 우아하고 깊이가 있으며, 훌륭하기 비할 데 없다. 그의 능력은 마음먹은 것은 모두 해결했다. 그의 정신은 고매高邁했으며 성격이 매우 너그러워서 그의 명성은 날로 높아갔다. 그는 살아서뿐만 아니라 죽은 후에도 세상 사람들에게 존경을 받았다.

실로 놀랄 만한 신과도 같은 레오나르도*는 세르 피에로 다 빈치Ser Piero da Vinci의 아들이다. 그의 성격이 좀 덜 변덕스럽고 침착했다면 학문이나 문예 방면에서도 큰 성과를 올렸을 것이다. 그는 여러 방면에 호기심을 가지고 공부를 시작했다가 얼마 안 가서 그만두곤 했다. 수학 공부를 시작한 지 몇 달 사이에 많은 지식을 얻었으나 선생에게 엉뚱한 의문과 질문을 던져서 선생을 당혹하게 만들었다. 한때는 음악 공부를 시작하여 수금Lira 연주에도 기품 높은 정신의 소유자로서 훌륭한 솜씨를 보여 마치 천사와 같이 재치 있게 노래하기도 했다.

그는 여러 가지 일에 손을 댔으나 그림 그리는 일과 조각에서는 손을 떼지 않았다. 자신이 품은 환상에 알맞았기 때문이었던 것 같다. 그것을 본 아버지 세르 피에로는 아들의 지혜가 뛰어남을 간파하고, 어

---

* 레오나르도 다 빈치전(傳)은 바사리의 이 『르네상스 미술가 평전』에서 아름다우면서도 알기 쉽게 쓴 주제 가운데 하나다. 즉, 그의 서술은 르네상스 시기 '만능의 천재'에 대한 가장 시적인 찬가라고 이를 만하다.

느 날 아들의 디세뇨를 가지고 친구 안드레아 델 베로키오Andrea del Verrocchio를 찾아가서 아들이 그림 공부를 계속하면 후일에 대성할 수 있을지 솔직히 말해달라고 했다. 안드레아는 레오나르도의 그림 솜씨에 깜짝 놀라 아들을 자기가 가르치겠다고 세르 피에로에게 약속했다. 그리하여 레오나르도는 아버지 충고에 따라 부푼 희망을 안고 안드레아의 공방工房으로 들어가기로 했다.*

레오나르도는 그림의 한 부문만 공부하지 않고 그림 그리는 데 관계되는 모든 부문을 연구했다. 그는 신과 같은 놀랄 만한 예지를 가지고 이미 훌륭한 기하학자가 되었으며, 어렸을 때 벌써 점토를 가지고 미소 짓는 여자의 머리를 만들어 석고로 조상을 제작했다. 어린이 두상頭像도 마치 대가와 같은 솜씨로 만들기도 했다. 그뿐만 아니라 건축에서도 많은 평면 설계도와 주택의 모형도를 그리기도 했다. 그는 젊은 사람으로는 처음으로 아르노Arno 강물을 돌려서 피사Pisa에서 피렌체까지 운하를 만들 계획도 세웠다. 그밖에도 물방아, 축융縮絨방아와 수력水力으로 움직이는 도구들을 설계했다.

그러나 그는 자신이 화가이기를 원했으므로 자연을 묘사하는 데 힘썼으며, 한편 점토로 사람의 조상을 만들고 거기에 부드러운 헝겊을 찰흙에 적셔서 덮었다. 그리고 결이 잔 레임스Rheims산 천 또는 가공한 리넨 위에 끈기 있게 초상화를 그렸다. 그는 흰색과 검은색 붓 끝으로 작품을 제작했는데, 기적에 가까운 훌륭한 작품을 그의 손으로 탄생시켰다. 내가 수집한 스케치북에는 그의 그림이 몇 장 있는데, 그가 그린 다른 그림을 보면 종이에 어찌 공을 들여 그리는지, 다른 사람은 도저히 이렇게 훌륭하게 마무리 지을 수 없을 듯하다. 나는 그가 명암법 chiaroscuro으로 그린 두부頭部 그림 한 폭을 가지고 있는데 신기神技라고 하겠다.

▮　* 1468년경이다.

신神은 그의 뇌 속에 더할 나위 없는 우아함과 지혜와 기억이 잘 조화된 훌륭한 표현력을 부어 넣었다. 그는 자신의 착상을 필력筆力으로 충분히 표현하는 방법을 알았다. 그의 조리 있는 이론은 어떠한 재치 있는 사람도 물리쳤다. 그는 매일같이 설계하고 모형을 만들어 간단히 산山을 떠 옮기는 방법, 산에 굴을 파고 이쪽 평지에서 저쪽 평지로 통하는 방법 등을 생각했다. 또 지레, 기중기起重機, 스크루 등을 사용하여 크고 무거운 물건을 들어 올리고 또 움직일 수 있음을 보여주었다. 항구의 물을 퍼내며, 낮은 곳의 물을 퍼 올리는 펌프 등 그의 머릿속은 항상 공상으로 가득 차 있었다. 이런 일을 하는 데 필요한 도구의 스케치들은 여기저기에서 보이며, 나도 몇몇을 보았다.

그는 많은 시간을 소비하여 새끼[繩] 매듭 모양을 그렸다. 새끼는 끝에서 온갖 부분을 지나 다른 끝까지 가면서 한 바퀴 돌게 된다. 아주 복잡하기는 하지만 오늘날 우리는 인쇄된 아름다운 이 매듭을 볼 수 있다. 이 그림 중앙에는 '*Leonardus Vinci Accademia*'라는 글자가 있다. 당시 피렌체를 통치하던 현명한 시민에게 레오나르도는 피렌체의 산 조반니S. Giovanni 세례당을 들어 올려 조금도 손상을 입히지 않고도 건물 밑에 계단을 달 수 있다는 설계를 제시한 일이 있다. 그의 설명을 들을 때는 그럴듯하게 느껴지지만 그가 자리를 뜬 후에 곰곰 생각하면 그런 계획은 불가능함을 이해하게 된다.

그는 대화하기를 즐겼으며 또 능숙했으므로 사람들을 매혹했다. 그는 가진 것이 별로 없었고 일도 열심히 하지 않았으나 항상 하인을 두었다. 말을 치고 다른 동물도 여러 종류 길렀는데 말을 가장 좋아했다. 그는 새를 파는 집 앞을 지날 때면 새를 새장에서 날려 보내 자유를 되찾게 한 뒤 새 값을 치르곤 했다. 그런 이유에서인지 자연은 그에게 호의를 베풀어 그의 작품 속에 신과 같은 힘을 지닌 사상과 예지와 정신을 불어넣게 하여 민활함·생기·정치精緻·우아함에서 누구도 그의 작품과 겨룰 수 없었다.

그림 321 레오나르도 다 빈치, 「강이 있는 풍경」, 1473,
종이에 잉크, 19×28.5cm, 우피치 미술관, 피렌체.

1422

레오나르도는 예술을 깊이 이해하고 여러 가지 일을 착수했지만 하나도 완성하지 못했다. 아마 그가 머릿속에 구상한 사물들을 완벽하게 수행하는 데 필요한 기량이 그의 수완으로는 미흡했던 것 같다. 관념 속에 포착하기 힘든 경탄할 만한 어려운 것이 떠오르지만 자신의 뛰어난 솜씨를 가지고도 도저히 그것을 표현할 수 없었을 것이다. 그는 또한 기질이 변덕스러웠고, 자연의 사물들을 철학적으로 사색하는 데 잠겨 초목의 특성을 탐구하느라 천체天體의 운행과 달의 궤도, 태양의 움직임 따위를 열심히 관찰했다.

앞서 이야기했지만 레오나르도가 어렸을 때, 아버지 피에로가 그를 안드레아 델 베로키오에게 보내서 미술 공부를 시켰다. 어느 날 베로키오는 성 요한이 그리스도에게 세례 주는 장면San Giovanni battezzava Cristo을 그렸는데,* 레오나르도에게 옷을 들고 있는 천사를 그리도록 했다. 레오나르도는 당시 소년에 지나지 않았으나 그가 그린 천사의 그림이 선생이 그린 인물상보다도 월등했다. 그 후 안드레아는 다시 화필畵筆을 잡지 않았다고 한다. 소년의 능력이 자신보다 뛰어난 데 화가 났기 때문이다.

레오나르도는 포르투갈 왕에게 기증할 들창 현수막의 밑그림을 주문받은 일이 있다. 아담과 이브가 지상낙원에서 추방당하는 장면인데** 플랑드르에서 금과 명주실로 짜게 될 것이었다. 레오나르도는 화필로 명암법을 써서 연백鉛白으로 밝게, 동물들이 배치된 끝없이 넓은 들판을 그렸는데, 과연 정성 들여 제작한 신품神品이라 하겠으며, 어떤 천재라도 이렇게는 도저히 그리지 못할 것이다.

거기에는 무화과나무가 있는데 단축법scorta으로 그린 잎과 여러 모

양의 가지가 제각기 아름다워서 어떻게 한 인간이 이처럼 애정을 품고 정성 들여 만들 수 있을까 싶어 놀라울 따름이다. 거기에는 또 종려나무가 한 그루 있는데, 잎이 방사형으로 둥근 모습이며, 그 놀라운 표현력은 레오나르도의 예지와 끈기 아니고는 누구도 이룩할 수 없을 것이다. 그러나 이 작품은 그 이상 진척되지 못했으며, 이 밑그림은 현재 호화스러운 오타비아노 데 메디치Ottaviano de' Medici의 축복받은 저택에 있는데, 레오나르도의 숙부가 헌정한 것이다.

이런 이야기가 전해진다. 세르 피에로 다 빈치가 별장에서 기거할 무렵, 소작인이 농장에서 쓰러뜨린 무화과나무로 직접 조그마한 원형 방패를 만들었다. 농부는 피에로에게 피렌체에 나가면 아무에게나 방패에 그림을 그려주도록 해달라고 부탁했다. 이 농부가 새도 잘 잡고 물고기도 잘 낚으며 매우 쓸모 있는 머슴이었으므로 피에로는 쾌히 승낙했다. 피에로는 방패를 피렌체에 가지고 가서 아들에게는 누가 부탁하더라는 말도 없이, 거기에 무엇이든 그리도록 했다. 어느 날 레오나르도가 방패를 손에 쥐고 보니 뒤틀어지고 아주 볼품이 없었다. 그는 방패를 불에 가열하여 바로잡은 후 수리공에게 보내서 표면에 석고 바탕을 칠하여 매끈하게 만들었다.

레오나르도는 무엇을 그릴까 생각하던 끝에 메두사Medusa*의 머리를 보고 깜짝 놀라 무서워하는 효과를 노리고 아무도 보지 못하도록 혼자 방에 들어앉아 도마뱀·귀뚜라미·뱀·나비·메뚜기·박쥐, 그밖에 기이한 동물이 뒤섞이게 그린 뒤 독을 뿜어내며 공기를 불꽃으로 변하게 하면서 거무스름한 바위틈에서 기어 나오는 장면을 그렸다. 벌린 목에서는 독을, 눈에서는 불을, 코에서는 연기를 뿜어내는 기괴하고도 무서

* 그리스신화에 나오는 괴물로 고르곤(Gorgon) 세 자매의 막냇동생이다. 메두사의 얼굴을 직접 본 사람은 돌로 변한다고 한다. 페르세우스(Perseus)에게 살해된 그의 머리는 아테나(Athena) 방패에 장식으로 달아놓았다고 한다.

운 동물들이었다. 이 그림을 제작하는 동안 방 안에는 죽은 동물의 악취가 가득 찼는데, 그 악취가 견딜 수 없을 정도였다. 이것을 그는 예술에 대한 열정으로 견뎌냈다. 아버지와 농부가 방패 일을 잊어버렸을 무렵 레오나르도는 겨우 그림을 완성했다.

어느 날 아침 세르 피에로가 레오나르도를 찾아가 방문을 두드리고 문을 연 뒤, 방으로 들어가서 방패를 화가畵架에 올려놓고 들창을 열어 눈이 부실 정도로 볕을 조정했다. 이때 세르 피에로는 예기치 못했던 것을 보고 깜짝 놀랐다. 그것이 방패같이 보이지도 않고, 그 위에 그린 것이 단순한 그림으로 보이지도 않았다. 그리하여 그가 한 걸음 뒤로 물러서자 아들이 그를 부축하면서 말하기를 "이것으로 그림을 그리려고 하던 목적은 다 이루었습니다. 가져가십시오. 정말 이 작품에서 바라던 효과입니다." 세르 피에로는 이 그림이 기적에 가까운 것이라고 생각하고, 아들의 재능을 매우 칭찬했다. 그리고 그는 어느 상점에 들러서 화살에 심장이 뚫린 그림이 있는 조그만 방패 하나를 사서 그 농부에게 주었으며, 그 농부는 평생 그 은혜에 감사했다고 한다.

그 후 세르 피에로는 레오나르도가 그린 방패를 피렌체의 어느 상인에게 100두카트를 받고 은밀히 팔았는데, 짧은 시일 안에 그것이 밀라노 공의 손에 넘어갔다. 상인은 그것을 300두카트에 팔아넘겼다고 한다.

레오나르도가 어느 날 「성모 마리아」를 그렸는데 매우 훌륭한 이 그림은 교황 클레멘티우스Clementius 7세 소유가 되었다. 그 그림에는 꽃을 꽂은 유리꽃병이 있는데 놀랄 만큼 싱싱하여 위에 남아 있는 물방울이 마치 실물같이 보인다. 그는 또 친한 친구 안토니오 세니Antonio Segni를 위하여 종이에 조심스럽게 넵투누스Neptunus를 그렸는데 정말 살아 있는 것 같다.* 거친 바다의 파도 위에서 환상적인 넵투누스의 수레를

* 윈저(Windsor) 국립 도서관에 제목이 같은 소묘 작품이 있다.

해마가 끌고 가는데 괴물과 바람, 그밖에 바다 신들의 얼굴이 보이는 아름다운 그림이다.그림 322 이 디세뇨는 안토니오 세니의 아들 파비오 Fabio가 조반니 가디Giovanni Gaddi에게 기증한 것이며, 다음과 같은 단시 短詩가 붙어 있다.

이 작품은 디세뇨 습작인데, 바사리에 따르면 레오나르도가 안토니오 세니를 위하여 그렸다고 한다.

베르길리우스도 호메로스도
노도怒濤를 뚫고 용마龍馬를 달리는 넵투누스의
위용을 그렸도다.
그러나 이 두 시인은 심안心眼으로만 보았을 뿐
빈치는 육안肉眼으로 보았네.
빈치를 승자勝者라고 불러 마땅하리.

그림 323 레오나르도 다 빈치, 「성모영보」, 1472~75,
패널에 유채와 템페라, 98×217cm, 우피치 미술관, 피렌체.

Pinxit Virgilius Neptunum, pinxit Homerus,
Dum maris undisoni per vada flectit equos.
Mente quidem vates illum conspexit uterque,
Vincius ast oculis; jureque vincit eos.

레오나르도는 메두사의 머리를 유쾌하게 그리려고 구상한 적이 있다. 그것은 뱀으로 머리카락을 이룬 기발한 착상인데 많은 시일이 걸려야 할 작업이므로 그의 모든 작품이 그러했듯이 이 작품도 결국 완성하지 못했다. 코시모Cosimo 공작 궁정의 훌륭한 컬렉션과 함께 소장되어 있으며, 그중에는 그의 작품 「천사의 얼굴」Testa d'uno angelo도 있는데, 이 천사는 한쪽 팔을 들고 있으며 어깨에서 팔꿈치까지는 앞에서 본 단축법으로 그렸고, 다른 팔은 손끝을 가슴에 대고 있다.[*]

이 천재의 경탄할 만한 점은 그가 제작하는 작품에서 사물을 될수록 돋보이게 하려고 배경을 어둡게 칠하여 가장 검은색을 그림자에 놓아 밝은 빛을 더욱 밝도록 효과를 냈다는 것이다. 그러나 지나치게 어둡게 칠한 결과 화면에 빛이 부족하여 낮에 관찰하면 마치 밤의 정경을 그린 것같이 보인다. 그것은 그림을 너무 돋보이게 하려고 했기 때문이다.

레오나르도는 턱수염이나 머리카락을 길게 드리운 자연 그대로의 기괴한 용모를 좋아했으며, 그런 인물을 길에서 마주치면 그 인물에 열중하여 온종일이라도 따라다니면서 자기 머릿속에 그 사람의 인상을 새겨 넣고 집에 돌아와 그 인물이 마치 눈앞에 서 있는 것같이 디세뇨를 그려놓았다. 이런 종류의 인물화로는 남녀의 디세뇨가 여럿 있는데, 나도 몇 장 가지고 있다. 예를 들면 아름다운 노인인 아메리고 베스푸치Amerigo Vespucci의 두부頭部상 목탄화 따위다. 또 이와 유사한 집시

---

[*] 파리 루브르 박물관의 「성 요한의 그림」과 비슷하며 디세뇨도 윈저 국립 도서관에 있다.

그림 324 레오나르도 다 빈치, 「목동들의 경배」, 1481~82,
패널에 유채와 템페라, 246×243cm, 우피치 미술관, 피렌체.

대장隊長 스카라무차Scaramuccia의 초상도 있다.* 이 그림들은 잠불라리 Giambullari 소유였는데, 후에 산 로렌초 성당 사목위원인 아레초Arezzo의 도나토 발담브리니Donato Valdambrini 손에 들어갔다.

레오나르도는 또 「동방박사의 경배敬拜」Adorazione de'Magi를 그리기 시작했는데, 이 패널에는 아름다운 사물이 많이 들어 있으며, 특히 인물 조상이 뛰어나다. 이 그림은 로지아 데 페루치Loggia de' Peruzzi 맞은 편 아메리고 벤치Amerigo Benci 저택에 소장되어 있으며, 다른 작품들처럼 미완성인 채로 있다.**

밀라노Milano 공작 조반 갈레아초Giovan Galeazzo가 죽은 후, 즉 1494년에 로도비코 스포르차Lodovico Sforza가 그 뒤를 이을 무렵, 그는 수금手琴의 명수인 레오나르도를 밀라노로 초청하여 대대적인 환영을 했는데, 그것은 수금을 좋아하는 공작이 그에게 이 악기를 연주하게 하려고 했기 때문이다.*** 그때 레오나르도는 자신이 만든 악기를 가지고 왔는데, 대부분 은銀으로 만든, 말의 두개골 모양을 한 괴상한 것이었다. 그러나 높은 음역音域에서도 잘 조화되었고 소리도 잘 울렸으며, 그곳에 모여서 경쟁을 벌였던 여러 악사樂師보다도 그가 훨씬 잘 연주했을 뿐만 아니라 당대 유명한 즉흥시인即興詩人의 면모도 잘 나타냈다. 공작은 그의 재치 있는 담화를 듣고 재능을 칭찬했을 뿐 아니라 사랑하게 되었다.

그는 공작의 신뢰에 보답하여 제단화에 쓰일 「아기 예수의 강생」 Nativita을 그렸는데, 공작은 이 그림을 황제에게 헌정했다. 밀라노에서 그는 산타 마리아 델라 그라치에S. Maria della Grazie 성당의 산 도메니코 교단 수사들을 위하여 「최후의 만찬」Cenaeolo을 그렸는데,그림 325 이 그림은 한없이 아름다우며 경탄할 만한 작품이다. 사도들의 얼굴은 장엄

---

* 현재 남아 있지 않다.
** 현재 우피치 미술관에 주제가 같은 그림이 있다.
*** 레오나르도가 초청받은 것은 1494년이 아니라 1482년이며, 「프란체스코 스포르차 기마상(騎馬像)」을 제작하기 위해서인 듯하다.

그림 325 레오나르도 다 빈치, 「최후의 만찬」, 1495~98,
벽화, 템페라와 오일, 460×880cm, 산타 마리아 델라
그라치에 성당, 밀라노.

한 미와 품격을 갖추고 있으나 그리스도의 얼굴은 미완성으로 남아 있다.* 그 이유는 그리스도에게 어울리는 신격神格의 자세를 표현할 수 없었기 때문이라고 한다. 거의 완성된 이 그림은 밀라노 시민들은 물론이고 외국 사람들에게도 절찬을 받았다.

레오나르도는 이 그림에서 누가 주님을 팔아먹을지 알고 싶어 하는 사도들의 불안과 기구하는 표정을 표현하는 데 성공했다. 그들의 얼굴에는 사랑과 공포 그리고 분노와 슬픔의 감정이 뒤섞여 있으며, 그리스도의 마음을 이해하지 못하는 데서 오는 슬픔이 보인다. 이에 못지않게 놀라운 것은 유다의 얼굴에 나타난 완고하고 증오에 찬 배신의 자세다. 그밖에 이 그림 어디를 보아도 믿을 수 없을 만큼 정성을 들여서 그렸으며, 식탁 덮개마저 짜임새 있게 표현하여 실물 리넨이라 할지라도 이렇게 실감 나지는 않을 것이다.

들은 바에 따르면 이곳 수도원장은 레오나르도가 때때로 반나절가량 아무 일도 하지 않고 생각에 잠겨 있는 것을 이상하게 여겨, 그에게 일을 빨리 끝내도록 끈질기게 독촉했다고 한다. 화가도 정원사같이 쉴 새 없이 일해야 한다고 알았기 때문에 원장은 불만스러워서 밀라노 공작에게까지 심한 불평을 늘어놓았다. 공작도 난처하여 부득이 사람을 레오나르도에게 보내 부드러운 말로 일을 재촉하면서 원장이 와서 너무 보채기 때문이라고 넌지시 비추었다.

레오나르도는 공작이 총명한 인사임을 잘 알았으므로 원장에게는 하지 못했던 이야기들을 공작에게 하고 싶어 했다. 그는 예술을 설명하면서 다음과 같은 이야기로 이해를 시켰다. 거장들은 실제로 아무 일도 하지 않을 때에 도리어 많은 일을 하고 있다는 것을 강조했다. 즉, 머릿속에서 구상하여 완전한 개념을 완성하고자 하기 때문이다. 그런 후 비로소 손을 대게 되는데 그는 아직 얼굴 둘을 더 그려야 한다고 덧붙였

* 1495~98년 작품이다.

다. 하나는 그리스도의 얼굴인데 이 지상에서는 도저히 구할 수 없으며, 신神이 사람 모양으로 나타날 수 있는지는 몰라도 사람의 상상력으로 신격神格을 갖춘 얼굴을 그릴 수 없기 때문이라고 했다.

또 하나는 유다 얼굴인데, 유다에 대해 곰곰이 생각해보았으나 자기 주인이자 세상의 창조주이신 하느님의 아들이며, 또 무한한 은혜를 입으면서도 그를 배반하는 인간의 얼굴을 제대로 표현할 생각이 떠오르지 않아 고심하고 있으며, 유다의 얼굴을 찾아보려 한다고 했다. 만일 못 찾아낼 경우에는 끈덕지고 무지한 원장 얼굴을 잊어버리지 않겠다고 이야기했다. 이 말을 들은 공작은 파안대소破顔大笑하고 나서 일리가 있다고 했다. 그러나 불쌍한 원장은 당황하여 자리에서 물러났으며, 그 후로는 채소밭 감독에 전념할 뿐 레오나르도를 귀찮게 하지 않았다고 한다.

한편 레오나르도는 배신과 비정非情을 나타내는 유다의 초상을 훌륭하게 완성했다. 그리스도의 얼굴은 앞서 말한 바와 같이 미완성 상태로 남아 있다. 구도構圖로 말하면 비할 데 없이 훌륭하며, 그 기품은 프랑스 왕이 자기 나라로 가져가고 싶어 할 정도였다. 그는 비용이 얼마가 들더라도, 건축가를 구하여 나무와 철로 뼈대를 만들어 짐을 꾸려서 가져가려 했으나 그림이 담벼락에 그려졌으므로 왕의 희망은 이루어지지 못했고 벽화는 결국 밀라노 시민의 소유로 남게 되었다.

「최후의 만찬」Passione di Cristo을 그린 이곳 식당의 벽 끝에는 낡은 필법으로 「그리스도의 수난」을 그렸는데 거기에는 로도비코 공과 그의 장남 마시밀리아노Massimiliano의 초상화가 그려져 있고, 다른 쪽에는 공작부인 베아트리체Beatrice가 그녀의 아들이며 나중에 밀라노 공작이 된 프란체스코Francesco와 함께 그려져 있는데, 이 모든 작품이 신기神技에 가깝다고 하겠다.

이 작품을 제작하는 동안 그는 밀라노 공작을 위하여 놀랄 만큼 거대한 청동靑銅 기마상maravigliosa grandezza을 만들어 공작을 기념하고자 했다.* 제작은 시작했으나 너무 규모가 커서 끝마무리를 하지 못했다. 풍문에 따르면—세상에는 말도 많고 질투와 심술도 섞여서—레오나르도가 그의 다른 여러 작품과 마찬가지로 제작에 착수할 때부터 승산이 없었다고 한다. 그러나 사실인즉 끝없이 크고 탁월한 재능에서 우러나는 지나친 욕망이 이 작품의 완성을 방해하지 않았나 생각한다. 그는 탁월 위에 더욱 탁월한 것, 완전 위에 더욱 완전한 것을 추구하는 욕망 때문에 작품을 실패하게 되었다. 페트라르카Petrarca는 그의 소네트에서 '야망은 일에 방해가 된다'고 이야기했다.

레오나르도가 점토로 만든 거대한 기마상 모형을 본 사람들은 이보다 더 아름다운 작품을 본 적이 없다고 칭찬했다. 이 작품은 밀라노에 있었지만 프랑스 왕 루이Louis가 이끄는 군대가 밀라노를 침입했을 때 산산조각이 났다. 그밖에 레오나르도가 프랑스 사람들을 위하며 납으로 만든 작은 모델과 말의 해부학 노트도 없어졌다. 그 후 레오나르도는 마르칸토니오 델라 토레Marcantonio della Torre와 협력하여 조심스럽게 인체 해부를 시작했다. 이 학자는 당시 파비아Pavia 대학에서 강의하면서 책도 저작했다.

들은 바에 따르면 이 뛰어난 학자는 갈레누스Galenus의 이론으로 의학을 강의하여 그때까지 무지와 암흑에 싸였던 해부학에 처음으로 진정한 광채를 던졌다고 한다. 그는 레오나르도가 자기 손으로 해부한 것을 자세하게 붉은 분필로 그리고, 펜으로 기록하여 만든 책자**를 이용함으로써, 또 작품으로써 그의 재능에 큰 도움을 받았다.

그 책자에는 모든 골격, 그다음 순서에 따라 모든 신경을 표시하고 근육으로 덮어놓았다.그림 326 첫째 것은 뼈에 근육을 부착하고, 둘째 것은 신체를 휘감으며, 셋째 것은 근육이 운동을 일으키는 모습을 보

---

* 「프란체스코 스포르차 기마상」을 말한다.
** 현재 영국 박물관(British Museum)에 있다.

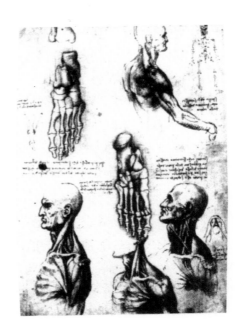

그림 326 레오나르도 다 빈치, 「해부학 연구」, 붉은 초크와 펜,
왕립 도서관, 런던.

여준다. 이곳저곳에 왼손으로 반대 방향의 문자를 기록했는데, 익숙지 못한 사람은 이해가 안 될 것이며 거울이 없으면 읽을 수 없다. 이 인체 해부 도보圖譜 대부분이 밀라노의 귀족 프란체스코 다 멜초Francesco da Melzo 수중에 있다. 레오나르도가 살아 있을 때 사랑받는 미소년이었는데 지금은 단정한 노신사가 되었으며, 그는 레오나르도의 초상과 함께 수서手書를 비장秘藏하고 있다. 이 수서를 읽어보면 이 고귀한 정신의 소유자가 예술과 근육, 신경, 혈관 등 모든 것을 이렇게도 세심하게 연구할 수 있었는지에 감탄할 뿐이다.

밀라노의 한 화가본문에 그의 이름이 적혀 있지 않다 소유가 된 레오나르도의 수기手記가 몇몇 있다. 글자가 왼손으로 쓰여 좌우가 반대로 적혀 있는데 회화론, 데생, 부채賦彩 등을 취급한 것이다. 멜초 씨가 피렌체로 나를 찾아와 그것을 인쇄하고 싶다고 말한 뒤 그 계획을 실행에 옮기려고 수서를 가지고 로마로 떠났는데, 그 후 일은 알 수 없다.

레오나르도의 작품 이야기로 돌아가자. 그가 밀라노에 머물 때 프랑스 왕이 그곳에 왔는데, 왕을 위하여 색다른 환영을 위촉받았다. 그는 사자를 한 마리 만들었는데 몇 발자국을 걸어가면 가슴이 열리고 그 안에 백합꽃이 가득 차 있도록 했다. 또 밀라노에는 당시 살라이Salai라는 제자가 있었는데 우아한 모습에 구불구불한 머리카락이 이채로웠다. 레오나르도는 그를 매우 사랑했으며, 예술을 많이 가르쳤다. 이 사람의 그림이 몇 점 있지만 레오나르도가 가필加筆한 것들이다.*

레오나르도는 피렌체로 되돌아왔다. 당시 세르비테Servite 교단 수사들이 눈치아타Nunziata 성당 대제단화의 제작을 필리피노 리피Filippino Lippi에게 위촉한 일이 있는데, 이 말을 전해들은 레오나르도는 자신도 제단화를 그리고 싶다고 청원했다. 마음씨 착한 필리피노는 그에게 그림을 그리도록 하고 자기는 물러섰다. 그리하여 수사들은 레오나르도를 맞아들여 그의 가족 생활비까지 지불하면서 오랫동안 돌보았으나 그는 일에 손을 대지 않았다. 얼마 지난 후 겨우 성모 마리아와 성녀 안나가 그리스도와 함께 있는 밑그림 한 장을 그렸다.그림 327 이 그림은 모든 미술가를 경탄시켰음은 물론, 남녀노소가 마치 축제일처럼 몰려나와 이틀 동안이나 아틀리에를 찾아갔다.

성모 마리아 얼굴에는 그리스도의 어머니로서 성스러운 사랑이 감돌며, 겸양하고 정숙한 표정에는 품위가 넘치는 동정녀童貞女 이미지를 느끼게 하는 작품이었다. 그녀는 정결한 눈길로 무릎에 당겨 안은 귀여운 어린이와 요한이 어린양과 희롱하는 모습을 지켜보면서 지상至上의 기쁨에 젖어 있다. 성녀 안나도 얼굴에 미소를 항상 담고 있다. 이 밑그림은 그의 예지와 재능의 소산이라 할 수 있다. 나중에 다시 언급하겠

* 살라이는 1490년부터 레오나르도가 죽을 때(1519)까지 함께 생활했다.

그림 327 레오나르도 다 빈치, 「성모자와 성녀 안나와
아기 세례자 요한」, 1507~1508, 초크, 141.5×106cm,
국립 미술관, 런던.

지만, 이 그림은 얼마 후 프랑스로 옮겨졌다.*

　그는 또 아메리고 벤치의 부인 지네브라Ginevra의 초상화를 제작했는
데 여간 아름답지 않다.** 그는 수사들이 위촉한 작품 제작을 포기했으
므로, 그것을 다시 필리피노에게 부탁했으나 그도 도중에 사망해서 완

* 이 그림은 다 빈치의 제자였던 베르나르디노(Bernardino)의 아들 아우
　렐리오 루이노(Aurelio Luino)에 의해 다시 이탈리아로 돌아왔다가 현재
　는 런던 국립 미술관에 소장되어 있다.
** 워싱턴의 국립 미술관 소장품이며 1470년경 작품이다. 바사리는 이 그
　림의 제작 연대를 언급하지 않았다.

그림 328 레오나르도 다 빈치, 「동굴의 성모」, 1483~86,
패널에 오일, 199×192cm, 루브르 박물관, 파리.

그림 329 레오나르도 다 빈치, 「성모자와 성녀 안나」,
1510~13, 패널에 오일, 168×130cm, 루브르 박물관, 파리.

성되지 못했다.*

레오나르도는 프란체스코 델 조콘도Francesco del Giocondo를 위하여 그의 처 모나리자Mona Lisa의 초상화를 그리게 되었는데,그림 330 4년 넘게 고심하면서 그렸지만 미완성으로 남아 있다.** 이 그림은 현재 프랑스 프랑수아 왕의 소장품이며, 퐁텐블로Fontainebleau에 있다. 예술이 자연을 어느 정도까지 모방할 수 있는지 알고 싶은 사람은 이 초상화를 보면 곧 이해가 될 것이다. 왜냐하면 이 그림에서 그가 정묘한 필치로 표현할 수 있는 모든 세부를 그려놓았기 때문이다.

눈은 살아 있는 사람같이 윤기 있고 빛이 난다. 그 주위는 납빛 어린 붉은색이며, 속눈썹은 섬세하기가 비길 데 없이 표현되었다. 피부에서 숏아난 눈썹의 털은 여기는 빽빽하게, 저기는 좀 성기게, 또 모근毛根에 따라 다르게 표현되어 있어 그 이상 자연일 수도 없을 것 같다. 콧구멍이 아름다운 코는 장밋빛이며, 부드럽고 알맞게 열린 장밋빛 입술 묘사와 더불어 얼굴빛은 색을 칠했다기보다는 살 그대로. 목의 오목한 부분을 주의 깊게 보면 맥박이 뛰는 듯하다. 이런 방식으로 그려진 이 그림을 보면 어떤 화가든 전율을 금하지 못할 것이다.

모나리자는 매우 아름다웠으며, 그녀의 초상화를 그릴 때에는 사람을 고용하여 노래를 부르게 하든가 익살을 부리게 하여 즐거운 분위기를 만들었다고 한다. 초상화를 그릴 때 우울한 기분을 피하고자 했기 때문이다. 레오나르도의 이 그림에는 미소와 아늑한 분위기가 감돌며, 인간적이라기보다는 신적인 것을 느끼게 한다. 살아 있는 것 같은 경탄

---

* 현재 우피치 미술관에 있는 필리피노 리피의 「동방박사의 경배」, 1457~1504년 작품이다.
** 모나리자의 초상화는 1503~1506년 사이에 그렸다. 모나리자(게라르디니)는 1479년에 피렌체에서 출생하여 1495년에 프란체스코 델 조콘도와 결혼했다.

그림 330 레오나르도 다 빈치, 「모나리자」, 1503~1506,
패널에 오일, 77×53cm, 루브르 박물관, 파리.

할 만한 그림이다.*

이 천재의 명성은 그의 뛰어난 작품으로 날이 갈수록 높아갔으며, 예술애호가들뿐만 아니라 모든 피렌체 시민이 무엇이고 기념이 될 만한 것을 남기도록 그에게 원했다. 그래서 눈을 끌 만한 대작大作을 그에게 의뢰하여 그것으로 국가에 영광이 되었고 레오나르도 작품에서 보는 천재성, 우아함, 그에 대한 판단이 더욱 돋보이게 되었다. 그리하여 시장과 시의 유지들 사이에 구체적인 결정이 이루어져 새로이 시청 대회의실을 짓기로 하고 줄리아노 다 산 갈로Giuliano da San Gallo, 일명 크로나카Cronaca라고 부르는 시모네 폴라이우올로Simone Pollaiuolo, 미켈란젤로 부오나로티와 바초 다뇰로Baccio D'Agnolo 등의—다른 곳에서 자세히 언급하겠지만—의견을 모아 발주하여 서둘러 완성했다. 그리고 시市의 법령으로 레오나르도에게 아름다운 작품을 제작하도록 위촉했다.

그리하여 당시 시장 피에로 소데리니Piero Soderini는 대회의실을 그에게 맡겼다. 레오나르도는 작업을 착수하려고 산타 마리아 노벨라S. Maria Novella 성당 안에 있는 교황의 방Sala del Papa에서 밑그림을 그리기 시작했다. 밀라노의 필리포 공작의 대장 니콜로 피치아노Niccolò Piccinino에 관한 이야기며,** 기마병 한 떼가 서로 군기軍旗를 빼앗으려고 전투하는 장면이다.

분노, 증오, 복수심이 병사들뿐만 아니라 필마匹馬에서도 잘 나타나 있으며, 앞발이 서로 엉킨 말 두 마리가 군기를 빼앗으려는 기마병들처럼 이빨을 드러내고 있다. 한 병사는 달리는 말 위에서 몸을 비틀면서 군기의 대를 붙잡고, 힘을 다하여 네 명의 손에서 빼내려고 애쓰지

---

* 모나리자의 초상화는 레오나르도가 죽은 후 프랑스에 있었으므로 바사리는 그림을 한 번도 보지 못하고 이 글을 썼다.

** 이 그림 가운데 현재 남아 있는 것은 소묘 몇 점과 루벤스(Rubens)가 묘사한 그림뿐이다. 이 앙기아리(Anghiari) 전투에서 피렌체는 밀라노 공의 군대를 1440년 6월 29일에 패배시켰다.

그림 331 레오나르도 다 빈치, 「담비를 안고 있는 여인」,
1485~90, 패널에 오일, 54×39cm, 차르토리스키 박물관,
크라코비아.

만, 두 병사는 한 손으로 깃대를 쥔 채 한 손으로 칼을 휘둘러 잘라버리려고 한다. 붉은 수건을 머리에 쓴 노병老兵은 고함을 치면서 한 손에는 막대기를, 또 한 손에는 언월도偃月刀를 꽉 쥐고, 군기를 사수死守하는 두 병사의 손을 쳐버리려고 한다. 병사 하나는 다른 한 사람을 깔고 앉아, 치켜든 단도를 상대방의 목덜미에 꽂으려고 하니, 이 병사 역시 죽을힘을 다해 사지死地에서 빠져나가려고 발버둥을 친다.

말의 근육과 운동의 미를 묘사하는 데 당대 일인자인 레오나르도가 말의 모양과 자세를 훌륭하게 그린 것도 당연하지만, 병사의 갑옷에 있는 아름다운 장식들도 더 말할 나위 없다. 들은 바에 따르면 이 밑그림을 그리려고 레오나르도는 좁히면 높아지고 넓히면 낮아지는 비계를 조립했다고 한다. 대회의실 벽면을 유채화로 장식하고자 물감을 벽면에 고착하려고 일종의 혼합물을 만들어 그림을 그릴 때 사용하던 중 물감이 흘러내려가 그림을 망쳤기 때문에 그림을 중단하고 말았다.

레오나르도는 고매高邁한 정신의 소유자였으며, 행동도 매우 관대했다. 그는 시장 피에로 소데리니에게서 매달 일정액을 봉급으로 받았다. 돈을 찾으려고 은행에 갔을 때 출납계에서 소액권이 든 봉투를 건네주려고 하자 레오나르도는 "나는 푼돈이나 받는 시시한 화가는 아니다"라면서 받으려 하지 않았다. 일도 하지 않으면서 보수를 사기했다고 소송당하고 소데리니에게 모욕을 받자, 그는 친구들에게서 돈을 모아 돈을 물어주려고 갔는데 소데리니는 받으려고 하지 않았다고 한다.

교황 레오Leo가 즉위할 무렵, 레오나르도는 줄리아노 데 메디치 Giuliano de' Medici를 따라 로마에 갔다. 교황은 철학상의 문제에 골몰했으며, 연금술鍊金術에도 열중했다. 레오나르도는 밀랍을 개서 껍질이 얇은 동물을 만든 뒤 안에 공기를 불어넣어 바람에 날렸는데, 바람이 자면 땅에 떨어지곤 했다. 그는 또 벨베데레 궁전 포도밭 정원사가 발견한 기괴한 모양의 도마뱀에 다른 도마뱀의 껍질을 벗겨서 씌우고 수은제水銀劑로 고착해 등에 붙였는데, 친구들이 이것을 보고는 무서워

그림 332 레오나르도 다 빈치, 「음악가의 초상」, 1490,
패널에 오일, 44.7×35cm, 피나코테카 암브로시아나, 밀라노.

도망쳤다. 또 양의 창자를 물로 잘 씻어 기름을 빼내고 얇게 만들어 옆 집 대장간 풀무로 바람을 넣어 점점 부풀게 했는데 이것이 방에 가득 찰 만큼 커지면 방에 있던 사람들이 구석으로 피할 수밖에 없게 되었다. 그는 크게 부푼 창자를 보고 덕德도 이것과 같은 것이라고 했다. 그는 이런 기행奇行을 수없이 했다. 거울에 대해서도 연구하고, 그림 그릴 때 쓰는 기름, 그림을 보존하기 위한 칠에 대해서도 연구했다.

레오나르도는 교황의 서기 줄리아노 투리니Giuliano Turini의 위촉으로 성모 마리아가 아기 예수를 안고 있는 그림을 그렸는데 매우 정성 들여 제작했다. 그러나 물석고를 잘못 칠한 탓인지, 물감의 배합이 부적당했던 탓인지 심하게 손상되고 말았다. 소년의 초상화도 그렸는데 매우 아름답고 우아하다. 이 두 점 모두 페시아Pescia에 있는데, 투리니 소유로 되어 있다.

듣건대, 교황이 작품을 위촉했을 때 레오나르도는 기름과 약초부터 끓이기 시작했다고 한다. 교황이 보고서 "저 사람은 아무것도 성취하지 못할 사람이야. 작품에 손을 대기도 전에 만들어진 것부터 생각하는 사람이야"라고 했다. 미켈란젤로 부오나로티와 레오나르도는 서로 얕보는 감정이 있었다. 미켈란젤로가 교황의 초청으로 피렌체에 와서 산 로렌초S. Lorenzo 성당 정면을 설계한 일이 있었는데, 그는 레오나르도와 경쟁을 의식했기 때문에 줄리아노 공작의 허락을 받고 피렌체를 떠났다.

이 소식을 들은 레오나르도는 로마를 출발하여 프랑스로 갔다. 프랑스 왕은 레오나르도의 작품을 가지고 있었으며, 그를 매우 사랑했다. 그리고 「성녀 안나」의 밑그림을 채색하도록 부탁했다. 그러나 언제나 그랬던 것같이 약속만 하고 세월이 흘러갔다. 드디어 레오나르도는 노쇠老衰하여 여러 달 동안 병석에 누워 있었으며, 자신의 죽음이 가까운 것을 알아차리고 성교회의 일이나 신성한 그리스도교 등을 성심성의로 배우고 싶어 했으며, 깊은 슬픔 속에서 고해를 했다. 자신의 힘으로

그림 333 레오나르도 다 빈치, 「자화상」, 1515,
종이에 붉은 초크, 33×22cm, 왕립 도서관, 토리노.

는 일어설 수 없어 친구와 하인의 부축을 받아 병상을 떠나 경건한 마음으로 거룩한 비적祕蹟을 받고자 했다. 바로 그때 변함없이 그를 사랑하던 프랑스 왕이 찾아왔다.

레오나르도는 침대에서 일어나 경건한 자세로 앉아 자신의 병세를 이야기한 뒤 예술 작품도 제대로 만들지 않고 신을 배반하고 세상 사람들에게 해를 끼쳤다고 죄를 뉘우쳤다. 왕은 기립하여 레오나르도의 머리를 붙잡고 고통을 덜어주었다. 자신이 받은 큰 영광을 의식한 레오나르도는 왕의 팔에 안겨 숨을 거두었다. 그의 나이 75세였다.*

레오나르도를 아는 사람들은 누구나 할 것 없이 그의 부고를 받고 슬픔에 잠겼다. 레오나르도만큼 회화 예술의 영예를 높여준 사람이 없기 때문이다. 그의 풍모風貌는 단정하고 우아하며, 침울한 기분을 유쾌하게 만들었다. 그의 언변은 어떤 완고한 사람의 의견도 자기 쪽으로 기울게 했다. 그는 담력이 컸고 심한 폭력도 제지했으며, 오른손으로 돌담에 꽂힌 무쇠 고리와 편자 같은 것도 납처럼 구부러뜨렸다. 그는 매우 관용하여 재능이나 덕이 있는 친구는 빈부를 가리지 않고 환대했으며, 그의 대수롭지 않게 보이는 거동이 살풍경한 장소에 광채를 던져주었다. 그러므로 피렌체는 레오나르도가 그곳에서 태어났다는 것만으로도 큰 혜택을 보았으며, 그를 잃어버림으로써 헤아릴 수 없는 손실을 입었다.

그림에서도 그는 기름을 사용하는 채색법에 음영법陰影法을 함께 사용했다. 이 방법이 현재 화가들에게 활기를 주었으며, 그린 인물에게 돋을새김 같은 그늘을 만들어주었다. 산 조반니 성당 북쪽 입구 위에 놓인 청동 조상 3개에서 그의 조각가로서 재능도 엿볼 수 있다. 그것은 조반 프란체스코 루스티치Giovan Francesco Rustici**의 작품이지만 레오나

---

* 75세가 아니라 67세였다.
** 현존한다.

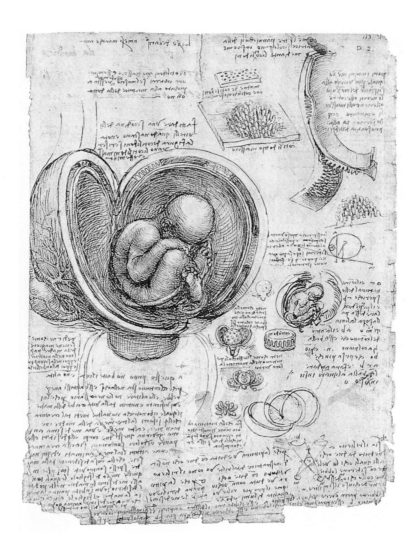

그림 334 레오나르도 다 빈치, 「자궁 속 아기」, 1510~12,
종이에 잉크, 30.5×22cm, 로열 라이브러리, 윈저.

르도의 지도를 받은 것이며, 최근에 만든 작품 중에서도 데생으로 보나 완성품으로 보나 오늘날 가장 우수한 작품이다.

레오나르도는 말의 해부학과 인체의 해부에 조예가 깊었으며, 그의 업적은 실제 제작보다 이론이 많기는 하지만, 그의 명성은 결코 소멸되지 않을 것이다. 조반 바티스타 스트로치는 그를 칭찬하면서 다음과 같은 시를 읊었다.

> 그는 혼자서 백가百家에게
> 이겼으며
> 피디아스를 이겼고 아펠레스도
> 이겼으며
> 그들을 이긴 거장들에게도
> 이겼다.
> Vince costui pur solo
> Tutti altri; e vince Fidia e vince Apelle
> E tutto il lor vittorioso stuolo.

레오나르도의 제자로는 밀라노 태생인 조반 안토니오 볼트라피오 Giovan Antonio Boltraffio*가 있다. 그는 1500년에 볼로냐 교외의 미세리코르디아Misericordia 성당에 유채화로 아기 예수를 안은 성모 마리아와 세례자 요한, 벌거벗은 성 세바스티아노와 무릎을 꿇고 기구하는 사람들을 그렸는데 걸작이라 하겠다.그림 335 그는 이 작품에 서명을 했는데, 자신이 레오나르도의 제자라고 첨부했다. 그는 밀라노뿐만 아니라 다

---

* 1467~1516. 바사리가 기재한 미세리코르디아 성당의 그림은 현재 루브르 박물관에, 성 바르바라(Barbara) 성당의 그림은 베를린 미술관에 있으며, 모두 그의 대표작이다.

그림 335 조반 안토니오 볼트라피오,
「성모자와 아기 예수와 성인들 및 기진자」, 1500, 패널에 오일,
186×184cm, 루브르 박물관, 파리.

른 곳에도 작품을 남겼으나 가장 좋은 것 하나를 들면 그에 대한 설명
이 충분하리라고 본다. 또 마르코 오조니Marco Oggioni라는 제자도 있는
데, 그는 산타 마리아 델라 파체S. Maria della Pace 성당 안에 「성모 마리아
의 임종臨終」Transito di Nostra Donna과 「갈릴레아에서 가나의 혼례식」을
그렸다.

레오나르도 다 빈치 연보

1452 4월 15일 이탈리아 피렌체 서쪽 빈치에서 세르 피에로 다 빈치의 서자로 태어남.

1464 세르 피에로의 첫 번째 부인 알비에라 사망.

1472 피렌체의 화가 조합에 등록.

1473 세르 피에로의 두 번째 부인 사망. 날짜가 기록된 최초 데생「강이 있는 풍경」이라는 풍경화 제작.

1475 세르 피에로, 마르게리타 디 프란체스코와 결혼. 미켈란젤로 출생.

1475~1480 「성모영보」제작.

1476 4월 9일 남색죄로 고발되었고 6월 16일 공소 기각으로 판결됨. 로렌초 데 메디치가 플라톤 아카데미 창설.

1478 공식 문서로 확인된 최초의 개인적인 주문을 받음(이 작품은 착수되지 않음).

1480 세르 피에로, 세 들어 살던 델라 프레스탄차가 집을 떠나 기벨리나가에 정착.「콜레오니 기마상」구상도를 만들어 베로키오에게 제공함.

1481 「동방박사의 경배」를 주문받음.

1481~1482 「목동들의 경배」제작.

1482 피렌체를 떠나 밀라노에 정착함.

1483 라파엘로 출생. 다 프레디스 형제와 공동으로 「동굴의 성모」를 주문받음.

1488~1490 「담비를 안고 있는 여인」제작.

1489 해부학(Libro titolato de figura umana)과 건축학을 연구함.

1490 '대성당 건축'을 위해 프란체스코 디 조르조와 함께 파비아에 감. 풍경과 수력 공사에 관한 논문 쓰기 시작. 기마상 작업 재개. 「음악가의 초상」제작. 자신의 공방을 만듦.

1493 「카발로」모형이 밀라노에서 전시됨. 카테리나라는 여인이 레오나르도 집에 살러 옴.

1495 산타 마리아 델레 그라치에 성당 식당에 「최후의 만찬」을 그리기 시작함. 스포르차성의 작은 방을 제자들과 함께 장식함. 생모 카테리나 사망.

1496 파촐리의 『신성한 비례』(*De divina proportione*)를 위해 데생을 함. 「다나에」(Danaë) 연출.

1498 「살라 델레 아세」(Sala delle Asse) 장식. 비행기구에 대한 최초 실험을 실시한 듯함.

1499 밀라노가 프랑스군에게 점령되자 밀라노를 떠나 피렌체로 감.

1500 파촐리와 함께 만토바(「이사벨라 데스테의 측면 초상」)를 거쳐 베네치아로 감. 프리울리강 답사 후 피렌체로 돌아감. 아눈치아타 수도사들(성모 마리아 종복회)에서 숙식을 제공받음. 이 수도사들을 위해 「성 안나와 성모

자」밑그림 제작. 계속해서 과학 연구에 몰두함.

1502 체사레 보르자가 군사 기술자로 임명함. 요새와 로마냐의 전투장 시찰 후 지도 제작.

1503 피렌체로 돌아옴. 피사를 상대로 전쟁 중인 피렌체를 위해 아르노 강물의 흐름을 바꾸려고 시도함.「앙기아리 전투」그리기 시작.

1504 미켈란젤로의「다비드」상 설치 장소를 결정하는 위원회에 참석함. 7월 9일에 아버지 사망. 프란체스코 다 빈치가 레오나르도를 상속인으로 유언함. (피옴비노의) 요새 공사와 수력 연구에 전념함.

1504~1505「넵튠이 해마를 타고 달리다」제작.

1505 새의 비상에 대해 연구함. 두 번째 비행기구 실험 실패.

1506 밀라노로 감. 브라만테가 로마의 성 베드로 성당 건축 시작.

1507~1508「성모자와 성녀 안나와 아기 세례자 요한」제작.

1507 루이 12세의 수석화가 겸 기술자로 임명됨.「동굴의 성모」이본(異本) 감수. 9월부터 약 6개월 동안 피렌체의 카사 마르텔리에서 체류.

1508 피렌체와 밀라노를 오고감. 미켈란젤로가 시스티나 성당의 프레스코화 시작.

1509 해부학을 연구하며 계속해서 수력을 연구함. 파촐리와 같이 제작한『신성한 비례』가 베네치아에서 출판됨.

1510~1512「자궁 속 아기」제작.

1512 바사리 출생. 메데치가가 피렌체에서 다시 정권을 잡음. 미켈란젤로가 시스틴 성당 천장화 완성.

1513 레오 10세가 교황으로 선출됨. 로마로 가서 멜치, 살라이와 함께 벨베데레 궁에 정착한 뒤 거울에 관한 작업을 함.

1513~1516 「모나리자」 제작.

1514 브라만테 사망. 파르마와 피렌체를 방문함. 폰티네 늪의 배수 계획을 세움.

1515 줄리아노 데 메디치에게 편지를 씀. 「대홍수」 데생. 「자화상」 제작.

1516 줄리아노 데 메디치 사망으로 후원자를 잃음. 연말에 프랑스로 가려고 이탈리아를 떠남.

1517 멜치, 살라이, 빌라니스와 함께 앙부아즈 부근 클루 저택에 정착.

1518 황태자의 세례와 로렌초 디 피에로 데 메디치의 결혼 축하 축제를 앙부아즈에서 조직.

1519 4월 23일 유서를 씀. 5월 2일 사망. 생 플로랑탱 수도원에 묻힘.

베네치아의 화가

조르조네 다 카스텔프랑코
Giorgione da Castelfranco
1477?~1510

GIORGIONE DA CASTELFRANCO.
PITTORE VINIZIANO

〔해설〕

33년이라는 짧은 생애를 산 베일에 가려진 화가다. 벨리니, 티치아노와 함께 르네상스 시대 베네치아 회화를 대표하는 화가이자 빛과 색채 중심의 베네치아 회화를 탄생시킨 주인공이다. 그가 창안한 일명 '색조 회화'Pittura tonale는 이후 티치아노, 틴토레토, 베로네세를 비롯한 베네치아 르네상스 거장들에게 직접 영향을 미쳤다.

1478년 베네토 지방의 카스텔프랑코에서 태어났으며 조반니 벨리니의 공방에서 미술을 배웠다. 그가 화가로 활동한 기록은 1500년대 초반부터 사망한 1510년까지 불과 몇 년이 전부다. 알려진 첫 작품은 1504~1505년 사이에 제작된「카스텔프랑코 제단화」Pala di Castelfranco로서 이후 베네치아 회화의 특징이 된, 빛과 색채가 그림의 통일성을 이끌어가는 중심 요소가 될 수 있음을 선보인 작품이다.

조르조네의 개혁적인 회화가 탄생하게 된 데에는 레오나르도 다빈치의 영향도 있었다. 1500년 초 다 빈치가 베네치아에 들렀을 때 두 사람이 만났으며 이때 서로가 가진 회화 기법에 대한 생각을 나누고 영향을 주고받았을 것이기 때문이다. 조르조네의 그림은 벨리니의 영향으로 풍경을 대단히 중시했는데 이는 티치아노, 틴토레토를 비롯한 베네치아 회화의 특징으로 이어지며 궁극적으로 서양미술사의 큰 줄기로 자리 잡게 되었다.

아직까지 주제가 확실하게 밝혀지지 않은 이 화가의 대표작「폭풍우」는 번개 칠 때 빛이 번쩍이는 순간을 그린 것으로 학자들은 오랜 세월 이 작품을 연구해왔으나 아기에게 젖을 물리고 있는 여성이나 그 앞의 목동 등 등장인물에 대한 신비를 풀지는 못했다. 이때까지만 해도 그림에서 주인공은 인물이었으나 이 작품에서는 풍경 자체가 그림의 주인공이 될 수 있음을 보여주었다는 점에서 풍경화 탄생 직전까지 간 것으로 볼 수 있다. 여기서 한 발자국만 내디디면 인물들이 등장하지 않는 풍경화로 이어진다는 점에서 조르조네의 위대함을 엿볼 수 있다.

부드러우면서도 명료한 조르조네의 색채는 미켈란젤로와 라파엘로가 이끈 로마와 피렌체의 드로잉 중심 선 회화에 대응하는 것으로 회화의 양대 요소 중 하나를 차지한다. 조르조네는 빛과 색채를 통해 대기와 자연의 부드러우면서도 감성적이며 지적이기까지 한 표현을 가능케 했고 이후 바로크 회화는 물론 낭만주의, 인상파, 20세기 초 마티스가 이끈 야수파에 이르기까지 빛과 색채를 중시한 화가들에게 지대한 영향을 미쳤다.

 피렌체에서 레오나르도 다 빈치가 뛰어난 작품으로 명성을 떨칠 무렵, 베네치아에서는 한 젊은이가 역시 훌륭한 기량으로 아름다운 작품을 만들어 이름을 날리고 있었다. 베네치아 시민이 가장 훌륭하다고 생각하는 조반니 벨리니보다도 더 기량 있다고 평가받는 이가 조르조Giorgio다. 그는 1478년 트레비소Treviso와 가까운 카스텔프랑코Castelfranco라는 마을에서 태어났다. 당시 베네치아 총독은 조반니 모체니고Giovanni Mozzenigo로, 피에로 총독의 동생이다.

조르조는 몸집이 크고 마음도 너그러웠으므로 후일에 그를 칭하기를 조르조네―위대한 조르조라는 뜻―라고 했다. 비록 그의 출신은 비천했지만 온후하고 예절 바른 예술가로서 일생을 보냈다. 그는 어려서 베네치아에서 자랐는데, 사람의 마음을 끄는 성격을 지녔고, 류트lute*라는 악기를 능숙하게 연주했으며, 가끔 음악회를 열 정도였다. 그리하여 상류사회 모임에도 초대받았다.

그가 데생 연구에 너무 몰두했으므로 대자연도 그를 최대한으로 도와주었다. 즉, 아름다운 자연에 도취하여 오직 실물만 묘사하고 표현하려고 노력했다. 그는 자연을 충실히 모방하고 따랐으므로 젠틸레 벨리니와 조반니 벨리니뿐만 아니라 토스카나Toscana의 화가와 현대의 스타일을 제작하는 이들보다도 뛰어나다고 인정받았다. 레오나르도의 풍부한 색조와 지나칠 만큼 어두운 작품 몇몇을 인상 깊게 감상한 조르조네는 그 그림들을 모델로 삼아 주의 깊게 모방하여 유채화油彩畵를 그렸다.** 진, 선, 미를 모두 예리하게 판단하고 취사했으며, 그가 발견한 것들 가운데에서 가장 아름답고 색다른 것들만 골라내서 그렸다.

자연은 그에게 너무나 많은 재능을 안겨주었다. 그는 유채화에서나

---

* 중세기 현악기의 일종이다.
** 이 그림은 복사물인지는 몰라도 비엔나(Vienna)에 있다.

그림 336 조르조네 다 카스텔프랑코, 「목동들의 경배」,
1500~1505, 패널에 오일, 91×111cm, 내셔널 갤러리,
워싱턴.

그림 337 조르조네 다 카스텔프랑코, 「폭풍우」, 1502~1503,
패널에 오일, 82×73cm, 아카데미아 미술관, 베네치아.

그림 338 조르조네 다 카스텔프랑코, 「폭풍우」(부분).

프레스코화에서 놀랄 만한 성공을 거두었다. 그림 속 사물들은 부드럽고 조화를 잘 이루며, 웅달은 안개에 싸인 듯 엉겨 있어 그 시대의 유명한 화가들은 그가 인물에 정신을 불어넣었으며 생동감 있는 육체를 모조하려고 이 세상에 태어났다고 칭찬했다. 베네치아는 물론이고 다른 어떤 곳에서도 그보다 훌륭한 화가는 없다고 했다.

처음에 그는 베네치아에서 성모 마리아의 조상과 초상화를 많이 그렸다. 이 그림들은 베네치아의 대주교 그리마니Grimani 초상화에서 보는 바와 같이 힘차고 생동감이 넘친다. 그중 또 하나는 당시 유행에 따라 머리카락을 어깨까지 드리운 것을 그렸는데, 조르조네의 자화상이라고도 한다. 다비드를 표현한* 이 초상화는 놀랄 만큼 힘차고 사실적이다. 그의 가슴은 갑옷으로 둘러싸이고 팔에는 잘린 골리앗Goliath의 머리를 껴안고 있다.

둘째 것은 실물대로 그린 머리인데, 지휘관이 쓰는 붉은 모자를 손에 들고 속옷 위에는 옛날 모양의 털 망토를 걸쳤다. 아마 최고 사령관의 그림인 듯하다. 셋째 것은 덥수룩한 머리카락을 한 소년들을 그린 것인데, 매우 아름다운 이 작품들에서 조르조네의 기량과 동시에 항상 이 작품들을 매우 소중히 여기던 대주교의 끊임없는 애착을 볼 수 있다.

피렌체의 조반니 보르게리니Giovanni Borgherini의 아들 집에는 조르조네가 젊었을 때 그린 조반니 초상화가 있는데, 조반니의 가정교사도 함께 그려져 있다.** 이들 두 초상화에는 참으로 비길 데 없을 만큼 피부 빛깔과 그늘이 은은하게 잘 나타나 있다. 안톤 데 노빌리Anton de' Nobili 저택에 투구를 쓴 한 장교의 초상화가 또 하나 있는데, 살아 있는 듯 생생한 느낌을 준다. 콘살보 페란테Consalvo Ferrante가 아고스티노 바르베

---

* 베를린 미술관(Berlin Gallery)에 있는 그림이 아닐까 생각된다.
** 콘살보 페란테=곤살보 다 코르도바(Gonsalvo da Cordova, 1443~1515). 위대한 장군으로 불리며 스페인을 위하여 나폴리 공화국을 정복하고 프랑스에 대항했다.

그림 339 조르조네 다 카스텔프랑코, 「세 철학자」, 1509, 패널에 오일,
123.5×144.5cm, 미술사 박물관, 비엔나.

리고Agostino Barberigo를 만나려고 베네치아로 떠날 때, 이 장교를 데리고 갔다고 한다. 그때 조르조네가 무장한 콘살보의 초상을 그렸는데, 그 그림이 비길 데 없을 만큼 섬세하게 잘 그려져서 콘살보가 자신이 그 자리에 붙들려간 것으로 착각했다는 말도 있다.

조르조네는 초상화를 많이 그렸으며, 그 작품들이 이탈리아 도처에 흩어져 있다. 그 예로 레오나르도 로레다노Leonardo Loredano의 초상화를 들 수 있다. 이 그림은 그가 총독 재임 시에 조르조네가 그린 것이다. 나도 이 그림을 어느 그리스도 승천 날에 본 적이 있는데, 이 침착한 지배자가 마치 살아 있는 것 같았다. 조르조네가 그린 다른 초상화가 파엔자Faenza의 조반니 다 카스텔 볼로네세Giovanni da Castel Bolognese* 저택에 있는, 능숙한 솜씨로 조각된 카메오cameo와 수정水晶인데 그가 장인을 위하여 그린 것이다. 이 그림은 실로 예술적 영감에 찬 작품이라고 하겠으며, 밝음에서 어둠으로 옮아가는 조화된 색조는 그림이라기보다는 하나의 돋을새김같이 보인다.

조르조네는 프레스코 벽화도 즐겨 그렸다. 그가 제작한 많은 작품 가운데 산 폴로S. Polo 광장의 소란초Soranzo 성당 정면 전체에 많은 환상적인 장면 이외에도 석고 위에 유채화를 그렸는데, 비와 햇볕과 바람에 잘 견뎌 오늘날에 이르도록 선명한 상태로 보존되어 있다. 또 하나 조르조네의 가장 훌륭한 프레스코라고 생각하는 「봄」이라는 작품이 있는데, 애석하게도 세월이 감에 따라 많이 훼손되었다. 내 생각으로는 프레스코에는 무더운 남동풍sirocco만큼 해로운 것은 없다. 특히 염분을 품은 습기를 몰고 오는 바다 근처가 그렇다.

1504년 베네치아 리알도 다리 근처의 독일Tedeschi 포목상가에 큰 화

---

* 조반니 다 카스텔 볼로네세=조반니 베르나르디 로레단(Giovanni Bernardi Loredan)의 초상화는 없어졌다.

그림 340 조르조네 다 카스텔프랑코, 「다비데로서 자화상」,
1510, 캔버스에 오일, 52×43cm, 헤르초크 안톤
울리히 미술관, 독일.

재가 나서* 막대한 상품 재고가 불에 타고 상인들은 큰 손해를 입었다.
베네치아 시위원회는 곧 재건을 위한 법령을 포고하고 효과적인 편의
를 제공하기 전보다 더욱더 장엄하고 아름답게 빠른 시일 안에 재건했
다. 그 당시 조르조네의 명성은 벌써 무시할 수 없을 정도로 알려졌다.
건축 책임자는 조르조네에게 프레스코화를 위촉하며 모든 능력을 기
울여 훌륭한 작품을 제작하도록 당부했으며, 장소도 시내에서 가장 좋

* 「폰다코데이 테데스키(Fondacodei Tedeschi): 독일인 포목상점가」의 프
레스코는 18세기 차네티(Zanetti)의 애칭으로 어렴풋이 짐작할 수 있다.

그림 341 조르조네 다 카스텔프랑코, 「여인 초상화」, 1506,
패널에 오일, 68×59cm, 아카데미아 미술관, 베네치아.

그림 342 조르조네 다 카스텔프랑코, 「남성 초상화」, 1508,
캔버스에 오일, 30×26cm, 파인 아츠 갤러리,
샌디에이고(캘리포니아).

고 제일 아름다운 곳을 택했다. 조르조네는 곧 제작에 착수했는데, 자기 예술을 표현하려고 상상과 환상으로 초상을 제작하는 것이 그의 유일한 목적이었다.

나는 그 그림들이 옛날 또는 현대의 어느 시대를 표시하는 것인지 뜻하는 바를 알 수 없으며, 또 누구도 나에게 설명해주는 사람이 없다. 이들 프레스코에는 이쪽에 한 남자가, 그리고 저쪽에는 여자가 서 있고 사자의 머리를 쥐고 있는 인물, 큐피드 모습을 한 천사가 그려져 있는데, 나는 그것이 무엇을 뜻하는지 알 수 없다. 메르체리아Merceria로 통하는 정문 위에 앉아 있는 한 여자의 다리 밑에 유다 같은 거인의 머리가 놓여 있는데, 여자는 그 머리에 칼을 꽂아 쳐들면서 한 독일 사람을 쳐다보며 말을 걸고 있다.

그림 속 인물들이 잘 조화되어 있으며, 그의 작품이 점차 향상하는 것을 볼 수 있다. 또 거기에는 인물들의 머리와 다른 부위가 보기 좋게 잘 처리되어 있으며, 채색도 화려하다. 그리고 모든 것을 자연의 모습으로 주의 깊게 묘사했으며, 다른 화가의 것을 복사하려고 하지 않았다. 이 건물은 조르조네의 프레스코만큼 상업용으로도 훌륭하며 베네치아 공화국에도 유용한 것이 되었다.

조르조네는 십자가를 진 그리스도와 그를 끌고 가는 유대인들을 그렸는데, 이 그림은 산 로코S. Rocco 성당 안에 있으며 우리가 보듯이 이 성당을 찾는 사람들의 신앙심을 바탕으로 기적을 이루고 있다.그림 343

조르조네는 카스텔프랑코를 포함한 트레비소 지방의 여러 곳에서 일했으며,* 이탈리아의 여러 통치자의 초상화를 많이 제작했다.** 그중

* 카스텔프랑코 성당의 제단화(1504년경)는 조르조네의 확실한 네 작품 가운데 하나다.
** 바사리는 이미 사라진 많은 작품과 「폭풍우」(Tempest) 같은 대작을 들지 않으면서도 통찰력 있는 관찰로 조르조네를 부각했다. 그는 이 화가가 빛과 그늘을 다루는 솜씨를 레오나르도와 비교했다.

그림 343 조르조네 다 카스텔프랑코, 「십자가를 진 그리스도」,
1505, 캔버스에 오일, 68.2×88.3cm, 산 로코 성당, 베네치아.

여러 작품이 외국으로 나갔다. 이런 일은 토스카나 지방에는 어느 시대이건 수많은 예술가가 넘쳐흐른다는 증거를 보여주며, 또 이런 산골짜기 지방도 하늘이 결코 잊어버리거나 무시하지 않았다는 것을 보여준다.

안드레아 베로키오가 청동으로 말을 만들 때 조르조네가 조각가들과 논쟁했다는 말이 있다. 그들은 조각이 회화보다 높은 자리를 차지한다는 것이다. 회화가 한 면만 보여주는 데 반해 조각은 앞뒤와 좌우 모든 면을 볼 수 있기 때문이라고 했다. 조르조네의 의견은 다음과 같다. 즉, 그림은 감상하는 사람이 이리저리 걸어 다니지 않아도, 그림을 일별함으로써 여러 자세로 나타내는 모든 외양을 볼 수 있으나 조각 작품은 사람이 걸어 다녀야만 같은 효과를 낼 수 있다는 것이다. 그는 그림

그림 344 조르조네 다 카스텔프랑코, 「드레스덴의 비너스」,
1510, 캔버스에 오일, 108×175cm, 게멜데 갤러리,
드레스덴.

을 일별함으로써 그림 속 인물의 전후좌우를 볼 수 있다는, 무척 호기심 끄는 제안을 한 것이다.

실제로 그는 등을 앞으로 돌린 나체를 그렸는데, 다리는 맑은 샘물에 잠겨 있고, 수면에 반사된 몸의 앞부분을 볼 수 있다. 그림 한쪽에는 허리에 두르는 갑옷이 걸려 있어 여기에 그림 속 인물의 왼쪽 모습이 전부 반사되어 드러나 있다. 또 저쪽에는 거울이 있어, 이 나체의 다른 측면을 비추고 있다. 참으로 섬세하고 환상적인 생각이라 하겠는데, 이로써 조르조네는 회화가 조각보다 기량과 노력을 더욱더 요구한다는 점과 또 회화가 한 화폭 안에 여러 장면을 담을 수 있다는 증거를 보여주었다. 이 그림은 그 아름다움과 교묘한 점에서 칭찬을 많이 받았다.

조르조네는 키프로스의 여왕 카테리나Caterina 초상을 제작한 일이 있는데, 나는 조반니 코르나로Giovanni Cornaro 소유인 이 그림을 본 일이 있다. 화첩에는 유채화로 된 상반신 초상화가 있는데, 그는 독일 푸거Fugger 가문 사람이며, 당시 베네치아의 유력한 독일 상인 가운데 한 사람이다. 나는 이 훌륭한 그림과 함께 조르조네가 펜과 잉크로 그린 스케치와 그림을 가지고 있다.

조르조네가 자기 나라와 자신의 명성을 떨칠 무렵, 그는 음악과 더불어 많은 친구를 접대하는 사교계에 자주 드나들면서 어떤 부인과 사랑에 빠졌다. 1511년에 그녀는 페스트에 걸렸는데, 조르조네는 그런 사정을 모르고 교제를 계속하다가 마침내 그도 감염되어 34세로 세상을 떠났다.* 그의 죽음은 그의 재능을 사랑하는 많은 친구에게 큰 슬픔을 안겨주었으며, 온 세상에도 큰 손실을 가져왔다. 그러나 이러한 안타까움은 그가 뒤에 남긴 훌륭한 두 제자로 보상될 수 있었다. 그들은 베네치아의 세바스티아노 비니치아노Sebastiano Viniziano와 티치아노 다 카도레Tiziano da Cadore다. 세바스티아노는 나중에 로마 피옴보Piombo의 수

* 조르조네의 확실한 사망 일자는 1510년 10월이다.

그림345 조르조네 다 카스텔프랑코, 「인간의 세 시기」,
1500~1501, 패널에 오일, 62×77cm, 피티 미술관, 피렌체.

사修士가 되었고, 티치아노는 스승보다 훨씬 뛰어난 화가가 되었다.* 이 두 사람에 관해서는 뒤에서 언급할 기회가 있을 것이다.

■ 덧붙이는 글

조르조네의 작품들은 언제나 논쟁의 여지가 많은데, 그것은 확증을 세울 만한 근거가 없기 때문이다. 바사리가 기재한 프레스코들은 베네치아의 테데스키 도매상점 밖에 있는 프레스코들을 설명할 수 없었던 것과 함께 지금은 모두 자취를 감추었으며, 우리는 18세기의 조각과 퇴색退色한 원화原畵의 단편들을 보고 추측할 뿐이다. 그 반면 비엔나 미술관에 있는 라우라라는 여인의 초상화 뒷면에는 당시의 명각銘刻이 적혀 있으나, 이 초상화에 관하여 바사리가 아무런 설명을 하지 않은 것으로 보아 만족할 만한 작품이 아닌 것 같다.

조르조네의 확실한 주요 작품은 그의 출생지인 카스텔프랑코에 있는 제단화祭壇畵다. 바사리는 조르조네가 그곳에서 제작 활동을 했다고 했으나 조르조네의 극히 초기의 것으로 생각할 뿐, 이 그림이 조반니 벨리니의 후기 작품과 무척 유사하므로 이 작품에 관해서는 구체적으로 언급하지 않았다.

바사리가 막연하게 기재한 다른 여러 작품은 귀속을 가리기가 어려우며, 그의 작품이 티치아노와 세바스티아노 델 피옴보의 스타일과 비슷하므로 그의 작품으로 규정하기도 어렵다.

---

* 티치아노는 조르조네와 조반니 벨리니 선생 밑에서 같이 공부한 제자였을 것이다.

안토니오 다 코레조
Antonio da Correggio
1489~1534

ANTONIO DA CORREGIO
PITTORE

〔해설〕

전성기 르네상스 시대 이탈리아 북부를 대표한 화가다. 에밀리아Emilia 지방이 16세기 르네상스 회화의 중심이 될 수 있었던 것은 걸출한 두 화가 코레조와 파르미자니노가 있었기 때문이다. 그중 코레조는 16세기 말 바로크 회화의 선구자인 볼로냐의 안니발레 카라치Annibale Carracci에게 영향을 줌으로써 바로크 회화의 탄생에 기여했다.

그의 본명은 안토니오 알레그리Antonio Aliegri로서 코레조라는 이름은 작가의 고향 마을에서 유래했다. 작가로서 형성 과정은 많이 알려져 있지 않으며 부친과 고향 작가의 공방에서 미술을 시작한 것으로 보인다.

코레조는 라파엘로와 미켈란젤로의 작품에 영향을 받아 두 작가의 스타일을 교묘하게 조합하여 특유의 우아하고 파토스적이며 절충적인 양식을 탄생시켰다. 그의 작품에서 보이는 과장된 감정 표현과 천장화에서 보이는 인물들의 다양한 자세와 동세는 바로크 천장화를 미리 보는 듯하다. 르네상스에서 바로크로 가는 길을 개척한 작가라 할 수 있다. 젊은 시절 만토바를 여행하면서 만테냐의 영향을 받았다. 로마에서 라파엘로, 미켈란젤로의 작품을 접한 후 이들 작가의 작품에서 특정 요소들을 선택하여 자신만의 독창적 스타일로 변환시켰으며 특히 천장화에서 재능을 드러냈다. 그의 작품에서 보이는 다양한 인체의 과감한 단축법과 운동감, 자유자재의 자세, 시점 처리는 미켈란젤로의 시스티나 천장화의 영향을 보여준다. 이를 가장 잘 반영한 작품은 파르마 대성당 돔 천장에 그린 「성모승천」으로, 북부 이탈리아 전성기 르네상스 시기 최고 걸작으로 꼽히며 바로크 천장화를 미리 보는 듯하다. 대성당 외에도 파르마Parma의 산 파올로 수도원Convento di San Paolo의 수녀원장 방에 그려진 천장화와 역시 파르마의 복음저자 산 조반니 성당의 천장화는 코레조의 대표작이자 16세기 르네상스의 최고 걸작으로 꼽힌다.

코레조는 대형 프레스코화 외에도 신화와 성경을 주제로 다수의 패널화도 그렸다. 이들 작품은 자연을 배경으로 인물들을 부드럽고 우아한 모습으로 그렸는가 하면 「목동들의 경배」에서와 같이 빛과 어둠의 강렬한 대비를 시도한 작품들도 있으며, 「그리스도의 죽음을 애도함」과 같은 감정의 격정이 극에 달한 모습을 그려냄으로써 바로크 회화를 미리 보는 듯하다. 그로부터 50년 후 볼로냐의 안니발레 카라치를 비롯한 카라치 가문의 화가들이 볼로냐에 들른 것과 이들이 바로크 회화를 탄생시킨 것은 우연이 아닐 것이다. 코레조는 바로크 회화의 탄생에 가장 큰 기여를 한 것이다.

대자연의 여신이 오랜 세월을 두고 이탈리아의 이 토스카나 지방에만 불공평하게도 많은 천재를 보냈다는 비난이 두려워 그 지방을 떠나는 것을 바라지 않는다. 그 천재 중에서도 가장 뛰어난 화가 안토니오 다 코레조는 현대의 그림 양식을 완전히 체득하여 하늘에서 받은 재주와 예술을 훈련해 몇 해 안 가서 뛰어난 화가가 되었다.

그는 천성적으로 매우 온후했고 가정 사정이 불우해서 자기에게만 매달려 있는 가족 때문에 계속 일해야만 했다. 그는 성질이 차분해서 어려운 역경 속에서 그림 공부에 끊임없이 노력했다. 그가 그림에 열중했다는 증거는 파르마 대성당에 그린 프레스코에 있는 수많은 초상을 보면 알 수 있다.* 즉, 그의 탁월한 처리로 아래에서부터 전축법前縮法, scorta을 써서 괄목할 만한 큰 효과를 나타내 이루어진 인물화를 이 성당 둥근 천장화에서 볼 수 있다.

코레조는 롬바르디아Lombardia에서는 현대의 양식으로 그림을 그린 최초의 화가다. 만일 이 화가가 롬바르디아를 버리고 로마로 갔다면 틀림없이 기적을 낳았을 것이며, 동시에 그때 유명한 예술가들의 명예를 위태롭게 했을 것이다. 그는 고대의 작품이나 현대의 좋은 작품들을 본 적이 없으므로 자기가 만들어낸 양식을 완전히 체득하고 그림으로써 독특한 양식에 도달했다. 코레조보다 훌륭한 색채화가도 없고, 그가 그린 사물보다 더 아름답게 명암明暗을 잘 표현할 수 있는 화가도 없으며, 사람이 갖고 있는 피부의 미美를 부드럽고 우아하게 마무리 지은 화가도 없다.

---

* 코레조=안토니오 알레그리(Antonio Allegri)는 코레조와 파르마에서 제작활동을 했는데, 바사리는 그를 레오나르도, 조르조네와 함께 현대(전성기 르네상스)의 위대한 개척자라고 평했다. 파르마 대성당 그림들은 바로크 양식을 예견하는 걸작이다.

그림 346 안토니오 다 코레조, 「동방박사의 경배」, 1516~18,
캔버스에 오일, 84×108cm, 브레라 미술관, 밀라노.

그림 347 안토니오 다 코레조, 「이집트로 피난 중에 휴식하는
성가정」, 1517, 캔버스에 오일, 123×106cm, 우피치 미술관,
피렌체.

그림 348 안토니오 다 코레조, 「성모승천」(부분),
프레스코, 파르마 대성당, 파르마.

　파르마 대성당 안에 큰 유채화를 두 점 그렸는데, 하나는 사람들에게
큰 감동을 준 「죽은 그리스도」Cristo morto이며, 다른 하나는 그곳 산 조
반니 성당의 둥근 천장에 그린 프레스코인데* 성모 마리아가 천사들과
여러 성인에게 둘러싸여 승천하는 장면이다. 아름다운 의상과 인물들
의 자태가 너무 매력적이어서 화가의 손으로 표현했다기보다는 신의
영감과 상상력의 결정체라고 생각된다.그림 348 나는 그가 붉은 분필로
그린 스케치 몇 점을 가지고 있다. 즉, 테두리 일부를 아름다운 어린이
들로, 다른 부분은 고대 양식에서 빌려온 갖가지 환상적인 제물로 장식

　　* 1520~24년의 일이다.

그림 349 안토니오 다 코레조, 「나를 만지지 마라」, 1525,
캔버스에 오일, 130×103cm, 프라도 박물관, 마드리드.

그림 350 안토니오 다 코레조, 「그리스도의 죽음을 애도함」,
1525, 캔버스에 오일, 160×186cm, 국립 미술관, 파르마.

했지만 마지막 손질을 완벽하게 마무리 짓지 못했다면 그는 그와 같은 명성을 누리지 못했을 것이다.

그림이란 참으로 어려운 것이며, 분야가 다양하기 때문에 왕왕 화가들은 여러 부문의 기술에 골고루 숙달할 수는 없다. 어떤 화가는 아주 골고루 절묘하게 그리지만 어떤 화가는 부채법賦彩法이 불완전하다거나, 또 어떤 화가는 기막힌 부채법을 구사하지만 디세뇨가 이에 따르지 못한다. 그 이유는 화가가 젊었을 때 자기 취향에 따라 부채법이나 디세뇨의 어느 쪽에 더 많은 노력을 경주했는지에 달려 있다. 그러나 화가의 취향이 어떻든 간에 완전한 작품이 창조되려면 좋은 채색과 훌륭한 디세뇨가 조화를 이루어야 한다.

코레조가 그린 유채화나 프레스코 작품에서 도달한 완벽성은 칭찬할 만하다. 그 한 예로 파르마의 프란체스코 수도원 경당에 「성모영보」聖母領報, Annunziata를 프레스코로 그렸는데,* 그 후 성당을 개축하게 되었으므로 그림을 허물어뜨려야만 했다. 수사修士들은 재목을 철로 묶어서 사방으로 담벼락을 보강한 다음, 그림을 조그맣게 조각내어 조심스럽게 그 수도원의 안전한 장소로 옮겼다.

코레조는 파르마시의 성문 밖에 성모와 아기 예수를 그렸는데, 이 프레스코의 아름다운 채색은 보는 사람을 놀라게 했으며, 그가 그린 다른 그림을 보지 못한 사람들도 그에게 열광적인 찬사를 보냈다.

파르마의 산 안토니오 성당에도 그가 그린 패널화가 있는데, 성모 마리아와 성녀 마리아 막달레나, 그 옆에는 손에 책을 든 천사로 보이는 어린이가 미소를 짓고 있는 그림이다.** 어린이의 미소가 너무 천진스러워서 이 그림을 바라보는 사람 자신도 저절로 미소 짓게 된다. 그뿐인

---

* 산타 아눈치아타(S. Anunziata) 성당에 있다.
** 1523년에 그린 것이며, 이 그림과 앞서 말한 그림은 모두 파르마 미술관 소장품이다.

그림 351 안토니오 다 코레조, 「성모승천」, 1526~30, 프레스코,
1093×1195cm, 파르마 대성당, 파르마.

그림 352 안토니오 다 코레조, 「성모승천」(부분).

가, 우울한 사람일지라도 즐겁게 웃지 않을 수 없게 만드는 작품이다. 이 그림 속 성 히에로니무스의 채색은 놀랄 만큼 아름다워서 다른 화가들도 감탄했으며, 어느 누구도 그의 기법을 흉내낼 수 없다.

코레조는 그밖에도 롬바르디아의 여러 통치자를 위하여 많은 그림을 그렸다. 그중에서도 만토바Mantova의 페데리고 공작이 황제에게 선물로 바친 그림 두 점을 본* 줄리오 로마노는 이렇게 완벽한 채색법은 일찍이 본 일이 없다고 했다. 하나는 레다Leda의 나체화로서 부드럽고 피부빛의 음영이 재치 있게 그려졌으므로 그림이라기보다는 마치 피가 통하는 사람처럼 보인다. 또 하나는 풍경화인데 롬바르디아의 어느 그림에서도 찾아볼 수 없는 멋진 작품이다.

그가 그린 머리카락의 필법은 그 이상 더 잘 그릴 수 없을 정도로 섬세하고 세심한 주의와 아름다운 채색을 보여주며, 그 그림에서는 훌륭한 솜씨로 그려진 큐피드들이 금과 납으로 만든 화살을 쏘는 장면이 펼쳐지는데 그의 훌륭한 솜씨를 보여준다. 그리고 바위 위를 넘쳐흐르는 맑은 시냇물이 비너스Venus의 희고 섬세한 다리를 드러내 적시고 있어 그녀의 우아함을, 보는 사람으로 하여금 한층 더 돋보이게 한다. 그래서 코레조는 확실히 그의 생전에나 사후에도 기록되어 명예와 존경을 받기에 충분했다.그림 353

모데나Modena시에는 그가 그린 성모상의 패널 그림이 있는데,** 그 도시에서는 가장 뛰어난 그림이라고 모든 화가가 감탄한다. 볼로냐의 귀족 에르콜라니Ercolani 집에도 코레조의 작품이 있는데, 그리스도가 마리아 막달레나의 동산에 나타나는 것을 묘사했으며 매우 아름다운 그림으로 평가받는다.*** 레조Reggio에도 역시 코레조의 그림이 있었는데

* 1532년경.「레다」는 로마의 보르게세(Borghese) 미술관 소장품이다.
** 모데나의 산 세바스티아노 단체의 위촉으로 1525년에 그린 것이며, 그 중 한 점이 드레스덴(Dresden)의 것인 듯하다.
*** 런던의 웰링턴(Wellington) 박물관 소장품이다.

그림 353 안토니오 다 코레조, 「레다와 백조」, 1531~32,
캔버스에 오일, 152×191cm,
달렘 미술관, 베를린.

얼마 안 되어 루치아노 팔라비시노Luciano Pallavigino의 주의를 끌게 되
었다. 그는 그림을 퍽 좋아하여 가격 같은 것은 염두에 두지 않고, 마치
보석인 양 구입하여 제노바의 자기 집으로 보냈다.

그곳에는 코레조가 그린 또 하나의 작품, 즉 「그리스도의 탄생」
Nativita di Cristo이 있는데,* 그리스도의 초상에서 빛나는 광채가 양치기
들과 지켜보는 사람들을 비추고 있다. 이 그림 속 여러 얼굴 가운데 그
리스도를 열심히 응시하려고 애쓰는 한 여자의 얼굴에서 초자연적인

* 레조의 성 프로스페로(S. Prospero)를 위하여 1522년에 그린 것이며, 드
레스덴 미술관 소장품이다.

그림 354 안토니오 다 코레조, 「성 요한의 환시」, 1520~23,
프레스코, 940×875cm, 산 요한 성당, 파르마.

그림 355 안토니오 다 코레조, 「아기 예수를 경배하는
성모 마리아」, 1518~20, 캔버스에 오일, 81×67cm,
우피치 미술관, 피렌체.

빛을 인간의 눈으로는 이겨내지 못하여 손으로 가리는 자태가 놀랄 만큼 자연스럽다. 구름 위에서는 천사들의 합창대가 노래를 부르고 있는데, 그 아름다움이 예술가의 손으로 그린 것이라기보다는 하늘에서 내려온 장면인 것만 같다.

코레조의 작품 중에 가장 아름답고 귀한 그림이 같은 도시에 또 하나 있다. 가로세로 한 자가량인 조그만 그림으로 동산에 있는 그리스도와 작은 초상들을 그린 밤의 정경 속에 천사가 발하는 빛이 그리스도를 비추고 있는데, 그 이상 더 잘 표현할 수 없을 진실성을 보여준다. 사도들은 그리스도가 기도드리는 언덕 밑 벌판에 누워서 잠들었다. 그늘이 벌판을 뒤덮어 인물들에게 강한 힘을 부여한다. 먼 곳에서는 동이 트고, 한쪽에서는 병사들이 유다와 함께 다가온다. 이 조그만 그림의 뛰어난 표현은 끈기 있는 솜씨로 보나 노력으로 보나 크기가 같은 다른 그림과는 도저히 비교가 안 된다.

나는 이 거장의 작품을 계속해서 논의하고 싶으나 그가 만들어놓은 모든 것이 우리 시대의 뛰어난 예술가들에게 영감을 준다는 것을 생각하면 사실 더 할 말이 없다. 나는 온갖 노력을 다하여 그의 자화상을 찾아보았으나 헛수고였다. 그는 자화상을 그린 적이 없었고, 또 언제나 멀리 떨어져 살았으며 다른 화가들도 그를 그린 적이 없다. 진실로 그는 겸손한 사람이었으며, 자기의 예술과 능력이 자신이 원하는 것만큼 능숙하지 못하다는 것도 알고 있었다. 예술이 힘들고 어렵다는 것을 이해했기 때문이다. 그는 조금은 자신의 생활에 만족했으며, 성실한 크리스천 생활로 일생을 보냈다.

코레조는 가족 때문에 항상 무거운 짐을 지고 있었으며, 경제적으로 비참한 생활을 했다. 이런 이야기가 전해진다. 어느 날 그는 급료 60황금 두카트를 모두 잔돈으로 받아 등에 지고 파르마에서 코레조로 떠났다. 그러다가 더위를 먹어서 기운을 차리려고 찬물을 마신 것이 열병을 일으켜 자리에 눕게 되었고 끝내 머리를 들지 못하게 되었다고 한다.

그림 356 안토니오 다 코레조, 「성 예로니모의 성모 마리아」,
1525~28, 캔버스에 오일, 205×141cm, 국립 미술관, 파르마.

코레조가 죽은 것은 그의 나이 40세 전후였다.

　그의 그림에 날짜가 적힌 것은 1512년경부터였으며, 그는 거장다운 채색법을 구사함으로써 회화 예술에 크게 기여했다. 그의 작품들은 롬바르디아에 살면서 그를 따르는 화가들에게 진정한 그림이 어떤 것인지를 보여주었다. 예를 들면 코레조는 자신이 어려움을 무릅쓰고 체득한 방법인 머리카락 화법畵法을 가르치는 등 많은 화가가 그에게 신세를 졌다고 하겠다. 피렌체의 귀족 파비오 세니Fabio Segni는 다음과 같은 풍자시를 읊었다.

　　이 화가의 정신이 사멸할 사지四肢를 지배할 때
　　미美의 여신들이 주피터Jupiter에게 간청했다.
　　'생명의 아버지여.
　　우리는 다른 솜씨로 그려지지 않기를 청합니다.
　　이 사람 이외에 다른 이가 우리를 그릴 수는 없습니다.'
　　높은 하늘의 통치자는 이들의 소원을 들어주었다.
　　그리고 그 젊은이를 갑자기 높은 별들의 세계로 데려가서
　　그로 하여금 미의 세 여신상像을
　　더 잘 표현할 수 있게 했고 그곳 현장에서 식별하게 되었다.

　　Hujus cum regeret mortales spiritus artus
　　Pictoris, Charites supplicuere Jovi.
　　Non alia pingi dextra, Pater alme, rogamus;
　　Hunc praeter, nulli pingere nos liceat.
　　Annuit his votis summi regnator Olympi,
　　Et juvenem subito sidera ad alta tulit,
　　Ut posset melius Charitum simulacra referre
　　Praesens, et nudas cerneret inde Deas.

그림 357 안토니오 다 코레조, 「목동들의 경배」, 1528~30,
캔버스에 오일, 256.5×188cm, 겜말데 미술관, 드레스덴.

같은 시대를 살던 화가들 가운데 밀라노 태생의 안드레아 델 고보 Andrea del Gobbo라는 사람이 있는데,* 그는 매력 있는 색채화가로 그가 그린 많은 그림이 밀라노의 개인 집에 소장되어 있다. 그리고 성모 마리아의 승천을 그린 큰 패널 그림이 파비아의 체르토사Certosa에 있으나, 그의 죽음으로 미완성인 채다. 이 그림은 화가로서 그의 능력과 예술에 대한 집념을 잘 나타낸다.

■ 덧붙이는 글

바사리는 코레조의 생애와 환경을 특별히 상세하게 설명하지 못했으나 프레스코 3개 가운데 2개에 관한 기록은 있다. 즉, 하나는 파르마의 산 조반니 성당의 지붕과 또 하나는 대성당에 있는 것이다. 가장 오래된 프레스코는 파르마의 수도원에 있으며, 바사리는 이 그림을 볼 기회가 없었던 것 같다. 그러나 그는 코레조의 제단화 2개에 관해서는 명확하게 기록해놓았다. 즉, 현재 파르마 미술관에 있는 「성모 마리아와 성 히에로니무스」와 지금 드레스덴Dresden에 있는 「아기 예수의 탄생」으로 머리에서 후광이 빛나고 있다.

바사리가 기록한 코레조의 나머지 작품은 런던의 앨버트 박물관 웰링턴 박물관에 있는 「겟세마네의 기도」와 파르마 미술관에 있는 「그리스도 십자가 강하降下」이며 후자는 바사리가 기재한 「죽은 그리스도」일 것이다. 코레조의 신화적인 그림은 로마, 비엔나, 런던 등지에 산재하나 바사리가 기록한 것들과 같은지는 가려낼 수 없다.

* 안드레아 솔라리(Andrea Solari)다. 크리스토파노 솔라리(Cristofano Solari)는 그의 형제다. 곱사등이 조각가로 일명 일 고보(Il Gobbo)라고 한다. 「성모 몽소승천」은 안드레아가 그린 것이다.

피렌체의 화가

피에로 디 코시모
Piero di Cosimo
1462~1521

PIERO DI COSIMO PITTOR
FIORENTINO

〔해설〕

15세기에서 16세기로 넘어가는 시기 피렌체에서 주목할 화가 중 한 사람이다. 사실의 객관적 재현에서 벗어나 때로는 비관적이고, 때로는 기이하며, 환상의 세계를 표현한 그의 작품은 매너리즘의 태동에 중요한 역할을 했다. 이 같은 경향은 동시대 피렌체에서 활동했던 후기 보티첼리나 필리피노 리피에게서도 발견되며 당시 메디치 가문의 추방과 사보나롤라의 종교개혁, 그리고 이 종교 지도자의 화형 등 피렌체에 닥친 정치적·종교적 위기의 반영으로 볼 수 있다.

매너리즘 화가들 특유의 기괴한 모습이 이 화가에서도 발견되는데 바사리는 이와 관련하여 식사를 삶은 달걀로만 했다든가, 홍수를 좋아했으며 번개를 보고 기겁했다는 등의 기행을 소개했다. 예술가란 보통 사람들과 다른 종류의 괴상한 사람이라는 인식은 바로 이 시기 매너리즘 작가들에게서 비롯했다. 하지만 피에로 디 코시모는 단순히 기행을 일삼은 것이 아니라 새로운 시대정신을 반영할 줄 아는 작가였다. 그는 레오나르도 다 빈치, 필리피노 리피, 기를란다요 그리고 당시 피렌체에 알려진 플랑드르 회화의 영향을 받았다. 정교한 세부묘사와 풍경과 구름, 대기를 함께 그린 그의 대표작 「시모네타 베스푸치의 초상화」는 이 같은 영향을 반영하고 있다. 그는 또한 보카치오를 비롯한 작가들의 문학작품을 주제로 그림을 그리기도 했으며 「숲의 화재」, 「원시시대의 사냥」 등에서는 다양한 동물의 모습을 신비하면서도 기괴한 분위기로 그려냈다.

조르조네와 코레조가 롬바르디아에서 명성을 떨치고 있을 때, 토스카나 지방에는 이름난 예술가가 전혀 없었다. 그러나 당시 금은세공가인 로렌초의 아들이며 코시모 로셀리의 손자인 코시모는 이런 환경 덕분으로 피에로 디 코시모Piero di Cosimo*라는 이름으로 좀 알려졌다. 데생에 대한 맹목적인 사랑과 지능을 간파한 그의 아버지는 아들의 기량을 향상하고, 장래의 행복을 위하여 그를 코시모에게 맡겼다. 코시모는 그를 무척 귀여워했으며, 여러 제자 중에서도 마치 아들같이 여겼는데 그의 기량은 날이 갈수록 향상되었다.

이 소년은 천성이 고상하며 사물에 집착했고 취미도 다른 제자들과는 판이했다. 그는 때때로 자기 일에 너무 열중했기 때문에 그와 대화하는 사람들은 같은 말로 되풀이하여 물어야만 했다. 또 그는 고독을 즐겨 혼자서 잘 방황했으며, 허공에 성을 쌓기도 했다. 스승은 그의 취미와 지식이 다방면인 데 대해 큰 희망을 가졌으며, 그 자신의 작업에 고용하여 중요한 일을 맡겼다. 그것은 피에로가 스승보다도 판단력이 월등했기 때문이다.

그리하여 코시모가 교황 식스투스Sixtus에게 성당의 장식을 위촉받았을 때에도 피에로를 로마에 데리고 갔다. 거기에 피에로는 아름다운 장면을 한 폭 그렸는데,** 로마 저명인사들의 초상화, 그중에서도 비르지니오 오르시노Virginio Orsino와 루베르토 산소비노Ruberto Sansovino의 초상은 매우 훌륭했다. 내가 아는 한 이 그림은 이미 망실되었지만, 그 밑그림은 산 조반니 성당의 사제장司祭長 코시모 바르톨리Cosimo Bartoli 소유로 남아 있다.

* 피에로 디 코시모=피에로 디 로렌초는 피렌체의 코시모 로셀리의 제자다. 바사리는 그의 성격이 괴짜이며 생각이 환상적이어서 레오나르도 다 빈치와 통하는 데가 있다고 평했다.
** 「산상(山上)에서 가르침」, 1482년에 그렸다.

피에로는 피렌체에서 여러 사람을 위하여 많은 그림을 그렸는데, 내가 모은 화집에도 그가 그린 훌륭한 그림이 여러 장 있다. 또 산 마르코 S. Marco 성당의 수도원에는 「성모와 아기 예수」의 유채화 한 폭이 있다. 피렌체의 산토 스피리토 S. Spirito 성당 지노 카포니 Gino Capponi 경당에는 「성모의 방문」 Visitazione di Madonna을 그렸다. 거기에는 성 니콜라오와 성 안토니오도 보이는데, 안경을 쓰고 독서하는 그의 모습에 생동감이 넘친다. 한편 니콜라오의 머리와 옆에 놓인 번쩍이는 지구의, 양피지羊皮紙로 만든 책 등은 모두가 피에로가 환상적인 사물들을 기발하게 착상하여 훌륭하게 묘사한 탁월한 작품이다.

그가 죽은 후에 드러난 일이지만, 그는 보통 사람이라기보다는 비정상적으로 인생을 살았던 것 같다. 그는 항상 방문을 잠그고 자신의 작업을 아무에게도 보여주지 않았다. 방 청소도 안 하고 식사를 규칙적으로 하지 않았으며, 배가 고플 때면 먹고, 정원의 나뭇가지를 치거나 가꾸는 일은 전연 등한시했다. 덩굴은 자라는 대로 내버려두고 무화과와 그밖의 나무들도 무성한 대로 두었다. 그는 자연 그대로를 사랑했으며, 자연은 자연 그대로 성장해야 한다고 말했다.

동식물, 잡초, 조화의 변화를 구경하려고 쏘다녔으며, 그것으로 자신을 만족시켰다. 그러나 그는 그런 일에도 결국 진저리가 났다. 언젠가 그는 앓는 사람이 계속 담벼락에다 침 뱉는 것을 바라보면서 기수들의 싸움, 가장 환상적인 도시, 과거에 본 적이 없는 이상한 풍경들을 연상했다고 술회했다. 구름을 보고도 같은 환상이 생겼다고 했다.

그는 그림을 그릴 때에는 레오나르도 다 빈치 작품의 특징을 잘 모방한 유채화를 정성 들여 그렸다. 이런 방법이 그의 마음에 들었기 때문에 이 거장의 작품을 모방은 했지만, 그를 능가하지는 못했다. 만일 피에로가 좀더 자존감을 가졌다면 자신의 천부적 재능을 발휘했을 터인데, 이 무작한 사람은 남을 해치지는 않았을망정 자신을 망침으로써 세상 사람들은 그를 바보로 취급했다. 유능하고 뛰어난 예술가는 모름지기 이런 일을 잘 거울삼아야 할 것이다.

변덕스럽고 낭비벽이 있으며 재기가 넘친 젊은 시절의 피에로는 사육제의 가장무도회 때 각광을 받았으며, 또 피렌체의 젊은 귀족들이 그를 무척 좋아했다. 왜냐하면 그의 즉흥적인 재능이 장식의 장엄함과 화려한 취미를 더욱 북돋아주었기 때문이다. 전해 듣기에는, 그는 그들에게 우승을 차지하도록 하는 일인자였으며, 또 음악과 알맞은 연설과 주제에 맞는 의상을 입고 말 탄 사람과 걷는 사람들을 등장시켜 장면을 더욱 흥미 있게 만들었다. 즉, 장엄과 재주가 잘 조화되어 섬세하고 장식이 풍부했다. 장식 마의馬衣를 입힌 25쌍 내지 30쌍의 말 위에 올라탄 주인들이 주제에 알맞은 성장盛裝을 했으며, 종복들도 제복을 입고 손에 횃불을 400개 이상이나 들고 행진했다. 또 장식한 수레들을 보는 야경이 정말 신기한 환상이어서 구경꾼들을 매혹했다.

재치 있게 꾸며진 많은 일거리 가운데서 피에로의 주요한 노작勞作 하나를 기록하겠다. 그가 이미 성년이 된 1511년의 사육제謝肉祭 때 일이다. 그것은 다른 것과 마찬가지로 아름다운 것에서가 아니다. 무섭고 놀랄 만한 것에서 관중은 즐거워한다. 마치 신맛이 음식물에 놀랄 만한 즐거움을 주듯, 이와 같이 소름 끼치는 것들은 비극과 마찬가지로 사람들을 웃긴다. 이 특별한 장치들은 피에로가 교황청의 강당 안에서 비밀리에 제작한 것이며, 한꺼번에 공개하기까지는 비밀이 하나도 새어 나가지 않았다.

그것은 검은 물소가 끄는 커다란 수레인데, 거기에는 해골과 대퇴골 두 개가 교차하여 그려져 있다. 수레 꼭대기에는 자루가 긴 낫을 든 거대한 사신死神이 서 있고 수레 주위에는 돌멩이로 쌓아올린 무덤이 보인다. 수레가 서면 무덤이 열리고 검은 옷을 입은 인물들이 뛰어나오는데, 해골을 흰색으로 그렸으므로 검은색 옷이 돋보인다. 멀리서 보면 앞뒤를 채색하여 정말 해골 같아서 매우 불쾌하며 무시무시해 보인다. 쉰 목소리로 트럼펫 소리 같은 죽은 사람 소리가 그들이 앉아 있는 무덤에서 나오는데, 다음과 같은 슬픈 칸초네를 부른다.

고통이여, 눈물이여, 참회여 등.
Dolor, pianto e penitenzia, etc…

수레의 앞과 뒤에는 수많은 사자가 흰 십자가를 찍은 검은색 말 옷을 입힌 뼈투성이로 말을 타고 각각 제복을 입은 종 네 명을 거느렸는데, 이들 가운데 검은 십자가를 짊어진 자 또는 십자가, 해골, 대퇴골 두 개를 교차한 커다란 검은 기를 든 자도 있다. 개선식이 끝나면 그들은 검은 기를 휘날리며 행진하면서 시편psalmus 51편의 다윗의 노래, '자비를 구하는 노래'Miserere를 떨리는 목소리로 일제히 부른다.

이 무시무시한 광경은 그 신기함과 공포감 때문에 전체 시민을 당장에 공포와 환희로 몰아넣었다. 비록 이것이 언뜻 보기에는 사육제에는 적합하지 않지만 그 신기함과 모든 것이 칭찬할 만큼 짜임새 있기 때문에 여러 사람의 마음에 들었다. 피에로는 이 작품으로 명성을 떨쳤으며, 모든 시민은 이런 사육제를 두 번 다시 볼 수 없을 것 같다고 했다. 노인들은 그 아름다운 장면을 마음에 간직했다가 즐겨 이야기했다. 이 행사 이야기를, 이 행사를 도와준 안드레아 디 코시모와 피에로의 제자 안드레아 델 사르토에게서 직접 들었는데, 이 행사는 당시 유배流配된 처지에 있었으며 죽은 것이나 다름없던 메디치 일가가 피렌체로 돌아올 것을 암시한 것이라고 한다. 즉, 글자의 의미는 다음과 같다.

그대가 본 바와 같이 우리는 죽었다.
당신도 우리처럼 죽을 것이다.
우리가 사라진 것처럼
당신도 그렇게 될 것이다 등등.
Morti siam come vedete,

Cosi morti vedrem voi;

Fummo gia come voi siete,

Voi sarete come noi, etc.

이것은 죽은 자의 부활과도 같고, 또 적의 유배에서 다시 돌아옴을 말한다. 이 명망 높은 일가가 피렌체로 귀환할 때, 사람들은 뒤에 일어날 일을 예상하여 말과 행동으로 표현하고 싶어 했고, 많은 사람이 이러한 의견을 품고 있었으며, 또 많이 논의되었다.

다시 피에로의 예술과 작품 이야기로 돌아가자. 그는 세르비테 수도원의 성당 내 테달디Tedaldi 경당의 그림을 한 폭 위촉받았다. 여기에는 이 수도원의 창설자 성 필리포S. Filippo의 조끼와 베개가 보존되어 있다. 그 그림은 성모 마리아가 땅 위에 서서 머리를 하늘로 향하고 있으며, 성령이 위에서 비치는 것이었다. 손에는 책을 들고 있으며, 아기 예수는 보이지 않는다.

비둘기는 빛을 발하며, 성녀 마르게리타S. Margaret와 성녀 카테리나 S. Caterina는 무릎을 꿇고 그녀를 찬미한다. 성 베드로, 세례자 요한, 세르비테 수도원의 성 필리포 그리고 피렌체 대주교 성 안토니오 등이 선 채로 그녀를 쳐다보고 있다. 또 거기에는 기묘한 나무와 동굴을 그린 아름다운 전원 풍경도 보인다. 얼굴들이 우아하고 조화된 채색으로 그려진 것으로 보아 확실히 피에로는 완벽한 유채화 채색법을 체득했다고 하겠다.

그가 멋지게 그린 조그만 제단화가 하나 있는데 그 속에는 뱀의 배에서 나온 성녀 마르게리타가 있다. 그는 섬뜩한 뱀의 모습을 아주 현실감 있게 그렸으므로 그 이상 더 잘 그린 그림을 생각할 수 없을 정도다. 독을 뿜는 눈과 불 그리고 죽음, 참으로 무서운 장면을 나타냈다. 내가 보기에도 피에로보다 이런 종류의 그림을 더 잘 그릴 수 있는 사람은 없을 것이다.

그림 358 피에로 디 코시모, 「페르세우스가 안드로메다를
풀어주다」, 1513, 패널에 오일, 70×123cm,
우피치 미술관, 피렌체.

    또 하나 예를 들면 그는 괴상한 모양을 한 바다의 괴물을 그려서 줄
리아노 데 메디치에게 헌상했다. 이 그림은 피에로가 참을성 있게 그린
다른 비슷한 동물들의 괴상한 그림을 수록한 책자와 함께 코시모 데 메
디치 공의 의상실에 보존되어 있다. 이 책자는 내 친구인 산 조반니 성
당 주임 신부 코시모 바르톨리가 기증한 것이다. 피에로는 프란체스코
델 풀리에서 저택에 방 하나 가득히 자기가 좋아하는 환상적인 갖가지
사물을 우화寓話 장면에 그렸는데, 집·동물·의상·각종 기구들 그리고
이루 다 말할 수 없는 이야기를 써놓았다. 프란체스코와 그의 아들이
죽은 후에 모두 떼어버렸는데, 그 뒤 어찌되었는지 알 수 없다.

    또 그의 그림에는 마르스와 비너스 그리고 불칸Vulcan 등 예술성이
높고 정성 들인 것이 있다. 피에로는 필리포 스트로치Filippo Strozzi를 위
하여 페르세우스Perseus가 괴물에게서 안드로메다Andromeda를 구해내는
장면을 그렸다.그림 358 이 그림은 코시모 공의 수석 시종인 스포르차
알메니Sforza Almeni 저택에 있는데,* 그림과 조각을 각별히 애호하는 로

그림 359 피에로 디 코시모, 「성모자와 성인들과 천사들」(부분),
1493, 패널에 오일, 203×197cm, 오스페달레 인노첸티
박물관, 피렌체.

렌초 스트로치의 아들 조반니 바티스타가 그에게 기증한 것이다.

그는 이 그림을 높이 평가했는데, 기괴하고도 환상적인 바다의 괴물을 피에로보다 더 아름답게 그린 작품도 없으며, 용맹스러운 페르세우스가 칼을 높이 든 자세도 매우 당당하다. 안드로메다의 아름다운 얼굴은 공포와 희망으로 엇갈려 있으며, 그녀 앞에는 많은 사람이 갖가지 신기한 옷을 입고 노래 부르면서 뛰놀거나 기뻐 웃으면서 그녀가 풀려나는 것을 바라보고 있다. 주변 풍경도 매우 아름답고 색채도 부드럽고 우아하며 조화가 잘되어 있다.

그는 또 그림 한 폭을 그렸는데, 나체인 비너스와 마르스가 꽃이 만발한 초원에서 잠들어 있는 그림이다. 그들은 투구와 갑옷과 전차 장비들로 무장한 큐피드들에 둘러싸여 있다.* 이 그림에는 도금양桃金孃의 덤불, 토끼에게 놀란 큐피드, 베누스의 비둘기, 기타 여러 가지 사랑의 징표가 있다. 이 그림은 피렌체의 조르조 바사리 저택에 있으며, 이 그림 속 환상이 항상 나를 즐겁게 해주므로 그 작자를 기념하고자 소중히 간직하고 있다.

인노첸티Innocenti 병원 감독관은 피에로의 친구로 성당 입구 왼쪽의 폴리에세 경당에 그림 한 폭을 걸고자 피에로에게 위촉했다. 그러나 작가에게는 만족할 만한 그림이었으나 의뢰인에게는 실망을 주었다. 왜냐하면 그림을 완성할 때까지 그에게 보여주기를 거절했기 때문이다. 그는 화가가 친구에게 돈 받을 생각만 하고 그림은 보여주지 않는다고 의심하여 잔금 치르기를 거부했다. 그러자 피에로는 그림을 파괴하겠다고 위협하며 잔금을 내라고 고집했다. 그 그림에서는 확실히 훌륭한 사물들을 발견할 수 있다.**

* 현재 우피치 미술관에 있다.
* 베를린 미술관에 있는 그림인 듯하다.
** 「성모 마리아와 성인들을」인데, 1500년경에 그렸다.

SIMONETTA IANVENSIS VESPVCCI

그림 360 피에로 디 코시모, 「시모네타 베스푸치의 초상화」,
1480, 57×42cm, 콩데 미술관, 샹티.
바사리는 이 초상화를 「클레오파트라」로 잘못 기재했다.

피에로는 산 피에로 가톨리니S. Piero Gattolini 성당 안에 패널 그림을 그렸는데 성모 마리아가 앉아 있고 그 주위에 4인의 조상이 있으며 하늘에서는 두 천사가 마리아에게 면류관을 씌워주고 있다. 매우 힘들게 노력해서 그린 그림이므로 많은 찬사와 명성을 얻었다. 다른 성당은 모두 폐허가 되었으므로 이 그림은 지금 산 프리아노S. Friano 경당에 있다. 그가 「무염시태」無染始胎, immaciulata Concecione를 작은 패널 그림으로 그린 것이 피에솔레Fiesole의 산 프란체스코 성당 본당 격벽에 있는데, 아주 매혹적이며 인물상들은 그다지 크지 않다.*

또 비아 데 세르비Via de' Servi家家, 지금의 디 피에로 살비아티가의 산 미켈레S. Michele 성당 맞은편에 있는 조반니 베스푸치Giovanni Vespucci 저택에 그는 주신제酒神祭, Baccanarie의 장면을 그렸는데 거기에는 목신牧神, fauni, 사티로스satiros[半人半獸], 님프silani, 여러 동자童子, 바쿠스 예찬자baccanti들 그리고 이상한 옷을 입은 염소 같은 얼굴의 각종 피조물을 우아하고 사실성 있는 뛰어난 표현으로 그렸다. 그 한 장면에는 당나귀를 탄 실레누스Silenus를 소년들이 둘러싸고 있으며, 어떤 아이가 그에게 술을 따라주는 광경이 있는데 흥겨운 모양을 퍽 재치 있게 그려놓았다.

피에로의 작품들은 다른 사람의 것과 뚜렷하게 다르며, 그는 자연 속의 괴상한 사물들을 연구하는 예민한 재능을 하늘에서 받았고, 시간과 노력은 고려하지 않고 오로지 예술에서 자기 즐거움을 위하여 살았다. 그는 모든 것을 예술에 바쳤기 때문에 안락을 도외시했으며, 일상 먹는 음식은 딱딱해진 삶은 달걀일 수밖에 없었다. 그 달걀마저 타버릴까 봐 아교를 녹일 때 한꺼번에 50개가량 구웠으며, 바구니에 넣어두고 하나씩 꺼내 먹었다.

그의 생활양식이 이렇게 엄격하게 고정되어 있었으므로 그에게는

---

*「무염시태」는 현재 우피치 미술관에 있다.

다른 사람들이 마치 노예 상태에 있는 것같이 보였다. 어린아이의 울음소리, 사람들의 기침소리, 종소리, 수도자들의 노래마저 그를 자극했다. 그는 폭우가 쏟아져서 지붕을 씻고 땅에 튕기는 것을 보고 좋아했으며, 뇌성과 번개를 몹시 무서워해서 맹렬한 폭풍우가 지나갈 때는 창문을 닫고 외투를 둘러쓴 채 구석에 웅크리고 있었다. 피에로의 말씨가 하도 다양하여 듣는 사람들이 웃음을 터뜨리기 일쑤였다.

그러나 그가 늙어서 80세가 되었을 때에는 성격이 괴상해져서 참을성이 없는 괴짜가 되었다. 제자들이 가까이 오는 것도 허용하지 않았으며, 더욱더 난폭해져서 남의 도움도 받지 않았다. 그는 제작을 하고 싶었으나 팔이 마비되어 붓을 들 수 없었으며, 그럴수록 더욱 상기하여 손을 떨면서 힘없는 팔로 억지로 제작하려다가 손에서 팔받침을 떨어뜨리는 광경은 측은하여 볼 수 없었다. 파리들이 그를 괴롭혔으며, 그는 어둠을 싫어했다.

그가 노환에 걸렸을 때 친구들이 찾아가서 하느님과 화해를 촉구했으나 그는 자기가 죽으리라고는 생각지 않고 그러기를 미루었다. 사실 그는 나쁜 사람이 아니라 조야했으며 열망에 차 있었다. 가끔 그는 오래 지속되는 병과 차츰 죽음으로 다가서는 불행에 대해 푸념했으며, 의사와 약사들을 향하여 "환자를 굶어 죽게 하고 약물, 내복약, 관장 등 졸음이 올 때 잠들지 못하게 하고 어두운 방 안에서 친척들에게 둘러싸여 잠결에 유언해야 하는 고통을 준다"라고 불평했다.

그는 또 괴상망측한 죽음을 꿈꾸었는데 군중 한가운데서 백일하에 달콤한 음식과 상냥한 위로의 말들을 들으며 사제와 군중이 자신을 위하여 기도하는 동안 천당과 천사들을 만나며 임종하고 싶다고 했다. 누구나 이러한 환상에 젖어 있으면 평화로울 것이다. 이렇게 그는 매사에 변덕을 심하게 부렸다. 이와 같은 넘쳐흐르는 환시 생활 끝에 그는 1521년 어느 날 아침 계단 밑에서 죽었다. 그리고 산 피에로 마조레S. Piero Maggiore 성당 안에 매장되었다.

그에게는 제자가 여러 명 있었는데, 그중 안드레아 델 사르토가 가장 유명하다. 피에로의 초상화는 그의 가장 친한 친구 프란체스코 다 산 갈로Francesco da San Gallo가 피에로의 노년 시절을 그린 것이 있다.* 여기에 꼭 첨가해야 할 것은 피에로가 그린 클레오파트라의 아름다운 머리 초상화 이야기인데 그녀의 목에는 뱀이 감겨 있다. 이 그림은 프란체스코가 가지고 있다.**그림 360 피에로가 그린 다른 초상화 두 폭 가운데 하나는 자기 부친 줄리아노Giuliano이고 또 하나는 조부 프란체스코 잠베르티Francesco Giamberti인데 거의 실물과 같다.

* 현재 헤이그(Hague)의 마우리츠하위스(Mauritshuis) 미술관에 있다.
** 시모네타 베스푸치의 초상화다.

건축가

브라만테 다 우르비노
Bramante da Urbino
1444~1514

VITA DI BRAMANTE ARCHIT.

〔해설〕

　밀라노와 로마에서 활동한 르네상스 시대 대표 건축가다. 다 빈치의 「최후의 만찬」이 있는 밀라노의 산타 마리아 델레 그라지에 성당을 재건축했으며, 로마의 성 베드로 대성당 재건축 설계 역시 그의 작품이다. 그는 브루넬레스키, 레온 바티스타 알베르티 등 초기 르네상스 건축가들의 결실을 바탕으로 16세기 전성기 르네상스 건축을 만들어냈다.

　우르비노 출신으로 피에로 델라 프란체스카와 멜로초 다 포를리에게 그림을 배웠다. 1477년에서 1479년 사이에 베네치아를 비롯한 북부 지역을 여행하면서 안드레아 만테냐의 영향을 받았다. 1479년 밀라노의 로도비코 일 모로 궁정에 들어가 봉사했다. 밀라노 시기의 대표작은 산타 마리아 델레 그라지에 성당으로 다 빈치의 「최후의 만찬」이 이 성당의 부속 식당에 그려져 있다. 1499년 프랑스의 침략으로 스포르차 가문이 추방당하자 로마로 건너가 원형 건축물인 템피에토 디 산 피에트로 인 몬토리오를 건축했다. 규모는 작지만 원형 돔, 기둥, 메토프를 비롯한 고전 건축 모티프들을 재등장시킴으로써 르네상스 건축에서 고대 부활을 보여주었다.

　1506년 교황 율리우스 2세로부터 교황청 건축가로 임명받았으며, 성 베드로 대성당을 재건축하는 임무를 맡았다. 그는 성 베드로 대성당을 사각의 중앙 집중식 성전으로 설계하여 공간 전체에 부드러운 명암 효과와 볼륨감을 주고자 했다는 점에서 초기 르네상스 건축의 원근법 중심 방식에서 탈피했다. 그의 이 같은 건축 개념은 이후 성 베드로 대성당을 감독했던 줄리아노 다 산 갈로, 라파엘로, 미켈란젤로에게 계승되었다. 브라만테는 같은 고향 출신인 무명의 라파엘로를 로마로 불러 교황 율리우스 2세에게 소개함으로써 교황청 안에 라파엘로 작품을 남기게 했고, 결과적으로 전성기 르네상스 회화를 탄생시키는 데도 기여했다.

 필리포 브루넬레스키Filippo Brunelleschi는 학식이 많고 저명한 고대 건축가의 우수한 작품들을 모사하여 오랜 세월이 지난 오늘날에 부각함으로써 건축술의 현대적 발전에 큰 도움을 주었다. 그러나 브라만테 Bramante는 브루넬레스키의 발자취를 따라 이론에서뿐만 아니라 실제 면에서도 예술의 정신과 용기, 재능 그리고 지식을 계승하는 사람을 위하여 안전한 길을 닦음으로써 우리 시대에 적지 않은 공헌을 했다.

자연은 창의력과 균형을 갖춘 예술을 실행에 옮기는 데 이 사람보다 더 알맞은 사람을 일찍이 만들어내지 못했다. 그리고 자연은 이런 사람과 같은 시대에 교황 율리우스Julius 2세 같은, 위대한 기억을 남기겠다는 야심을 지닌 사람을 만들어야만 했다. 또 흔한 일은 아니지만 브라만테가 자신의 뛰어난 능력과 천재성을 충분히 발휘할 기회를 교황이 줄 수 있었다는 것도 행운이라 하겠다.

그의 능력은 건축술 전반에 걸쳐 탁월했으며 쇠시리cornici의 윤곽, 원주colonne와 기둥머리capitegli의 우아함, 기초base, 소용돌이형 까치발 mensola, 둥근 천장volta, 계단scale, 돌출물risalti 등 건축양식의 세부에 이르기까지 이 장인의 모델을 본 사람들을 놀라게 했다. 우리는 고대 사람들과 브라만테의 작품에 감사를 드려야 한다. 그리스인들은 건축술을 발명했고 로마인들은 그것을 모방했으나, 브라만테는 모방했을 뿐만 아니라 새로운 발견을 하여 우리에게 가르쳤으며, 오늘날 보는 바와 같이 건축술을 더한층 아름답게 완성했다.

그는 우르비노 공화국의 카스텔로 두란테Castello Durante의 훌륭한 가문 출신이었으나 가세가 기울었다.* 그는 어렸을 때 읽고 쓰는 것 외에

* 바사리는 브라만테를 르네상스 시대의 위대한 건축가라고 정확하게 평가했으나 그의 수련 과정, 어렸을 때 경력, 1480~99년 밀라노의 산타 마리아 프레소 산 사티로(Santa Maria Presso San Satiro, 1482), 파도바 대성당의 후진(後陣)과 성물실(1488), 밀라노의 산타 마리아 델라 그라치

산수에 몰두했다. 그러나 돈벌이에 마음이 쏠린 아버지는 아들이 그림 그리기를 좋아하는 것을 알게 되자 당시 우르비노의 산타 마리아 델라 벨라S. Maria della Bella 성당에서 패널 그림을 그리던 바르톨로메오 수사, 일명 카르노발레Carnovale da Urbino에게 맡겨서 그림 공부를 시켰다.

그는 건축술과 원근법에 열중하여 카스텔로 두란테를 떠나 이 도시 저 도시를 편력하면서 힘을 다해 일했으나 이렇다 할 성과는 없었다. 그러자 그는 유명한 건축물들을 견학하기로 결심하고 밀라노Milano 대성당Duomo을 보러 갔다.* 거기에는 훌륭한 기하학자이며 건축가인 체사레 체사리노Cesare Cesarino가 살고 있었다. 그는 비트루비우스Vitruvius에 관한 주석서註釋書를 저술했으며, 자신이 기대했던 보수를 받지 못한 데 비관하여 일하기를 거절하고 인간이라기보다는 비참한 야만인 같은 생활을 하다가 목숨을 끊었다.

밀라노에는 그밖에 베르나르디노 다 트레비오Bernardino da Trevio**라는 뛰어난 제도자가 있었는데 그는 대성당의 건축사 겸 공학자였다. 그의 작품은 다소 조잡하기는 했으나 레오나르도 다 빈치는 그를 높이 평가했다. 전축법으로 그린 그의 작품 「그리스도의 부활」Resurressione di Cristo이 그라치에 수도원chiostro delie Grazie에,*** 「사도 베드로와 바오로의 죽음」의 프레스코화가 산 프란체스코 경당에 있다. 그의 작품이 밀라노와 그 주변에 여러 점 있는데, 모두 소중히 소장되어 있다. 나도 그가 목탄木炭, carbone과 연백鉛白, biacca으로 그린 아름다운 여인의 두부상을 간직하고 있는데, 그의 화풍의 좋은 예라 하겠다.

브라만테는 그 건축물들을 열심히 연구하고 여러 건축가와도 친교

━━━━

에(1494)의 후진 등 밀라노 체재 시 제작한 건축물은 언급하지 않았다.
   * 1472년경이다.
  ** 베르나르디노 체날레 디 트레빌리오(Bernardino Zenale di Treviglio), 1436~1526.
*** 베르나르도 부티노네(Bernardo Butinone)의 작품이다.

를 맺게 되어 이제부터 자신은 건축가로서 헌신하기로 결심했다. 그리하여 그는 밀라노를 떠나 1500년, 즉 성년聖年을 맞기 전해에 로마에 도착하여 고향 친구와 롬바르디아 출신들을 만났으며, 그곳 산 조반니 라테라노S. Giovanni Laterano 성당 포르타 산타Porta Santa의 공사를 위촉받았다. 그것은 천사들과 다른 조상들이 받드는 알레산드로Alessandro 6세의 문장紋章을 그려서 성년에 대비하려는 것이었다.

브라만테는 롬바르디아에서 돈을 약간 가져왔고, 로마에서 일해서 번 돈도 있었으므로 생활에 큰 도움이 되었다. 그는 자유롭게 생활하면서 로마의 옛 건축물들을 측량하려고 결심했다.* 일에 착수하여 열중한 끝에 얼마 안 되어 로마와 그 근교의 옛 건축물들을 모두 측량하고 나폴리Napoli까지 손을 뻗었으며, 고대 유물이 있을 만한 곳을 모두 찾아다녔다. 티볼리Tivoli와 빌라 아드리아나Villa Hadriana의 고적들도 모두 측량했는데, 이것이 그 후 그의 작업에 큰 도움을 주었다는 것은 다른 곳에서 다시 언급하겠다.

브라만테의 이런 가상한 태도를 소문으로 들은 나폴리의 추기경은 그에게 호의를 갖게 되었다.** 추기경은 프라티 델라 파체Frati della Pace 수도원을 석회화石灰華로 개조하고 싶은 욕망이 일어나서 그 공사를 브라만테에게 위촉했다. 브라만테는 수입도 생각했지만 추기경의 은고를 얻으려고 전력을 기울여 열심히 일하여 빠른 시일에 완공했다.*** 완전무결한 공사는 아니었으나 지금까지 로마에는 이렇게 열심히 정성들여 일하는 건축가가 없었으므로 브라만테의 명성은 높아졌다.

브라만테는 알레산드로 6세에게 봉사하면서 차석次席 건축가의 지위를 가지고 트라스테베레Trastevere 분수대 공사와 산 피에트로 광장

* 브라만테의 영감은 그가 고대 로마의 유적을 연구한 데에서 나온 것이라고 바사리는 강조한다.
** 올리비에로 카라파(Oliviero Caraffa)다.
*** 1504년의 일이다.

그림 361 브라만테 다 우르비노, 「산 피에트로 인 몬토리오」,
1505~1506, 대리석, 산 피에트로 인 몬토리오 템피에토,
로마.

Piazza di S. Pietro의 일을 맡았다.* 그는 다른 건축가들과 함께 작업하면서 점점 평판이 좋아졌으며, 라파엘로 리아리오Raffaello Riario 추기경의 위촉으로 피오레 구역Campo di Fiore에서 가까운 산 조르조 궁전Palazzo di S. Giorgio과 다마소Damaso에 있는 산 로렌초 대성당을 설계하여 대부분을 시공했다. 이 궁전은 그 후 다시 손질은 했지만 규모로 보아 웅장함에는 틀림이 없다. 이 건물의 감독관은 안토니오 몬테카발로Antonio Montecavallo였다.

브라만테는 나보나Navona에 있는 산 야코포 델리 스파뉴올리S. Jacopo degli Spagnuoli 성당 확장 평의회위원이었으며, '정령精靈의 산타 마리아 S. Maria *de anima* 협회'의 평의회에도 관여했다. 이 성당은 후에 독일인 건축가가 건축했다.** 그는 보르고 누오보Borgo Nuovo에 있는 아드리아노 다 코르네토 추기경의 궁전도 설계했다. 그러나 공사가 늦게 진행된 데다 추기경이 패주했기 때문에 건축은 미완성이 되고 말았다.

그는 또 산타 마리아 델 포폴로S. Maria del Popolo 성당의 몸체를 확장하는 설계를 했는데, 이 공사로 로마는 그를 신임하게 되었으며 건축에 대한 그의 결의와 신속성과 탁월한 창의성으로 말미암아 일류 건축가로 인정받았다. 따라서 그는 이 도시의 모든 유명한 사람에게 가장 중요한 공사에 항상 고용되었다.

1503년에 교황 율리우스 2세가 선임되자 그때부터 그는 교황에게 봉사하기 시작했다. 교황은 벨베데레궁과 교황 궁전 사이의 공간을 채우려는 환상을 품었다. 거기에는 네모꼴 강당이 들어서서 옛날의 교황 궁전과 인노첸티우스Innocentius 8세가 교황의 청사로 지은 건물 사이의 지반이 함몰된 곳을 둘러싸야만 했다. 그리고 벨베데레궁에서 로지아로 둘러싸인 궁전으로 통하는 지반 함몰부의 양쪽은 각각의 복도로 통

* 트라스테베레와 산 피에트로 광장의 분수는 현재 없다.
** 1500년에 시공했다.

하게 할 것이며, 궁전에서 벨베데레까지는 상승모형의 다양한 계단을 설계하여 서로 통로를 잇도록 했다.

이런 설계에 대하여 정확한 판단력과 환상적 천재성을 지닌 브라만테는 밑부분을 2층으로 나누고, 아래층은 사벨리Savelli의 콜로세움*과 같은 도리아 양식 로지아를 만들고 반원주 대신 석회화石族華로 벽기둥을 만들어놓았다. 위층은 이오니아 양식인데 들창이 마련되어 있었으며, 교황의 궁전과 벨베데레의 제일 끝 방의 수평만큼 높였다. 로마 쪽과 숲 쪽으로 400걸음보다 더 기다란 로지아를 만들었으며, 그 중간은 계곡으로 벨베데레의 물을 모두 끌어다 아름다운 분수를 만들었다.

이 설계에서 브라만테는 궁전을 기점으로 하여 벨베데레에 있는 첫째 회랑을 로마 쪽에 만들었는데, 다만 위로 통하는 마지막 로지아만은 생략했다. 숲 쪽으로 기초를 쌓았으나 교황 율리우스가 서거하고 뒤따라 브라만테도 죽었기 때문에 완성되지 못했다. 이러한 훌륭한 아이디어는 태곳적부터 로마가 일찍이 가지지 못했던 것이다. 그러나 내가 이미 이야기한 바와 같이 다른 회랑도 기초만 다졌을 뿐 완성되지 못했으며, 교황 피우스Pius 4세가 마지막 손질을 했다. 브라만테는 또 벨베데레에 감실龕室을 마련하여 고대의 조상을 안치하려고 고대 박물관을 만들었다. 여기에 그는 희귀한 조상 라오콘을 놓았으며, 아폴로와 베누스 등을 레오 10세가, 티베르Tiber와 나일과 클레오파트라를 클레멘티우스 7세가, 또 교황 파울루스Paulus 3세와 율리우스 3세가 많은 비용을 들여서 괄목할 만한 것들로 만들었다.

다시 브라만테 이야기로 돌아가자. 그를 도와주는 사람들이 만일 인색하게 굴지 않았다면 그는 시종일관 군은 결심으로 건축에 종사하여

---

* 로마의 대경기장(팔라티네Palatine 언덕과 아베르티네Avertine 언덕 사이에 있으며 관중 25만 명을 수용한다고 함. 마르첼루Marcellu 극장이다).

그림 362 브라만테 다 우르비노, 「기둥에 묶인 그리스도」,
1490, 패널에 오일, 93×63cm, 브레라 미술관, 밀라노.

신속하게 처리했을 것이다. 벨베데레 건물은 빠른 속도로 진척되었으며, 브라만테의 정열과 교황의 열기가 맞먹었다. 교황은 건물이 사람의 힘으로 지어진 것이 아니라 신神의 힘으로 이루어졌다고 생각했다. 브라만테 입회 아래 인부들이 낮에 파낸 모래와 흙을 밤에는 갖다버리는 기초공사를 그는 별다른 생각 없이 지휘했다. 이런 부주의가 공사에 금을 가게 하여 마침내는 건물이 붕괴될 위험에 직면했다.

문제의 회랑 가운데 80브라차의 일부가 교황 클레멘티우스 7세 재위 시에 무너졌으나 교황 파울루스 3세가 재건했는데 그는 수리와 확장에도 힘을 썼다. 그 궁전에는 브라만테가 만든 층계함 사이에 일련의 계단이 여러 군데 있었으며, 그 지형에 따라 높고 낮은 코린트, 이오니아 및 도리아 양식으로 되어 있어 매우 우아하게 시공되었다.그림 363 그의 모델은 현재 우리가 보듯이 참으로 불가사의한 미美라고 할 수 있다. 그러나 공사를 시작할 때 예상한 대로 결국 미완성으로 끝나고 말았다. 그뿐인가, 그는 원주圓柱를 오르는 데 나선형 계단을 만들어 말을 타고 쉽게 올라갈 수 있도록 했으며, 도리아 양식에 이오니아 양식을 가미하고, 이오니아 양식에 코린트 양식을 가미했으며, 최고로 우아함과 예술성을 지니고 있으므로 같은 장소의 다른 작품 못지않은 영예를 그에게 안겨주었다.

이 착상은 내가 조반니와 니콜라 피사노Giovanni & Niccola Pisano 전기에서 언급한 바와 같이 피사노 작품에서 빌린 것이다. 그것이 브라만테로 하여금 환상을 빚게 했고, 그는 벨베데레궁 정면파사드의 장식벽에 고대 상형문자象形文字를 새겨서 자신의 재능을 과시했다. 즉, 교황과 자신의 이름을 다음과 같이 썼다.

그는 'Julio Ⅱ, Pont. Massimo'를 율리우스 카이사르Julius Caesar의 얼굴 옆모습과 두 아치로 만든 다리와 함께 Julio Ⅱ Pont.로 새겼고 치르콜로 마시모Circolo Massimo는 오벨리스크 모양의 뾰족탑aguglia으로 'Max.'를 묘사했다. 교황이 이것을 보고 웃으면서 글자 크기를 1브라

그림 363 브라만테 다 우르비노, 「벨베데레 궁전의 나선형
계단」, 바티칸, 로마.

차1브라차는 약 180센티미터 높이로 만들도록 했는데, 오늘날 보는 바와 같
다. 그 후 브라만테는 자신의 이 어리석은 짓은 한 프랑스인 건축가가
비테르보Viterbo 마을의 산 프란체스코 성당을 지을 때 '건축 장인 프란
체스코'Maestro Francesco Architettore를 표시하는 아치arco, 지붕tetto, 탑torre
을 본떴다고 술회했다. 교황은 건축가로서 브라만테의 재능을 높이 평
가했으며, 그에 대한 교황의 총애는 피옴보Piombo* 사무소에서 일하도
록 임명받을 만했다. 그는 여기서 소에 낙인烙印을 찍는 멋진 윈치가 달
린 기계를 만들었다.

볼로냐가 1504년 교회에 복귀했을 때 브라만테는 교황을 따라 거기
에 갔다. 그리고 미란돌라Mirandola** 와 전쟁 중에는 그의 출중한 재능이
필요한 중요한 일들로 바빴다. 그는 훌륭하게 설계한 평면도와 입면도

* 피옴보는 납(鉛, lead)이라는 뜻이지만, 소[牛]의 낙인(烙印)을 관장하
는 사무소다.
** 1511년의 일이다.

를 많이 그렸는데 내가 지금 수장한 책에 잘 설계된 작품들이 몇몇 들어 있다. 또 그는 우르비노의 라파엘로에게 건축술에 대하여 광범위한 지식을 가르쳤다. 라파엘로는 훗날 교황 거실에 원근법을 사용하여 파르나수스산Monte di Parnassus을 묘사한 건물을 그렸는데, 거기에는 육분의六分儀를 가지고 측량하는 브라만테를 라파엘로가 그린 것이 있다.

교황은 브라만테를 채용하여 로마의 모든 관청과 사무소를 줄리아 포도鋪道, Strada Julia에 있는 한 장소에 모아서 짓기로 했다. 그렇게 함으로써 관청에 용무가 있는 모든 사람에게 이용토록 하여 과거의 큰 불편을 덜어주기로 했다. 따라서 브라만테는 지금까지 미완성인 코린트 양식 성당—아주 희귀한 건물이다—을 포함하여 매우 아름다운 시골풍의 나머지 건물과 산 비아지오 술 테베레S. Biagio sul Tevere 궁전 건축에 착수했다. 이와 같은 고상하고 유용하고 기념비적 건물을 미완성 상태로 두게 된 것은 참으로 애석한 일이다. 왜냐하면 전문가들은 이 건물들이 일찍이 조영한 것 중에서도 가장 훌륭하다고 평가하기 때문이다.

그는 산 피에트로 인 몬토리오 성당* 아래층 회랑을 석회화石灰華로 지었는데, 균형의 양식과 변화를 필적할 만한 건물이 없을 만큼 우아하다.그림 364 지금은 미완성 상태지만 만일 그의 설계대로 수도원이 완성된다면 훌륭할 것이다. 그는 보르고Borgo 궁전 안에 후에 라파엘로 소유가 된 건물을 설계했는데, 벽돌과 시멘트 블록을 사용했다. 원주와 늑재肋材를 도리아 양식과 녹슨 빛의 채색으로 아름답게 시공했다. 그는 또 로레토Loreto에 있는 산타 마리아 성당 장식물들을 설계했는데 이 작업은 나중에 안드레아 산소비노Andrea Sansovino가 이어받아 계속했다. 그밖에도 로마의 여러 성당과 궁전 모형을 수없이 제작했는데 그

* 산 몬토리오(S. Montorio) 성당의 「템피에토」(Tempietto)는 로마에 와서 얼마 안 된 브라만테가 제작(1503)한 것이다. 당시 그는 성 베드로 대성당 재건(1504) 때문에 몹시 바빴다.

그림 364 브라만테 다 우르비노, 「템피에토
성당의 안뜰」, 산 피에트로 인 몬토리오, 로마.

의 천재성은 말로 표현할 수 없으며, 거대한 교황 궁전을 복원하려고
규모가 굉장히 큰 설계도 했다.

브라만테의 정신이 이렇게도 훌륭하게 승화되고 교황의 소망이 자
기 욕망과 일치되는 것을 안 그는 성 베드로 대성당을 헐고 재건하기로
했다. 그리하여 이에 대한 수많은 설계도를 제작했는데 그중 하나는 참
으로 찬탄할 만하며 그의 놀랄 만한 천재성이 발휘되어 있다. 건물 정
면 양쪽에 종루鍾樓가 두 개 있는데, 훗날 탁월한 금은세공사 카라도사
Caradossa가 디자인한 교황 율리우스 2세와 레오 5세의 경화硬貨에서 볼
수 있는 최상의 작품을 브라만테의 설계도에서도 볼 수 있다. 교황은
이 엄청난 공사를 착공하기로 결심했는데 그 창의성, 웅대함, 장식미

등에서 이 성당을 과거 국력을 총동원하여 지은 이 도시의 어느 건축물보다도, 또 과거의 수많은 유능한 예술가의 천재성으로 이루어진 건물보다도 뛰어나게 지을 작정이었다.

브라만테는 예전과 같은 빠른 솜씨로 기초를 닦고 교황이 선종하기* 전에 쇠시리 높이까지 벽을 쌓아 올렸다. 거기에는 벽기둥 4개와 원형 천장을 신속하고 예술성이 풍부하게 만들었다. 그는 감실이 있는 성당 본채의 천장도 지었으며, 프랑스 왕의 이름을 따서 부르는 경당을 앞으로 더 짓도록 제의했다.

그는 나무 뼈대를 써서 원형 천장을 만드는 방법을 발견했으며, 프리즈나 치장 벽돌의 잎 문양을 새겨 넣을 수 있었고, 비계를 드리운 아치를 만드는 방법도 보여주었는데, 이것은 안토니오 다 산 갈로의 뒤를 이은 발명이다. 한편 실내 둘레의 쇠시리는 디자인을 그 이상 개량할 수 없었다. 기둥머리의 불가사의한 올리브 잎사귀의 아름다움과 외부의 도리아 양식의 우아함이 브라만테의 천재적 자질을 보여준다. 만일 그의 천재성 못지않게 건강이 따라주었다면 지금까지 보지 못한 훌륭한 작품들을 완수했을 것이다.

그가 죽은 후 여러 건축가가 이 공사에 쓸데없이 참견한 결과, 설교단이 포함된 옥외 아치 4개 이외에는 그가 남긴 것이 아무것도 없다. 우르비노의 라파엘로와 줄리아노 다 산 갈로는 율리우스 2세가 선종한 후 이 공사의 책임자였는데 베로나의 조콘도Giocondo와 함께 그 구조를 바꾸기 시작했다. 그들 사후에 발다사레 페루치Baldassarre Peruzzi는 프랑스 왕의 이름이 붙은 경당 건물을 교차점에서 대성당 구내로 변경했으며, 교황 파울루스 3세 때는 안토니오 다 산 갈로가 모든 설계를 변경했다. 최종적으로 미켈란젤로는 그들의 갖가지 불필요한 설계와 경비를 모두 없애버리고—그가 나에게 자주 이야기한 바와 같이—다른 사

---

* 1506년 4월 18일.

람들의 설계가 개입되지 않은 브라만테만의 설계도에 따른 시공을 집행한다는 일념으로 극도의 아름다움과 완전함을 조화하기 위해 노력했다.

이 건축을 시작한 브라만테가 원 저작자인데도 다른 사람들은 자기 자신들의 디자인과 판단만 고집했다. 이 공사에 관한 브라만테의 구상은 무한해서 그는 굉장히 큰 건물을 창시했다. 만일 그가 이 장엄한 성당을 좀더 작은 규모로 시작했다면 산 갈로나 그밖의 사람들, 아니 미켈란젤로마저 그것을 확장하지 못했을 것이다. 실제로 브라만테가 너무 크게 착상着想했기 때문에 그들이 도리어 규모를 축소했다.

풍설에 따르면 브라만테가 이 공사를 할 때 매우 가슴 아파했다는데, 그것은 성 베드로 대성당 안에 있는 수많은 교황의 무덤, 그림, 모자이크를 파괴할 수밖에 없어 대성당 본당 안에 산재한 교회의 교부와 성인들의 많은 초상화에 대한 기억을 상실하게 되었기 때문이다. 그는 성 베드로 대성당의 제단과 설교단만 남겨두고 포도용 용암溶岩으로 도리아 양식으로 장식하여 교황이 성 베드로 대성당에 가서 미사를 집전할 때 그의 모든 신하와 그리스도교 영주領主의 대표자들과 함께 설 수 있으리라고 생각했다. 그러나 브라만테가 사망하여 완공하지 못했으므로 시에나Siena의 발다사레가 계승하여 후에 완공했다.

브라만테는 성품이 온후했으며, 기꺼이 이웃을 도왔다. 그는 유능한 사람들의 좋은 벗이었으며 가능한 한 그들을 도와주려고 했다. 그 한 예로 영원히 우리 기억에 남는 우르비노의 라파엘로를 그는 로마로 데려갔다. 그는 영예와 화려한 명성 속에서 살았는데, 그의 여러 훌륭한 재능이 그를 높은 자리에 올릴 만했다. 또 그는 자기 소득에 비해서 낭비벽이 있었다. 그는 시를 무척 좋아했으며, 서정시를 즉석에서 짓기도 했다. 소네트도 지었는데 오늘날의 것만은 못하지만 작품이 무겁고 결점이 없다.

그는 고위 성직자들의 존경을 받았으며, 그를 잘 아는 수많은 영주에

그림 365 브라만테 다 우르비노, 「창을 든 남자」(부분),
1487~88, 프레스코, 브레라 미술관, 밀라노.

게서 포상을 받았다. 그의 명성은 생존 시에도 높았지만 성 베드로 대성당 건축이 다년간 지연되었기 때문에 그가 죽은 뒤에는 더욱더 유명해졌다. 그는 70세까지 살았으며 임종 후 교황청의 성직자들과 모든 조각가, 화가 및 건축가가 그의 시신을 묘지로 옮겼다. 장례식은 1514년 성 베드로 대성당에서 거행되었다.

그의 죽음은 건축계의 큰 손실이었다. 왜냐하면 그가 석고로 원형 천장을 만드는 방법과 치장 벽토 사용법 등 그 시대에는 이미 잊혔던 여러 보조적 기술을 재발견했기 때문이다. 고대의 기념물을 조사해본 사람들은 브라만테 작품에서 정밀한 과학성과 세밀한 디자인에 놀랄 것이다. 그는 우리 시대를 빛낼 저명한 천재 예술가 가운데 한 사람임이 틀림없다. 그는 가장 친숙한 벗 줄리안 레노Giulian Leno를 남기고 죽었다. 레노는 판단력과 경험이 있었으나 자기 디자인을 창안하기보다는 다른 사람 것을 모방하는 재주가 더 많은 사람이었다.

브라만테는 피스토이아Pistoia 출신 목공 벤투라Ventura를 고용했는데,* 그는 기교가 훌륭했을 뿐만 아니라 디자인에도 뛰어난 솜씨를 보였다. 그는 로마 체재 중 고대 유적을 면밀하게 측량하는 데 몰두한 적이 있으며, 고향에 돌아와 살고 싶어 피스토이아로 돌아왔다.

당시 이 도시에는 마돈나 델라 우밀타Madonna della Umiltà라고 일컫는 마리아 조상이 있어 기적을 행했으므로 시민들이 헌금을 많이 했다. 따라서 총독은 새로 경당을 짓고 마리아 조상을 모시려고 했는데, 그 공사가 벤투라에게 위촉되었다. 그는 팔각형의 경당 모형을 제작했는데 그 크기는 알 수 없으나 정면은 꽤 아름답게 장식되어 있었다. 이 모형이 총독과 기타 관계자 마음에 들었고, 그 모델에 따라 건축이 시작되어 코린트 양식 원주와 쇠시리 등 아름답게 장식된 석재로 꾸며졌다.

* 브라만테가 건축에 미친 영향을 바사리는 언급하지 않았다. 벤투라 비토니는 훌륭한 건축가라기보다는 장인(匠人)에 지나지 않는다.

모형에 따르면 쇠시리로 둘러싸인 사각 건물에 둥근 천장과 둥근 장미창도 만들었다. 얼마 지난 후에는 팔각형 경당을 쇠시리 높이까지 올리고 거기서부터 설교단 위에 둥근 천장도 높이 올렸는데, 모두 벤투라가 시공했다. 하지만 그는 이런 큰 건물을 건조한 경험이 없었으므로 이 건축물 위에 그런 하중을 어떻게 처리했는지 의문이다. 그리고 들창들을 낸 1층 벽과 2층 벽에 교회로 통하는 통로를 내게 되어 그 여파로 벽이 부실하게 되었는데, 원래 이 교회에는 버팀벽을 만들지 않았으므로 그 위에 둥근 천장을 올리기에는 위험했으며, 특히 둥근 천장의 전체 하중이 걸리는 건축물 모퉁이가 더욱 그러했다.

그가 죽은 후에도 둥근 천장을 올리고자 하는 용기 있는 사람이 없었고, 다만 대들보를 걸어 평평한 지붕을 만들었을 뿐이다. 이것이 시민들의 불평을 자아냈지만 여러 해 동안 지붕 없이 그대로 지냈다. 1561년에 이르러 교회 사목위원회는 설교단 건축 자금을 지원해달라고 코시모 공에게 탄원했다.

코시모 공은 조르조 바사리를 그곳에 파견하여 교회의 둥근 천장을 제작하도록 했다. 나는 모형을 만든 뒤 벤투라가 만들다 남겨둔 쇠시리보다 8브라차 높게 정면을 쌓아 올려 버팀벽을 만들고, 통로를 내놓은 벽 공간을 서로 묶어서 버팀벽으로 강화하고, 벤투라가 만든 들창 사이의 통로 밑부분과 모퉁이를 견고한 무쇠가락으로 연결하여 둥근 천장을 안전하게 올려놓도록 했다.

코시모 공은 현장에 가서 보고 모든 것에 만족하여 공사를 진행하도록 명했다. 그리하여 버팀벽들을 세우고 벤투라가 설계한 것보다 크고 화려하고 더욱 균형 잡히게 둥근 천장을 만들었다. 그러나 벤투라는 이 고장에서 가장 아름다운 현대식 건축물을 만들었다고 칭찬받을 만하다.

피렌체의 화가

프라 바르톨로메오 디 산 마르코
Fra Bartolommeo di San Marco
1457~1517

〔해설〕

　15세기 말에서 16세기 초로 건너가는 경계의 시기에 피렌체에서 활동한 대표적 화가다. 그의 이름 앞에 붙은 '프라'는 수사라는 의미의 프라테frate에서 비롯되었다. 이 작가의 작품을 통해 15세기 콰트로첸토 회화에서 16세기 친퀘첸토 전성기 르네상스 회화로 옮겨가는 과정을 볼 수 있다는 것은 흥미로운 일이며 이로써 매너리즘 양식의 태동 또한 감지할 수 있다.

　1500년 사보나롤라 혁명에 영향을 받아 피렌체의 산 마르코 수도원에 들어가 수사가 되었다. 피에로 디 코시모, 마리오토 알베르티넬리 등과 교류했으며 라파엘로의 스승 페루지노와 라파엘로의 영향을 받았다. 그가 구사한 회화 기법은 더 이상 딱딱하고 부자연스러운 15세기 콰트로첸토식이 아닌 부드러운 톤의 스푸마토 기법 등이 반영된 완숙함을 보여주는 것으로서 초기 라파엘로에게 영향을 주기도 했다. 이후 그는 라파엘로, 미켈란젤로가 떠난 피렌체를 지키며 이들 대가들의 공백을 특유의 고전주의 회화로 채우는 역할을 했으며 이를 토대로 고전적인 양식에 종교적 경건함을 표현한 작품들을 탄생시켰다.

　그의 대표작 「피에타」피티 미술관 소장는 그리스도의 주검을 안고 있는 성모 마리아와 요한과 막달라 마리아를 그린 것으로, 예수의 죽음과 이를 슬퍼하는 인물들의 모습을 고요와 절제를 통해 표현함으로써 고전주의 회화의 진수를 보여주었다. 이 작가의 작품 중 대중에게 가장 널리 알려진 작품은 그의 성화들이 아니라 피렌체의 산 마르코 수도원 벽에 그린 사보나롤라의 작은 초상화라는 사실이 흥미롭다. 대중은 사보나롤라의 이 그림은 기억하지만 그것을 그린 화가에 대해서는 대부분 알지 못한다. 아이러니다.

토스카나 지방의 관습으로 바초Baccio라고 불리는 바르톨로메오는 피렌체에서 약 10밀리아miglia, 16킬로미터 떨어진 프라토Prato의 사비냐노Savignano 마을에서 태어났다. 그는 소년 시절에 소묘素描에 소질이 있고 관심도 많아 베네데토 다 마이아노Benedetto da Maiano의 도움으로 산 피에로 가톨리니S. Piero Gattolini 성문 근처의 친척집에 코시모 로셀리와 함께 투숙했다. 그는 그곳에 수년간 있으면서 바초 델라 포르타Baccio della Porta라는 이름으로 일반에게 알려졌다.

그는 로셀리가 떠난 후에도 레오나르도 다 빈치의 그림을 열심히 연구하여 짧은 시일에 채색법에 큰 진보를 보였으므로 부채賦彩나 소묘에서는 가장 유능한 젊은 화가로 알려지게 되었다. 그는 마리오토 알베르티넬리Mariotto Albertinelli와 사귀면서* 곧 그의 화풍畵風을 습득한 뒤 함께 성모 마리아의 상을 많이 그렸는데, 그것들이 피렌체 일대에 널리 흩어져 있으므로 일일이 말할 수는 없다. 한 예로 필리포 디 아베라르도Filippo di Averardo 집에 있는 훌륭한 작품을 들 수 있다.

또 하나는 사들인 지 얼마 되지 않아 낡은 양탄자들과 함께 팔린 것을 피에르 마리아 델레 포제Piero Maria delle Pozze가 손에 넣었다. 그림의 미美에 식견이 높은 포제는 그림을 사는 데는 금전을 아끼지 않았다. 이 성모상은 여간 정성 들여 그린 것이 아니다. 피에로 델 풀리에세Piero del Pugliese는 도나텔로Donatello가 제작한 조그만 대리석 성모상을 소유하고 있는데, 매우 아름다운 얕은 돋을새김bassissimo rilievo 작품이다. 그는 작은 닫집이 달린 목제木製 감실에 그 대리석상을 넣으려고 바초에

---

* 바사리는 프라 바르톨로메오(일명 바초 델라 포르타)를 온후하고 진지한 예술가며 사보나롤라(Savonarola)의 설교 영향에 따른 신앙의 위기를 잘 극복했다고 평했다. 특히 빛과 그늘을 처리하는 그의 뛰어난 화법이 라파엘로에게 영향을 미쳤다고 했다. 오늘날 미술사에서는 바르톨롬메오(Bartolommeo)를 바르톨로메오(Bartolomeo)로 표기한다.

게 수리를 부탁했다.

바초는 두 장면을 제작했다. 하나는 「그리스도의 강생」Nativita이고 또 하나는 「할례」割禮, Circuncisione인데 마치 세밀화 같으며, 바깥쪽은 '성모영보'Anunziazione를 명암법을 사용한 유채화olio di chiaroscuro로 최고의 기량을 발휘해 그렸다. 이 작품은 코시모 공의 사자실寫字室에 있으며 이곳 소장품인 다른 청동 고기古器, 희귀한 세밀화들과 함께 공작이 높이 평가하는 훌륭한 미술품들임이 틀림없다.

바초는 근면하고 성품이 착하며 조용할 뿐 아니라 신앙심이 깊고 뛰어난 능력 덕분에 피렌체 시민의 사랑을 받았다. 그는 조용한 생활을 즐기고 좋지 못한 쾌락을 피하며 대화를 좋아하여 항상 교양 있고 착실한 사람이 되고자 했다. 신神이 천재와 기량 있는 예술가를 창조하고 나서 그들의 진가를 보여주지 않은 일은 극히 드물다. 내가 지금 이야기하는 바와 같이 바초의 경우가 바로 그것이다. 이 사람이 얼마나 뛰어난지를 보여주고 싶은 신의 의중이 제로조 디 몬나 벤나 디니Gerozzo di Monna Venna Dini에게 그를 초청하여 산타 마리아 누오바S. Maria Nuova 병원에서 죽은 이의 시신을 묻는 묘지의 경당을 장식하게 했다.

바초는 「최후의 심판Giudizio」의 프레스코를 정성 들여 제작해 훌륭한 스타일로 완성하여 명성을 떨쳤으며, 천당과 그리스도의 영광을 잘 표현함으로써 많은 축복을 받았다. 여기에는 12부족을 심판하는 12사도使徒와 아주 섬세하고 매혹적인 채색을 한 의상이 이채롭다. 선민選民이 기뻐하는 장면과 대조적으로 화면의 미완성 부분은 벌받은 자들의 실망, 영원한 죽음의 고통과 수치를 그렸다. 이 작품은 바초가 그림보다는 자기 영혼의 복지를 더 생각했기 때문에 미완성인 채로 두었다.*

* 「최후의 심판」은 1500년에 그렸는데 일부 미완성이며, 이 프레스코를 캔버스에 옮겨 산 마르코 대성당으로 가져갔다. 현재 우피치 미술관에 있다.

당시 페라라Ferrara의 도미니코 수도회 수사修士이며 유명한 신학자 지롤라모 사보나롤라Girolamo Savonarola가 산 마르코 수도원에 머물렀는데,그림 366 바초는 그와 밀접한 관계를 맺게 되었고, 또 그의 설교를 들음으로써 그를 닮게 되어 항상 수도원에 가서 수사들과 어울렸다. 사보나롤라 수사는 설교대에서 매일 되풀이하여 "음탕한 그림, 음악, 연애 소설들은 사람을 타락시키며 젊은 여자가 있는 집에 남녀의 나체화를 두는 것도 좋지 않다"라고 역설했다.

사육제謝肉祭 때는 도시의 풍습으로 화요일 저녁 광장에 모닥불을 피우고 사랑의 춤을 추며 남녀가 서로 손을 잡고 모닥불 둘레를 돌다가 사보나롤라에게 선동되어 수많은 세속의 그림과 조각들―그 대부분이 거장들의 작품인데―뿐만 아니라 책, 류트, 사랑의 노래책들을 모두 태워버렸다.* 이 사건은 가장 불행한 일이었으며, 특히 그림의 경우 바초는 자기 작품, 즉 로렌초 디 크레디Lorenzo di Credi와 그밖에 많은 '눈물 어린 사람들'Piagnoni이 모방한 바 있는 나체를 연구한 작품들을 불태웠다. 이 일은 바초가 흠모하는 사보나롤라의 초상화를 그린 지 얼마 후에 있었다.** 바초는 이 그림을 페라라로 가져갔다가 다시 피렌체의 알라만노 살비아티Alamanno Salviati의 집으로 되돌려 보냈는데 그가 높이 평가했기 때문이다.

그러던 어느 날 사보나롤라를 지지했던 수사가 500명 이상 모여 그가 시민을 선동했다는 이유로 사형을 당한다는 데 반대하며 산 마르코 수도원에서 농성했다. 바초도 그 가운데 한 사람이었다. 그러나 수도원을 공격한다는 소문, 그 결과 사람들이 다치거나 피살되었다는 소문을 들은 이 겁쟁이는 몹시 놀라서 자기가 만일 도망만 칠 수 있다면 곧 수

---

* 사보나롤라의 영향으로 빚어진 '허영의 방화'는 1496년 참회 화요일에 거행되었다.

** 이 초상화는 피렌체의 산 마르코 수도원 소장품이다.

그림 366 프라 바르톨로메오 디 산 마르코, 「지롤라모
사보나롤라 초상」, 1517, 패널에 오일, 47×31cm,
산 마르코 수도원, 피렌체.

도회의 제의祭衣를 입고 싶다고 맹세했다. 이 맹세는 그가 엄격히 지켜야만 했다. 싸움이 끝나고 사보나롤라가 사형을 당했다는 사실을 역사가들이 자세하게 기록했다. 바초는 프라도를 떠나 도미니코 수도회에 입회했는데, 그곳 수도원의 연대기에 따르면 1500년 7월 26일로 되어 있다. 많은 친구가 그를 잃어버린 데 대해서는 물론 그가 그림을 그리지 않겠다고 결심한 데 대해서 더욱 슬퍼했다.

바초의 친구 마리오토 알베르티넬리의 말에 따르면, 제로조 디니 씨가 주관하는 기도회祈禱會에서 있었던 일인데, 당시 수도원장이 바초의 수사복을 벗도록 하고 그에게 산타 마리아 누오바S. Maria Nuova에서 그리던 미완성 그림을 마저 끝내게 했다고 한다. 그리하여 그는 병원 책임자들의 일상을 그렸는데 거기엔 수술에 정통한 수사들, 그밖에 수도원 후원자 제로조 씨와 그의 부인이 서 있는 모습, 벌거벗은 채 앉아 있는 어린 제자 줄리아노 부자르디니Giuliano Bugiardini가 있다. 그런데 부스스하게 헝클어진 줄리아노의 머리카락을 얼마나 세밀하게 그렸던지 그 수를 셀 수 있을 정도다.

바초 자신도 헝클어진 머리로 무덤에서 막 밖으로 나오고 있다. 이 작품에는 피에솔레의 조반니Giovanni da Fiesole 수사 얼굴도 보인다. 바르톨로메오의 그림이나 마리오토의 것이나 모두 프레스코며 보존 상태가 썩 좋기 때문에 화가들에게 높이 평가받는다. 왜냐하면 이런 분야의 그림은 더 오래갈 수 없기 때문이다.

바르톨로메오가 수개월간 프라도에 머무를 때 상사가 그를 피렌체의 산 마르코 수도원으로 보냈는데 그는 그곳 수사들에게서 따뜻하게 영접을 받았다. 그들이 그의 능력을 잘 알았기 때문이다. 피렌체의 바디아Badia 성당에 베르나르도 델 비앙코Bernardo dell Bianco가 당시 마치뇨Macigno*로 성당을 건립하고 베네데토 다 로베차노Benedetto da

* 건축용 굳은 석재의 일종이다.

Rovezzano가 아름답게 조각했다. 로베차노는 당대의 이름난 장식가다. 같은 곳에 베네데토 불리오니Benedetto Buglioni가 멋진 돋을새김으로 조상彫像과 천사상을, 또 유약 칠한 테라코타로 천사들을, 소묘로 프리즈를 감싸서 마지막 손질을 했다.

이 뼈대에 알맞은 그림이 필요한데 바르톨로메오가 적임자로 지정되어 그를 고용한 후 친구들을 시켜서 그에게 그림을 그리도록 설득했다. 그러나 그는 수도원 안에서 종교의식과 종규宗規에만 관심이 있었다. 수도원장과 친구들이 그에게 그림을 그리도록 재촉했으나 4년 동안 그는 거절해왔다. 그러나 베르나르도 델 비앙코의 압력에 못 이겨 마침내 글을 쓰고 있는 성 베르나르도가 천사들과 어린이들에게 둘러싸인 성모자의 환상을 보는 장면을 그리기 시작했다.*

이 성인聖人은 명상에 잠겨 있으며 주의 깊게 구경하는 사람의 눈에는 이 작품을 빛내는 형언할 수 없는 천상天上의 열정을 보여준다. 바초는 이 그림을 제작하는 데 온갖 성의와 전력을 기울였으며 그 위에는 프레스코로 아치를 그렸다. 그밖에도 추기경 조반니 데 메디치Giovanni de' Medici의 위촉으로 그림 여러 폭을 제작했으며, 아뇰로 도니Agnolo Doni를 위하여 매우 아름다운 「성모 마리아」를 그렸는데 이것은 도니 가문 경당의 제단 역할을 하고 있다.

그 무렵 화가 우르비노의 라파엘로가 그림을 공부하려고 피렌체에 왔는데 바르톨로메오에게 원근법의 원리를 가르쳤다. 라파엘로는 이 수사처럼 색채를 표현하려고 애썼으며 물감의 혼합과 취급이 마음에 들어 변함없이 바르톨로메오와 사귀었다. 그때 바르톨로메오는 피렌체의 산 마르코 수도원에서 인물이 담긴 패널 그림을 많이 그리고 있었다. 이 그림은 프랑스 왕에게 기증되어 그가 간직하고 있지만, 그에 앞

* 1504년에 위촉받고 1507년에 완성했다. 현재 피렌체의 아카데미아 미술관에 소장되어 있다.

서 산 마르코 수도원에서 여러 달 동안 전시되었다.

그는 이 그림과 대치하려고 많은 인물, 문이 열린 닫집을 갖고 하늘을 나는 어린이를 그렸는데, 그 소묘와 입체감이 훌륭하여 마치 인물들이 그림에서 뛰어나오는 듯한 느낌을 준다.* 이 그림 속 피부색이 무척 아름다워 훌륭한 화가들도 자기 작품에 모방하고 싶어 할 만큼 최고 작품이다. 성모 마리아 둘레에 있는 인물들의 표정이 참으로 우아하고 생동감이 넘친다. 채색이 대담하고 윤곽이 뚜렷하여 마치 돋을새김과 같다. 그것은 바초가 그늘을 만들어 인물상을 돋보이게 하려고 애썼기 때문이며 닫집 둘레를 나는 천사들이 그림 밖으로 뛰어나오는 것같이 보인다.

그 옆에 아기 예수와 성녀 카테리나의 신혼 장면이 있는데 그가 택한 검은 채색이 이 그림을 싱싱하게 해준다.** 한쪽에는 성인聖人 한 무리가 큰 벽감壁龕의 선을 따라 뒤로 물러서면서 자취를 감추고 있는데, 아주 잘 정리되어서 마치 살아 있는 듯하며 저쪽에도 같은 그림이 있다. 특히 이 채색은 그늘을 묘사했는데, 그늘은 대리석과 인쇄소의 연기를 써서 레오나르도***를 모방했다. 이 검은색 때문에 그림이 그가 그린 것보다 어두워졌으며 색조가 더욱 침침해졌다. 주요 인물로는 성 조르조를 전경에 배치했는데 그는 갑옷 차림에 군기軍旗를 손에 쥔 그는 고귀하고 위풍당당하다.

또 성 바르톨로메오S. Bartholomew가 각각 리라와 류트를 연주하는 두 어린이를 옆에 거느리고 있다. 그 하나는 다리를 뒤로 구부려 악기를 의지하고 노래를 들으면서 손가락으로 현絃을 조절한다. 머리를 위로 젖히고 입을 조금 벌리고 있는데 말소리가 안 들리니 의심스럽다. 다른

---

* 1511년 작품이며, 현재 피렌체의 피티 미술관에 있다.
** 루브르 박물관 소장품이다.
*** 레오나르도 다 빈치를 말한다.

그림 367 프라 바르톨로메오 디 산 마르코, 「영광에 싸인
하느님과 성녀 막달레나, 성녀 시에나의 카테리나」, 1509,
패널에 오일, 361×236cm, 팔라초 만시 국립 박물관, 루카.

어린이는 수금에 기대고 자기가 연주하는 소리가 류트와 맞는지 귀를 기울이면서 눈길을 땅에 붙이고 조심스럽게 동료를 쫓고 있다. 이 교묘한 착상을 바르톨로메오 수사는 놀랄 만한 솜씨로 착실하게 실상에 옮겼다. 옷차림을 가볍게 한 소년들이 앉는 장면도 깊이 안개 낀 그늘 속에 숨어들고 있다. 얼마 후 그는 그 맞은편에 성모 마리아와 성인들을 패널 그림으로 만들었는데, 인물들의 색조가 마치 돋을새김같이 뚜렷하여 예술상 큰 수확이라 하겠으며, 그 싱싱하고 완벽함이 찬탄의 대상이 되었다.

로마에서 미켈란젤로와 인자한 라파엘로가 위대한 작품들을 만들어냈다는 소문을 들은 바르톨로메오는 수도원장의 허가를 얻어* 영원의 도시 로마로 떠났다. 그가 오래전부터 들었던 이 두 신성神性 화가의 불가사의한 그림을 보고 싶은 욕망에 사로잡혔기 때문이다. 그곳에서 그는 피옴보의 수사, 마리아노 페티Mariano Fetti가 사는 몬테 카발로Monte Cavallo에 투숙하면서 성 바오로와 성 베드로의 그림을 두 폭 그렸다. 로마에는 고대와 현대 작품이 뒤섞여 있어서 그를 얼떨떨하게 만들었고, 그것이 그의 기량과 재능을 심각하게 해쳤다. 그곳 공기도 맞지 않았기 때문에 바르톨로메오는 피렌체에 되돌아가기로 결심하고 미완성인 성 바오로를 라파엘로에게 맡겼다. 얼마 후 라파엘로는 그림에 가필하여 마리아노 수사에게 주었다.

피렌체에 돌아가 있는 동안 그가 나체화를 그리지 못한다고 사람들이 번번이 비웃었다. 이 때문에 발끈한 그는 자기가 미술의 각 분야에 소질이 있음을 보여주려고 결심했다. 그리하여 성 세바스티아노의 나상을 그렸는데 피부색과 부드러운 외양, 인간적인 미가 잘 나타나서 미술가들 사이에 평판이 매우 좋았다. 이 그림이 한 성당에서 전시되는 동안 한 여인이 이 그림을 보고 죄를 지었다고 신부에게 고해했다는 사

* 1514년의 일이다.

실이 알려졌다. 그러자 이 그림은 성당 회의실로 옮겨졌다가 얼마 후 조 바티스타 델라 펠라Gio Battista della Pella에게 팔려서 프랑스 왕에게 보내졌다고 한다.

바르톨로메오는 자기 그림의 뼈대를 만드는 조각사들과 사이가 틀어졌는데 그들은 지금도 그렇게 하지만 그림의 8분의 1을 감싸 숨긴다. 그래서 그는 이런 곤란을 미연에 방지하기 위해 적당한 방법을 모색하려고 결심하고, 벽감을 원근법으로 만들어서 그림 위의 돌을새김같이 보이도록 한 뒤 반원형 안에 그린 성 세바스티아노의 둘레를 장식하여 뼈대같이 보이도록 했다.

성 빈첸치오와 성 마르코도 이런 방식으로 그렸다. 그는 성물실聖物室로 통하는 출입문 아치 위에 자기 수도회의 성 빈첸치오가 최후의 심판에 관해 강론하는 모습을 패널 그림으로 만들었는데, 그의 설득력 있는 표정과 몸짓이 강론하는 사람의 특징을 잘 나타냈다. 신의 심판의 위협에서 나쁜 짓을 한 사람들을 구속救贖하려고 애써서 주의 깊게 관찰하면 그것이 그림이 아니라 살아 있는 것같이 보인다. 그러나 애석하게도 너무 강한 돌을새김으로 표현하려고 젖은 아교 위에 신선한 물감을 붙여서 금이 갔으며, 게다가 썩기까지 했다. 인제수아티Ingesuati에서 제작한 피에트로 페루지노의 작품이 내가 언급한 바와 같은 원리로 되어 있다.

바르톨로메오는 몇몇 사람이 자신의 그림이 너무 작다고 불평했으므로 자기도 큰 그림을 그릴 수 있다는 것을 보여주려고 복음사가 성 마르코를 5브라차의 패널에 그려서 성가대석 출입문 위의 벽에 걸어놓았는데 매우 아름다운 그림이다.*그림 368

피렌체의 상인 살바도레 빌리Salvadore Billi가 나폴리에서 돌아오던 길에 바르톨로메오의 명성을 듣던 중 그의 그림을 보고 그에게 구세주 그

* 현재 피티 미술관에 있다.

그림 368 프라 바르톨로메오 디 산 마르코, 「성 마르코」,
1515, 패널에 오일, 피티 미술관, 피렌체.

리스도를 그리도록 자기 이름을 암시하면서 위촉했다. 그래서 복음전
도자 네 명과 그 밑에 지구를 손에 든 두 천사에게 둘러싸인 그리스도
를 그렸는데, 신선하고 부드러운 피부 표현이 바르톨로메오의 다른 그
림을 복제한 것 같은 느낌을 준다. 여기에는 아주 훌륭하게 묘사한 두
예언자도 보인다. 이 그림은 살바도레의 희망에 따라 피렌체의 눈치아
타 성당 큰 오르간 아래에 걸려 있는데, 피에트로 로셀리Pietro Rosselli가
조각한 대리석으로 테를 두른 아름다운 작품으로 퍽 조심성 있게 다듬

그림 369 프라 바르톨로메오 디 산 마르코, 「자비의
성모 마리아」, 1515, 캔버스에 오일, 257×390cm,
빌라 구이니지 국립 박물관, 루카.

어졌다.[*]

바르톨로메오가 환경을 좀 바꿔보고 싶어 하자 그의 친구인 수도원장이 그를 다른 수도원으로 보냈다. 거기에서 그는 죽음에 대하여 깊이 생각할 기회를 얻어 루카Lucca의 산 마르티노S. Martino 성당에 패널 그림 한 폭을 그렸다. 그는 성모 마리아와 그 발밑에서 류트를 연주하는 두 천사와 성 스테파노, 성 요한을 뛰어난 소묘에 아름답게 채색하여 기량을 보여주었다.[**]

산 로마노S. Romano 성당에도 자비로운 성모 마리아와 망토를 든 천사들을 유채화로 그려서 기둥뿌리에 놓았다.[***] 이 그림에는 층계에 서거나 앉아서 또는 무릎을 꿇고서 그리스도를 쳐다보는 인물들을 그렸다. 그리스도는 천상에서 빛과 우레를 그들에게 보내주고 있다. 바르톨로메오는 어두운 부분의 그늘이 나타내는 선명한 윤곽, 채색 소묘, 창의성에서 뛰어남을 과시하여 높은 완전성을 보여주었다. 다른 곳에 그린 그리스도와 순교한 성녀 카테리나의 유채화에서도 같은 솜씨를 보여주었다.[****]

피렌체로 되돌아온 그는 소일거리로 음악을 즐겨 가끔 노래도 불렀다. 프라도의 교도소 맞은편에 「성모 몽소승천」[*****]을, 메디치 궁전에 「성모 마리아」를 그렸다. 이와 같은 성모 마리아가 로도비코 디 로도비코 카포니Lodovico di Lodovico Capponi의 저택에, 또 「성모자와 두 성인聖人」이 코시모 공의 수석비서 렐리오 토렐리Lelio Torelli 소유로 되어 있다. 공작이 바르톨로메오의 작품을 높이 평가했고 동시에 모든 천재와 예술가를 총애했기 때문이다. 지금은 마태오 보티Matteo Botti 소유가 된

[*] 현재 우피치 미술관에 소장되어 있다.
[**] 1509년 작품이다.
[***] 이 그림은 루카의 피나코테카(Lucca Pinacoteca)에 있다.
[****] 루카의 피나코테카에 있다.
[*****] 1516년 작품이며, 현재 나폴리 박물관 소장품이다.

피렌체 상인 피에로 델 풀리에세의 저택 대기실에 바르톨로메오가 그리자이유로 제작한 그림이 있다.

이 그림은 갑옷을 입은 조르조가 말을 타고 용을 무찌르는 광경을 그린 것인데, 생기에 가득 차 있다. 연필 또는 잉크로 그린 이 그림의 밑그림과 그밖에 다른 그림들의 밑그림, 그리자이유로 그린 디세뇨 등 그가 죽는 바람에 미완성인 작품들이 산 마르코 광장에 있는 시에나의 산타 카테리나S. Caterina 수녀원의 한 수녀 소유로 되어 있다. 이 수녀도 그림을 그렸는데, 이에 관한 이야기는 다음에 다시 하겠다.

바르톨로메오는 제작할 때 실물과 똑같은 대상을 가지고 싶어 했다. 의상, 갑옷 따위를 그리기 위해 실물 크기의 목제木製 모델, 즉 움직이는 관절을 구비하고 있어 그것에 실제 옷을 입히기도 했다. 그렇게 해서 작업이 끝날 때까지 자기가 원하는 위치에 모델로 세워놓아 훌륭한 효과를 얻었다. 이 모델은 이미 파손되어 쓸모없지만 나는 그를 기념하는 뜻에서 보관하고 있다.

그는 아레초의 베네딕토 수도원 안에 그리스도의 상반신을 키아로스쿠로로 그렸는데 아름답다. 콘템플란티 조합Compagnia de Contemplanti의 제단화로 공경하는 오타비아노 데 메디치 공의 저택에 있었던 것이 지금 그의 아들 알레산드로 저택의 경당에 걸려 있다. 산 마르코 수도원 수도자료[寮] 경당에는 성모 마리아의 순결Purificazione을 기리는 촛불행렬을 아름답게 그려 잘 다듬었다. 피렌체 교외의 베네딕토 수도회 견습생 숙소인 산타 마리아 막달레나S. Maria Maddalena에는 수사들이 휴식차 모이는데, 바르톨로메오는 성모 마리아와 마리아 막달레나 등을 프레스코로 몇 폭 그렸다.

산 마르코 수도원 객실의 팀파눔*에 그리스도를 만나는 클레오파스

* 박공(博栱) 따위의 삼각면.

Cleofas,* 성 루카를 니콜로 델라 마냐Niccolo della Magna 신부의 초상과 함께 프레스코로 그렸다. 이 젊은 사제는 후에 카푸아Capua의 대주교를 거쳐 추기경이 되었다. 또 바르톨로메오는 산 갈로S. Gallo 성당에서 패널 그림을 그리기 시작했으나 후에 줄리아노 부자르디니가 끝냈으며, 지금은 알베르티Alberti의 교차로에 있는 산 야코포 프라 포시S. Jacopo fra Fossi 성당 대제단에 있다.** 이것은 디나Dina의 약탈을 그린 것으로 크리스토파노 리니에리Cristofano Rinieri 소유인데 그 후 줄리아노가 채색했으며 훌륭한 착상이라고 칭찬받았다.***

피에로 소데리니는 그를 고용하여 평의원회의실을 장식하게 했는데 그는 이 그림을 그리자이유로 제작했다. 이 그림은 오타비아노 데 메디치 공의 산 로렌초 경당에 있으며, 불완전하기는 하나 피렌체의 모든 수호성인聖人과 이 도시가 승리한 축전도 함께 묘사했다. 여기에는 바르톨로메오가 거울을 보면서 자화상도 그려 넣었다.****

이 그림에 착수한 후 그는 등에 햇볕이 내리쪼이는 들창 옆에서 작업하다가 팔이 마비되었다. 의사의 충고로 산 필리포San Pillippo에 가서 온천욕 치료를 오랫동안 했으나 별로 효과가 없었다. 그는 몸에 해롭다는 과일을 무척 좋아했다. 어느 날 아침 무화과를 과식한 뒤 심한 열병이 겹쳐 나흘 후 48세에 죽었다. 그의 영혼은 하늘의 심판 아래 천당으로 갔을 것이다.

그의 친구들, 특히 수사들은 그의 죽음을 슬퍼했으며, 1517년 10월 8일 산 마르코 수도원에서 명예로운 장례식을 거행했다. 그는 미사전례 때 수사들의 성가대석 출입금지를 특면받았으며, 그의 작품 활동에서 생긴 이익금 중에서 그림물감과 재료를 구입한 나머지는 모두 수도

---

* 그리스도 부활 후 처음으로 그리스도를 만난 사람이다.
** 현재 피렌체 피티 미술관에 있다.
*** 현재 비엔나 역사미술 박물관에 있다.
**** 현재 우피치 미술관에 소장되어 있다.

원에 귀속되었다.

그의 제자로는 체키노 델 프라테Cecchino del Frate, 베네데토 치안파니니Benedetto Cianfanini, 가브리엘레 루스티치Gabriele Rustici, 프라 파올로 피스토이에세Fra Paolo Pistoiese 등이 있었으며, 그의 유물은 모두 이 사람들에게 물려주었다. 그가 죽은 후에도 남아 있는 그의 소묘에 따라 많은 그림이 제작되었으며, 세 점이 피스토이아의 산 도메니코 성당에, 한 점이 카센티노의 산타 마리아 델 사소S. Maria del Sasso 성당에 남아 있다.

바르톨로메오 수사의 그림은 매혹적인 채색으로 전아한 느낌이 특징이다. 따라서 그는 미술에 은혜를 베푼 화가들 가운데서도 충분히 한 자리를 차지할 자격이 있다고 하겠다.

피렌체의 화가

마리오토 알베르티넬리
Mariotto Albertinelli
1474~1515

MARIOTTO ALBERTINELLI
PITTOR FIORENTINO

〔해설〕

15세기 말에서 16세기 초 프라 바르톨로메오와 함께 피렌체의 코시모 로셀리 공방에서 미술을 배웠으며 페루지노의 영향을 받았다. 프라 바르톨로메오와 절친한 사이로서 전자가 15세기 회화를 뛰어넘어 16세기 고전주의 회화를 구사한 반면 알베르티넬리는 여전히 15세기 회화의 딱딱함에서 벗어나지 못하는 한계를 드러냈다. 그러나 이는 역사적 거장이 되지 못했다는 것이지 당대에는, 특히 미켈란젤로, 라파엘로, 다 빈치와 같은 거장이 부재했던 피렌체에서는 잘나가는 화가 중 한 사람이었으며 이탈리아 미술사 교과서에서도 언급되는 주요 작가다. 대표작으로 마리아와 엘리자베스의 만남을 그린 「방문」은 두 여인의 만남을 단순하고 다정하며 자연스러운 모습으로 그린 걸작이다.

비아조 디 빈도 알베르티넬리Biagio di Bindo Albertinelli
의 아들 마리오토 알베르티넬리Mariotto Abertinelli는 바
르톨로메오Bartolommeo 수사修士와는 둘도 없는 친구였
다. 몸은 둘이지만 마음은 하나라고 할 정도로 그들은
언제나 함께 사귀었을 뿐만 아니라 그림 양식도 서로 비슷했다. 알베르
티넬리는 20세가 될 때까지 금박사金箔師로 종사하다가 코시모 로셀리
의 공방工房에 들어가서부터 그림의 원리를 배우기 시작했다. 거기에
서 바초 델라 포르타와 친교를 맺었으며, 바초가 코시모 곁을 떠나 스
스로 공방을 차리게 되자 알베르티넬리도 함께 일하게 되었다. 그들은
얼마 동안 산 피에로 가톨리니S. Piero Gattolini 문밖에서 기거하면서 같
이 일했다.*

바초만큼 데생에 기초가 없는 알베르티넬리는 피렌체에 있는 고대
유물들을 연구했는데, 가장 훌륭한 것들은 메디치 궁전에 많이 있었다.
그는 산 로렌초 성당에 면한 정원의 로지아 밑 얕은 돋을새김들을 열심
히 패널[木板]에 그렸는데, 그중 하나가 아름다운 아도니스Adonis를 그
린 것과 두 인물의 나상裸像이며, 하나는 앉은 자세로 발밑에 개 한 마
리가 있고, 또 하나는 다리를 꼬고서 지팡이에 기대고 있다.

또 크기가 같은 그림 두 폭이 있는데 하나는 조베Giove**의 번개를 나
르는 소년들, 다른 하나는 행운을 상징하는 벌거벗은 노인의 조상이며,
어깨와 다리에 날개가 달려 있고 천칭天秤을 들고 있다. 그 옆에는 남녀

---

* 바사리는 이 두 사람의 성격을 극적으로 대조하고 있다. 둘 다 코시모 로
  셀리의 제자이며 그림 스타일도 비슷하지만 바르톨로메오는 수도원으로
  들어갔으며 알베르티넬리는 선술집에 틀어박혀 있었다. 1492~1500년
  에 걸쳐 두 사람은 합작하여 많은 작품을 남겼다.
** 유피테르(로마신화), 제우스(그리스신화)로서 모든 신(神)의 왕이며 하
   늘의 지배자다.

의 토르소torso*가 가득 있는데 알베르티넬리를 위해서뿐만 아니라 당시의 조각가, 화가 전체를 위한 하나의 화실이라 하겠다. 그 대부분이 현재 코시모 공작의 의상실에, 나머지는 궁전에 보관되어 있는데, 그중 마르시아스Marsyas**의 토르소 둘은 들창 위에, 왕의 토르소는 출입문 위에 놓여 있다.

이 고대 유물들을 연구함으로써 알베르티넬리는 조형력에 큰 진전이 생겨 로렌초 공작의 어머니 알폰시나Alfonsina의 일을 맡아보게 되었는데 그녀의 도움을 많이 받았다. 그리하여 기량이 진보한 그는 데생과 채색에서도 뛰어나게 되어 그 부인을 위한 그림들을 로마의 카를로Carlo와 조르다노 오르시니Giordano Orsini에게 보냈는데 그 후에 체사르 보르자Cesar Borgia 손에 들어갔다. 그는 알폰시나의 초상화를 아주 잘 그렸는데 그녀의 호의로 앞날이 보장되었다.

그러나 1494년에 피에로 데 메디치가 추방되자 그런 약속이 물거품이 되어버렸고 알베르티넬리는 바초 공방으로 되돌아와서 그전보다 더 열심히 점토 모델을 만들면서 연구를 거듭했으므로 2, 3년 후에는 거장이 되었다. 용기를 얻은 그는 계속 바초를 모방하여 더욱 진보하게 되었고 사람들은 알베르티넬리 작품을 바초가 만든 것으로 알게 되었다.

그러나 바초가 수사가 되려고 떠난다는 말을 들은 알베르티넬리는 압도되어 정신이 돌 지경이었으며, 그의 기운을 북돋울 방법이 없었다. 알베르티넬리는 평소에 수사들을 좋지 않게 이야기해왔고, 페라라의 지롤라모Girolamo 수도원에 반대하는 당파에 속해 있었는데, 만일 그가 수사들의 길을 심하게 싫어하지 않았다면 바초를 위하여 고깔 달린 수

---

* 머리와 팔다리가 없는 조상(彫像).
** 그리스신화, 마르시아스 강가에 살던 피리의 명수. 아폴로와 경주에서 졌기 때문에 살갗이 벗겨졌다.

그림 370 마리오토 알베르티넬리, 「방문」, 패널에 오일,
232×146cm, 우피치 미술관, 피렌체.

사복을 입고 그가 입회한 수도원으로 따라 들어갔을 것이다.

그러나 제로조 디니가 바초가 미완성으로 남긴 교회 부속 묘지의 「최후의 심판」 그림을 바초 양식으로 마무리해줄 수 있겠는지를 묻자 그는 쾌히 승낙하고 바초의 본래 밑그림과 다른 소묘들을 보면서 작업을 시작했다. 한편 바초는 자기가 일을 끝내지 못한 것이 마음에 걸려서 알베르티넬리에게 그 일을 맡아주도록 권했다. 그리하여 알베르티넬리는 정성 들여 그림을 완성했는데, 이런 사연을 모르는 사람들은 이 그림을 알베르티넬리가 그린 것으로 알고 있으며, 그의 평판 또한 더욱 높아졌다.

피렌체의 체르토사 성당 참사회 집회소 안에 그가 「십자가에 못 박힌 그리스도와 십자가 밑의 성모 마리아와 성녀 막달레나 그리고 하늘에는 그리스도의 성혈을 모으는 천사들」을 그린 프레스코가 있는데 훌륭한 기량으로 부드럽게 정성을 들여서 그린 작품이다.* 그런데 알베르티넬리의 그림을 도와주는 제자들 가운데 몇몇은 수사들이 응당 주어야 할 식사를 제공하지 않는 줄 알고, 스승에게는 말하지 않고 수사들 방으로 통하는 들창의 열쇠를 위조하여 수사들에게 배당된 식사를 몰래 날랐다. 따라서 수사들은 크게 당황했다. 그들도 먹는 데 관해서는 일반 사람들과 같았기 때문이다.

젊은이들이 계속 교묘하게 식사를 훔쳐먹고 있었지만 은연중 묵인받았으며, 수사들은 사실이 밝혀지는 날까지도 그 죄과를 자기들 가운데 누군가의 것이라고 돌렸다. 그림을 마지막으로 손질하는 날, 수사들이 알베르티넬리와 제자들에게 식사를 2인분씩 제공해줌으로써 작업은 즐겁게 끝났고, 의문도 밝혀졌다.

피렌체의 산 줄리아노S. Giuliano 성당 수녀회들을 위하여 대제단에 패널 유채화를 구알폰다Gualfonda의 자기 방에 그렸으며, 같은 성당에

---

* 1505년.

「십자가에 못 박힌 그리스도」Crocifisso를 삼위일체를 표시하는 성부聖父와 더불어 천사들을 금빛 바탕 위에 유채화로 그렸다.*

알베르티넬리는 아주 들떠 있었으며, 사랑의 기쁨을 추구하는 한편 미식가이기도 했다. 그는 또 그림의 오묘함과 머리를 짜서 생각하는 것을 싫어했다. 따라서 다른 화가들에게 독설毒舌의 대상—이런 사람은 어느 시대에나 있는 법이지만—이 되었다. 그래서 그는 예전보다 좀더 겸손하고, 안일하고, 즐겁게 지내려고 결심했다.

그는 포르타 산 갈로Porta San Gallo 밖의 근사한 하숙집과 폰테 베키오 Ponte Vecchio 근처 드라곤Dragon의 선술집을 개방하고 여러 달 동안이나 친구들을 불러서 이야기하기를, 자기는 원근법도, 단축법도 사용할 필요 없는 예술을 발견했으며, 더욱 중요한 것은 이제는 비난을 받지 않게 되었고, 예술을 포기했지만 살과 피를 그림으로 묘사하지 않아도 좋은 포도주를 가지고 얼마든지 몸성체聖體과 피성혈聖血를 만들 수 있다는 궤변으로 일관했는데, 사람들은 당장은 술을 얻어먹게 되니 모두 그를 종일 두둔했고 당연히 그는 이제 더는 비난을 듣지 않게 되었다.

그러나 그는 결국 이런 놀음에도 지쳐버리고, 비굴한 접대에도 싫증이 나서 다시 그림을 그리기 시작했다. 주로 피렌체 시민을 상대로 했는데, 그중 조반 마리아 베닌텐디Giovan Maria Benintendi를 위하여 소품 몇 장을 그렸다. 교황 레오 10세가 등극할 당시 그는 메디치가家를 위하여 원형 문장紋章을 붙여서 유채화로 믿음, 희망, 애덕 세 가지 덕을 그려 궁전의 들창 위에 붙였다. 산타 마리아 델 피오레S. Maria del Fiore 대성당 참사집회소 옆 산 차노비Zanobi 조합의 위촉으로 「성모영보」를 착수하여 큰 노고를 치렀다.그림 371** 그는 현장에서 그림을 그리고자 특별히 들창을 새로이 내고 햇볕이 들게 하여 그림이 빛을 받게 하고

---

* 이 그림 둘 다 피렌체의 아카데미아 미술관에 있다.
** 1510년 작품이며 현재 아카데미아 미술관 소장품이다.

그림 371 마리오토 알베르티넬리, 「성모영보」, 패널에 오일,
아카데미아 미술관, 피렌체.

강약 조절을 마음대로 했다.

그는 선명한 윤곽, 힘, 우아함을 구비하지 못한 그림은 하잘것없다고 생각했다. 그는 어둠 없이는 그림이 두드러지지 못한다는 것, 너무 어두우면 그림이 희미하다는 것, 또 부드러운 그림은 힘이 없다는 것을 잘 알았으므로, 당시 별로 사용되지 않아왔다고 생각되는 부드러운 감각이 살아 있는 방법을 써보려고 했다. 이 작품이 자기가 생각하는 개념을 실제로 적용할 수 있는 기회가 되므로 그는 온 정력을 여기에 쏟아 넣었는데, 원통 모양 둥근 천장에 검은 배경을 그려 윤곽이 선명해진 하늘의 성부Padre Dio와 지천사智天使, cherubim를 보면 이를 알 수 있다. 아치가 점점 굽으면서 선이 소실되어가며 뚜렷한 윤곽을 이룬다.

거기에는 꽃을 뿌리는 천사들의 자세도 우아하다.

그는 이 그림을 현재와 같이 마지막 손질을 끝내기까지 여러 차례에 걸쳐 그림을 맑게 또는 어둡게 만들려고, 또는 좀더 밝게 혹은 좀더 어둡게 하려고 채색을 바꾸어보았다. 그러나 자기 생각을 표현하지 못했기 때문에 이 그림에 만족하지 못했으며, 연백鉛白보다 훌륭한 화이트를 원했다. 따라서 빛의 표현에는 자기만의 독특한 방법을 사용했다. 그러나 그는 자기 마음속에 간직했던 것을 표현하지 못했으며, 만들어진 그림으로 만족해야 했다.

따라서 그는 더는 손질하지 않았지만 이 그림으로 화가들에게 찬사와 명예를 얻었다. 한편 그림을 주문한 사람에게 더 좋은 보수가 기대되었지만 화가들과 주인 사이에 싸움이 일어나 그 기대는 수포로 돌아갔다. 그런데 당시 노장이었던 피에트로 페루지노, 리돌포 기를란다요 Ridolfo Ghirlandaio, 프란체스코 그라나치Francesco Granacci가 이 그림을 평가하여 그림값을 매겼다.

피렌체의 산 판크라치오S. Pancrazio 성당에 「마리아의 방문」Visitazione di Nostra Donna을 반원형 안에 그리고, 차노비 델 마에스트로Zanobi del Maestro의 위촉으로 산타 트리니타S. Trinita 성당에 성모 마리아와 성 히에로니무스, 성 차노비S. Zanobi를 정성을 들여 패널에 유채화로 그렸으며,* 산 마르티노S. Martino 성당 성직자들의 성성聖省 경당에도 「마리아의 방문」을 그려 호평을 받았다.** 또 비테르보 교외의 퀘르차Quercia 수도원의 초대를 받아 패널화를 그리기 시작하다가 로마로 떠났다.

로마에서는 마리아노 패티 수사를 위하여 산 실베스트로 디 몬테 카발로S. Silvestro di Monte Cavallo 경당 안에 유채화 한 점을 그렸는데, 성 도미니코, 그리스도와 신혼神婚하는 시에나의 성녀 카테리나, 성모 마리

---

* 현재 파리의 루브르 박물관 소장품이다.
** 1503년의 일부가 적혀 있으며 현재 우피치 미술관 소장품이다.

그림 372 마리오토 알베르티넬리, 「십자가에 못 박힌 그리스도」,
1506, 프레스코, 체르토사 갈루초, 피렌체.

아를 무척 섬세한 양식으로 그렸다.

그는 라 퀘르차에 왔을 때 알게 된 정부情婦가 생각나 로마에서 이곳으로 와서 자기가 아직 튼튼하다고 그 여자에게 과시하고자 노력했지만 이미 청년이 아니어서 병상에 누울 수밖에 없었으며, 그곳 공기도 몸에 맞지 않아서 피렌체로 실려 보내졌다. 그러나 약효가 별로 없어 며칠 후 45세로 죽었으며 산 피에로 마조레 성당에 매장되었다.

내가 수집한 스케치북에 그가 명암법chiaroscuro으로 그린 소묘가 있는데 몇 점은 매우 우수하며, 특히 나선계단은 원근법prospettiva으로 어려움을 잘 극복했다.

그에게는 제자가 많았으며 그중 줄리아노 부자르디니와 프란차비조Franciabigio는 둘 다 피렌체 출신이고, 인노첸치오 다 이몰라Innocenzio da Imola에 대해서는 다시 언급하겠다. 피렌체의 화가 비시노Visino도 제자의 한 사람인데 소묘, 채색, 근면, 양식에서도 상급에 속한다.

이 화가의 작품 몇 점은 아직 피렌체에서 볼 수 있으며, 조반 바티스타 다뇰 도니Giovan Battista d'Agnol Doni 집에는 거울에 그린 유채세밀화油菜細密畵로 벌거벗은 아담과 이브가 사과를 먹고 있는 장면이 있는데 매우 세심하게 다듬어졌다.* 또 한 점은 「그리스도 십자가 강하」Deposto di Croce인데 화면에는 도둑들과 사닥다리 등이 뒤섞여 있으며, 누군가가 그리스도의 몸을 부축하면서 십자가에서 내리는가 하면 도둑 한 사람을 어깨에 메고 매장하러 가는 등 아름다운 장면들이 이 화가의 역량을 잘 나타낸다.

피렌체의 한 상인이 그를 데리고 헝가리Hungary로 갔는데, 그는 거기에서 많은 작품을 만들어 명성을 높였다. 그러나 이 불쌍한 화가는 중대한 난관에 봉착했다. 그는 성품이 솔직하여 마음먹은 대로 말했는데, 그곳 헝가리 사람들이 자기 나라 왕과 왕실보다 더 위대하고 고귀한 것

---

* 거울에 그린 그림을 말하는 것 같다.

은 없으며, 또 자기네 의식주 등 일상보다 더 행복하게 사는 나라는 세상에 없다고 자랑하면서 매일같이 자기를 헐뜯고 경멸하는 것을 참을 수 없었다.

비시노는 어느 날 이런 생각—기실 당연히 옳은 말이지만—이 떠올랐다. 즉, 이탈리아에는 아름답고 화려한 문화가 있다고 말이다. 그들의 허튼 말에 지친 그는 어느 날, 약간 술에 취한 기회에 용기를 내서 트레비아노Trebbiano의 병과 토스카나의 과자는 헝가리를 다스리던 어떤 왕보다도 훌륭하다고 말했다. 그런데 그보다 더 다행스러웠던 것은 이 사건을 인지認知하고 세상 이치에 밝고 분별 있는 주교가 이 상황을 위트와 농담으로 넘겨버린 일이었다. 그렇지 않았다면 그는 큰 변을 당했을지 모른다. 왜냐하면 무지막지한 헝가리 사람이 그의 말을 심각하게 받아들여서 그가 혹시 중대한 일을 저지르지나 않을까 생각하고—예를 들면 자기들을 해한다거나 왕을 폐위한다거나—그를 갈기갈기 찢어 죽였을지도 모르기 때문이다.

여하튼 주교는 그의 가치와 능력을 알고 그를 구했으며, 왕의 총애를 회복해주었다. 왕은 이 사연을 듣고 한참 웃고 나서 그를 달랬다. 이 모험담이 있은 후 비시노의 재능이 전국에 알려져서 그는 많은 칭찬을 받았다. 그러나 이 나라의 추위 때문에 그는 그곳에 오랫동안 머무르지 못했으며, 그의 명성과 영예가 그 나라 사람들에게 널리 알려졌지만 결국 귀국하고 말았다. 그의 작품 활동 시기는 1512년경이었다.

피렌체의 화가

라파엘리노 델 가르보
Raffaellino del Garbo

1466?~1524/27

RAFFAELLINO DEL GARBO
PITTOR FIORENTINO

〔해설〕

　바사리가 소개한 작가들 중에는 현대 미술사 교과서에서는 언급되지 않는 작가들도 많은데, 라파엘로 델 가르보도 그중 한 사람이다. 하지만 그의 작품이 피렌체 아카데미아 미술관에 소장되어 있을 정도니 르네상스 피렌체 연구자들에게는 중요한 작가일 것이다.

　"예술은 틀에 박힌 법칙에만 따르는 것이 아니다. 라파엘리노의 경우 그의 출발은 유례없이 찬란했지만 그의 경력의 중턱은 아주 평범했고 종말은 가엾을 정도였다"라는 평가는 누구나 생각할 수 있는 것을 바사리는 글로 표현할 줄 알았음을 보여준다. 바사리는 5세기 전 한 화가에 대해 이처럼 냉정하면서도 아름다운 평을 한 것이다.

　이탈리아 르네상스 미술사 연구는 유명 대가들의 경우 더는 새로운 것을 발견하기가 쉽지 않을 정도로 바사리 이후 수세기에 걸쳐 연구가 이루어졌으므로 신진 연구자들은 이들 덜 유명한 작가들의 작품으로 눈을 돌려 연구해야 하는 상황이다. 그런 면에서 바사리의 『르네상스 미술가 평전』의 중요성은 아무리 강조해도 지나치지 않다. 르네상스 연구의 출발점은 언제나 바사리이기 때문이다. 동시대 군소화가들에 대해서도 이처럼 상세히 기록함으로써 후대 연구자들에게 연구의 발판을 마련해준 바사리가 위대함을 다시금 느끼게 한다.

 라파엘로 델 가르보Raffaello del Garbo는 어렸을 때 형들이 라파엘리노Raffaellino라고 불렀기 때문에 그 후로도 내내 그렇게 불리게 되었다.* 그는 소년 시절부터 예술에 소질이 있었으며, 그때 벌써 가장 훌륭한 예술가라고 손꼽혔는데 이런 일은 매우 드문 경우다. 그러나 기초훈련을 충분히 받지 않은 그의 종말은 아주 초라했다. 왜냐하면 대체로 예술가들은 처음에 낮은 데서부터 점점 높은 곳으로 올라가 완성의 문턱에 도달하기 때문이다. 예술은 자연에서도 마찬가지지만 틀에 박힌 법칙에만 따르는 것이 아니다. 바로 라파엘리노의 경우가 그것이며, 그의 출발은 유례없이 찬란했지만 그의 경력의 중턱은 아주 평범했고 종말은 가엾을 정도였다.

그가 젊었을 때에는 다른 사람처럼 활발하게 제작했으며, 그가 그린 많은 소묘를 그의 아들이 시중에 돌아다니면서 팔았다. 일부분은 붓으로, 일부분은 펜과 잉크로, 또 일부는 수채화로 되어 있고 모두가 옅은 빛깔 종이에 연백鉛白으로 부드럽게 했으며 대담하고 기교 있게 그렸는데, 내가 수집한 스케치북에 여러 점이 들어 있다. 그는 프레스코와 템페라의 색채를 매우 잘 구사했으며, 그의 초기 작품들은 감탄할 만큼 정성을 들였고 또 참을성 있게 그렸다.

미네르바Minerva에 있는 카라파Caraffa 추기경 묘묘墓廟, sepoltura의 둥근 천장은 매우 섬세한 필치로 그렸기 때문에 마치 책사본의 색 장식같이 느껴지며 당시 예술가들에게 존경을 받았다. 그의 선생 필리포**는 어떤 면에서는 라파엘리노가 자기보다 낫다고 생각했다. 정말 자기 선

---

* 라파엘로 델 가르보라는 화가 이름으로 세 화가를 혼동했다고 바사리는 비난했지만, 이 화가는 자기 이름을 세 종류로 서명하던 르네상스 시대 사람이다. 그의 스타일은 필리피노 리피와 비슷하다. 그가 죽은 연대는 1527년경이다.
** 필리피노 리피(Filippino Lippi), 1457~1504년이다.

생의 양식을 너무나도 잘 익혔기 때문에 이 두 화가의 그림을 식별하기가 어려울 정도다. 스승을 떠난 라파엘리노는 자기 의상을 그릴 때 양식을 좀 부드럽게 표현하고 머리카락과 머리 자세도 좀더 정답 있게 그렸다. 화가들은 이런 양식에 기대를 크게 가졌으며, 당시의 가장 뛰어난 화가라고 생각했다.

그리하여 산 프리아노 교외의 산 바르톨로메오 아 몬테 올리베토S. Bartolommeo a Monte Oliveto 성당 밑 언덕에 있는 파라디조Paradiso 경당을 건립한 카포니 가문이 그를 초청하여 「그리스도의 부활」을 유채화로 그리도록 부탁했다. 묘지 옆에 죽은 것 같은 병사들이 누워 있는, 힘차고 아름다운 그림이다.그림 373 우아한 얼굴의 니콜로 카포니Niccolo Capponi 초상도 보이며, 묘지로 굴러떨어지는 돌 밑에서 부르짖는 한 인물의 두부가 퍽 아름답고도 괴이하다.*

훌륭한 이 그림을 본 카포니는 라파엘리노를 고용하여 돌을 조각해서 테두리를 만들게 하고 위에 금박을 했다. 얼마 후에 번개가 그곳 종루를 쳐서 둥근 천장이 갈라지고 이 그림 근처가 파괴되었으나 이 유채화는 다만 금박이 떨어졌을 뿐 아무 일 없었으며, 테두리도 무사했다. 내가 강조한 바와 같이 유채화가 이런 재난을 모면하는 데 얼마나 효율적인 방법인지 알 수 있으며, 이 경우는 한 예에 불과할 뿐이다.

라파엘리노는 카라이아Caraia教橋와 쿠쿨리아Cuculia교 중간에 있는 마태오 보티 저택 모퉁이에 작은 닫집 달린 감실을 프레스코로 제작했는데, 성모 마리아와 아기 그리스도, 무릎을 꿇고 있는 성녀 카테리나와 성녀 바르바라를 우아하게 정성 들여 그렸다. 그는 또 마리뇰레 데 지롤라미Marignolle de' Girolami 촌락에 패널 두 점을 그렸다. 즉, 하나는 성모와 성 차노비와 여러 성인을 그린 것이고, 또 한 점은 제단 벽에 이들 성인들의 생애를 그린 것인데, 작은 조상을 많이 그려 넣었다.

* 현재 피렌체 우피치 미술관 소장품이다.

그림 373 라파엘리노 델 가르보, 「그리스도의 부활」,
패널에 오일, 아카데미아 미술관, 피렌체.

산 조르조 성당의 수녀들을 위하여 1504년 출입문 담벼락에 피에타
Pietà와 여러 성녀를, 이 그림 밑 아치에는 성모 마리아를 그렸는데, 크
게 찬양할 만한 그림이다. 피렌체의 산토 스피리토 성당 안에 있는 필
리포의 그림 네를리Nerli 위쪽에도 피에타 한 폭을 그렸다.* 이 그림도
높이 평가를 받지만, 「성 베르나르도」S. Bernardo는 그렇지 못한 작품
이다.

또 성물실 출입문 밑에도 두 점을 그렸다. 하나는 교황 그레고리우스

* 현재 뮌헨의 브레라 미술관 소장품인 듯하다.

가 미사를 집전하는 장면인데, 어깨에 십자가를 진 채 피를 흘리는 그리스도 옆에 부제副祭와 차부제次副祭가 제대포祭臺布 위의 시중을 들고, 두 천사가 향을 피우고 있다. 그 밑의 다른 경당에도 패널화 한 폭을 그렸다. 즉, 성모 마리아, 성 히에로니무스, 성 바르톨로메오인데, 이 두 작품에 그는 많은 노력을 쏟았다.

그러나 그의 그림은 나날이 나빠졌다. 그는 그 이유를 알 수 없었다. 왜냐하면 그는 그림 주문을 많이 받지 못했지만 공부를 게을리하지는 않았기 때문이다. 가족 부양이라는 과중한 짐을 지게 된 그는 그다지 가치 없는 작은 일들이라도 맡지 않을 수 없게 되었다.

그러나 간혹 좋은 작품도 냈다. 카스텔로Castello 수도원 식당 담벼락에「5천 명에게 식사를 대접」하는 장면을 프레스코로 크게 그렸다. 또 산타 크로체S. Croce 성문 밖의 산 살비S. Salvi 성당에도 수도원장 파니키Panichi를 위하여 양쪽 두 벽감에 제단화를 그렸는데 성모 마리아, 성 조반니 구알베르토S. Giovanni Gualberto, 성 사르비, 우베르티 가문의 추기경 성 베르나르도S. Bernardo, 수도원장 성 베네데토S. Benedetto, 양 옆에는 성 바티스타S. Batista와 무장한 성 페델레S. Fedele를 그렸다.* 그는 이 그림의 테두리를 아름답게 장식했으며, 제단의 대에도 작은 조상을 많이 그려 넣었는데 그중에는 구알베르토의 초상도 보인다.

수도원장이 재능을 알아보고 가엾게 여겨 많이 도와주었으므로 라파엘리노는 열심히 의무를 다했고, 수도원장의 초상과 아울러 당시 교단 총장의 패널 그림을 제단 대에 그렸다. 산 피에르 마조레 성당 출입문 오른쪽에 패널 그림 한 점을, 무라테Murate 성당에 성 시지스몬도S. Sigismondo 왕을 그렸다. 또 산 판크라치오S. Pancrazio 성당에는 이미 여기에 매장된 지롤라모 페데리기Girolamo Federighi의 초상과 무릎을 꿇은 그의 아내도 그렸다.

* 현재 파리의 루브르 박물관 소장품이다.

그런데 여기서부터 그의 화법이 쇠퇴하기 시작했다. 카스텔로 성당의 수사들을 위하여 템페라로 두 조상, 즉 성 로코S. Rocco와 성 이냐치오S. Ignazio를 그렸는데 모두 산 세바스티아노 성당에 있다. 루바콘테Rubaconte 다리 건너편, 제분소 옆의 작은 성당에 성모 마리아와 성 로렌초, 그밖에 성인 몇몇을 그린 그림도 있다.

마침내 그는 별로 제작을 하지 못하게 되자 수녀들이나 개인에게 고용되어 성당에서 쓰는 제대포와 벽걸이 천의 자수刺繡에 쓰이는 디자인과 성인들의 이야기를 담은 테두리 장식 일을 헐값으로 했다. 그의 능력은 떨어졌지만 그래도 아름다운 디세뇨와 도안이 그의 손에서 나왔다. 어떤 자수 상인이 죽은 후에 흘러나온 많은 도안지에서도 밝혀졌으며 시내 여러 곳에서 그의 도안이 팔렸다.

피렌체 병원장 돈 빈첸치오 보르기니Don Vincenzio Borghini가 그것을 많이 수집했다. 파올라 다 베로나Paola da Verona와 갈리에노 피오렌티노Galieno Fiorentino, 그밖의 사람들이 사용하던 자수 방법은 이미 사라졌으며, 지금 유행하는 바느질 사이가 넓은 자수는 아름답지 못하고 오래가지도 못한다. 비록 라파엘리노는 가난 때문에 생애가 파탄되었지만 이런 공적은 명예와 영광을 차지할 가치가 있다.

라파엘리노는 가난하고 비천한 사람들과 같이 살며 자신의 빈한함을 부끄러워했기 때문에 소행이 좀 거칠었다. 특히 그가 청춘 시대에 품었던 높은 기대에 대한 좌절 때문에 더 그랬다.

그의 작품은 노년에 들어서 너무나도 질이 나빠졌기 때문에 그가 제작한 것인지 의심할 정도였으며, 예술성은 날마다 고갈되어가고 그림의 수도 줄어들었다. 특히 많은 자녀를 거느린 무거운 짐 때문에 그는 점점 쇠락해갔다. 그는 허약함과 빈곤함으로 1524년에 58세로 죽었으며, 미세르코르디아 상조회는 그를 피렌체의 산 시모네S. Simone 성당에 매장해주었다.

그는 기량 있는 여러 제자를 남겨놓았다. 피렌체의 화가 브론치노

Bronzino는 소년 시절에 라파엘리노에게 예술의 원리를 배웠으며, 그 후에는 야코포 다 폰토르모Jacopo da Pontormo 밑에서 대성했다. 라파엘리노의 초상화는 역시 그의 제자였던 바스티아노 다 몬테 카를로Bastiano da Monte Carlo가 그린 것이다. 그도 한때 훌륭한 화가였다.

피렌체의 화가

토리자노
Torrigiano
1472~1528

TORRIGIANO
SCVLTOR FIORENTINO

〔해설〕

16세기 초반 활동한 피렌체의 화가다. 토리자노는 그 자신의 업적보다는 청년 시절 피렌체에서 미켈란젤로와 함께 지낸 것으로 더 많이 언급되고 있다. 바사리에 따르면 토리자노는 피렌체 산 마르코 수도원 정원에 모아둔 고대 조각들을 미켈란젤로를 비롯한 친구들과 함께 공부했고, 이때 미켈란젤로를 질투하여 그의 코를 부러뜨리는 바람에 이 거장이 평생 흉한 모습으로 지내야 했다고 전하고 있다. 실제로 토리자노가 역사에서 언급되는 경우는 이 일화 때문이다.

바사리는 이 작가를 시기의 관점에서 평가하면서 시기란 "자기 고집 때문에 자기를 과시하려는 노력에 불과하다. 급기야는 웃음거리를 자아낼 뿐이다. 예술가의 눈동자가 바르지 못하고 손이 흔들리게 되면 그는 한계에 달한 것"이라는 명문을 남겼다. 미켈란젤로가 시스티나 천장화를 착수하면서 피렌체에서 같이 지내던 친구들을 불러 작업을 시켰는데 그중에 토리자노도 있었다. 하지만 미켈란젤로는 이들과는 작업할 수 없음을 깨닫고 조수 하나만 남기고 이들을 모두 돌려보냈다.

 다른 재사才士가 같은 예술 분야에서 실력이 자신보다 뛰어나다고 느낄 때의 노여움은 오만과 자존심도 합세해서 놀랄 만한 힘을 보여준다. 그가 물어뜯지 못할 무쇠가 없고, 상처를 주지 못할 사악함도 없다. 왜냐하면 어린이가 자라서 곧 자기네들과 동등하게 되는 것을 보기가 두렵기 때문이다. 젊은이들이 쉬지 않고 열심히 노력한다면 틀림없이 발전한다는 것은 잘 알려진 사실이다. 반면에 노인들은 겁에 질려서 야망과 긍지는 힘을 발휘하지 못하고 자신은 발전하고 있다고 생각하지만 사실은 후퇴하고 있다.

시기는 결단코 우수한 젊은이만의 것이 아니다. 자신들이 잘 알듯이 자기 고집 때문에 자기를 과시하려는 노력에 불과하다. 급기야는 웃음거리를 자아낼 뿐이다. 예술가의 눈동자가 바르지 못하고 손이 흔들리게 되면 그는 한계에 달한 것이며, 과거에 이렇다 할 업적이 있다면 그는 젊은이에게 충고할 수 있다. 회화와 조각예술은 빈틈없이 씩씩한 정신을 요구한다. 뜨거운 피가 흐르고 욕망에 불타며, 동시에 세상에는 향락이라는 인간의 적이 들끓기 때문이다.

무절제無節制는 모든 예술과 학문을 해친다. 왜냐하면 향락과 숭고한 연구와는 서로 화해할 수 없기 때문이다. 이들 미덕이 요구하는 대가가 너무나 크기 때문에 가장 높은 경지에 도달하는 사람도 극히 드물다. 열정을 가지고 공부를 시작하는 사람은 많지만, 경쟁에서 승리하는 이는 무척 적다. 우리는 피렌체의 조각가 토리자노Torrigiano에게서―그는 결코 능력이 모자란 사람은 아니지만―예술성보다는 자존심을 더 발견하게 된다.

그는 청년 시절을 로렌초 데 메디치Lorenzo de' Medici가에서 보냈다. 그곳은 피렌체 산 마르코 광장의 고귀한 시민의 정원에 있는데 거기에는 고대와 현대 조각들이 가득 차 있고, 로지아와 오솔길은 물론 방마다 대리석 조상과 그림들로 장식되어 있는바, 모두 국내외 거장들의 작품이다.

이 모든 것은 정원을 우아하고 아름답게 장식할 뿐만 아니라 젊은 화가, 조각가, 디세뇨 연구자, 젊은 귀족들을 위한 학교와 미술관 역할을 한다. 모두가 위대한 로렌초의 노력 덕분이었으며, 고귀하게 태어난 사람은 모두가 비천한 출신보다도 빨리 모든 일에 완벽해진다고 보겠다. 왜냐하면 비천한 출신은 대개 사물을 빨리 인식하지 못하며, 혈통이 좋은 사람에게서 흔히 천재를 볼 수 있기 때문이다.

빈곤과 결핍과 싸워야 한다면 이처럼 상투적인 일들에 사로잡히지 않을 수 없어 자기 재능을 발휘하지 못하며, 높은 경지에도 도달하지 못한다. 교양 있는 알차토Alciato가 적절한 표현을 했다. 즉, 천재의 날개 끝에 올랐지만 빈곤에 시달려 높은 경지에 오르지 못한 빈자의 고귀한 정신을 말했다.

깃털이 나를 들어 올리듯이
무거운 짐은 나를 가라앉힌다.
Ut me pluma levat, sic grave mergit onus.

이처럼 위대한 로렌초 공은 재능 있는 모든 사람, 특히 예술에 몰두하는 귀족 출신을 좋아했다. 그리하여 이 학교에서 세상을 즐겁게 만든 사람들을 배출한 것은 조금도 놀라운 일이 아니다. 그는 젊은이들이 미술을 공부하는 데 가난이 그들을 방해할까봐 돈과 의복을 주었으며, 남보다 우수한 자에게는 아낌없이 보수를 더 주었다. 그리하여 이 젊은이들은 서로 경쟁하며 더욱 높은 경지에 도달했다.

당시 교장은 피렌체 출신의 노인 베르톨도Bertoldo였는데 그는 도나토의 제자이며 뛰어난 조각가였다. 그는 교사인 동시에 정원 책임자였는데 도나토, 피포Pippo,* 마사초Masaccio, 파올로 우첼로Paolo Uccello, 프라 조반니Fra Giovanni, 프라 필리포Fra Filippo 등 국내 거장들의 소묘, 밑

그림, 모델을 많이 가지고 있었다. 정말로 이런 예술은 오랜 시일을 요하는 공부를 하고 훌륭한 사물을 오랫동안 모방하지 않고는 배울 수 없다. 그리고 재주 있는 사람들도 이와 같은 방법이 아니고는 오랜 시일 후에도 완벽한 경지에 도달할 수 없다.

이 정원의 고대 유물들 이야기로 돌아가자. 로렌초의 아들 피에로 Piero가 피렌체에서 추방될 무렵 이 고대 유물들이 1494년에 모두 경매로 팔렸다. 그러나 1512년에 줄리아노 메디치 일가가 다시 고향으로 돌아오자 대부분 회수되어 지금은 코시모 공의 의상실에 보존되어 있다. 로렌초 공의 이 고귀한 물건들은 당시 영주들과 유명인사들이 모방할 만한 것이었다. 그것들은 마음 착하고 희망에 부푼 천재들을 위하여 무한한 착상을 주는 데 도움을 줄 테니 영원한 명예와 찬사를 받을 것이다. 그뿐 아니라 모든 세상이 이같이 많은 아름다움과 명예와 편리와 이익을 누림으로써 우리 마음속에 길이 남을 만한 가치가 있다.

이 정원에서 예술을 열심히 연마한 사람들 중에는 미켈란젤로 디 로도비코 부오나로티Michelangelo di Lodovico Buonarroti, 조반 프란체스코 루스티치Giovan Francesco Rustici, 토리자노 토리자니Torrigiano Torrigiani, 프란체스코 그라나치Francesco Granacci, 니콜로 디 도메니코 소지Niccolo di Domenico Soggi, 로렌초 디 크레디Lorenzo di Credi, 줄리아노 부자르디니와 외국 사람으로는 바초 다 몬테루포Baccio da Montelupo, 안드레아 콘투치 달 몬테 산소비노Andrea Contucci dal Monte Sansovino, 그밖에도 내가 다른 곳에서 기록해야 할 여러 사람이 있다.

내가 지금 쓰고 있는 전기傳記의 주인공인 토리자노도 이 정원에서 다른 사람들과 함께 공부했는데, 기질이 너무 거만하고 화를 잘 내며 난폭하여 행동과 말로 항상 동료들을 괴롭혔다. 그의 본업은 조각인데, 점토粘土로도 제작을 잘했으며, 그 양식이 아름답고 뛰어났다. 그러나

* 필리포 브루넬레스키.

다른 사람이 자기보다 앞서는 것을 내버려두지 못하는 성질이어서 동료가 자기보다 우수한 작품을 만들면 그것을 파괴해버렸다. 만일 동료가 화를 내면 그는 말보다도 다른 방법으로 대처하기 일쑤였다.

그는 미켈란젤로를 몹시 미워했다. 그 이유는 단지 열심히 공부한다는 것과 자기 집에서 밤늦도록 몰래 일한다는 것, 축제일에도 쉬지 않고 일에 몰두한다는 것이었다. 미켈란젤로는 이처럼 이 정원에서 누구보다 열심히 공부했기 때문에 특히 로렌초의 귀여움을 받았다. 토리자노는 미켈란젤로를 해치려고 항상 벼르다가 어느 날 미켈란젤로의 코에 일격을 가하여 뼈를 부러뜨려서 그 얼굴을 한평생 몰골사납게 만들었다. 이 사건을 전해들은 로렌초는 크게 화를 내며 토리자노가 만일 피렌체를 떠나지 않는다면 처벌하겠다고 했다.

토리자노는 로마로 갔다. 당시 알레산드로 6세는 보르자Borgia탑을 건립하고 있었는데,* 그는 다른 거장들과 함께 스투코로 많은 제작을 했다. 그는 로마냐Romagna 사람들과 전쟁 중이던 발렌티노Valentino 공작**이 보내온 돈과 피렌체 청년들의 영향을 받아 병사가 되어 전쟁터로 용감하게 나아갔다. 그는 피사의 전쟁***에서 파올로 비텔리Paolo Vitelli와 같은 용감성을 보였으며, 가릴리아노Garigliano 사건 때 피에로 데 메디치와 함께 참가하여 용감한 기수旗手라는 칭찬을 받았다.

그는 장교가 될 자격이 있었는데도 승진이 안 되는 데다 전쟁이 아무런 이익이 없음을 깨닫고 많은 세월을 허송하고 나서야 다시 조각가로 되돌아왔다. 곧 그는 피렌체에 사는 상인의 자택에 작은 대리석 조상과 청동 조상들을 만들었으며, 또 내가 간직한 화첩에 들어 있지만, 미켈란젤로와 경쟁하여 그린 소묘가 많이 있는데 아름다운 양식이다. 이것

---

* 1443~44년에 걸쳐서다.
** 1493~1500년 사이의 일이다.
*** 1498년.

그림 374 피에트로 토리자노, 「헨리 7세의 묘묘」, 1512~18,
도금한 청동, 헨리 7세 교회, 웨스트민스터 사원, 런던.

들은 후에 영국 상인들이 가져갔다. 또 그는 영국의 거장들과 경쟁하여
왕실에 많은 대리석, 청동, 목제 조상들을 제작했다.그림 374* 여기에서
그는 누구보다도 뛰어났는데 그가 만일 교만하지 않고 좀더 사려분별
과 자제력이 있었다면 그곳에서 평화롭게 지내면서 보수도 많이 받고
생애를 명예롭게 마쳤을 것이다.

그러나 실제는 그와 반대다. 그는 스페인으로 떠나갔으며 거기에서

* 웨스트민스터 사원에 있는 헨리 7세의 묘묘는 1419년에 완공되었다.

좋은 작품을 많이 제작하여 전국 여기저기에 산재하는데, 높이 평가되고 있다. 그중에서도 점토로 만든 「십자가에 못 박힌 예수」는 스페인에서 가장 놀랄 만한 작품으로 알려져 있다.* 세비야Sevilla 교외의 산 히에로니무스 수도원 안에도 「십자가에 못 박힌 예수」, 「사자獅子를 이끌고 고행하는 성 히에로니무스」를 제작했는데, 이 성인 조상은 피렌체에 사는 스페인 상인 보티Botti의 가령家令 얼굴에서 딴 것이다.

또 「성모와 아기 예수」 조상도 퍽 아름다웠으므로 아르코스Arcos의 공작을 위하여 제작하지 않으면 안 되게 되었는데, 토리자노를 통해 구두계약을 했으므로 그는 보수를 틀림없이 받을 것이라고 생각했다. 그런데 조상이 완성되자 공작은 그에게 마라비데스Maravides라는 구시대 동전을 한아름 주었다. 이 돈은 사실 아무 가치가 없었지만 그 돈을 운반하는 데에 두 사람이 필요했다. 토리자노는 공작이 돈 많은 인사라고 믿었기 때문에 자기가 이제 부자가 될 것이라고 굳게 믿었다.

돈을 계산한 후 한 이탈리아 친구를 통해 그 돈의 값어치가 이탈리아 돈으로 30두카트밖에 안 된다는 말을 들었다. 화가 난 그는 묘안을 생각해냈다. 그는 자기가 제작한 조상이 있는 공작의 저택을 찾아가서 그 조상을 산산조각 냈다. 이 같은 모욕에 화가 난 공작이 토리자노를 이단으로 고발했으므로 그는 감옥에 붙잡혀가서 매일 이곳저곳으로 끌려 다니며 심문을 받았다.

그는 마땅히 중죄로 벌해야 한다는 판결을 받았다. 그러나 토리자노가 우울증에 빠져서 여러 날 음식을 먹지 않다가 끝내 죽고 말았기 때문에 형刑은 집행되지 않았다. 결국 그는 수치스러운 종말을 면하게 되었다. 왜냐하면 그는 사형을 받을 것이라고 생각했기 때문이다. 토리자노는 1515년 전후로 제작에 종사했으며 1522년 사망했다.

* 스페인의 세비야 미술관 소장품이다.

줄리아노 다 산 갈로와 안토니오 다 산 갈로

Giuliano da San Gallo & Antonio da San Gallo

1445?~1516   1455~1535

VITA DI GIVLIANO ET ANTONIO
DA S. GALLO ARCHIT. FIOR.

〔해설〕

16세기 초·중반 활동한 건축가로 로마에서 브라만테와 미켈란젤로를 도와 건축 작업을 했다. 줄리아노와 안토니오 다 산 갈로 일 베키오는 형제간이며 안토니오 다 산 갈로 일 지오바네는 이들의 조카다. 줄리아노 다 산 갈로는 메디치가의 위대한 자 로렌초의 후원을 받았으며 1480년 포지오 아 카이아노Poggio a Caiano에 메디치 별장을 건축했다. 피렌체의 거장 안드레아 델 사르토와 폰토르모가 작업한 바로 그 별장이다.

이들 중 가장 유명한 건축가는 안토니오 다 산 갈로 일 조바네로 앞의 두 건축가와 구별하기 위해 영어의 'young'에 해당하는 'giovane'이라는 칭호를 붙인다. 그의 작품은 브라만테식 건축 양식에서 미켈란젤로식 건축 양식으로 변화해가고 있음을 보여주며 이후 16세기 내내 주요 사례가 되었다. 그는 건축물 외에 시의 방어벽이나 성곽 건축에도 참여했다. 대표적인 예로 피렌체의 「바소 성채」, 페루자의 「로카 치비타베키아」, 「로카 파올리나」를 건축했고, 당대 로마 최고 가문인 파르네세가의 후원을 받아 16세기 최고 건축물로 꼽히는 파르네세궁을 건축했다. 3층으로 된 파르네세궁은 크기, 비례, 조화, 명료함에서 전성기 르네상스를 대표하는 고전양식 건축물로 꼽힌다.

그의 주요 작품 중 로마의 성 베드로 대성당 모형도 있다. 1516년 라파엘로가 성 베드로 대성당 건축 감독으로 일할 때 함께 일하면서 이 모형을 제작했으나 실제 건축물로 실현하지는 못했다. 그의 작품은 고전주의와 매너리즘 양식을 동시에 보인다는 점에서 흥미롭다.

코시모 데 메디치 시대의 유명한 건축가 프란체스코 디 파올로 잠베르티Francesco di Paolo Giamberti는 이 영주에게 자주 고용된 사람이다. 그에게는 아들이 둘 있는데 줄리아노와 안토니오다. 둘 다 목각木刻을 했는데 아버지는 이들을 당시 이름난 소목장인 프란초네Francione에게 맡기기로 했다. 목각에도, 원근법에도 능숙했던 프란초네는 프란체스코와 메디치의 공사를 함께했기 때문에 서로 친한 사이였다. 두 아들 중 줄리아노는 프란초네의 가르침을 곧 깨닫고 빨리 진보하여 피사 대성당의 성가대석을 정말 아름답게 원근법으로 처리했다.

줄리아노가 디세뇨를 공부할 때, 로렌초 데 메디치를 적대시하는 칼라브리아Calabria 공의 군대가 카스텔리나에 진을 치고 기회만 있으면 공격해서 피렌체령領을 점령하려고 했다. 낌새를 챈 로렌초는 요새를 구축하고 포병을 지휘할 토목전문가를 보내야만 했는데, 당시 그런 사람은 극소수에 불과했다. 공작은 줄리아노가 가장 재주 있고 민첩하여 적격자이며, 메디치 가문 종복인 프란체스코의 아들이므로 그를 파견했다.

그는 카스텔리나에 도착하자 성 안팎, 요새, 기타 방어 진지를 튼튼히 했다. 대포를 조작하는 속도가 느려 병사들이 겁을 집어먹는 것을 본 줄리아노는 관심을 여기로 돌려 사고를 방지하여 과거와 같은 인명 피해를 없앴다. 그가 대포 발사를 정확하게 해서 적진을 위협했으므로 칼라브리아 공은 마침내 타협을 하고 떠나버렸다. 이때부터 줄리아노는 로렌초 공에게 큰 총애를 받게 되었다.

그 후 그는 건축술을 공부하여 체스텔로의 수도원을 건립하기 시작했으며, 소용돌이가 곡선을 그리면서 콜라리노collarino를 거쳐 기둥까지 이르게 함으로써 원주圓柱 위에 기둥머리를 올려 이오니아 양식으로 만들었다. 난촉卵鏃 장식 밑에 원주의 지름 3분의 1을 프리즈로 만들었다. 이 기둥머리는 레오나르도 살루타티Leonardo Salutati가 피에솔레에서 발견된 고대 대리석 기둥머리capital 모양을 따서 만들었다.

살루타티는 그곳 주교였으며, 그밖에도 고대 기물들을 산타 아가타 거리 맞은편, 산 갈로의 자기 집과 정원에 간직하고 있었다. 이 기둥머리는 현재 피스토이아의 주교 조반 바티스타 다 리카솔리Giovan Battista da Ricasoli 소유가 되었고, 그 아름다움과 독창성이 높이 평가되고 있으며, 이것과 겨룰 만한 기둥머리는 없다고 한다. 그러나 수사들이 막대한 비용을 감당할 수 없어서 수도원 공사는 중단된 채로 있다.

줄리아노의 명성이 점점 올라가자 로렌초는 피렌체와 피스토이아 중간의 포조 아 카이아노Poggio a Caiano에 건조물을 짓고자 프란초네와 그밖의 사람들에게서 모델을 손에 넣었고, 줄리아노에게도 위촉했다. 줄리아노는 아주 특색 있으며, 다른 사람들 것과는 전연 다른 것을 만들었는데, 그것이 로렌초가 생각하는 것과 정확하게 조화되었으므로 그는 공사를 즉시 시작했다.그림 375 줄리아노는 이때부터 봉급을 받았다.

그 후 로렌초가 자기 궁전에 둥근 지붕을 만들고자 했으나—지금 우리가 보는 바와 같은 원통형 지붕—벽과 벽 사이의 거리가 너무 넓어 위험하다고 주저했다. 그랬더니 줄리아노는 피렌체에 자기 집을 지을 때 이 같은 지붕을 만들어서 로렌초의 용기를 북돋았다. 그리하여 포조의 건물을 성공리에 건조했다. 그의 명성이 더해감에 따라 나폴리에 궁전을 짓고자 하는 칼라브리아 공의 요구를 로렌초가 중재해서 그에게 위촉했다. 줄리아노는 이 일로 많은 시일을 보내게 되었다.

이야기는 바뀌어 오스티아Ostia의 성주城主이며 주교인 로베레Rovere, 훗날의 교황 율리우스 2세다가 요새를 튼튼히 계측하려고 하던 차에 줄리아노의 소문을 듣고 그를 부르러 피렌체에 사람을 보냈다. 그는 줄리아노에게 후한 봉급을 지불하면서 2년 동안 쓸모 있고 편리한 공사를 시켰다. 그전에 그가 제작한 칼라브리아 공의 건축을 모델대로 수행하는데 지장이 없도록 그는 동생 안토니오를 남겨두어 마지막 손질을 시켰

그림 375 줄리아노 다 산 갈로, 「메디치 별장」, 1480~85,
포조 아 카이아노, 프라토.

는데 그는 많은 공을 들여 완성했다. 안토니오도 형에게 뒤지지 않았기 때문이다.

로렌초가 줄리아노에게 충고하기를, 직접 나폴리에 가서 이 힘든 공사를 자신이 어떻게 극복했는지를 공에게 알리라고 했다. 줄리아노가 나폴리에 가서 정중한 영접을 받으면서 공사 내용을 제시함으로써 놀라움과 불가사의함을 불러일으킨 것은 아마 그의 태도가 우아하고 공사 모델이 우수했기 때문일 것이다. 공은 매우 만족하여 카스텔 누오보 Castel Nuovo 근처에서 공사를 시작했다.

나폴리에 잠시 머무른 줄리아노가 돌아올 때 왕이 그에게 말, 위상, 수백 두카트가 들어 있는 은제 컵을 선사하려 했으나 줄리아노는 금은 은 필요 없으며 기념으로 주려거든 고대 물품 중에서 한두 가지를 고르게 해달라고 청했다. 왕은 로렌초 일 마니피코에 대한 우의友誼와 줄리아노의 능력을 존중하여 이 선물을 기꺼이 선사하기로 했다. 줄리아노는 다음 것들을 골랐다. 즉, 놀랄 만큼 자연스럽게 보이는 하드리아누스Hadrianus*의 두상頭像, 지금은 메디치의 별장 정원에 있다과 그밖에 실물보다 큰 여인의 나상과 잠자는 큐피드의 대리석상 등이다. 줄리아노는 이것들을 로렌초에게 증정했는데, 로렌초는 몹시 기뻐서 금은까지 거절한, 이 보기 드문 자유로운 예술가의 행위를 칭찬하기를 그칠 줄 몰랐다. 큐피드는 코시모 공 의상실에 있다.

줄리아노가 피렌체로 돌아오자 로렌초는 따뜻하게 영접했다. 로렌초는 산 아우구스티노 교단의 유명한 은둔자 마리아노 다 기나차노 Mariano da Ghinazzano 수사를 기쁘게 하려고 산 갈로 성문 밖에 수도자 100명을 수용할 만한 수도원을 건립하기로 결정하고 많은 건축가에게 설계도를 받았으나 줄리아노의 작품을 택했다. 이런 연유로 로렌초는 그를 줄리아노 다 산 갈로라고 불렀다.

줄리아노는 모두가 자기를 그렇게 부르는 것을 보고 어느 날 로렌초를 향하여 장난으로 "나를 '다 산 갈로da S. Gallo'라고 부르신 것은 잘못입니다. 나는 옛 가계家系의 이름을 잃어버렸습니다. 나는 거슬러 올라가 나의 옛 가문 덕분에 지금까지 우쭐해하고 있었습니다"라고 말했다. 그러자 로렌초는 남에게 의지하기보다는 자기 능력으로 지은 새 집의 건립자임에 긍지를 가져야 할 것이라고 받아넘겼고, 이에 줄리아노는 만족했다.

산 갈로 제작품은 공작의 너무 많은 사업 때문에, 더구나 공작의 죽음으로 어느 하나도 완성을 보지 못했다. 그것들은 1530년에 있었던 피렌체의 약탈로 그 근처에 있던 다른 건물들과 함께 파괴되었으며, 그 전에는 아름다운 건물들이 가득 찼던 광장의 가옥, 교회, 수도원은 자취조차 찾아볼 수 없다.

그 무렵 나폴리 왕 페르디난도 1세가 죽자** 피렌체 출신 호상豪商 줄

* 로마 황제, 117~138 재위.
** 1494년 1월 25일.

리아노 곤디Giuliano Gondi가 고향으로 돌아왔다. 그는 줄리아노를 고용하여 산 피렌체S. Firenze 맞은편에 시골풍으로 큰 저택을 짓게 했는데, 곤디가 나폴리에 있을 때 사귄 예술가의 영향일지 모른다. 집은 메르카탄치아 베키아Mercatanzia Vecchia 맞은편에 세우기로 되었으나 곤디의 죽음으로 중단되고 말았다. 특기할 만한 것은 벽로壁爐 장식이 과거에 볼 수 없었던 디자인이며, 조상과 조각이 풍부하다는 것이다. 줄리아노는 베네치아 사람을 위하여 카메라타Camerata의 핀티Pinti 문밖 또 다른 곳에 개인 주택을 여러 채 지었는데 일일이 적지 않겠다.

로렌초 공이 로마로 통하는 길목에 면한 포지본시Poggibonsi 상부 제국의 둔덕Poggio Imperiale을 요새화하여 그곳에 마을을 만들어서 일반에게 이익을 주고 공국을 꾸미려고 했으며, 그밖에도 무수한 계획을 세워 자신의 기념물을 남기고자 했다. 그는 줄리아노의 자문을 받지 않고는 손대지 않으려고 했다. 따라서 줄리아노는 오늘날 보는 바와 같은 건물을 보강하여 아름답게 조영했다.* 이 때문에 그의 이름이 알려졌으며, 한편 로렌초 공의 도움도 있어 그는 공의 궁전을 지으려고 모형을 가지고 밀라노로 갔다.

여기서도 그는 나폴리에 갔을 때 왕에게 받은 환대 이상의 영접을 받았다. 그가 모델을 공에게 제시하자 공은 눈부신 장식으로 잘 안배된 궁전의 모델에 경탄하여 서슴지 않고 필요한 자재를 구하도록 하여 조영에 착수했다. 당시 그곳에서 줄리아노는 레오나르도 다 빈치와 함께 공의 일을 하게 되었는데 레오나르도는 청동靑銅으로 말을 제작하고 있었으나 이것들을 후에 프랑스 사람들이 산산이 부쉈기 때문에 완성하지 못했으며 궁전도 마찬가지였다.

줄리아노가 피렌체에 돌아왔을 때는 동생 안토니오가 두각을 나타내기 시작했다. 피렌체의 눈치아타 성당 제단의 큰 십자가 목각상木刻像

* 1488년의 일이다.

을 비롯하여 산 야코포 트라 포시 성당 안의 산 갈로 수도원의 것과 스칼조Scalzo 조합에 있는 또 하나의 작품들이 모두 훌륭해서 조각에서는 당시 그보다 뛰어난 사람이 없게 되었다. 그러나 줄리아노는 동생을 데려다 자기가 맡은 많은 건축물 조영에 힘을 기울이도록 했다.

세상에 흔히 있듯이, 운명의 여신은 능력 있는 자를 시기한다. 천재들의 지지자인 로렌초 데 메디치가 제거됨으로써 유명한 예술가들, 자기 공국, 아니 온 이탈리아에 크나큰 해가 미쳤다. 그리하여 줄리아노는 물론이고 그 시대의 고매한 정신을 지닌 사람들을 슬프게 했다. 그는 피렌체의 교외 프라토로 가서 마돈나 델레 카르체레Madonna delle Carcere* 성당을 짓게 되었다. 왜냐하면 피렌체에서는 공사 중인 모든 건축이 중지되었기 때문이다. 그는 프라토에서 가난과 궁핍을 극복하면서 3년 동안 머물렀다.

당시 로레토의 마돈나 성당을 줄리아노 다 마이아노Giuliano da Maiano가 착공했는데 건물의 둥근 천장과 지붕을 덮게 되자 공사 책임자는 과연 각주角柱가 집 무게를 지탱할 수 있을지 염려되어 줄리아노에게 편지를 보내 그곳에 와서 공사를 봐달라고 간청했다. 용기와 훌륭한 정신의 소유자인 그가 곧 그곳에 가서 보고 둥근 천장 공사와 그들의 요구에 대하여 확신을 보여주자 그들은 기운이 나서 모든 공사를 줄리아노에게 위촉했다.** 이 새로운 공사 때문에 그는 건축가, 석공 등을 로레토에 데려갔다. 석공 일을 튼튼히 하기 위하여 로마에 가서 화산재를 가져다 반죽하여 석재들을 맞붙였다. 그리하여 3년 걸려 건물 공사를 완전히 끝냈다.

로마로 돌아온 그는 교황 알레산드로 6세를 위하여 산타 마리아 마조레 성당의 현재와 같은 천장을 만들어서 무너진 지붕을 수리했다. 오

---

* 1485년에 위촉받아 1491년에 준공했다.
** 1500년에 준공했다.

스티아의 성주였을 때부터 줄리아노의 친구인 로베레 주교가 궁정에 봉사하면서 산 피에트로 인 빈콜라S. Pietro in Vincola의 추기경이 신임하게 되자, 줄리아노에게 빈콜라의 궁전 모델을 위촉했다. 그는 계속해서 자기 고향 사보나Savona에도 저택을 지어줄 것을 줄리아노에게 부탁했으나 교황 알레산드로의 허락이 없어 떠나지 못했으므로 동생 안토니오를 보내서 완성하도록 했다.

교황 알레산드로는 아드리아노의 인공방파제를 수리 보완하도록 명했다. 즉, 지금의 산 아뇰로S. Agnolo성이며 요새의 일종이다.* 그 아래에는 큰 탑과 도랑을 만들었다. 이 공사로 안토니오는 교황과 그의 아들 발렌티노 공의 총애를 받게 되어 카스텔라나에 요새를 건설했다. 교황이 살아 있는 동안 그는 계속 고용되어 많은 보수와 존경을 받았다.

추기경 로베레가 용무 때문에 로마로 떠날 때 줄리아노의 계획대로 건축을 끝내도록 교회 사목위원들에게 위촉했으므로 줄리아노는 사보나에서 공사를 잘 진척할 수 있었다. 추기경이 줄리아노를 데리고 로마에 갔는데 이 예술가는 동생 안토니오도 만나고 또 그가 한 일도 보고 싶었기 때문에 여러 달 거기서 묵었다. 당시 추기경은 교황과 의견이 맞지 않았기 때문에 혹시 연금되지나 않을까 우려하여 로마를 떠났다. 줄리아노도 물론 따라갔다. 사보나에서 그들은 건축가, 공인들을 고용했으나 교황의 노여움이 날로 더해가는 것 같자 추기경은 아비뇽Avignon으로 떠나는 것이 현명하다고 생각했다. 그곳에서 그는 줄리아노가 자기를 위하여 제작한 궁전의 모델을 프랑스 왕에게 증정했다.

당시 왕의 궁전은 리용Lyons에 있었는데 궁전의 모델이 장식이 풍부하고 넓은 홀들이 마음에 들자 왕은 줄리아노를 칭찬하고 아비뇽에 체재 중인 추기경에게도 감사했다. 추기경은 사보나의 궁전이 거의 준공되었다는 소문을 듣고 줄리아노를 그곳에 보내서 알아보도록 했다. 당

* 1495년의 일이다.

시 프랑스 왕이 피사를 점령하고 있었고, 피렌체와 피사가 전쟁 중이었으므로 줄리아노는 오랫동안 떠났던 피렌체로 돌아가고 싶어 몇몇 건축공과 함께 루카로 가서 안전통행증을 입수했다. 왜냐하면 피사의 병사들을 믿을 수 없었기 때문이다. 그러나 알토파쉬오Altopascio 근처를 통과하다 피사 사람들에게 붙잡혀* 6개월 동안 피사에 억류되었다가 몸값으로 300두카트를 치르고 풀려났다.

안토니오가 이 소문을 로마에서 듣고 형을 만나보고 싶고 고향도 다시 한번 가고 싶어 로마를 떠나기 위한 허가증을 입수했으나, 도중에 발렌티노 공을 위하여 몬테피아스코네Montefiascone 요새를 설계해야 했다. 그는 1503년 피렌체에 도착하여 친구들의 따뜻한 영접을 받았다. 그때 교황 알레산드로 6세가 죽고 피우스 3세가 짧은 기간 교황으로 재직한 후 산 피에트로 인 빈콜라 추기경이 교황 율리우스 2세에 피선되었다. 추기경에게 오랫동안 봉사한 줄리아노에게는 참으로 반가운 소식이었으므로 그는 당장 뛰어가서 교황의 발에 키스하기로 결심했다. 그는 로마에 도착하자 따뜻한 영접을 받았으며, 브라만테가 도착하기에 앞서서 건축지도관으로 임명되었다.

안토니오가 피렌체에 체재하는 동안 피에로 소데리니가 이 도시의 행정장관이었다. 줄리아노는 이곳에 부재중이었으며, 안토니오가 포조 임페리알레를 짓고 있었는데 이 공사에는 피사의 죄수를 전부 동원하여 완공을 서두르고 있었다. 아레초의 소요 때 낡은 요새가 폐허가 되었으므로** 안토니오는 줄리아노의 동의를 얻어 새로운 모델을 만들었다. 줄리아노는 이 때문에 로마에서 왔다가 곧 돌아갔다. 이 공사가 계기가 되어 안토니오는 피렌체의 공식 건축책임자로 임명되면서 모든 건축 강화공사를 맡게 되었다.

* 1497년의 일이다.
** 1502년의 일이다.

1586

줄리아노가 로마로 돌아올 무렵 거장 미켈란젤로 부오나로티에게 율리우스의 묘묘를 제작시켜야 하는 문제가 생겼다. 줄리아노는 교황에게 이 사업은 추진해야 한다고 강력히 진언하고 성 베드로 대성당 안에는 자리가 없으므로 묘묘를 다른 곳에 더욱 완전하게 건축해야 할 것이라고 덧붙였다. 여러 건축가가 설계도를 제작하게 되자, 일이 경당에 머무르지 않고 새로운 성 베드로 대성당을 크게 짓자는 데까지 이야기가 확대되었다.

그 무렵 롬바르디아에서 로마로 돌아온 건축가 브라만테 다 카스텔 두란테Bramante da Castel Durante가 발다사레 페루치, 우르비노의 라파엘로와 여러 건축가의 조언을 받고 우왕좌왕하다가 문제가 혼란스러워졌으며, 방법을 논의하느라 많은 시일을 허비하게 되었다. 결국 뛰어난 독창력과 유능한 판단력을 지닌 브라만테가 공사를 맡게 되었다. 새 교황이 임명되기 전에 오랫동안 봉사해왔고, 또 건축을 맡도록 약속받았던 줄리아노는 지금에 와서 교황에게 경멸당했다고 생각하자 화가 났다. 비록 그는 로마의 다른 건축물을 짓는 데는 브라만테와 같은 지위에서 일하도록 임명받았지만 피렌체로 돌아갔다.

이 사건이 피에로 소데리니*를 몹시 기쁘게 했다. 그는 줄리아노를 즉각 채용했다. 6개월이 지나서 줄리아노의 친구이자 교황의 조카인 바르톨로메오 델라 로베레가 교황 성하聖下의 명의로 그에게 편지를 띄워 로마로 돌아오는 것이 여러 면에서 이로울 것이라고 했다. 그러나 줄리아노는 자기가 경멸당했다고 고집했으므로 설득할 수 없었다. 드디어 로베레는 소데리니로 하여금 무슨 수단을 써서라도 그를 로마로 돌아오도록 하라고 편지를 보내면서 교황에게는 여러모로 그가 꼭 필요하다고 덧붙였다. 즉, 니콜라우스Nicolaus 5세가 시작한 커다란 원형탑과 보르고Borgo와 벨베데레와 그밖의 공사 때문이었다. 결국 줄리아

* 당시 피렌체 시장.

노는 설득을 당하여 로마로 가서 교황의 뜨거운 환영과 함께 많은 선물을 받았다.

이 일이 있은 후 교황은 볼로냐로 가서 벤티볼리Bentivogli 일파를 축출한 뒤 줄리아노의 충고에 따라 미켈란젤로에게 청동 조상彫像을 제작하도록 결정했다. 이 작품은 그 후 완성되었는데, 이 대목은 미켈란젤로의 생애에서 이야기하겠다. 줄리아노는 교황을 따라 미란돌라Mirandola에 가서 많은 불편과 고생을 겪었기 때문에 신하의 명목으로 로마에 돌아왔다.

프랑스 사람들을 이탈리아에서 내몰려고 하는 열정이 교황의 머릿속에서 조금도 사라지지 않았으므로 그는 피에로 소데리니를 피렌체 정부에서 해임하고자 했다. 왜냐하면 그는 이런 계획을 수행하는 데 적지 않은 방해물이었기 때문이다. 교황이 이처럼 건물조영에서 전쟁으로 목표를 돌렸으므로 줄리아노는 고용되지 않은 상태였다. 그는 교황이 성 베드로 대성당 건설에 그리 큰 관심이 없음을 알아차리고 그곳을 떠나기로 했다. 그러나 교황이 이에 대해 크게 노하며 "이 일을 맡을 사람이 너 하나뿐인 줄 아느냐?"라고 하자 그는 결국 교황에게 변함없는 충성을 맹세할 수밖에 없었다. 줄리아노의 능력만으로 보면 자기에게 더욱 대우를 잘해줄 수 있는 군주를 얼마든지 쉽게 찾을 수 있을 테지만 유감스럽게도 교황은 다른 기회에 다시 이야기하자면서 그를 떠나지 못하게 했다.

그러는 동안 브라만테는 라파엘로를 데려다가 교황의 저택에서 그림을 그리도록 했다. 줄리아노는 교황이 이 그림을 보고 기뻐하면서 자기 삼촌 식스투스Sixtus의 경당 둥근 천장도 그리게 하고 싶어 하는 것을 보고 미켈란젤로가 볼로냐에서 청동 조상을 이미 완성했다고 교황에게 이야기했다. 교황은 기뻐서 사람을 보내 미켈란젤로를 불러다 둥근 천장 공사를 위촉했다. 줄리아노는 다시 교황에게 하직 의사를 청원했다. 교황은 그가 얼마나 간절하게 사직을 원하는지 알아차리고 결

국 호의를 베풀기로 하고 선물을 하사하며 그를 피렌체로 돌아가도록
했다. 즉, 금화 500두카트가 들어 있는 붉은 비단 주머니를 넘겨주면서
고향에 가서 푹 쉬라는 위로의 말과 더불어 앞으로도 언제나 자신의 친
구가 되어주어야 한다고 부탁했다.

줄리아노는 곧 피렌체로 돌아갔는데 그때가 바로 피렌체 군사가 피
사를 포위 공격하던 때였다. 그가 도착하기가 무섭게 피에로 소데리니
는 그를 군사위원회가 진을 치고 있는 야영지로 급파했다. 이들이 아르
노강江을 통하여 새로 식량을 보급받는 피사의 공격을 막아내지 못했
기 때문이다. 줄리아노는 날씨가 좋아지면 사용할 수 있는 배를 설계해
놓고 피렌체로 돌아왔다.

봄이 오자 그는 안토니오와 함께 피사로 가서 아주 교묘하게 설계된
다리의 제작을 감독했다. 즉, 홍수에도 안전하도록 아래위로 잘 움직이
면서 서로 튼튼하게 연결되어 있어 이쪽에서 원한다면 아르노강의 바
다 쪽에서 공격할 수 있도록 설계했고, 적의 수비대가 원군援軍의 지원
을 받지 못하게 하여 피렌체군과 타협할 수밖에 없도록 했다. 그 후 소
데리니는 줄리아노와 많은 건축공을 피사로 파견하여* 산 마르코 성문
에 도리아 양식의 요새를 빠른 시일에 건설하게 했다.

줄리아노가 1512년까지 이 공사에 종사하는 동안 안토니오는 전국
을 돌아다니면서 요새와 공공건물들을 수리했다. 프랑스 왕 샤를 8세가
이탈리아에 오자 도망쳤던 메디치 일가가 교황 율리우스의 호의로 다
시 피렌체로 돌아와서 피에로 소데리니를 궁전에서 쫓아내고 과거에
이 궁전을 위하여 진력해오던 줄리아노와 안토니오에게 계속 일을 맡
도록 했다. 교황 율리우스 2세가 서거하고 뒤이어 조반니 데 메디치 추
기경이 교황이 되자** 줄리아노를 다시 로마로 보냈는데, 당시는 브라만

* 1509년의 일이다.
** 교황 레오 10세, 1513~21 재위.

그림 376 안토니오 다 산 갈로, 「마돈나 디 산 비아조 성당」,
1518~34, 몬테풀치아노.

테가 이미 죽었으므로 성 베드로 대성당 건축을 줄리아노에게 맡기기
로 했다. 그러나 그는 고령으로 쇠약해지고 과로로 기진맥진하여 성하
의 허락을 구해 피렌체로 돌아가게 되었고, 공사는 우르비노의 라파엘
로에게 돌아가게 되었다.

줄리아노는 2년 동안 앓다가 74세 나이로 1517년에 죽었다. 온 세상
에 명성을 떨치던 그는 육체는 땅에 남기고 넋은 하늘로 올라갔다. 형
을 극진히 사랑하던 안토니오와 어린 외아들 프란체스코가 특히 애통
해했다.

프란체스코는 조각을 공부했는데 선친의 모든 작품을 경건한 마음
으로 잘 보관했다. 이 사람의 작품으로는 성모 마리아와 성녀 안나의
무릎에 앉은 아기 예수가 오르산미켈레Orsanmichele에 있는데, 대리석

단 한 토막에 조상들을 깊은 돋을새김을 한 훌륭한 작품이다. 또 교황 클레멘티우스가 몬테카시노Monte Cassino에 조성한 피에로 디 코시모의 묘묘도 제작했다.

안토니오는 줄리아노가 죽은 후에도 오래 머무르면서 나무로 커다란 십자가상crucifissi 두 작품을 제작했는데 하나는 스페인으로 보냈으며, 또 하나는 추기경 줄리오 데 메디치의 명에 따라 도메니코 부오닌세니Domenico Buoninsegni가 프랑스로 가져갔다. 그는 또 추기경 데 메디치의 명에 따라 리보르노Livorno에 가서 그곳 요새의 설계도 했다. 이 공사는 그의 설계대로 완벽하게 이루어지지는 못했다. 그 후 몬테풀치아노 시민들이 그에게 위촉하여 기적을 행한 성모 마리아의 조상을 모신 성당을 엄청난 비용을 들여 건립했는데, 그는 1년에 두 번씩 그곳에 가서 공사를 감독했다.*

안토니오의 재주로 빚어낸 우아하고 아름다운 성당을 우리는 지금도 볼 수 있다. 석재石材는 모두 석회화石灰華 같은 연하고 희끄무레한 빛이다. 이 성당은 산 비아조 성문 밖 오른쪽 언덕의 중턱에 자리 잡고 있다. 그 무렵 그는 몬테 산 사비노Monte San Savino 성안에 산타 프라세디아St. Prassedia의 추기경 안토니오 디 몬테Antonio di Monte의 공관을 착공했으며, 몬테풀치아노에서도 건물을 하나 지었는데 아름다운 건조물이다.

안토니오는 인노첸티 성당 로지아의 행렬이 끝나는 광장에 있는 세르비테 수도원의 소매[側部]도 지었다. 또 아레초의 '눈물의 성모 성당' Nostra donna delle Lacrime 측랑側廊의 모델을 만들었는데, 매우 서툰 솜씨였다. 몸체와 조화를 이루지 못했으며, 그 위의 아치도 제대로 구부러져 있지 않다. 코르티나Cortina의 성모 마리아 모델을 제작했다고는 하

* 산 비아조 성당(Chiesa di San Biagio)이며 1518~37년에 건립되었다. 안토니오의 대표작이다.

나 그 진위는 다소 의심스럽다. 도시가 포위 공격을 당할 무렵 그는 조카 프란체스코의 도움을 받으면서 요새와 능보陵堡를 보강하는 일에 고용되기도 했다.

미켈란젤로가 제작한 거대한 조상*을 광장으로 옮기려는 작업이 시작되었을 때 거기에는 바초 반디넬리Baccio Bandinelli 작품도 있었다. 안토니오는 형 줄리아노와 함께 일했는데 이때 안토니오가 책임자가 되었으며, 바초 다뇰로의 조력을 얻어 강력한 장치를 사용하여 조각을 안전하게 지정된 대좌臺座 위에 올려놓았다.

그는 나이를 먹은 후에는 원래 풍부한 지식을 지녔던 농사에 전념했다. 1534년에 영면하니 산타 마리아 노벨라 성당 잠베르티Giamberti 묘지의 자기 형 줄리아노 옆에 잠들었다.

이 형제의 놀랄 만한 업적은 이들이 탁월한 천재임을 보여주며, 이들의 생애와 행상 역시 좋은 예를 이룬다. 그들은 과거의 것보다도 뛰어난 상속인인 토스카나 방식의 건축예술, 즉 비트루비우스Vitruvius**의 법칙과 학설보다 더 진보된 치수와 비례 공식이 반영된 도리아 건축 방식을 우리에게 물려주었다. 그들은 피렌체의 자택에 수많은 대리석제 고대 유물을 모았는데, 마치 예술을 장식하듯이 피렌체를 장식해주었다.

줄리아노는 미리 조각된 재료를 활용해 아치형 둥근 천장을 주조하는 방법을 로마에서 가져왔는데,*** 그는 이 방법을 자기 집과 카이아노 언덕 요새Poggio a Caiano의 큰 홀 천장을 만드는 데 응용했다. 그렇다면 우리는 그들에게 어떤 빚을 졌는가? 그들은 피렌체 지방을 견고히 했고 도시를 아름답게 만들었으며, 그들이 가서 일하는 곳마다 피렌체와

---

* 다비데(Davide)를 말한다.
** 기원전 1세기경 아우구스투스 황제 시대 로마의 건축가, 기술자, 건축에 관한 저술가다.
*** 바사리에 따르면 브라만테가 발명한 시공법을 줄리아노가 로마에서 피렌체로 이전했다고 한다.

토스카나의 명성을 높였다. 다음의 시구는 그들을 기린다.

로마의 대목들이여, 양보하라.
그리스의 대목들이여, 양보하라.
건축 예술의 아버지 비트루비우스여,
그대도 양보하라.
에트루리아 사람들은
원형 천장의 궁륭과 항아리와
신전의 둥근 지붕과 조상들과
신전들과 주택들을 찬양할 수 있다.
Cedite Romani structores, cedite Graii,
Artis, Vitruvi, tu quoque cede parens.
Etruscos celebrare viros, testudinis arcus,
Urna, tholus, statuae, templa, domusque petunt.

라파엘로 다 우르비노 일명 라파엘로 산치오
Raffaello da Urbino, called Raffaello Sanzio
1483~1520

VITA DI RAFFAELLO DA VRB,
PIT. ARCHITETTO.

〔해설〕

　레오나르도 다 빈치, 미켈란젤로와 더불어 전성기 르네상스 3대 거장으로 불린다. 바사리는 이 책에서 고대 이래 미술의 절정은 라파엘로와 미켈란젤로에 의해 달성되었고, 이들보다 그림을 더 잘 그리는 것은 불가능하므로 자신을 포함한 후배 화가들은 이들의 작품을 모방하는 것이 완벽한 미술에 이르는 지름길이라고 했다.

　라파엘로는 이후 19세기 초 신고전주의의 앵그르에 이르기까지 수세기 동안 고전주의 화가들의 우상이자 따라야 할 모범이었다. 13세기 말 14세기 초 조토 이후 라파엘로 이전까지 서구 화가들은 인간과 자연을 완벽하게 재현하고 그것의 조화를 극대화하는 데 모든 노력을 기울여왔으며 라파엘로는 그것을 정점에 올려놓았다. 라파엘로를 시작으로 르네상스 미술은 15세기 콰트로첸토 회화에서 16세기 친퀘첸토 회화로 넘어간다. 바사리는 콰트로첸토 미술을 청년기로, 친퀘첸토 미술을 원숙한 장년으로 보았다.

　라파엘로의 작품은 원근법적 화면 구도, 인체의 자연스럽고 정교한 표현, 심리 묘사, 자연과 사물의 완벽한 재현을 조화·비례·균형을 통해 이루어냄으로써 전성기 르네상스 회화를 탄생시켰으며 동시에 절정에 올려놓았다. 불가능한 묘사가 없었던 그의 회화 기법으로 화면의 장면은 자연스럽고 명료하며 경쾌했다. 하지만 그 자신이 이룩한 조화와 균형, 안정감을 토대로 한 르네상스 고전주의 회화에 새로운 도전과 실험을 한 사람은 바로 그 자신이었다. 그는 바티칸 서명의 방에서 이룩한 전성기 르네상스 회화의 조화와 균형을 그다음 방인 「엘리오도로의 방」에서 스스로 파괴하고 새로운 조형적 실험을 시도함으로써 매너리즘 양식을 탄생시켰다. 하나의 안정된 양식에 머무르지 않고 끊임없이 혁신한 위대한 예술가의 면모를 그에게서도 발견할 수 있는 것이다. 그의 때 이른 죽음으로 전성기 르네상스는 사실상 막을 내리고 이후 회화는 줄리오 로마노를 비롯한 그의 제자들에 의해 본격적인 매너리즘 양식 시기로 접어들었는데 그 실마리를 제공한 사람이 바로 라파엘로다.

라파엘로는 1483년 우르비노라는 이탈리아 중부의 깊은 산골 도시에서 태어났다. 우르비노는 깊은 산골에 위치한 소도시지만 15세기의 가장 유명한 용병장군인 페데리코 다 몬테펠트로Federico da Montefeltro가 통치한 도시로, 피에로 델라 프란체스카를 비롯해 15세기 르네상스 거장들이 활동한 유서 깊은 마을이자 로마의 성 베드로 대성당을 재건축한 브라만테의 고향이기도 하다. 라파엘로는 페루자에서 활동하던 피에트로 페루지노 공방에서 미술에 필요한 기초지식을 공부한 후 1504년 피렌체에서 체류하면서 인생의 전환기를 맞는다. 바로 그해에 피렌체 시청인 베키오궁에서 이루어진 미켈란젤로와 레오나르도 다 빈치의 역사적인 회화 경합을 지켜보게 되었다. 젊은 라파엘로는 두 거장에게서 자극과 충격을 받았을 테고 자신도 대가가 되고자 하는 열망을 갖게 되었을 것이다. 적어도 큰물에서 논다는 것이 무엇인지를 깨달았을 것이다. 그는 스승 페루지노의 한계에서 벗어나 피렌체의 새로운 미술을 익히기 시작했고, 동시대 프라 바르톨로메오 델라 포르타와 같은 피렌체 작가들과 교류하면서 영향을 주고받았다. 이미 이 무렵부터 미켈란젤로나 레오나르도 다 빈치와는 다른 화풍을 만들어갔다는 점에서 라파엘로는 이들 거장과 어깨를 나란히 할 수 있는 숨겨진 능력자였다.

라파엘로의 성공은 교황 율리우스 2세의 부름을 받으면서 시작되었다. 1508년 동향인으로 로마의 성 베드로 대성당 재건축 총감독이었던 도나토 브라만테의 추천으로 교황 율리우스 2세의 주문을 받아 바티칸의 스탄차Sranza라 불리는 4개 방에 벽화를 제작할 기회를 얻은 것이다. 그 첫 번째 방인 '서명의 방'을 성공적으로 완성하면서 라파엘로는 명성을 떨치게 되었고, 이후 주문이 밀려들면서 혼자서는 그림을 다 소화할 수 없자 유명 제자들로 구성된 그 유명한 '라파엘로의 공방'Bottega di Raffaello을 차리게 되었다. 이 공방은 중소기업을 연상시킬 정도로 규모가 크고 체계화되었으며 공방의 조수들은 줄리오 로마노, 페린 델 바가를 비롯하여 모두 당대 최고 미술가들이자 대표적인 매너리즘 작가들이었다. 미켈란젤로가 고독 속에서 홀로 직접 작업했던 방식과 달리 라파엘로는 제자들을 활용했다.

라파엘로는 1520년 사망하기 전까지 서명의 방Stanza di Segnatura, 엘리오도로의 방Stanza di Eliodoro, 보르고 화재의 방Stanza dell' Incendio del Borgo 등 바티칸의 세 방을 완성했으며 나머지 스탄차는 그가 죽은 뒤 제자들이 완성했다. 첫 번째 스탄차인 서명의 방에서 라파엘로는 전성기 르네상스의 고전주의 회화를 정점에 올려놓았고, 바로 다음 방부터는 스스로 완벽에 올려놓은 고전주의의 조화와 균형을 깨고 새로운 조형 세계에 도전함으로써 매너리즘 탄생의 길을 열었다. 바사리가 라파엘로를 미켈란젤로와 더불어 르네상스의 양대 산맥으로 칭송한 이유이기도 하다. 라파엘로는 바티칸 교황청의 작업 외에도 로마의 산타 마리아 델 포폴로 성당, 파르네세궁을 비롯한 대형 작업을 주문받았다. 라파엘로는 초상화의 달인이라 할 수 있는데 그중「교황 율리우스 2세의 초상화」와「교황 레오 10세와 두 추기경」의 초상화는 통치자 초상화의 전형이 됨으로써 가깝게는 티치아노를 비롯한 르네상스 화가에게 영향을 미쳤고 바로크 시대의 벨라스케스를 비롯한 수많은 궁정에서 이 유형을 좇아 왕, 군주, 교황의 초상화를 그렸으며 오늘날에 이르기까지 정치 지도자 초상화나 사진에서 라파엘로가 만들어낸 포즈를 발견할 수 있을 정도다.

라파엘로의「교황 율리우스 2세 초상화」는 두 점이 있으며 원작은 런던 국립 미술관에, 라파엘로 공방에서 제작한 복제품은 피렌체 우피치 미술관에 소장되어 있다. 율리우스 2세는 교황이자 교황청 군대의 총사령관이었다. 당시 피렌체의 로렌초 데 메디치가 사망한 후 프랑스와 스페인 군대가 이탈리아를 침략하기 시작했고, 각 군소국가들 간에는 치열한 전쟁이 끊일 새가 없었다. 라파엘로가 이 초상화를 그릴 무렵 교황 율리우스 2세는 볼로냐에서 치열한 전쟁을 치르고 돌아온 지 얼마 되지 않은 시점이었으며 이듬해에 사망했으니 인생의 끝자락에 놓인 교황청의 수장이자 유럽 가톨릭의 지도자요, 산전수전 다 겪은 고단한 노인의 모습이었을 것이다. 그는 대각선 방향으로 교황좌에 앉아 있으며, 시선은 아래로 향하고 있고, 입은 꽉 다문 모습이다. 신학적 의미가 있는 반지들을 끼고 있는 손에는 하얀 수건을 들고 있고 다른 한 손은 의자 손잡이를 꽉 쥐고 있다. 그의 모습은 허벅지까지만 보인다. 얼핏 아주 자연스러워 보이지만 이는 고대 로마제국의 황제상과 성모상 등에서 등장한 모습으로 교황의 세속적·신학적 권위를 상징한다. 배경에 그려진 열쇠는 그가 베드로의 후원자임을 보여준다. 하지만 이 모든 상징적·도상학적 의미를 떠나 이 작품의 색상을 보면 감탄사가 절로 나온다. 그 누가 이처럼 붉은색과 흰색 천을 표현할 수 있으며, 같은 흰색 속에서도 비단과 모피 자락을 이처럼 완벽하고 아름답게 표현했던가.

지도자의 초상화는 있는 그대로 그리면 안 된다. 요즘 포토숍을 하듯이 보기 좋게 그려야 한다. 그런 면에서 5년 후 그린 「교황 레오 10세와 두 추기경」은 통치자 교황과 그를 보필하는 두 추기경 모습을 각자 직분에 맞게 잘 그려냈다. 그림 속 세 인물은 모두 메디치 가문 사람들이며 주인공의 이종사촌과 고종사촌이다. 교황은 아름답게 장정된 성경책을 읽고 있는 듯 돋보기를 들고 있고 그 앞에는 세공이 아름다운 종이 놓여 있다. 메디치 가문의 예술적 격조를 놓치지 않은 것이다. 화면 전체는 붉은색이 지배하지만 같은 붉은색이라 하더라도 교황과 추기경의 색상이 다르고, 테이블 천의 색상 느낌이 다름을 알 수 있다. 왜 라파엘로가 당대 최고 화가였는지를 말해준다.

라파엘로는 당대 최고 인문학자이자 고급 관료의 모습이 어떠해야 하는지를 「발다사레 카스틸리오네의 초상화」로 단번에 보여주었으며 자기 애인인 「빵집 여인」을 비롯하여 숱한 초상화를 남겼는데, 그의 초상화는 인물의 외모뿐만 아니라 심리까지도 완벽에 가깝게 묘사함으로써 이후 초상화의 또 다른 대가인 티치나오를 비롯한 동시대와 후대 미술가들에게 영향을 주었다. 3세기 후 신고전주의 화가 앵그르가 라파엘로 초상화를 연구하여 자신만의 독창적인 초상화들을 탄생시킨 것은 우연이 아닌 것이다.

그는 또한 아름다운 성모자상과 성모자와 함께 있는 세례자 요한상, 성모자와 성 요셉이 함께 있는 성가정상 등 성화를 다수 남겼다. 이들 성화는 중세의 엄격함에서 벗어나 인간적이면서도 성스러움을 잃지 않은 다정한 모습으로 오늘날에 이르기까지 성화의 전형으로 복제되고 응용되고 있다. 1520년 라파엘로는 「그리스도의 변용」을 채 완성하지 못하고 37세에 세상을 떠났다.

 보통 같으면 하늘이 오랜 세월을 두고 여러 사람에게 골고루 나누어주는 은총과 귀중한 선물들을 때로는 단 한 사람에게 아낌없이 안겨주는 때가 있다. 우르비노의 라파엘로가 바로 그런 경우다.* 라파엘로는 천성이 상냥하고 겸손하여 어느 때나 누구에게나 호감을 주었으며, 이런 특성은 아무에게서나 찾아볼 수 없는 미덕이다. 그는 이러한 온화한 성품을 지닌 예술가였다.

하늘은 예술을 정복하려고 미켈란젤로 부오나로티를 이 세상에 보냈지만 라파엘로는 예술뿐만 아니라 예절도 다스리도록 세상에 내려보냈다. 실제로 라파엘로가 세상에 태어나기까지 종래 예술가들의 기질은 거칠거나 어리석었으며, 괴상하여 광기조차 볼 수 있었다. 즉, 그들 인간을 영원으로 이끄는 미덕의 밝은 빛보다는 부도덕의 어두운 면을 보여주었다.

그러나 라파엘로는 과거 예술가들과 달리 인간 정신의 갖가지 미덕, 즉 예의·근면·우미·겸손, 그리고 모든 부도덕과 결점을 상쇄할 만한 착한 성품을 간직했다. 하늘로부터 축복받은 라파엘로는 단지 하나의 인간이라기보다는 도덕적이면서 다만 영생을 하지 못하는 신神이라고 부르는 것이 알맞을 것이며, 역사에 이름을 남길 만한 업적만 가지고도 하늘의 은총을 받은 사람이라고 단언할 수 있다.

라파엘로는 이탈리아의 가장 이름난 도시 우르비노에서 1483년 성

* 바사리는 자신의 이 저작 중에서도 빛나는 세 사람, 즉 미켈란젤로, 레오나르도 다 빈치, 라파엘로를 그들의 위대한 특징을 가려내 기재하려고 조심성 있게 논증을 폈다.
바사리는 라파엘로의 경력을 세 시대로 명확하게 구분했다. 첫 시대는 페루자에서 페루지노와 함께 있으면서(1500~1504) 대작(大作) 「동정 마리아의 결혼식」을 만들며 절정에 오르던 시대다. 라파엘로가 8세 때 (1491) 어머니가 죽었다. 아버지는 재혼했지만 1494년에 사망했다.

그림 377 라파엘로 다 우르비노, 「자화상」, 1509, 패널에 오일, 47×33cm, 우피치 미술관, 피렌체.

금요일 새벽 3시에 태어났다. 그의 아버지는 조반니 데 산티Giovanni de' Santi라고 불렸으며 그리 이름난 화가는 아니었지만 지성 있는 사람으로서 재산은 그다지 넉넉하지 못했으나 아들을 바른길로 나가도록 이끌어갈 수 있는 사람이었다. 그는 어린아이에게는 모유가 중요하다는 사실을 잘 알았기에 유모를 두지 않았고, 또 소년 시절에 농가나 거친 말을 쓰는 사람들이 사는 곳으로 보내지 않고 자기 집에서 키우기도 했다.

라파엘로가 성장함에 따라 그림을 좋아했고, 지능이 무척 뛰어남을 안 그의 아버지는 그에게 그림을 가르치기 시작했다. 그리하여 조반니가 우르비노 공화국에서 하던 일들은 라파엘로에게 큰 도움을 받았다. 그러나 자기 밑에서는 아들이 크게 성장하지 못할 것을 안 그는 그 당시에 가장 뛰어난 화가 피에트로 페루지노에게 라파엘로를 맡기려고 결심하고 페루자에 사는 페루지노를 방문했다. 페루지노가 오랫동안 집을 비웠으므로 그를 기다리는 동안 조반니는 그곳 산 프란체스코 성당 안에서 그림을 몇 점 제작했다. 로마에서 돌아온 페루지노는 예절 바른 조반니를 맞이하여 호감을 갖고 라파엘로를 맡기로 했다.*

라파엘로의 어머니는 1491년에, 즉 라파엘로가 8세 때 죽었다. 페루지노는 라파엘로가 그림 그리는 솜씨를 보고 머지않아 훌륭한 화가가 될 것을 알았다.

라파엘로가 스승의 화법을 공부할 때 너무 정확하게 모사했으므로 어느 것이 스승의 그림인지 구별할 수 없을 정도였다. 그 예로 막달레나 델리 오디Maddalena degli Oddi를 위하여 페루자의 산 프란체스코 성당 안에 유채화로 그린 패널 그림이 있다. 즉, 승천하는 성모 마리아를 그린 그림인데, 성모에게 그리스도가 면류관을 씌우고 있으며 무덤 둘레에는 사도 12인이 천상의 영광을 바라보고 있다. 제단에는 세 폭

----

* 페루지노는 1490년과 1499년에 페루자에 머물렀다.

이 한 면으로 된 제단화가 있는데, 성모 마리아와 천사를 그린 성모영보Nostra Donna Annunziata dall'Angelo와 「예수를 경배하는 동방박사」Magi adorano Cristo, 「아기 예수를 팔에 안은 시메오네의 성전 방문」Quando nel tempio e in braccio Simeone이 있다. 이 그림은 정말 정성을 들였으며, 라파엘로가 그렸지만 전문가가 아니면 페루지노 작품으로 착각할 만큼 훌륭한 작품이다.*

페루지노가 용무로 피렌체로 떠나자 라파엘로는 친구들과 함께 카스텔로Castello로 갔다. 거기서 그는 산토 아고스티노 성당을 위하여 그가 조금 전에 그린 것과 같은 양식으로 패널 그림을 그렸다. 또 산 도메니코 성당에는 「십자가에 못 박힌 그리스도」를 그렸다. 이들 그림에 그가 만일 서명을 하지 않았다면 페루지노가 그린 것으로 알았을 것이다.

또 같은 도시의 산 프란체스코 성당에 「성모 마리아의 결혼식」Lo Sposalizio di Nostra Donna** 광경을 그렸는데, 그는 페루지노보다 퍽 뛰어난, 고유한 스타일의 필법으로 힘차게 그렸다.그림 378 이 그림에는 성당을 원근법으로 조심스럽게 처리하여 매력 있게 표현함으로써 그가 부딪쳤던 힘든 문제들을 해결하여 놀랄 만한 솜씨를 보여주었다.

라파엘로는 페루지노 화법으로 그림을 그려 상당한 명성을 얻었다. 그 무렵 교황 피우스 2세가 핀투리키오Pinturicchio에게 시에나 대성당의 도서실을 장식하도록 위촉했다.*** 그는 라파엘로의 친구로 그의 능력

* 「막달레나 델리 오디 부인」, 1502년에 그렸다. 현재 바티칸 미술관에 있다.
** 「동정 마리아의 결혼식」은 1504년에 그린 것으로 현재 밀라노의 브레라 미술관에 있다.
*** 1502년의 일로 교황 피우스 2세의 조카이며 후에 교황 피우스 3세가 된 프란체스코 피콜로미니(Francesco Piccolomini)다.
라파엘로의 둘째 시대로 피렌체 시대, 즉 1505~1508년 사이이며 그가 안젤로 도니(Angelo Doni)와 그의 처 초상화(피티 미술관 소장)와 유명한 「성모 마리아」 초상화를 많이 그리던 시절이다.

그림 378 라파엘로 다 우르비노, 「동정 마리아의 결혼식」, 1504,
타원형 패널에 오일, 170×117cm, 브레라 미술관, 밀라노.

을 잘 알고 있었으므로 그를 시에나로 데려다가 도서실의 밑그림과 데
생을 그리게 했다. 그러나 라파엘로가 맡은 일을 미완성으로 내버려두
고 피렌체로 떠나게* 된 이유는 교황 저택에 레오나르도 다 빈치가 그
린 밑그림과 이에 맞서 미켈란젤로 부오나로티가 더욱 훌륭하게 그린
일련의 나상裸像들에 대한 화가들의 격찬을 전해듣고, 그들의 작품이
보고 싶었기 때문이다. 그래서 자기가 하던 일과 자신의 이익을 희생하

* 1504년이다.

그림 379 라파엘로 다 우르비노, 「풀밭의 성모」, 1506,
패널에 오일, 113×88cm, 미술사 박물관, 비엔나.

고 피렌체로 떠나게 된 것이다.

　피렌체로 와서 본 레오나르도와 미켈란젤로의 작품들이 마음을 사로잡자 그는 당분간 이 도시에 머무르기로 결심했다. 여기서 그는 이 도시에서 존경받고 있는 리돌포 기를란다요, 아리스토틸레 산 갈로 Aristotile S. Gallo, 그밖의 화가들과 친교를 맺게 되었으며, 특히 그를 기꺼이 맞이하여 자주 식사에 초대한 타데오 타데이 Taddeo Taddei와 사이 좋게 지냈다. 이런 친절에 보답하려고, 본래 예의 바른 라파엘로는 타데오를 위하여 자기가 페루지노에게서 배운 화법과 자기 개성을 가미하여 더욱 뛰어난 방식으로 작품 두 점을 제작했다. 이 그림은 타데오 후손의 집에 보관되어 있다.*

　라파엘로는 한편 로렌초 나지 Lorenzo Nasi와도 친구가 되었으며, 마침 결혼한 그를 위하여 성모 마리아를 그렸다.**그림 380 이 그림은 성모 마리아가 안고 있는 아기 예수에게 성 요한이 웃으면서 새 한 마리를 보여주며 그들을 즐겁게 해주는 광경이다. 다른 어린이들의 표정은 자연스럽고 단순함을 나타내며, 보기에 아름답고 지나칠 정도로 세심하게 다듬어서 그림이라기보다는 마치 살아 있는 듯하다. 성모 마리아는 정말 우아하고 신성神性을 느끼게 했으며, 그림의 앞부분과 풍경, 그밖의 모든 것이 퍽 아름답다.

　라파엘로는 로렌초 나지가 살아 있는 동안 존경을 받았으며, 그도 나지를 친한 친구로 기억에 담아두었다. 1548년 11월 17일 산 조르조의 산 일대가 지진으로 무너졌을 때*** 로렌초의 저택도, 마르코 델 네로

---

　* 한 점은 비엔나 미술관에 있으며 또 하나는 맨체스터의 브리지워터 컬렉션(Bridgewater House)에 있다. 「목장(牧場)의 성모 마리아」라고 부른다.
　** 「검은 방울새의 성모 마리아」(Madonna del Cardellino)이며 1506년에 그린 것으로 우피치 미술관에 있다.
　*** 정확히는 1547년 11월 12일이다.

그림 380 라파엘로 다 우르비노, 「검은 방울새의
성모 마리아」, 1507, 패널에 오일, 107×77cm,
우피치 미술관, 피렌체.

Marco del Nero 후손 소유의 아름다운 저택도 다른 장식물과 그림도 재난
을 당하고 말았다. 그러나 로렌초의 아들이며 미술에 관심이 많던 바티
스타의 노력으로 파괴된 집 안에서 이 작품들이 발견되어 보수했다.

　라파엘로는 제작을 끝내고 피렌체를 떠나 우르비노로 돌아왔다. 이
미 부모는 죽고 가정형편이 어려워졌기 때문이다. 그동안 그는 구이도
발도 다 몬테펠트로 피렌체 용병대장*을 위하여 성모 마리아를 담은 작
은 패널 그림 두 폭을 그렸다. 이것들은 현재 우르비노 공작 구이도발

도 소유다. 라파엘로는 공을 위하여 올리브 동산에서 기도드리는 그리스도와 거기에서 잠들어 있는 사도 세 사람을 그렸는데, 이 그림은 세밀화보다도 정교하게 그렸다. 오랫동안 우르비노 공 프란체스코 마리아가 간직했는데, 그의 부인 레오노라Leonora가 카말돌리Camaldoli 수도원의 수사 돈 파올로 유스티니아노Don Paolo Giustiniano와 돈 피에트로 퀴리니Don Pietro Quirini에게 선사했다. 이들은 그녀를 존경하는 뜻에서 이것을 은둔처의 한 방 안에 경건한 마음으로 모셨다.

라파엘로는 이 작품들을 끝낸 뒤에 자기 재산을 정리하고 페루자로 되돌아와서 세르비 수도원 성당 안에 있는 안시데이 가문 경당에 성모 마리아와 세례자 요한과 성 니콜라오를 패널에 그렸다.* 또한 페루자의 산 세베로S. Severo 카말돌리 교단의 조그만 수도원 안에 있는 산타 마리아 경당에 프레스코를 그렸는데, 영광의 그리스도와 천사들에게 둘러싸인 성부聖父와 여섯 명의 성인 조상, 즉 성 베네딕토 · 성 로무알도Romualdo · 성 로렌초 · 성 히에로니무스 · 성 마우로Mauro · 성 플라치도Placido가 양쪽에 3명씩 앉은 그림이다.** 당시에 가장 아름다운 프레스코로 알려진 이 그림에 그는 읽기 쉽게 큰 글자로 서명을 했다. 같은 마을에 파도바의 산 안토니오 수녀원 위촉으로 아기 예수를 안은 성모 마리아와 양쪽에 앉아 있는 성 베드로 · 성 바오로 · 성녀 체칠리아 · 성녀 카테리나를 패널화로 그렸다.

또 그는 당시로서는 보기 드문 옷차림새인 두 성녀의 머리장식을 그

---

* 구이도발도 다 몬테펠트로(Guidobaldo da Montefeltro). 그는 1495~98년에 걸쳐 피렌체 군대의 용병대장이었다. 그 후 페데리고 다 몬테펠트로(Federigo da Montefeltro)의 뒤를 이어 우르비노 공(公)이 되었다. 발다사레 카스틸리오네(Baldassarre Castiglione)의 『궁정인』(Cortegiano)은 당시 궁중을 중심으로 묘사한 것이다.
* 1506년 작품으로 현재 국립 미술관에 있다.
** 1505년 작품.

그림 381 라파엘로 다 우르비노, 「대공의 성모」, 1505~1506,
패널에 오일, 84×55cm, 우피치 미술관, 피렌체.

렸다. 이 패널화의 위쪽 반월창半月窓에는 성부聖父를 아주 세밀하게 그렸으며, 제단의 프레델라에는 작은 인물화를 세 장면 그렸다. 즉, 동산에서 기도하는 그리스도와 십자가를 멘 그리스도를 앞세우고 가는 용감한 병사, 또 성모 마리아의 무릎에 엎드려 숨진 그리스도의 세 가지 이야기다.* 이 그림들은 참으로 아름다운 작품으로, 수녀들과 여러 화가에게 절찬을 받았다. 피렌체에 머문 뒤부터는 라파엘로의 화법畵法이 꽤 달라졌으며, 동시에 진보된 것도 세상이 다 아는 바다. 거장들의 작품을 보고 느낀 점이 많아 그 뒤로는 종래 화법으로는 그림을 그리지 않았으며, 레오나르도와 미켈란젤로 두 사람 중 한 사람의 화법을 모사하는 데 노력했다.

라파엘로가 페루자를 떠나기 전 아탈란타 발리오니Atalanta Baglioni 부인이 산 프란체스코 성당 안의 자기 경당에 패널 그림 한 폭을 그려달라고 그에게 간청했다. 그러나 그는 급한 용무 때문에 피렌체로 떠나야 했으므로 그녀의 청을 들어주지 못했으나 후일을 약속하여 실망을 주지 않았다. 그는 피렌체에서 열심히 그림 공부를 하면서 그녀가 청한 그림의 밑그림을 그려서 돌아가는 대로 즉시 그림을 제작하기로 했다.

라파엘로가 피렌체에 머무는 동안에 아뇰로 도니는 자기 부부의 초상화를 그에게 위촉했으며, 이 그림은 라파엘로의 새로운 스타일로 제작되어** 칸토 델리 알베르티Canto degli Alberti에 가까운 피렌체의 코르소 데 틴토리에 아뇰로가 지은 아름답고도 널찍한 건물 안에 아뇰로의 아들 조반 바티스타Giovan Battista 소유로 보관되어 있다.

또 도메니코 카니자니Domenico Canigiani가 라파엘로에게 그림 한 폭을 부탁했는데,*** 성모 마리아가 아기 예수를 품에 안고서 성녀 엘리자

* 현재 나폴리 국립 미술관에 있다.
** 현재 피티 미술관에 있다.
*** 밀라노의 브레라 미술관에 있다.

베스가 작은 성 요한을 앞으로 이끌고 오는 것을 우아한 표정으로 응시하는 장면으로, 성 요셉은 두 손으로 막대기를 의지하고 마치 하느님의 위대함과 그녀가 이 나이에 어린 아들을 가진 데 감탄하는 듯이 머리를 마리아 앞에 숙이고 있다. 두 사촌이 어린 나이인데도 서로 공손한 태도와 겸손한 자세를 보이는 이 그림은 보는 사람에게 놀라운 감정을 불러일으키게 하며, 그림 속의 머리, 손, 발을 화필로 부채賦彩한 것이 예술가 손으로 이루어진 그림이라기보다는 살아 있는 생명체같이 보인다. 이 훌륭한 그림은 카니자니 후손이 소유하고 있으며, 그들은 우르비노의 라파엘로 작품이라고 소중히 간직하고 있다.

이 위대한 화가는 피렌체에 있는 마사초Masaccio의 옛 그림과 레오나르도, 미켈란젤로의 작품들을 보고 깊이 감명받았으며, 더 열심히 그 그림들을 연구했으므로 자신의 스타일과 기량에 큰 진보를 가져왔다. 그는 특히 피렌체 시대 자기 친구의 한 사람인 산 마르코 수도원 바르톨로메오 수사의 부채법을 좋아하여 모방했다. 그 대신에 라파엘로는 이 수사가 잘 모르던 원근법의 원리를 그에게 가르쳤다.

그들의 우정이 절정에 달했을 때 라파엘로는 페루자로 소환되어 내가 이미 이야기한 바와 같이, 피렌체 체류 시 완성한 밑그림을 가지고 아탈란타 발리오니 부인을 위한 그림을 완성했다.* 영감을 받은 듯한 이 그림은 숨진 그리스도가 무덤으로 옮겨지는 장면인데, 여간 조심성 있게 그린 그림이 아니며, 방금 완성한 것같이 생생하게 느껴진다.

라파엘로는 이 그림을 제작할 때 가장 사랑하는 사람의 시체를 무덤으로 옮기는 친척들의 슬픔을 머릿속에 상상하면서 그렸던 것 같다. 즉, 온 가족의 행복과 명예와 안위를 그에게 의지했던 것처럼 그 작품에는 기절한 성모 마리아와 눈물을 흘리는 다른 사람들의 엄숙한 얼굴들, 그중에서도 두 손을 합장하고 가련하게 생각하는 무거운 표정을 하

* 1507년에 그린 것이며, 현재 로마의 보르게세 미술관 소장품.

면서 머리를 숙인 성 요한이 보인다. 이 그림에 나타난 근면과 기량, 헌신 그리고 우아함은 참으로 형언할 수 없으며, 이 그림을 보는 사람은 누구나 인물들의 자세와 의상의 아름다움에 깜짝 놀랄 것이다. 한마디로 모든 점에서 완벽한 작품이다.

라파엘로는 이 작품을 끝내고 피렌체로 돌아가서 데이Dei 일가의 위촉으로 산토 스피리토 성당 안에 그들의 경당 제단화를 그렸으며,* 스케치가 거의 완성될 무렵 시에나로 보내야 할 그림에 착수했다(이 그림은 리돌포 기를란다요에게 남겨두었으며, 따라서 그는 라파엘로가 피렌체로 떠났을 때 푸른 옷차림새 일부를 완성했다.**

당시 라파엘로의 먼 친척인 우르비노의 브라만테가 율리우스 2세를 위하여 일하고 있었는데, 그는 교황을 설득하여 새 건물을 건축하게 되자 라파엘로에게 능력을 보여줄 기회가 있으니 그곳으로 오도록 전갈을 보냈다. 이 제의를 받은 라파엘로는 기뻐서 피렌체에서 하던 일을 포기하고 데이 가문이 위촉한 패널화도 미완성으로 내버려둔 채 로마로 떠났다. 이것은 후에 발다사레Baldassarre가 라파엘로가 죽은 후 자기 고향의 성당에 가져다놓았다.***

로마에 도착한 라파엘로는 여러 화가가 바티칸의 홀들을 장식하는 것과 또 일부는 일이 끝난 것도 보았다. 피에로 델라 프란체스카Piero della Francesca는 한 홀의 그림을 끝냈고, 루카 다 코르토나Luca da Cortona****는 다른 홀의 벽을 거의 완성하고 있었으며, 산 클레멘테 수도원장 돈

---

* 「발다키노의 성모 마리아」(Madonna del Baldacchino), 현재 피티 미술관에 있다.
** 루브르 박물관에 있는 「정원의 성모」(La belle jardinière)인지, 베를린의 「콜론나 마돈나」(Colonna Madonna)인지 확실하지 않다.
*** 라파엘로의 셋째 시대로 로마 시대(1508~1520년 사이). 바사리는 바티칸의 「서명의 방」(Stanza della Segnatura) 이야기에서 시작하는데 여기서 그는 「논쟁」(Disputa)과 「아테네 학당」(Scuola d'Atene)을 혼동했다.
**** 루카 시뇨렐리(Luca Signorelli)를 말한다.

그림 382 라파엘로 다 우르비노, 「죽은 그리스도를 옮김」,
1507, 패널에 오일, 184×176cm, 보르게세 미술관, 로마.

피에트로 델라 가타Don Pietro della Gatta는 그림을 그리기 시작했다. 그 밖에 밀라노의 브라만티노Bramantino는 대부분 실제의 인물화를 그렸는데 참으로 아름다웠다.

교황 율리우스 2세에게 따뜻한 영접을 받은 라파엘로는 스탄자 델라 세냐투라Stanza della Segnatura의 벽에 신학자들이 철학과 점성학을 신학과 서로 조화하려는 장면, 즉 세상의 모든 현자가 갖가지 모양으로 서로 논의하는 초상들을 그렸다.* 점성학자들이 여기저기 서서 평판에 그린 풍수風水와 점성학에 그린 그림과 글자를 복음전도자들에게 설명하려고 천사들을 시켜서 가져가는 모습이다. 그 가운데는 계단 위에 기대고 서서 생각에 잠긴 디오게네스Diogenes의 흩어진 옷차림이 아름답다. 대화집티마에우스Timaeus과 윤리학'Etica을 각각 손에 든 플라톤과 아리스토텔레스가 있고 그 둘레에는 철학자들이 서 있다. 육분의六分儀를 가지고 도면과 문자를 그리는 점성가들과 기하학자들의 모습은 또 얼마나 아름다운가! 그중에서도 경탄하면서 팔을 벌리며 머리를 숙인 한 젊은이도 뛰어나게 아름답다.

이것은 만토바 공작 페데리고Federigo 2세의 초상화인데 그때 그는 로마에서 체재 중이었다. 그중에 또 하나의 인물상, 즉 허리를 굽힌 채 평판 위에서 손에 쥔 컴퍼스를 돌리고 있는 사람은 건축가 브라만테인데 실물과 꼭 같다고 한다. 그 옆에 등을 돌리고 손에 공을 든 이가 조로아

＊ 라파엘로의 작품에 관한 바사리의 설명은 다소 혼란스럽다. 간단히 설명하면 라파엘로는 1509년까지 '서명의 방'에서 제작에 종사했다. 교황 율리우스가 장식하던 일련의 방의 연작 일부인데, 여기에 큰 프레스코 「아테네 학당」과 「성사(聖事)의 논쟁」이 있다. 바사리는 이 두 작품을 혼동했다. '파괴의 방'(Stanza d'Elidora) 안의 주요 주제는 성전에서의 헬리오도루스(Heliodorus) 추방, 성 베드로의 해방, 볼세나(Bolsena)에서의 전례상 기적이다. 보르고의 화재를 포함한 '화재의 방'(Stanza dell' Incendio)과 '콘스탄티노의 방'(Sala di Constantino)에 있는 장면들은 대부분 라파엘로 제자들의 작품이다.

스터Zoroaster의 초상이며, 그 옆이 라파엘로의 자화상인데 자신이 거울을 보고서 그린 것이다. 그는 예의 바르게 보이는 젊은이며 우아하고 상냥한 모습으로 머리에는 검은 모자를 쓰고 있다.[*]

또 복음전도자들의 얼굴 표정도 표현할 수 없을 만큼 아름다우며, 글을 쓰고 있는 주의력과 조심성을 가장 자연스럽게 그렸다. 성 마태오 뒤에서 천사가 받들고 있는 평판에서 글자를 책에 베끼는 한 노인이 종이 한 묶음을 무릎에 올려놓고 성 마태오가 쓰는 것을 모두 베끼고 있다. 그가 서 있는 자세가 불안정하여 그의 머리와 입술이 펜을 따라 움직이는 것같이 보인다.

라파엘로가 머리를 짜낸 여러 섬세한 장면과 더불어 그림 전체의 구성을 주의해서 보면 가상할 만큼 균형 있게 처리했으며, 이 그림에서 보여준 라파엘로의 천재성은 화가들 사이에서 필적할 만한 사람이 없음을 증명해주었다. 그가 계속하여 이 제작에서 원근법을 써서 여러 인물화를 섬세하고 아름답게 그렸으므로 교황 율리우스는 고금의 여러 화가가 그린 작품들을 모두 지워버리고 라파엘로에게만 그곳에 다시 그릴 영광을 주었다.

라파엘로의 그림 위에 있는 베르첼리Vercelli의 조반니 안토니오 소도마Giovanni Antonio Sodoma 그림이 교황의 명령으로 파괴되도록 되었으나 라파엘로는 그로테스크 무늬를 이용하기로 결정했다. 또 거기에는 원형 돋을새김 4개가 있었는데 그는 각 장면 아래에 인물화를 그렸다. 각 인물은 사연을 나타내듯이 같은 쪽에 있는데, 첫 장면에서는 철학Filosofia, 점성학Astrologia, 기하학Geometria과 시학Poesia 그리고 신학Teologia이 서로 화해하고 있으며, 지식Cognizione을 상징하는 한 여인이

---

[*] 라파엘로 초상은 이 그림 한구석에 보인다. 그 오른쪽은 라파엘로의 스승 페루지노다.

그림 383 라파엘로 다 우르비노, 「파르나수스」, 1509~10,
프레스코, 스탄차 델라 세냐투라, 교황청궁, 바티칸.

왕좌에 앉아 있고,* 그 양쪽에는 옛날 사람들이 잘 그리던 디아나 폴리
마스테스Diana Polymastes에게 입히던 옷을 입은 여신 키벨레Cybele가 받
들고 있다. 그녀의 의복은 각종 원소를 표시하는 네 가지 색으로 되어
있다. 즉, 머리에서 밑은 불빛으로, 상반신은 공기 빛으로, 허리는 땅빛
으로, 발까지는 물빛으로 되어 있다. 그녀 주변에는 아름다운 어린이들
도 보인다.

　벨베데레궁이 내려다보이는 창을 향해 있는 원형 안의 공간에 라파
엘로는 월계관을 쓴 폴리힘니아Polyhymnia 대신 시詩, Poesia를 그렸다. 다

* 원형 모양 4개에는 우화적인 조상 4개가 그려졌으며, 그것들은 각기 밑
  의 그림의 표제 또는 주제가 된다. 즉, 「아테네 학당」 위에는 '철학'이,
  「축복받은 비적(秘蹟)에 관한 토론」 위에는 '신학'이, 「파르나수스산」
  위에는 '시학'이, 「사법과 교회법의 수여」 위에는 '정의'가 각각 여신의
  조상으로 그려져 있다.

리를 모으고 한 손에는 고대의 악기를, 또 한 손에는 책을 들고 있다. 그녀의 표정과 자세는 초자연미를 간직하며 눈은 하늘을 향하여 높이 뜨고 있고 옆에는 씩씩하고 아름다운 천사들이 그녀와 잘 조화를 이루고 있다. 같은 쪽 창 위에는 파르나수스산을 그렸다.*

또 다른 원형 돋을새김은 교회 박사들이 미사 양식을 논의하는 장면 위에 있으며, 라파엘로는 여기에 많은 책과 이에 어울리는 물건과 아름다운 천사들에 둘러싸인 신학을 그렸다. 또 안뜰을 내려다보는 창 위의 넷째 면 원형 돋을새김에는 자와 칼집에서 뽑은 칼을 든 법률을 천사들과 함께 그렸다. 벽 밑에는 민법과 종교법을 나타내는 장면을 매우 효과적으로 표현했다. 같은 천장 모퉁이에 그리 크지 않은 인물화를 부채賦彩하여 네 장면을 제작했다. 그중 하나는 신학 옆에 아담이 사과를 먹고 있는 원죄를 우아한 자세로 그렸다. 다음 장면은 신학 옆에 항성과 유성을 제자리에 놓고 있는 점성가의 인물화다.

파르나수스산 가까이에서 아폴로의 명령으로 나무에 묶인 마르시아스Marsyas는 살갗이 벗겨진다. 그 옆에는 교령반포敎令頒布, Danno Decretali 장면으로 솔로몬이 갈등하는 두 부모의 아이를 둘로 나누라고 판결하는 모습을 그린 것이다. 이 네 장면 모두 표현과 감각이 충만하고 매혹적이며, 우아한 채색으로 훌륭한 화가의 면모를 나타낸다. 벨베데레궁 쪽의 벽에는 파르나수스산과 헬리콘Helicon의 샘터를 보여주며, 짙은 그늘이 진 월계수숲을 그렸는데 그 녹음의 잎이 살랑살랑 불어오는 서풍에 흔들린다. 공중에서는 매력적인 얼굴 생김새와 표정을 한 큐피드들이 산 여기저기 흩어져 있는 화환을 만들려고 월계수 가지를 모은다. 인물들의 아름다움과 그림의 고상함은 실로 신의 영감을 불어넣은 듯하다. 색채라는 불완전한 물질을 가지고 그린 사물들에 생명을 불어넣는 인간의 예지에 깜짝 놀라지 않고는 누구도 이 그림을 감상할 수

* 1511년에 완성.

없다.

산에는 여기저기 서 있거나 앉아 있고, 글 쓰고, 토론하고, 노래하는 시인들을 마치 살아 있는 듯 생생하게 4명 혹은 6명씩 안배했다. 실물에서 직접 모사한 이 축복받은 시인들은 라파엘로와 같은 시대에 살아 있는 사람들을 포함해서 고대 시인들도 있다. 옛 시인들은 조상과 메달을 보고 그렸다. 오비디우스Ovidius, 베르길리우스Vergilius, 엔니우스 Ennius, 티불루스Tibullus, 카툴루스Catullus, 프로페르티우스Propertius와 눈먼 호메로스Homeros가 보인다. 호메로스는 그의 발밑에 앉은 소년이 쓴 시의 음송吟誦을 고개를 들고 듣고 있다.

또 거기에는 뮤즈 아홉 명이 아폴로와 함께 떼를 지어 있다. 그 인물상들이 너무 아름다워서 마치 우아하게 살아서 숨 쉬는 듯한 느낌을 준다. 학식 많은 사포Sappho, 신앙심 깊은 단테Dante, 우아한 페트라르카 Petrarca, 애정이 넘치는 보카치오Boccaccio 등이 생생하게 묘사되었고 티발데오Tibaldeo와 수많은 요즘 사람의 장면 모두를 절묘하고 우아하게 정성 들여 완성했다.

다른 벽에는 그리스도와 성모 마리아, 세례자 요한, 사도들, 복음사가들, 순교자들이 구름 위에 성령을 내려 보내는 성부聖父 하느님과 함께 좌정했으며, 밑의 수많은 성인은 제단 위 제병祭餅, 즉 성체聖體의 본질과 미사 방식을 정하는 의논을 하고 있다. 그중에는 교회박사敎會博士* 네 명의 초상도 보인다. 즉 도메니코Domenico, 프란체스코Francesco, 토마스 아퀴나스Thomas Aquinas, 보나벤투라Buonaventura 등이며 또 스코투스Scotus, 리라Lira의 니콜라스Nicholas, 단테, 페라라의 지롤라모 사보나롤라 신부, 그밖에 많은 교회학자가 보이며 대부분 실물을 보고 초상화를 그렸다.

---

* '교회박사'(Dottori della Chiesa)란 그리스도교 초기에 학덕이 높은 성직자, 즉 교부에 대한 호칭이다.

그림 384 라파엘로 다 우르비노, 「성가정」, 1507, 패널에 오일,
29×21cm, 프라도 박물관, 마드리드.

하늘에서 어린 천사 네 명이 복음서福音書를 펼쳐든 우아한 모습은 어느 화가도 이보다 더 완벽하게는 못 그릴 것이다. 또 하늘에 떼를 지은 성인들의 마치 살아 있는 듯한 단축법과 돋을새김 기법도 놀랄 만하다. 그들의 옷차림은 다양하고 아름다우며 얼굴 표정도 사람이라기보다는 천인天人 같다. 특히 그리스도만이 드러낼 수 있는 자비와 경건함을 영생을 누리지 못하는 인간에게 보여주는 것 같다.

라파엘로는 참으로 놀랄 만큼 아름답고 우아한 표정을 한 인물을 그릴 재능을 하늘에서 받은 사람이라 하겠다. 그 증거 가운데 하나로 성모 마리아가 손을 가슴에 얹고 아기 예수를 찬찬히 보는 모습은 그녀에게 바치는 어떤 청원도 거절하지 못할 것임을 명백하게 나타난다. 라파엘로는 대주교를 성스럽게, 사도를 검소하게, 순교자를 신앙심 깊게 각각 그들의 표정을 적절히 그렸다. 그는 교회의 박사들을 그리는 데는 기량과 재능을 더욱더 발휘했다. 즉, 그들은 삼삼오오 모여서 논의하느라 분주하며, 그들의 표정이 지적인 호기심과 문제가 되는 진실성을 확립하려는 그들의 고민을 잘 나타낸다. 또 손 제스처, 여러 몸짓, 잘 들으려고 귀를 기울이는 태도, 눈살을 찌푸리는 모습 등 여러 가지 방법으로 놀라움을 나타내는 그들의 표정이 정말 가지각색이며 적절하다.

성령spirito santo으로 빛나는 교회의 네 박사는 하늘에 떠 있는 천사들이 들고 있는 성서로 복음서의 모든 문제를 해설한다. 들창이 있는 다른 벽에는 법전을 박사들에게 주면서 이 법전의 증보를 권하는 유스티니아누스Justianus를 그렸다. 벽 위쪽에는 「절제」Temperanza, 「용기」Portezza, 「신중」Prudenza, 또 저쪽에는 교황의 교회법에 따라 교령敎令을 선포하는 그림을 그렸으며, 추기경 조반니 데 메디치후에 교황 레오 10세, 추기경 안토니오 디 몬테, 추기경 알레산드로 파르네세후에 교황 파울루스3세 들을 동반한 교황 율리우스를 실제로 사생했다.

교황은 이 그림에 매우 만족하여 그림에 알맞은 테두리 장식을 만들려고 당시 상감세공象嵌細工에 원근법을 구사하는 그 방면의 거장 조반

그림 385 라파엘로 다 우르비노, 「아테네 학당」, 1510,
프레스코, 길이 약 770cm, 서명의 방, 바티칸.

니 다 베로나Fra Giovanni da Verona를 부르러 시에나 지방의 몬테 올리베토 디 키우수리Monte Oliveto di Chiusuri에 사람을 보냈다. 조반니 수사는 장식, 판자, 세공뿐만 아니라 매우 정교한 문짝과 의자도 만들어 교황에게 많은 칭찬과 푸짐한 선물을 받았다.

과연 조반니 수사는 이런 종류의 제작에는 당시 아무도 대적할 사람이 없었다. 그 증거로 그의 출생지 베로나의 산타 마리아 인 오르가노 S. Maria in Organo 성당에 원근법을 사용하여 아로새긴 정말 섬세한 성물보관실을 만들었다. 또 나폴리 몬테 올리베토 성당의 성가대석, 시에나의 몬테 올리베토 인 키우수리 성당 안 성가대석과 산 베네딕토 성당의 성가대석, 그밖에 파올로 톨로사Paolo Tolosa 성당을 들 수 있다. 그는 많은 교단의 형제들에게 존경을 받았으며, 1537년에 68세로 선종했다나는 그가 정말로 훌륭한 공장工匠이라고 생각한다. 다른 구절에서 또 이야기하겠지만 후에 그는 독특하고 우수한 작품을 많이 제작하게 될 제자들을 양성했으며 그의 능력은 높은 찬사를 받기에 충분하다.

라파엘로 이야기로 되돌아가자. 그의 기량이 이렇게 일취월장하자 교황은 큰 홀에 가까운 제2의 홀에도 계속하여 제작하도록 위촉했다. 그리하여 그는 교황 율리우스의 초상을 유채화로 그려 세상에 명성이 자자하게 되었는데, 이 초상화가 마치 살아 있는 것 같았으므로 사람들은 교황의 실물인 줄 알고 깜짝 놀랐다고 한다. 이 그림*은 현재 산타 마리아 델 포폴로 성당 안에 있으며, 이것과 함께 당시에 그린, 성모 마리아가 탄생한 아기 예수의 머리에 베일을 덮어주는 아름다운 그림도 있다. 아기 예수의 얼굴과 신체 각 부분이 매우 아름다웠으므로 정말 하느님의 아들이라고 믿어진다. 성모 마리아 얼굴에 자비와 희열을 불

---

* 교황 율리우스 2세의 초상화는 걸작이라고 할 만한 작품이 두 점 있다. 따라서 어느 것이 라파엘로 자신이 그린 것인지 분간하지 못할 정도였다고 한다. 그중 하나는 티치아노가 모사한 것으로 현재 피티 미술관 소장품이고, 또 하나는 우피치 미술관 소장품이다.

그림 386 라파엘로 다 우르비노, 「시스티나 성모」,
1512~15, 캔버스에 오일, 265×196cm, 게멜데 갤러리, 드레스덴.

그림 387 라파엘로 다 우르비노, 「의자의 성모」, 1513,
패널에 오일, 지름 71cm, 피티 미술관, 피렌체.

라파엘로 다 우르비노 일명 라파엘로 산치오Raffaello da Urbino, called Raffaello Sanzio　　1625

가사의하게 나타낸 평화스러운 아름다움은 너무 섬세하여 비할 데가 없다. 손을 지팡이에 올려놓은 성 요셉은 경건한 놀라움과 더불어 하늘의 왕과 여왕을 찬미하는 듯이 바라본다. 이 그림 두 폭은 장엄한 대축일미사 때 전시된다.*

라파엘로는 로마에서 명성을 떨칠 때에도 누구나 칭찬하는 부드럽고 우아한 예절을 체득했으며, 시내의 많은 고적과 유적들을 보면서 계속 작품을 연구했다. 그런데도 당시 그가 그린 인물화에는 아직도 위풍과 장엄한 미가 모자랐다.

바로 이때였다. 미켈란젤로가 시스티나Sistina 경당에서 교황에게 무서운 노염을 당하고그의 조항에서 자세하게 이야기하겠다 피렌체로 쫓겨갔다. 당시 경당 열쇠를 가지고 있던 브라만테는 라파엘로 친구였으므로 그에게 와서 미켈란젤로 작품을 보고 그의 기술을 연구하도록 해주었다. 이것이 바로 라파엘로가 이미 로마의 산토 아고스티노S. Agostino 성당에 그렸던 예언자 이사야를 다시 고쳐 그린 이유이며안드레아 산소비노가 그린 성녀 안나 위에 있다, 또 하나는 미켈란젤로 그림을 본 덕분에 자신의 스타일에 위풍과 장엄을 부여할 수 있게 되었다. 그리하여 그의 그림은 옛 모습을 찾아볼 수 없을 만큼 진보되었다. 후에 미켈란젤로가 라파엘로의 그림을 보고 라파엘로에게 명성과 이익을 가져오게 하려고 브라만테가 앞서 이야기한 일을 꾸며낸 것을 깨달았다.

얼마 후 시에나의 부유한 상인이며, 유능한 인사들의 후원자이기도 한 아고스티노 키지Agostino Chigi가 자기 경당을 장식해달라고 라파엘로에게 부탁했다. 라파엘로가 얼마 전 그의 저택 로지아에 그리스의 전설을 주제로 하여, 즉 돌고래 두 마리가 끄는 전차를 갈라테아Galatea가 타고 그 주위를 트리톤Triton과 바다의 신들이 둘러싼 그림을 부드러운

---

* 이 그림도 모사한 것이 많으며, 어느 그림이 라파엘로 작품인지 잘 모른다.

그림 388 라파엘로 다 우르비노, 「볼세나의 미사」, 1512,
프레스코, 길이 약 660cm, 엘리오도로의 방, 바티칸.

스타일로 그린 일이 있기 때문이다.

라파엘로는 교회를 정문 오른편, 즉 산타 마리아 델라 파체 경당 입구 위하여 밑그림을 그리고 그것을 자신의 새로운 스타일, 즉 그전보다는 좀더 위풍과 장엄이 깃든 프레스코로 제작했다. 이 그림은 미켈란젤로의 경당이 시민에게 전시되기 전에 제작되기는 했으나* 미켈란젤로 그림을 본 뒤의 일이었다. 라파엘로는 여기에 예언자와 무녀를 몇 명 그렸다. 이것은 라파엘로의 가장 훌륭한 작품이라 하겠으며, 특히 여자와 어린아이들의 부채賦彩가 생기 있고 아름답다. 이 그림은 그가 살아 있을 때는 물론 죽은 뒤에도 절찬을 받는다.

라파엘로는 교황 율리우스 시종의 청원에 자극되어 아라첼리Araceli 성당 제단화를 패널에 그렸다.** 하늘 높이 구름 위에 있는 성모 마리아와 무척 아름다운 풍경은 물론 성 요한, 성 프란체스코, 성 히에로니무스 추기경을 그렸다. 성모 마리아 모습은 그리스도의 어머니답게 겸손을 나타냈고, 아기 예수는 어머니 치맛자락을 가지고 노는 자태를 보여준다. 성 요한의 얼굴에서는 굶주림에 시달린 고행苦行의 표정과 속세를 버리고 멸시와 거짓말이 없고 오직 진실만을 추구하는 사람들에게 깃든 특유의 깊은 성실과 강한 침착성을 엿볼 수 있다.

한편 성 히에로니무스는 머리와 눈을 높이 들어 성모 마리아를 찬찬히 쳐다본다. 그의 눈에서는 학식과 지혜를 엿볼 수 있으며, 두 손을 들고 시종을 성모 마리아에게 인사시킨다. 그는 성 프란체스코의 조상도 마찬가지로 성공적으로 그렸다. 이 성인은 한쪽 팔을 들고 땅 위에 무릎을 꿇고서 성모 마리아를 쳐다본다. 그의 표정은 사랑으로 불타며, 얼굴의 모습과 부채賦彩는 성모 마리아의 온화하고 아름다운 눈매와

---

* 바사리는 미켈란젤로 전기에서 라파엘로가 예언자와 무녀들을 그린 때가 시스티나 경당이 공개된 후라고 기재했다.
** 시지스몬도 데 콘티(Sigismondo de' Conti). 이 그림은 「마돈나 디 풀리뇨」(Madonna di Fuligno)라고 알려져 있다. 바티칸 미술관 소장품이다.

아기 예수의 청아한 미에서 오는 깊은 감동과 영감을 나타냈다. 패널 그림 한가운데 성모 마리아 바로 밑에 서 있는 어린이의 아름다운 얼굴도 균형 잡혀 있어 그 이상 우아한 그림이 없을 것 같다.

라파엘로는 궁전의 홀을 제작했으며, 오리비에토Orivieto 대성당의 성찬포聖餐布의 기적또는 볼세나Bolsena의 기적이라고도 부른다을 보여주는 장면을 그렸다. 즉, 한 사제가 미사를 올릴 때 생긴 일인데, 평소에 의심이 많던 그가 제병이 피로 변하여 성체포를 적시자 부끄러워서 얼굴을 붉히는 장면이다. 사제는 깜짝 놀라 정신이 나가서 회중會衆 앞에서 어찌할 줄을 모르고 있다. 그가 손을 떠는 모습이 보이는 듯하다.*

그림 속에는 많은 인물이 보이는데, 미사를 돕는 이도 몇 있고 계단에 무릎을 꿇고 앉은 사람과 우아한 자세를 한 사람들, 깜짝 놀란 사람들, 즉 같은 감동을 받은 사람들을 여러 가지 반응으로 표현했다. 그림의 제일 낮은 곳에는 아기를 안고 앉아 있는 한 부인이 여기에서 일어난 일을 듣고 놀라는 자태를 매우 우아하게 표현했다. 반대쪽에는 교황 율리우스가 미사를 드리는 경건한 모습과 추기경 성 조르조와 그밖의 여러 인사가 보인다.

벽 한가운데 출입문 때문에 잘린 부분을 일련의 계단으로 연결하여 이어놓았으므로 보기에 조금도 어색하지 않다. 또 그는 헤롯의 명령에 따라 옥에 갇힌 성 베드로를 병사들이 감시하는 그림이 있는 맞은쪽 벽도 꼭 같은 방법으로 처리했다.** 이 그림에서 그가 건축들을 파악하는 힘과 감방監房을 효과적으로 처리하는 방법이 탁월했으므로 라파엘로보다 뒷시대 화가들의 작품이 더욱더 서투르게 보인다.

라파엘로는 사건의 이야기에 맞도록 장면을 그리려고 노력했다. 이

---

* 이 기적은 1268년, 교황 우르바누스 4세 재위 때 일어났는데 성체축일 (Corpus Domini)의 동기가 되었다.
** 1514년 제작.

그림에서 보는 바와 같이 성 베드로의 두 팔에는 쇠사슬이 묶여 있고 파수병들은 깊이 잠들어 있으며, 밤의 어둠 속에서 천사의 광휘가 감방을 샅샅이 비추어 갑옷을 번쩍이게 함으로써 이 그림을 더욱 사실같이 빛나게 해준다. 쇠사슬에서 풀려 천사를 따라 감방을 빠져나가는 사도의 얼굴은 마치 꿈꾸는 듯하다. 이보다 더 뛰어난 예술과 천재는 없을 것이다.

무장한 파수병들은 감방 철문 소리를 듣고 겁에 질린다. 한 보초가 오른손에 쥔 횃불이 파수병들의 갑옷을 반사하지만 달빛에 퇴색된다. 라파엘로가 이 그림의 구도를 들창 윗면에 만들었으므로 그 담벼락이 가장 어둡다. 따라서 이 그림을 볼 때에는 그림 속 밤의 빛과 횃불의 연기, 천사의 광휘, 그밖에 맞은편에서 오는 자연의 빛이 한꺼번에 우리 얼굴에 부딪힌다. 그리하여 그늘 속 그림이 자연 그대로같이 보이며, 그리기 어려운 사물들을 상상으로 섬세하게 표현했다. 어둠 속에서도 능히 갑옷의 윤곽과 그늘과 반사와 별의 열기까지도 헤아릴 수 있으며, 라파엘로가 다른 화가들의 스승임을 알 수 있다. 밤의 정경을 이처럼 표현한 사람은 일찍이 없었다. 참으로 신의 기교라고 하겠다.^{그림 389*}

한 담벼락에는 방주方舟, 촛대와 함께 유대 사람들의 「신의 숭배」를 그렸다. 거기에는 성전에서 '탐욕'을 쫓아내는 교황 율리우스의 조상이 보이는데, 이 그림도 앞서 말한 밤의 그림처럼 아름답다. 여기에는 교황을 가마로 나르는 가마꾼들과 길을 물러서는 남녀도 보인다.** 또 병사 둘을 거느린 무장한 기마병이 안티오쿠스Antiochus의 명에 따라

* 「성 베드로의 감옥에서 해방」은 1514년에 그린 것인데, 이탈리아 화가로서 밤의 빛 효과를 최초로 그린 그림이다. 라파엘로는 이 대작으로 명성을 확립했는데 교황 레오 10세 치하에서 그린 최초의 작품이다. 이 해방이란 주제는 1512년 라벤나(Ravenna)의 전쟁에서 프랑스군에 패할 때 율리우스 교황의 기적적 해방을 시사한다고 생각된다.
** 1512년에 제작.

그림 389 라파엘로 다 우르비노, 「성 베드로의 감옥에서
해방」, 1514, 프레스코, 660cm, 엘리오도로의 방, 바티칸.

교만한 헬리오도루스Heliodorus를 내려치고 있으며 과부와 고아의 물건
을 약탈하려고 한다. 많은 재물과 보배가 실려 가며, 위에 말한 세 사람
에게 약탈되어 기구한 운명에 빠진 헬리오도루스 때문에 일어난 공포
로 전리품이 땅을 뒤덮었다.

　제의祭衣를 입은 사제장 성 오니아스Onias가 눈과 손을 모아 하늘을
향하여 열심히 기구한다. 모든 소지품을 잃어버리게 된 불행하고 죄 없
는 사람들을 불쌍히 여겼기 때문이다. 그리고 동시에 그는 벌써 주께서
구원 온 것을 느꼈기 때문에 몹시 기뻐한다. 그밖에 라파엘로는 원주圓
柱의 주춧대에 기어 올라가는 군중을 그렸는데, 여러 가지 불편한 자세
를 하고 무슨 일이 일어날지 몰라 놀란 모습으로 지켜보는 장면이다.

　이 그림은 여러 면에서 장엄하며 밑그림마저 귀한 작품으로 여겨진
다. 그리하여 라파엘로가 헬리오도루스를 주제로 한 밑그림 몇 장은 체
세나의 귀족 프란체스코 마시니Francesco Masini 소유가 되었다. 그는 선

생의 지도는 받지 못했으나 천성적으로 어렸을 때부터 그림 그리기를 좋아했으며, 미술비평가에게서 수많은 상찬을 받았다.

또 라파엘로는 다음과 같은 네 장면을 천장에 그렸다. 즉, 아브라함에게 나타나 후손의 번영을 약속하는 '하느님의 발현'Apparazione di Dio, '이삭의 희생'Sacrificio d'Isaac, '덤불을 불태우는 모세'Rubo ardente di Mose, '야곱의 사다리'Scala di Iacob 등이다. 이 그림들은 모두 라파엘로의 다른 작품보다 독창성, 기교, 우아함이 뛰어나 보인다.

이와 같이 사랑받는 화가가 놀랄 만한 작품들을 제작하는 동안 그의 후원자이자 예술 애호가인 교황 율리우스 2세가 선종했다.* 교황직을 이어받은 레오 10세도** 라파엘로가 계속 제작하기를 원했다. 라파엘로의 명성은 하늘까지 치솟았으며, 레오 10세에게 보수도 많이 받았다. 그리고 회화 예술에 공헌하는 메디치Medici 일가의 전통에 따르는 귀족에게도 소개되었다.

이에 더욱 용기를 얻은 라파엘로는 다른 담벼락에 또 하나의 작품을 만들었다. 아틸라Attila가 로마를 습격하는 장면으로 그가 몬테 마리오 산 밑에서 레오 3세를 만났는데 교황이 단지 그를 강복함으로써 그를 돌려보내는 데 성공하는 장면이다. 하늘에서는 성 베드로와 성 바오로가 칼을 빼들고 교회를 지키러 온다. 비록 레오 3세와는 관계없는 줄거리지만 대개 예술가들이 자기 작품을 장식하려고 새로운 주제를 갖다 넣듯이 라파엘로도 그렇게 그린 것이다.

이 두 사도의 얼굴에서는 신성한 신앙을 수호하는 종복들에게 신이 나누어주는 용맹과 열의를 엿볼 수 있다. 발꿈치가 희고 앞머리에 별을 단 검은 말에 올라앉은 아틸라 얼굴은 공포에 사로잡혔고, 그는 도망치려고 한다. 멋진 말이 몇 필 더 있는데, 그중에서도 특히 스페인의 얼

---

* 율리우스 2세는 1513년 2월 20일 선종했다.
** 1513년 3월 11일은 레오 10세가 그전에 투옥되었던 기념일이다.

그림 390 라파엘로 다 우르비노, 「교황 율리우스 2세의 초상화」,
1512, 패널에 오일, 108 × 80cm, 우피치 미술관, 피렌체.

룩진 조랑말을 물고기 문양 옷을 입은 한 사나이가 타고 있다. 이 인물은 로마 트라야누스의 원주圓柱에서 모사한 것인데, 그는 악어 껍질로 만든 듯한 갑옷으로 무장했다. 병사들이 도시를 떠날 때면 언제나 불을 지르듯 몬테 마리오도 불타고 있다. 또 실물과 꼭 같이 그린 교황을 모신 권표봉지자權標奉持者, Mazzieri Accompagnatore들과 교황을 수행하는 추기경들, 그리고 성의聖衣를 입은 교황 레오 10세가 탄 말의 고삐를 잡고 있는 종복들이 함께 있다.

이 일련의 사건들은 매혹적인 광경으로 이루어져 그림 속의 나머지 부분과 함께 다른 화가들에게도 좋은 참고가 될 것이다. 당시 라파엘로는 나폴리의 산 도메니코 성당으로 보낼 패널 그림을 그렸다. 이 성당 안에는 성 토마스 아퀴나스에게 말을 거는 십자가에 못 박힌 예수상이 있다. 이 제단화에는 성모 마리아, 추기경복으로 정장한 성 히에로니무스, 토비아스를 동반한 천사들이 그려져 있다.*

또 라파엘로는 나이가 90세가 넘었는데도 건강한 멜돌라Meldola의 통치자 레오넬로 다 카르피Leonello da Carpi를 위하여 아름다운 그림을 한 폭 제작했다. 그렇게 힘차고 매혹하는 섬세한 그림이 과거에 있었는지 나는 아직 모른다. 성모 마리아의 표정은 신성하고 자세는 겸손하며 두 손을 모아 무릎에 앉은 아기 예수를 경모하며 아기 예수를 숭배하는 어린 성 요한을 쓰다듬고 있다. 이 그림은 한때 레오넬로의 아들이며 예술 애호가인 추기경 다 카르피 소유였으나 지금은 그의 상속인의 것이 되었다.

그 후 산티 콰트로Santi Quattro의 추기경 로렌초 푸치Lorenzo Pucci가 내 사원장內赦院長을 맡았을 무렵, 라파엘로를 좋아한 그는 몬테 인 볼로냐 Monte in Bologna에 있는 산 조반니 성당의 제단화를 위촉했다. 이 패널

---

*「물고기의 성모」(Madonna del Pesce), 현재 마드리드의 프라도 박물관에 있다.

그림은 은총 입은 엘레나 달올리오Elena dall'Olio의 시체가 안치된 성당 안에 있는데,* 라파엘로의 섬세한 자질을 아낌없이 나타냈다.

여기에서는 천상의 천사가 부르는 합창에 도취한 성녀 체칠리아 S. Cecilia 얼굴에서 환희로 마음을 빼앗긴 표정을 읽을 수 있으며, 땅에는 여기저기 흩어진 악기가 금과 명주로 만든 그녀의 의복과 베일과 함께 그림이라기보다는 실체와도 같이 있다. 성 바오로는 오른팔을 칼 위에 올려놓고 또 한 팔로 머리를 의지한 자세가 이 사도의 깊은 지식과 불길 같은 근엄함을 함께 간직하여 잘 묘사되었다. 그는 맨발에 사도답게 붉은 외투에 초록색 튜닉을 입고 있다. 한편 성녀 마리아 막달레나는 한 손에 돌로 만든 꽃병을 쥐고 머리를 돌려 즐겁게 이야기하고 있다. 이 모두가 비할 데 없이 아름다우며, 그밖에 성 아우구스티누스와 사도 요한의 얼굴도 보인다.

사실 다른 화가들의 작품을 그림이라고 말한다면 라파엘로의 것은 진실이라고 하겠다. 왜냐하면 그의 그림은 육신이 정말 움직이는 것 같고 숨 쉬고 맥동하며 살아 있는 것만 같기 때문이다. 그리하여 라파엘로는 많은 찬양을 받았으며, 더욱 유명해져서 그를 위하여 라틴어로 된 시가 많이 만들어졌다. 그의 생애에 관한 기록이 너무 길어질까봐 두 줄만 인용하겠다.

> 라파엘로는 성녀 체칠리아의 얼굴을 그리고 넋을 불어넣었지만
> 다른 화가들은 다만 얼굴에 색칠을 했을 뿐이라네.
> *Pingant sola alii referantque coloribus ora;*
> *Caeciliae os Raphael atque animum explicuit.*

라파엘로는 성녀 체칠리아를 그린 다음 현재 볼로냐의 빈첸치오 에

* 1513년에 제작.

르콜라노Vincenzio Ercolano 저택에 있는 인물들을 작게 그린 인물화들을 제작했다.* 즉, 이 그림은 에체키엘Ezekiel에서 기록된 바와 같이 네 복음 전도자에게 둘러싸인 영광의 그리스도를 그렸다. 네 복음 전도자를 각각 사람의 형태로, 사자로, 독수리로, 황소로 나타냈다. 그 밑은 축소형으로 된 풍경인데, 아름답기가 스케일이 큰 그림에 조금도 손색이 없다.** 또 베로나의 카노사Canossa 백작에게 먼동이 틀 때 예수가 강생하는 큰 그림을 보냈다. 이 그림은 성녀 안나와 같이 높이 평가되는 아름다운 것이며, 백작에게서 보수를 많이 받았다. 많은 귀족이 그를 존경했으며, 거액의 보수를 지불하겠다는 청이 있었지만 대개 그림 그려주기를 거절당했다. 라파엘로는 청년 시대의 빈도 알토비티Bindo Altoviti 초상화를 그려서 그에게 증정했는데 경탄할 만한 작품으로 평가된다.

라파엘로는 또 성모 마리아를 그린 섬세한 작품을 피렌체로 보냈는데, 현재 코시모 공의 궁전 안에 필자가 건축하고 장식한 새 건물에 소장되어 있으며, 이 그림이 제단화 역할을 한다. 꽤 늙은 성녀 안나와 벌거벗은 아기 예수를 무릎에 앉힌 성모 마리아를 그렸는데, 아기 예수의 미소가 매우 귀여워서 보는 사람이 즐겁게 만든다. 성모 마리아의 인물상에는 그녀의 아름다운 모습을 모두 그려 넣었다. 그녀의 눈은 겸손, 눈썹은 영광, 코는 우아, 입은 미덕 그리고 의복은 단순성과 순결을 보여주며, 이런 부류의 그림에서 이보다 훌륭한 것을 본 적이 없다. 이 그림에는 나상으로 앉아 있는 성 요한과 성녀 한 사람을 아름답게 그려놓았다. 배경은 커튼을 드리운 창문에서 햇빛이 들어오는 것이다.***

라파엘로는 로마에 머물 때 교황 레오, 추기경 줄리오 데 메디치, 추

---

* 단테의 『신곡』 중에도 그리스도교의 신을 제우스(Zeus)라고 부르는 구절이 있다. 그리스신화와 그리스도교의 대조를 말한다.
** 피티 미술관 소장품이다.
***「임판나타의 성모」(Madonna dell'Impannata), 피티 미술관 소장.

기경 데 롯시가 그려진 큰 그림을 제작했다.* 이 인물들은 둥근 돋을새김rilievo tondo 모양으로 튀어나온 듯이 보이며, 우단은 짜임새까지 있고, 교황의 옷은 능직綾織으로 화려하게 번쩍인다. 안의 털은 부드럽고 금과 은의 빛깔이 조화가 아니라 진짜같이 보인다. 거기에는 또 장식 금자金字의 양피지로 장정한 책이 있는데 참으로 실물 같고 가공한 은銀으로 만든 조그만 종은 형언할 수 없을 만큼 아름답다. 그밖에 교황의 옥좌에 달린 번쩍이는 금으로 만든 공이 너무 맑아서 창에서 들어오는 광선과 교황의 두 어깨와 방 둘레의 벽이 거울처럼 반영된다. 이 그림은 세부에 이르기까지 정열과 정성을 들여 다듬어서 어떤 거장도 감히 견줄 수 없는 걸작이라 하겠다. 교황은 라파엘로에게 많은 보수를 지급했으며, 오늘날 보는 바와 같이 공작의 의상실에 보관되어 있다.
그림 390

라파엘로는 또 로렌초 공과 줄리아노 공의 초상화도 제작했는데, 그 부채賦彩가 무척 우아하다. 지금은 오타비아노 데 메디치 상속인이 소유하고 있다.

라파엘로는 과거 어느 때보다도 명성이 드높아졌으며, 자기 자신을 위해 기념이 될 작품을 남기려고 결심했다. 당시 브라만테의 지휘 아래 치장 벽돌을 바른 원주圓柱가 서 있는 궁전을 로마의 보르고 누오보에 건립했다. 이 건물과 다른 작품은 그의 명성을 멀리 프랑스와 플랑드르까지 떨쳤을 뿐만 아니라 독일의 저명한 화가이자 동판화가인 알브레히트 뒤러Albrecht Dürer의 작품에까지 영향을 미쳤다.

뒤러는 그에게 경의를 표하여 자기 자화상을 증정했다. 이 그림은 투명한 흰 삼베에 그린 수채화로, 흰 페인트를 사용하지 않아도 그 자체가 빛 역할을 한다. 라파엘로는 이 훌륭한 작품을 받은 보답으로 자기 그림 몇 점을 뒤러에게 보내기도 했다. 뒤러는 그것을 퍽 소중히 여겼

* 1518년 작품, 피티 미술관 소장.

그림 391 라파엘로 다 우르비노, 「교황 레오 10세와 두 추기경」,
1518~19, 패널에 오일, 154×119cm, 우피치 미술관,
피렌체.

다. 뒤러의 초상화는 라파엘로의 유산 상속인 줄리오 로마노 소유가 되었다.

라파엘로는 뒤러가 판화 만드는 방법을 알고 싶어 볼로냐에 있는 마르칸토니오Marc' Antonio에게 그 방법을 연구하게 했는데, 얼마 후 훌륭하게 성공한 그가 라파엘로의 명에 따라 처음 제작한 것이 「유아 살해」la carta degli Innocenti,그림 392 「최후의 만찬」Cenacolo, 「바다의 신」Neptunus, 「끓는 기름 속에 던져진 성녀 체칠리아」Santa Cecilia quando bolle nell'olio 등이다. 그 후 마르칸토니오는 라파엘로를 위하여 판화를 많이 제작했는데, 이것들을 후에 알 바비에라Al Baviera에게 주었다. 이 사람은 라파엘로가 죽을 때까지 그가 사랑하던 여자를 돌보아주었다.

뒤에 이 작품은 피렌체의 유명한 상인 마테오 보티—특히 화가들을 벗으로 삼던—소유가 되었다. 마테오는 원래 예술을 사랑했으며, 특히 라파엘로에게 헌신했기 때문에 이 초상화를 소중히 간직했다. 그의 형제 시몬 보티Simon Botti도 그림과 화가를 무척 좋아했으며, 동시에 예술가들의 가장 훌륭한 후원자이자 내가 존경하는 친한 벗이기도 하며, 예술에 정확한 지식과 감식력을 갖춘 사람이다.

다시 판화 이야기로 되돌아가서, 라파엘로가 바비에라에게 보여준 호의가 라벤나Ravenna의 마르코와 그밖에 여러 사람의 용기를 북돋아주었으며 일찍이 보지 못했던 동판화가 오늘과 같이 흔하게 되었다. 우고 다 카프리Ugo da Capri라는 화가는 머리가 비상하고 창의력에 차 있었다. 그는 세 폭을 이룬 목판화 방법을 창안하여 간색間色과 밝은 빛과 어두운 그늘을 묘사했는데 그는 이 기법을 명암법을 활용해 효과를 거두었다. 이는 매우 비상한 발명으로 이 방법을 응용한 판화들이 세상에 많이 유포되고 있는데, 자세한 것은 볼로냐의 마르칸토니오 대목에서 다시 이야기하겠다.

산타 마리아 델로 스파스모S. Maria dello Spasmo라고 불리는 팔레르모 Palermo의 몬테 올리베토 수도원을 위하여 라파엘로가 십자가를 메고

그림 392 마르칸토니오 라이몬디, 「유아 살해」,
라파엘로의 소묘를 옮긴 동판화.

가는 그리스도를 그린 패널이 한 폭 있는데 훌륭한 예술 작품으로 인정받는다. 이 그림은 그리스도를 죽음의 길인 칼바리산으로 끌고 가는 격분한 사형집행인들의 잔악성을 보여준다.* 죽음에 직면한 그리스도는 공포와 고통 속에 십자가의 무게로 쓰러져 땀과 피로 뒤범벅이 되었지만 슬프게 울고 있는 마리아 쪽으로 고개를 돌린다. 베로니카는 손을 뻗어 깊은 사랑의 표시로 손수건을 준다. 무장을 하고 말을 탄 사람이나 걷는 사람들이 손에 정의의 군기를 들고 예루살렘의 성문으로 쏟아져 나온다.

완성된 이 그림이 인도되기도 전에 큰 불행이 다가왔다. 그림을 바닷길을 통해 팔레르모로 운반할 때, 심한 폭풍에 배가 바위에 좌초했다.

* 이 기적적인 그림은 「골고다를 향하는 중 쓰러진 그리스도」(Spasimo di Sicilia)라는 이름으로 알려져 있다.

배는 산산조각 나고 승무원과 화물은 행방불명되었으나 상자 속에 안전하게 꾸린 제단화만은 바다 물결을 타고 제노바Genova 해안으로 밀려갔다. 그리하여 바다에서 건져 육지로 올라온 이 그림은 조금도 상처나 흠이 없었으니 참으로 기적이라고 하지 않을 수 없다. 아마 풍랑도 이 그림의 아름다움을 알았던 것 같다.

이런 사연이 세상에 널리 알려지자 수사修士들은 유실물을 되찾으려고 서둘렀으며, 그림을 무사히 구조한 사람들에게 사례를 하기도 전에 교황의 도움으로 라파엘로의 유산 상속인이 그림을 찾아갔다. 그리하여 다시 한번 배에 싣고 시칠리아섬을 거쳐 팔레르모에 가져다놓았으니 에트나 화산monte di Volcano보다 오히려 더 평판이 높아졌다.

라파엘로는 단순히 자기 취향 때문이 아니라 명사들을 위한 제작을 목적으로 했기에 자기 데생을 활용하여 일하면서 사람들에게 지시하고 감독도 했다. 그때가 바로 그가 보르자탑 안에 그림 두 폭은 들창 위쪽에, 다른 두 폭은 양옆 담벼락에 제작하여 공개하기 직전이었다. 그중 하나는 로마의 보르고 베키오Borgo Vecchio에서 일어난 화재를 교황 레오 4세가 바티칸 대성당의 로지아에서 기도를 드림으로써 진화했다는 기적 이야기를 그린 것이다.

이 그림에서는 여러 가지 위험한 장면을 보여준다.* 불을 끄려고 머리에 물동이를 인 수많은 여자의 머리카락과 옷자락이 거친 바람에 나부낀다. 불꽃에 물을 끼얹으려는 사람들은 연기 때문에 눈을 뜰 수 없다. 저쪽에는 허약하고 괴로운 듯한 노인이 한 젊은이에게 업혀 간다. 이 장면은 아이네이아스Aeneas가 데려가는 안키세스Anchises의 고사古史를 노래한 베르길리우스Vergilius의 시에 따른 것이다. 이 젊은이의 얼굴에는 용기와 힘이 넘치며, 등에는 축 늘어진 노인을 힘겹게 업고 있다.

화재를 피한 봉두난발한 노파가 뒤따르고, 벌거벗은 어린애가 앞서

* 현재 마드리드의 프라도 박물관 소장품. 1514년에 시작했다.

간다. 멀리 폐허 위에는 옷차림이 헝클어진 여인이 막 불을 피해 나와서 포대기에 싼 갓난아이를 밑에서 발돋움하고 팔을 뻗친 자기 가족에게 던지고 있다. 어린애를 구출하려는 여자의 노력을 점점 다가오는 불길이 대한 무서움 못지않게 잘 표현했으며, 또 어린애를 받는 남자의 공포도 잘 표현했다. 교황 앞에 무릎을 꿇고서 불을 다스리기를 기원하는 여자들도 있다.

또 다른 장면은 교황 레오 4세와 그를 포로로 만들려고 터키군이 점령한 오스티오아Ostioa 항구다. 바다에서는 기독교도가 터키 함대와 전투하고 있다. 한편 포로들은 벌써 항구로 운반되어왔으며, 병사들이 포로들의 수염을 붙잡아 배에서 끌어내고 있다. 그 자세들이 참으로 아름답게 묘사되었다. 그들은 갖가지 갤리선*의 노를 젓는 노예 옷차림으로 교황 레오 앞에 끌려나왔다. 그 교황은 레오 10세로 추기경 산타 마리아 인 포르티코즉, 비비에나Bibbiena의 베르나르도 디비치오Bernardo Divizio와 추기경 줄리오 데 메디치후에 교황 클레멘티우스 7세가 됨 사이에 교황의 옷차림으로 그려져 있다. 슬픔과 공포와 죽음의 감정을 조용히 나타낸 죄수들의 외모를 표현한 라파엘로의 뛰어난 아이디어는 적절히 형언하기가 어려울 정도로 훌륭하다.

또 두 폭의 장면이 있는데, 그 하나에서는** 교황 레오 10세가 정장을 하고 독실한 크리스천인 프랑스의 프랑수아 1세를 위하여 미사를 봉헌하며 성유聖油와 왕위를 축성한다. 거기에는 정장을 한 추기경, 대주교, 대사 그밖에 많은 참관인을 그렸으며, 그중 몇몇은 당시 프랑스에서 유행하던 옷차림을 했다.

또 한 장면은 프랑수아 1세의 대관식을 그린 것인데, 교황은 정장을 하고 왕은 갑옷을 입었다. 그밖에 추기경, 대주교, 시종侍從, 지방 유지,

---

* galeotti, 옛날 죄수나 노예들에게 젓게 하던 돛배.
** 1517년 작품이며, 샤를마뉴(Charlemagne)의 대관식 광경이다.

그림 393 라파엘로 다 우르비노, 「보르고의 화재」, 1514,
프레스코, 길이 약 770cm, 보르고의 화재의 방, 바티칸.

궁내관들이 자기 계급에 맞추어 정장을 하고 참석했다. 이 모두가 실제 인물들을 그린 것인데, 예를 들면 라파엘로의 친구인 트로이아의 주교 잔노초 판돌피니Giannozzo Pandolfini와 당시의 저명인사들이다. 왕 옆에는 한 소년이 무릎을 꿇고 왕관을 들고 있는데 이 초상은 후에 추기경 겸 부상서가 된 이폴리토 데 메디치Ippolito de' Medici 공이다. 이분은 많은 예술가의 후원자일 뿐 아니라, 특히 내가 작업에 첫걸음을 디딜 당시 그에게 도움을 많이 받았다.

나는 그의 작품을 자세하게는 소개할 수 없으며, 침묵을 지켜도 충분히 이야기하고도 남는다. 그 장면 밑에는 이 교회 후원자들이 테두리에 둘러싸여 있는데 모두가 말로는 표현할 수 없는 부채의 조화를 이루고 깊은 사고력과 감각과 창의력으로 제작되었다. 이 방 천장에는 피에트로 페루지노의 그림이 있는데, 라파엘로는 초보 시절 자기에게 그림을 가르친 스승을 존경하는 뜻에서 지워버리지 않았다.*

그의 능력이 이렇게 뛰어났으므로 이탈리아 포추올로Pozzuolo에서부터 멀리는 그리스에 이르기까지 그는 도처에 공장工匠을 두었으며, 언제나 우수한 디세뇨를 추구했다. 그는 닫집 달린 감실 안에 사도와 성인의 조상을 지면 높이로 만드는 작업에 자기 제자인 조반니 다 우디네Giovanni da Udine를 채용했다. 그가 동물화에 뛰어났으므로 교황 소유인 카멜레온, 사향고양이, 원숭이, 앵무새, 사자, 코끼리, 기타 기이한 동물을 그리게 했다.

그 후에도 그는 궁전을 그로테스크grotesque 문양과 각종 포장으로 장식하고 교황청의 층계와 건축가 브라만테가 시작했으나 생전에 완성

---

* 보테가(Bottega)라고 일컫는 아틀리에의 사제관계와 도제(徒弟)제도가 르네상스의 위대한 화가들을 길러내는 데 큰 몫을 했다. '스승에 대한 은혜'라는 관념이 바사리 전기에서 여러 차례 언급되는 것은 주목할 만한 일이다. 또 '고인의 유골에 힘입은 바 크다'는 말은 '고인의 영에 많은 신세를 졌다'는 감사 표시다.

하지 못한 로지아를 디자인했다. 즉, 라파엘로는 새로운 디자인으로 스케일이 큰 목제 모형을 만들어 브라만테 것보다 크게 장식했다. 교황은 자신의 너그러움과 훌륭함을 과시할 생각으로 라파엘로와 의논하여 각 방을 치장 벽돌로 바르고 그림을 그리도록 했다.

그는 조반니 다 우디네를 치장 벽돌과 그로테스크 문양을 제작하는 책임자로, 줄리오 로마노를 인물화 책임자실제로 이 사람은 한 일이 별로 없다로 임명했다. 그밖에도 조반니 프란체스코, 일 볼로냐Il Bologna, 페리노 델 바가, 펠레그리노 다 모데나Pellegrino da Modena, 빈첸치오 다 산 지미냐노Vincenzio da San Gimignano, 폴리도로 다 카라바조Polidoro da Caravaggio와 여러 화가를 채용했는데, 이 사람들이 여러 장면과 인물화와 필요한 자료를 제공했다.

그는 피렌체에서 루카 델라 롭비아Luca della Robbia를 데려다가 포장을 완성했다. 사실 그림 치장 벽돌 장식과 섬세한 일반 건축은 다른 것과 비교할 수 없으리만큼 힘든 일인데, 라파엘로가 바티칸 궁전의 모든 그림과 건축 공사를 책임지고 수행했다.

라파엘로의 성품이 너그럽다는 증거 하나를 예로 들면, 석공들의 편리를 도모하려고 담벼락을 속까지 채우지 않고 아래층 방의 윗부분에 구멍을 그대로 두어 거기에 연장을 간직하게 했다. 그러나 이 구멍 때문에 하부 구조가 약해지고 벽에 금이 가서 결국 구멍을 메워야만 했다. 라파엘로는 손재주 있는 목수 조반니 바릴레Giovanni Barile를 고용하여 출입문의 상감象嵌 세공과 징두리널 세공을 매혹적이고 아름답게 제작했다.

라파엘로는 또 교황을 위하여 빌라 마다마Villa Madama와 보르고Borgo에 있는 저택을, 특히 조반니 바티스타 달라퀼라Giovanni Battista dall' Aquila의 설계도를 제작했으며 트로이의 주교主敎가 피렌체의 비아 디 산 갈로Via di San Gallo에 지은 다른 궁전도 설계했다. 그는 피아첸차의 산 시스토S. Sisto 성당 도미니코회 수사들을 위하여 성 식스투스S. Sixtus

와 성녀 바르바라S. Barbara가 대령하는 성모 마리아의 제단화를 패널 그림으로 제작했다.*

그는 프랑스에 보내려고 많은 작품을 제작했으며, 그중 왕에게 보낼 것은 성 미카엘 천사가 악마와 싸우는 그림이다.** 이 놀랄 만한 그림에는 지구의 중심부를 표현하려고 땅이 갈라진 데서 뿜어 나오는 불꽃과 유황의 불로 그슬린 바위를 그렸다. 갖가지 살빛 담색을 써서 불타는 몸을 나타낸 이 악마의 얼굴은 자기를 쓰러뜨린 천사에게 격노와 우쭐한 자존심을 보여준다. 그 반면에 철과 금으로 만든 갑옷을 입은 성 미카엘은 용기와 힘으로 창을 겨냥하여 악마를 쓰러뜨렸다. 이 그림으로 그는 왕에게 많은 보수를 받았다.

라파엘로는 페라라의 베아트리체Beatrice와 자기 연인과 더불어 고급 창부들을 그렸다. 그는 예절바르고 친절했으나 연애에 집착하고 자주 육체의 쾌락에 젖어 있었다. 한 예로, 그의 친구 아고스티노 키지가 자기 저택의 로지아를 장식하도록 위촉한 일이 있는데, 라파엘로는 자기 연인 생각에 분별을 잃고 일에 착수할 수 없었다. 아고스티노는 한때 실망했으나 친구들의 힘을 빌려 연인을 라파엘로의 숙소에 데려다놓고 일을 완성시켰다.

라파엘로는 이 제작을 위한 밑그림을 모두 그리고 프레스코의 많은 인물을 부채했다. 천장에는 하늘에서 제신諸神들이 회의하는 장면을 그렸고, 고대의 양식을 인용하여 의상과 형식을 거장답게 우아하게 제작했다. 또 거기에는 유피테르와 그 신하들, 꽃을 뿌리는 세 자매의 여신과 프시케Psyche의 결혼을 그렸다. 천장 밑부분에는 여러 장면, 즉 날개로 하늘을 헤치고 날면서 피리를 부는 머큐리, 천상의 권위를 가지고

---

* 시스티나의 마돈나. 현재 드레스덴 미술관에 있다.
** 1518년 작품. 현재 루브르 박물관에 있다.

그림 394 라파엘로 다 우르비노, 「성 바오로의 아테네 설교」,
1515, 타피스트리(아라치)를 위한 밑그림, 종이에 수채화,
390×440cm, 빅토리아 앨버트 박물관, 런던.

가니메드Ganymede*에게 키스하는 유피테르, 그 밑에는 비너스와 머큐
리의 전차, 프시케를 하늘로 모셔가는 세 자매의 여신들과 그밖에도 여
러 시적인 장면이 있다.

까치발 사이의 아치형 공간에는 날개에 여러 물건을 실은 치품천사
를 단축법을 써서 아름답게 그렸으며, 유피테르의 우레와 번개의 화살
과 마르스의 헬멧·칼·과녁, 불칸의 마차, 헤르쿨레스의 곤봉과 사자
가죽, 머큐리 신의 지팡이, 판Pan 신목양신의 호각, 베르툰누스Vertunnus
의 갈퀴와 신들이 지배하고 있다. 또 자기들의 애완동물을 데리고 있어
그림의 구성과 더불어 마치 아름다운 시와도 같다. 라파엘로는 조반니

* 신들을 위해 술을 따르는 미소년.

다 우디네에게 그 그림의 테두리를 꽃줄과 나뭇잎과 열매로 장식하도록 위촉했다.

라파엘로는 아고스티노 키지의 집 마구간과 산타 마리아 델 포폴로 성당 안의 아고스티노 경당 건축 설계의 책임자가 되어 그림 이외에도 묘지 디자인을 피렌체의 건축가 로렌제토Lorenzetto에게 위촉함으로써 조상을 두 개 제작하게 했는데 로마의 마첼로 데 코르비Macello de' Corbi 에 있는 자기 저택에 소장되어 있다. 그러나 라파엘로가 죽었기 때문에 아고스티노에게 이어져서 그 공사가 세바스티아노 비니치아노에게 넘어갔다.

라파엘로의 명성이 높아지자 교황 레오 10세가 2층짜리 큰 홀 장식을 위촉했으므로 그는 「콘스탄티노의 승리」vittorie di Constantino를 그렸다. 교황이 금과 은실을 섞어 짜 벽에 거는 융단의 디자인도 원했으므로 라파엘로는 자신이 직접 커다란 밑그림을 그리고 채색한 뒤 플랑드르로 보내어 짜도록 했다.* 이 작품은 참으로 아름다워서 보는 사람으로 하여금 경탄을 금치 못하게 했는데, 머리카락과 턱수염 그리고 살색마저 정교하게 짜놓았다. 이 융단은 사람의 손으로 이루어졌다기보다는 하나의 기적같이 보인다. 넘치는 물과 동물, 건물이 너무 섬세하여 마치 그림과 같다. 이 작품은 금화 7만 두카트를 대가로 치렀으며, 시스티나 경당에 보존되어 있다.

라파엘로는 콜론나Colonna 추기경을 위하여 성 요한을 캔버스에 그렸다.** 아름다운 이 그림을 추기경은 여간 좋아하지 않았다. 그러나 그가 중병이 걸리자 야코보 다 카르피Jacopo da Carpi가 고쳤는데 추기경은 그 은혜에 보답하고자 그 그림을 카르피에게 기증했다. 현재 피렌체에

---

* 밑그림은 1515년 혹은 1516년에 그렸다. 이것을 찰스(Charles) 1세가 1630년에 매입하여 현재 빅토리아앨버트 미술관에 있다.
** 현재 우피치 미술관 소장품.

그림 395 라파엘로 다 우르비노, 「그리스도의 변용」(윗부분),
1518~20, 패널에 오일, 405×278cm, 바티칸 미술관, 로마.

있는 프란체스코 베닌텐디Francesco Benintendi 소유로 되어 있다.

라파엘로는 추기경 줄리오 데 메디치를 위하여 「그리스도의 변용變容」Transfigurazione di Cristo을 패널 그림으로 제작해 프랑스에 보냈다. 즉, 타보르Tabor 산상의 그리스도의 변용인데 아래서는 제자 11명이 그를 기다리고 있다. 그곳에는 또 마귀에게 붙들린 어린이가 있는데 그리스도가 산에서 내려와 그를 치유할 것이다. 어린이는 몸이 뒤틀어지고 눈이 뒤집힌 채 아파 신음하고 있다. 그가 마귀에 홀려 있음이 몸짓, 혈관, 맥박의 박동에 나타나 있으며 겁에 질린 몸짓을 하는 그의 얼굴이 극도로 창백하다.

이 어린이를 부축한 한 노인의 눈에서는 광채가 나며 찌푸린 앞이마에서 기도와 각오를 읽을 수 있다. 사도들을 응시하는 그의 시선은 그들에게 건 희망에서 오는 힘을 말하는 듯하다. 이 장면에는 한 여인이 있는데 그녀는 사도들 앞에 무릎을 꿇고 머리를 그쪽으로 돌리고 어린이를 가리키면서 그 참상에 주의를 끌려고 한다. 그녀 위쪽에는 사도들이 서거나 앉아서 혹은 무릎을 꿇고서 이 참상을 보면서 동정을 금하지 못하고 있다.

라파엘로는 인물들의 표정을 매우 뛰어나고 아름답게 창조했다. 그 인물들의 자세가 다양하고 독창적이기 때문에 많은 예술가는 라파엘로의 작품 가운데 가장 아름답고 독창적이라고 했다.

그리스도의 변용을 상상하거나 연구하려면 누구나 이 작품을 참고해야 한다. 그리스도는 산 위의 광채 나는 대기 속에 높이 솟아나와 있다. 빛을 몸에 흠뻑 받고 반사하는 모세와 엘리야 사이에 단축법으로 그린 그리스도가 자리 잡고 있다. 성 베드로, 성 야고보, 성 요한은 서로 다른 자세로 앞쪽에 누워 있으며, 그중 한 사람은 머리를 땅에 대고 쉬고 있다. 다른 이들은 손으로 눈을 가리고 그리스도의 강한 광채를 피하고 있다. 흰 눈과 같이 하얀 옷을 입은 그리스도는 고개를 든 채 양팔을 벌리고 있으며 삼위일체의 위계를 묘사함으로써 라파엘로 예술의 완벽함을 보여준다. 라파엘로는 전력을 다하여 그리스도의 얼굴을 묘사한 듯하다. 결국 이 작품이 자신의 절필이 되고 말 것을 미리 알았던 것처럼.

지금까지 이 위대한 예술가의 작품을 기술했지만 그의 생애에서 특이한 점과 죽음을 이야기하기 전에 예술가들을 위하여 그의 스타일에 관해 몇 마디만 언급하겠다. 그는 소년 시절 스승인 피에트로 페루지노의 수법을 모방하여 데생과 채색과 구상력에 큰 진보를 가져왔다. 그리하여 그는 일가一家를 이룬 것같이 생각했다. 그러나 그의 작품은 아직 진실에서는 동떨어져 있었다.

당시 그는 레오나르도 다 빈치의 작품들을 열심히 감상했다. 레오나르도 작품은 남자와 여자의 얼굴 표정이, 인물들의 운동과 우아함이 다른 어떤 화가보다도 뛰어났으므로 라파엘로에게 놀라움과 즐거움을 주었다. 그의 스타일이 라파엘로에게는 어느 작가의 것보다도 마음에 들어서 그를 모방하려고 결심하고 점차 애써서 페루지노 수법에서 벗어나려고 했다. 그러나 아무리 열심히 연구해도 그는 레오나르도보다 뛰어날 수 없었지만 어떤 사람들은 감미로운 점과 자연스러운 솜씨는 레오나르도를 능가한다고 생각하기도 했다. 그렇지만 그 놀랄 만한 예술적 사상과 위대함에 이르러서는 레오나르도에 비할 바가 못 되었다. 그러나 라파엘로는 어느 화가보다도, 특히 색채 면에서는 레오나르도에 근접했다.

다시 라파엘로 이야기로 돌아가자. 그가 젊었을 때 페루지노에게 배운 스타일은 그다지 도움이 되지 않았다. 그가 배운 것은 지나치게 정밀하고 건조하며 데생도 힘이 없었으므로 나체상의 아름다움과 단축법 등을 미켈란젤로가 피렌체의 대회장을 위하여 그린 밑그림으로 공부하려고 생각했다. 다른 사람 같으면 이만큼 시간을 낭비했다면 포기했을 테지만 라파엘로는 그렇지 않았다. 그는 페루지노 수법을 깨끗이 잊어버리고 모든 면에서 그렇게도 어려운 미켈란젤로 작품에 도달하려고 한 걸음 한 걸음 디디고 나왔다. 말하자면 한번 앉았던 스승의 의자를 버리고 다시 한번 제자의 자리로 내려간 것이다.

그리하여 그는 믿기조차 어려울 만한 곤란을 겪은 다음 모든 것을 체득하게 되었다. 즉, 이미 훌륭한 화가였음에도 계속 노력하여 다른 사람이 여러 해 걸려 할 일을 단지 몇 개월 안에 성취했다. 참으로 화가란 소싯적에 그림에 필요한 기본 원리와 기법을 제대로 배우지 못하고 아울러 자기 예술의 여러 실제적 문제에 직면해서 하나하나 풀어나가지 못한다면 뒤에 완벽하게 되는 일이 극히 드물다고 하겠다. 그는 큰 난관을 겪으면서 오랜 시일 연구한 뒤에야 성취할 수 있음을 알게 되었다.

라파엘로는 자기 스타일을 변경하려고 결심할 때까지는 나체화에 관한 연구를 별로 하지 않았다. 다만 스승 페루지노에게 배운 사생 방법으로 실물을 보고 그렸을 뿐이며, 라파엘로 자신의 타고난 재주 덕분이었다. 그리하여 나체 연구에 들어가 근육이 피부에 덮였을 때와 피부를 벗겼을 때의 뚜렷한 차이를 알고자 죽은 사람과 산 사람을 비교해보았다. 또 연부와 뼈와 살이 제자리에 놓여 질서 있게 움직이며, 몸을 뒤틀었을 때와 사지와 전신을 부풀게 했을 때, 올리고 내렸을 때의 우아한 모습을 관찰했다.

그런데도 이런 점에서는 도저히 미켈란젤로와 같은 완벽함에는 도달할 수 없었다. 그는 다른 분별 있는 사람들과 같이 생각하기를, 화가들이 나체화를 연구하는 데만 틀어박혀 있을 것이 아니라 넓은 분야에까지 미쳐야 한다고 판단했다. 가장 뛰어난 화가란 갖가지 장면과 구상력과 창의력을 발휘하는 데 기교와 솜씨와 판단력을 어떻게 구사해야 하는지 아는 사람이다. 즉, 그림을 구상할 때 세부적인 점에 너무 집착함으로써 혼잡을 일으키지 말아야 하고 지나치게 작은 것들에 치우쳐서 내용이 빈약해지지 않도록 함으로써 우수하고 정돈된 작품을 제작하는 사람이 되어야 한다. 이런 사람들이 재주 있고 판단력이 좋은 화가다. 이렇게 함으로써 화가들은 다양하고 멋진 건축물과 풍경 묘사에 원근법을 사용하며 인물을 묘사할 때는 그늘로 숨어들거나 밝은 빛으로 노출시켜 남녀노소의 아름답고 생생한 인물화를 적절히 배치해 윤색한다.

라파엘로는 그림에서 전쟁터에서 말의 도약, 병사들의 용기 따위를 표현하는 방법과 각종 동물, 특히 초상화를 충실하게 그려서 그가 누구인지를 곧 알 수 있도록 그린다는 것이 얼마나 중요한지를 인식했다. 그밖에도 여러 물건, 즉 융단·구두·헬멧·갑옷·여자의 머리 땋는 스타일·머리카락·턱수염·꽃병·동굴·바위·불·구름으로 덮인 하늘·맑은 하늘·구름·비·별·맑은 날·밤·달밤·밝은 태양 밑 등 오늘날 화가들이 그리는 무수한 사물을 그렸다.

이 모든 것을 고려한 라파엘로는 자기가 손대고 있는 회화 분야에서는 도저히 미켈란젤로와 경쟁할 수 없음을 깨닫고 다른 방면에서 이기려고 결심했다. 그리하여 미켈란젤로 수법을 모방하는 데 시간을 낭비하지 않고 회화의 다른 방면에서 보편적으로 인정되는 명성을 얻기로 했다. 라파엘로의 예를 지금 세대의 많은 화가가 따라가고 있다. 왜냐하면 미켈란젤로 작품만 연구하고자 하면 우리는 그의 극도로 완벽한 작품을 도저히 흉내낼 수 없으며, 이런 사람들이 시간을 낭비하며, 거칠고 힘들고 조금도 매력 없는 부채와 구상력 없는 스타일을 만들어내는 것밖에는 없을 것이다. 라파엘로의 경우처럼 교회의 교의敎義에 충실하게 따르고 그림의 다른 분야를 개척하는 것이 다른 화가들에게도 보탬이 되리라고 본다.

이렇게 결심한 라파엘로는 바르톨로메오 디 산 마르코 작품에 주의를 돌렸다. 바르톨로메오 수사는 가끔 그늘을 너무 짙게 써서 윤곽이 지나치게 선명한 그림을 만드는 결점은 있지만 건전한 색상을 쓰는 중견화가였다. 라파엘로는 이 화가에게서 자기에게 필요하고 구미에 맞는 것들, 즉 소묘와 부채의 수법과 그밖에 다른 화가의 걸작에서 여러 방법을 취했다. 그리하여 많은 스타일에서 자기 것으로 생각되는 단일한 스타일을 만들어냄으로써 다른 화가들에게 많은 존경을 받게 되었다. 그 예가 산타 마리아 델라 파체S. Maria della Pace에 그린 무녀들과 예언자들의 완전한 스타일이다. 시스티나 경당에 있는 미켈란젤로 작품을 본 것이 그에게 큰 도움이 되었다.

만일 라파엘로가 자신의 화법에 자만하고서, 예를 들면 자기가 이해하고 있는 나체 기법을 고집하고 미켈란젤로 수법을 본받으려고 노력하지 않았다면 그의 명성이 지금만큼은 못했을 것이다. 왜냐하면 그가 보르자탑의 방에 그린 나상들은 완전치 못하기 때문이다보르고의 화재를 말한다. 그는 또 트라스테베레에 있는 아고스티노 키지 궁전의 천장화를 제작했는데 그만이 지닌 특이한 우아함과 감미로움이 결여되어 만족할 만하지 못하다. 이 그림들은 그가 데생한 후 다른 사람들이 채색했기 때문에 더욱 그렇다. 그러나 그는 이러한 잘못을 안 뒤로는 다른

그림 396 라파엘로 다 우르비노, 「발다사레 카스틸리오네
초상화」, 1514, 패널에 오일, 82×67cm, 루브르 박물관,
파리.

사람의 힘을 빌리지 않기로 결심했다. 그리하여 산 피에트르 인 몬토리오를 위하여 그린 제단화 「그리스도의 변용」은 명화가 가져야만 할 모든 조건을 다 갖추었다. 만약 그가 변덕을 부려 흑색 안료를 사용하지 않았다면 다른 색채까지 망치지 않고 제작 당시와 같이 그림이 생생했을 것이다.

내가 라파엘로 생애의 끝 대목에서 하고 싶은 말은 이 유명한 화가의 근면과 노력과 연구가 얼마나 큰 것이었는지, 그가 재치와 천재성의 도움으로 과오를 어떻게 잘 피했는지를 알게 함으로써 다른 화가들에게 도움을 주고자 한다는 것이다. 즉, 누구나 자기가 타고난 자질에 만족하고 열심히 노력해야지, 자기에게 천부의 재주가 없는데도 불필요한 일에 집착하여 남을 이기려고 공연히 애쓰지 말아야 한다는 것이다. 만일 그렇게 한다면 힘만 들고 종종 수치를 당하며, 손해를 보게 된다. 자기가 최선을 다한 작품에 만족해야 하며, 남의 타고난 재주와 은총으로 이루어진 기적적인 작품을 이겨보겠다고 애쓰지 말아야 한다. 왜냐하면 능력 없는 자가 아무리 노력해도 충만한 작품에 도달할 수 없고 다른 사람을 뛰어넘을 수도 없기 때문이다.

과거의 화가들 가운데 이 같은 예를 볼 수 있다. 파올로 우첼로는 선천적인 능력을 거역하고 좋은 그림을 그리려고 애썼으나 제자리걸음을 했다. 또 우리 시대에는 최근 일이지만 야코포 다 폰토르모에게도 같은 불행이 일어났다. 그밖에도 사례는 얼마든지 있다. 그러므로 누구나 자기가 타고난 재능에 만족해야 할 것이다. 너무 길게 이 문제를 논의했지만 다시 라파엘로의 생시와 죽음 이야기로 돌아가자.

비비에나Bibbiena의 추기경 베르나르도 도비치오Bernardo Dovizio가 그와 무척 가까운 사이였는데, 오래전부터 그를 결혼하게 하려고 끈덕지게 권해왔다. 라파엘로는 추기경에게 하겠다 또는 안 하겠다는 말없이 그저 3~4년만 기다려달라고 했다. 날짜가 다가오자 라파엘로는 별 기대를 하지 않았으나 추기경은 그에게 다짐했던 약속을 지키는 뜻에서 추기경의 조카딸을 아내로 맞아들이도록 내정했다.*

그러나 라파엘로가 약혼을 너무 원치 않아서 결혼식을 거행하지 않고 몇 달이 흘러갔다. 이 일은 이유 없이 진행된 것이 아니었다. 라파엘로는 다년간 궁중에 봉사했으며, 또 교황 레오는 상당한 금액의 채무자였고, 현재 라파엘로가 제작 중인 큰 홀의 일이 완성되면 교황이 그의 수고와 능력에 대하여 붉은 모자를즉 추기경 지위를 그에게 수여하겠다는 뜻을 넌지시 비쳤던 것이다. 그때 교황은 추기경 자리를 늘려서 라파엘로보다 못한 사람에게도 서품하게 되어 있었다.

그사이에 라파엘로의 비밀 연애는 계속되었으며, 그는 무분별한 향락을 추구했다. 그러다가 지나친 방탕 끝에 높은 신열腎熱을 얻어 자기 집으로 돌아왔다. 의사는 일사병이라고 진단했다. 그에게 필요한 것은 건강을 회복할 음식과 약이었으나 그가 병의 원인을 고백하지 않았기 때문에 의사들은 무분별하게도 사혈瀉血을 했다. 결국 자기 생명의 종말을 예감한 그는 우선 크리스천으로서 사랑하는 여인에게는 생계를 유지할 만한 돈을 알맞게 보내서 떠나게 하고 나머지 재산은 제자들에게 나누어주겠다는 유언장을 남겼다.

항상 끔찍이 사랑하던 줄리오 로마노Giulio Romano, 일 파토레Il Fattore라고 부르는 피렌체의 조반니 프란체스코Giovanni Francesco, 그밖에 우르비노에서 온 사제가 있는데, 나는 그와 라파엘로의 관계를 모른다. 또 재산 일부를 산타 마리아 리톤다S. Maria Ritonda에 있는 고대의 닫집 달린 감실을 새로운 석재로 복원하는 데와 성모 마리아의 대리석 조상과 함께 제단화 제작에 쓰도록 명기했다. 그는 이 성당, 즉 판테온Pantheon을 자기 안식처로 정했으며, 사후 매장지로 정했다. 그는 재산의 나머지 전부를 줄리오 로마노, 조반니 프란체스코에게 남겼으며, 교황의 장새원장掌璽院長인 발다사레 다 페시아Baldassarre da Pescia를 유언집행자로

---

* 마리아 비비에나(Maria Bibbiena)가 라파엘로보다 먼저 죽은 듯하다.

지명했다. 고해告解와 통회痛悔가 끝난 뒤 라파엘로는 자기 생일과 같은 날인 성 금요일에 37세로 세상을 떠났다. 그는 생전에 뛰어난 기량을 가지고 세상을 아름답게 만들었으며, 그의 영혼은 지금 천국을 장식하고 있을 것이다.

라파엘로의 시신을 그가 제작하던 홀에 안치하고 머리맡에는 추기경 데 메디치를 위하여 그린 「그리스도의 변용」을 놓았는데, 이 예술품과 더불어 이 광경은 보는 사람의 가슴을 슬픔으로 터지게 했다. 추기경은 라파엘로를 기념하고자 이 그림을 몬토리오에 있는 산 피에트로 성당 대제단 위에 높이 올려놓았다. 이 성당에는 라파엘로가 제작한 여러 작품이 이 그림과 함께 매우 소중히 보관되어 있다. 라파엘로의 장례는 그의 고귀한 정신에 합당하게 장엄하게 진행되었다. 장지에 따라가는 화가들은 모두 슬픔에 잠겼으며, 울지 않는 사람이 없었다.

그의 죽음은 교황과 궁정을 온통 슬픔에 잠기게 했다. 먼저 그는 생전에 궁내관이었으며, 그가 죽었을 때 그를 총애하던 교황은 통곡했다. 라파엘로의 영혼은 얼마나 축복받았으며, 또 얼마나 행복하랴! 그에 관한 이야기는 모두 즐겁고 그의 행동은 축복받았으며, 그가 남긴 작품들은 모두 칭찬받았다. 이 고상한 예술가가 숨지고 나서 회화 예술은 그와 함께 죽은 것만 같았다. 왜냐하면 그가 눈을 감았을 때 그림들은 마치 눈먼 듯이 남아 있었기 때문이다. 그는 살아남아 있는 우리에게 모범으로 남긴 좋은 방법, 그 가장 좋은 방법을 모방하고, 고인의 아름다운 회상을 우리 가슴속 깊이 간직해두는 것이 그에 대한 보답이다.

라파엘로 덕택으로 예술의 방법도, 색채도, 창의력도 모두 하나가 되어 이와 같이 최고도의 완성에 도달했으므로 그 이상은 기대하기 어려울 것이며, 그를 능가할 사람도 없을 것이다. 이같이 예술에 공헌한 것 이외에 그는 계급의 상하를 막론하고 친구로서 예의 바른 사람이었다. 그의 갖가지 자질 중에서 가장 뛰어난 것은 다른 화가들과 달리 월등한 효과를 발휘하는 능력을 하늘이 그에게 부여한 점이다.

라파엘로와 함께 일한 화가―좀 평범한 기량을 지닌 사람은 물론이고 일가를 이룬 사람들, 우리 같은 직업에 종사하는 사람들을 포함해서―들은 서로 마음이 하나 되어 유쾌하게 일했으며, 평소 품었던 나쁜 감정도 그를 보면 풀어져서 원만하게 해결되었다. 이런 조화는 라파엘로 사후에는 그다지 보기가 힘든데, 그것은 라파엘로의 예의와 겸손과 선량한 천성 덕분이다. 사람들에게는 물론이고, 그가 애완하던 동물까지도 친절과 사랑으로 키웠기 때문에 동물도 그를 따랐다.

이런 이야기가 있다. 라파엘로를 아는 어떤 화가가 그에게 밑그림을 부탁했더니 그는 자기가 하던 일을 멈추고 도와주었다고 한다. 그는 많은 사람을 고용하고 그들에게 마치 자식을 대하는 것처럼 함께 앉아 열심히 가르쳤다고 한다. 그는 궁중에 들어갈 때는 언제나 화가를 50명 정도 데리고 갔는데, 그들은 모두 선량하고 기량이 있으며, 그에게 경의를 표했다고 한다. 한마디로 말하면 그는 화가로서 생활한 것이 아니라 왕자처럼 살았다. 회화 예술은 예술가가 자기 미덕과 재능으로 신의를 하늘 높이 올리는 것이 최고 재산이다.

그뿐만 아니라 라파엘로의 발자취를 더듬는 제자들을 오늘날 두었다는 것도 큰 재산이다. 그는 제자들에게 인생을 사는 방법은 물론 미덕과 예술을 결합하는 방법도 가르쳤다. 그의 이런 자질이 교황 율리우스 2세와 레오 10세를 설득했으며, 그들은 높은 권위와 지위를 지녔지만 라파엘로를 친한 친구로 대하고 크게 호의를 베풀었다. 그들의 호의와 보수 덕분에 라파엘로는 그 자신과 그의 예술에서 큰 영예를 차지했다.

라파엘로에게 봉사하던 고용인들이나 그 밑에서 일하던 제자들은 모두 행복했으며, 그를 따르던 사람들은 누구나 평화스러운 항구에 도착한 듯이 느꼈다. 그와 마찬가지로 미래에 라파엘로를 따르는 사람들도 지상에서 명성을 얻을 것이며, 그의 생활을 본받는 사람은 천국에서도 포상을 받을 것이다.

다음은 벰보Bembo* 추기경이 라파엘로를 추모하며 쓴 묘비명이다.

　　신의 영광
우르비노 출신으로 조반니 산티의 아들이자
옛 거장들과 겨루는 가장 출중한 화가 라파엘로를 기리며.
그의 숨 쉬는 초상화들을 가까이에서 감상하는 것 같으면
자연과 예술의 조화를 쉽게 바라보게 될 것이다.
그는 회화와 건축 작품들로써 교황 율리우스 2세와
교황 레오 10세의 영광을 더하였다.
그는 한창 나이로 옹근 37년을 살았으며 1520년,
바로 자기 생일날인 4월 7일에 서거하였다.

여기에 저 라파엘로가 있으니
대자연大自然은 그가 무사할 때
그에게 정복당할까 두려워하였고
그가 죽을 때 자기도 따라죽을까 두려워하였다.
　D. O. M.
RAPHAELLI SANCTIO JOAN. F. URBINAT.
PICTORI EMINENTISS. VETERUMQUE AEMULO,
CUJUS SPIRANTEIS PROPE IMAGINEIS
SI CONTEMPLERE,
NATURAE ATQUE ARTIS FOEDUS
FACILE INSPEXERIS.
JULII II ET LEONIS X PONTT. MAXX.
PICTURAE ET ARCHITECT. OPERIBUS

　　* 피에트로 벰보(Pietro Bembo, 1470~1547), 추기경이며 시인, 입법자다.

GLORIAM AUXIT.

VIXIT AN. XXXVII, INTEGER, INTEGROS.

QUO DIE NATUS EST, EO ESSE DESIIT,

VIII ID. APRIL. MDXX.

ILLE HIC EST RAPHAEL, TIMUIT QUO SOSPITE VINCI

RERUM MAGNA PARENS, ET MORIENTE MORI.

그리고 백작 발다사레 카스틸리오네Baldassarre Castiglione*는 라파엘로
의 죽음을 접하고 애가哀歌 한 수를 라틴어로 읊었다.

갈기갈기 찢긴 육체를 의술로 고치고 그는
히폴리투스Hippolytus를 삼도천三途川에서 되찾아온 죄로
에피다우리우스 자신이
명부冥府의 물결 속으로 끌려 들어갔다.
이렇게 해서 의술의 신에게는 생명의 대가代價가 죽음이었다.
라파엘로여, 그대도 기묘한 재능으로 혼신의 힘을 기울여
토막 난 로마를 바로잡고 전쟁과 화재와 오랜 시대로 찢어진
시체와도 같은 이 도시를 소생시켜 옛 영광을 되찾게 해주다가
하늘의 질투를 일으키고 죽음의 노여움을 사서
이미 주어진 자들 속에 끼어들 수 있게 되었고
또 긴 시간이란 발걸음이 있는데도
그대는 죽음의 법칙을 무시했으니,
이다지도 비탄悲歎스러운가!
그대가 젊음을 다 피어보지 못한 채 죽어갔으니

---

* 발다사레 카스틸리오네(1478~1529), 『궁정인』의 저자, 외교관. 라파엘
로가 그린 그의 초상화가 루브르 박물관에 있다.

우리 청춘과 우리 자신도 죽어갈 수밖에 없음을 일깨워주는구나.

Quod lacerum corpus medica sanaverit arte,

  Hyppolitum Stygiis et revocarit aquis,

Ad Stygias ipse est raptus Epidaurius undas;

  Sic precium vitae mors fuit artifici.

Tu quoque dum toto laniatam corpore Romam

  Componis miro, Raphael, ingenio,

Atque urbis lacerum ferro, igni, annisque cadaver,

  Ad vitam antiquum jam revocasque decus,

Movisti superum invidiam, indignataque mors est

  Te dudum extinctis reddere posse animam,

Et quod longa dies paulatim aboleverat, hoc te

  Mortali spreta lege parare iterum.

Sic, miser, heu, prima cadis intercepte juventa,

  Deberi et morti nostraque nosque mones.

■ 덧붙이는 글

라파엘로는 바사리가 9세 때 세상을 떠났다. 그러나 그의 명성이 드높았고 제자들도 많았으며, 바사리와 거의 같은 시대여서 그의 그림에 관한 자료를 수집한다는 것은 그리 힘든 일이 아니었다. 라파엘로가 명성을 얻게 된 작품들은 로마의 프레스코였으며, 그의 높은 명성 덕분에 그가 아직 무명예술가일 때 페루자와 피렌체에서 그린 작품들도 쉽사리 찾아낼 수 있었다.

바사리가 기재한 모든 작품을 식별하기는 그리 힘든 일이 아니다. 즉, 1504년이라는 날짜가 기입된 「마리의 결혼」은 밀라노의 브레라 미술관에, 「검은 방울새의 성모 마리아」는 피렌체에, 그리고 「안시데이의 성모 마리아」는 런던 국립 미술관에 있다. 라파엘로의 만년晩年 12년 동안에 제작한 그림들은 쉽사리 식별되며, 가장 중요한 것들은 바티칸 미술관의 프레스코, 로마의 파르네세궁 별장의 로지아 천장 프레스코와 바티칸 미술관 벽에 거는 융단과 그리스도의 변용을 그린 제단화 등이다. 융단 무늬를 그린 밑그림 7점도 현존하며 런던의 빅토리아앨버트 미술관이 영국 왕실 수집품을 빌려서 진열하고 있다.

바사리가 기재한 그림 목록에 따르면 두 작품이 문제가 되고 있다. 그 하나는 교황 율리우스 2세의 초상화가 꼭 같은 것이 2점 있는데 어느 것이 라파엘로가 그린 것인지 분간하기 어렵다. 바사리는 피렌체의 피티궁 것이 티치아노가 모사한 것이라고 했기 때문에 문제는 더욱더 복잡해진다. 한편 피렌체의 우피치 미술관 것이 라파엘로 제작으로 믿어진다. 둘째 문제는 바사리의 기록에 따르면 율리우스 교황의 초상화와 동시대에 그린 「성모 마리아」인데 그리스도의 강탄을 그린 그림이며 성모가 아기 예수를 베일로 가리고 있다. 이 그림은 여러 복제複製가 있기는 하지만 라파엘로 자신이 그렸다고 할 만큼 작품이 좋지 못하다. 그러나 보기에도 원화原畫라고 생각할 정도로 뛰어난 것도 있다.

라파엘로 다 우르비노(라파엘로 산치오) 연보

1483 4월 6일 이탈리아 우르비노에서 조반니 데 산티와 마자 디 바티스타 차를 라 사이에 태어남. 샤를 8세 프랑스 국왕에 즉위.

1491 모친 사망.

1494 부친 사망. 사제인 삼촌 시모네 차를라가 보호자가 됨.

1497 페루자에 있는 피에트로 페루지노 공방에서 제자 겸 조수로 일함. 페루지 노와 함께 파노(Fano)에서 산타 마리아 노바 제단화 협업.

1500 페루지노의 조수로 페루자의 환전소에 '방어', '절제' 등을 의인화한 알레 고리로 그림. 페루지노로부터 원근법, 서정적 묘사와 같은 예술기법의 영 향을 받음.

1502 핀투리키오를 도와 시에나 대성당 피콜로미니 도서관의 프레스코 연작 작 업 수행.

1502~1503 「십자가에 못 박힌 그리스도」 제작.

1504 「성모 마리아의 결혼식」을 완성한 뒤 '안시데이 제단화', '기둥의 제단화' 제작. 미켈란젤로와 레오나르도 다 빈치가 활동할 무렵 피렌체로 옮김. 미 켈란젤로로부터 인체 해부학에 대한 지식을, 레오나르도 다 빈치로부터 피 라미드 구도 및 스푸마토 기법 등의 영향을 받음.

1504~1506 「유니콘을 들고 있는 여인」, 「야뇰로 도니」, 「막달레나 도니」 부부 초

상화 제작.

1505~1506 「대공의 성모」 제작.

1506~1507 「벨베데레의 성모」, 「오를레앙의 성모」, 「풀밭의 성모」, 「브리지워터의 성모」, 「검은 방울새의 성모 마리아」, 「성가정」, 「휘장의 성모」 제작.

1507~1508 「카네자네 성가정상」, 「알렉산드리아의 성녀 카테리나」, 「죽은 그리스도를 옮김」 제작.

1508 동향 사람인 산 피에트로 건축 감독 브라만테 추천으로 교황 율리우스 2세의 부름을 받고 로마로 이주.

1509 교황청의 궁정화가로 월급을 받기 시작. 교황 율리우스 2세의 주문으로 바티칸궁(Palazzo Vaticano) 내부의 '바티칸의 방'(Stanza di Vaticano) 혹은 '라파엘로의 방'(Stanza di Raffaello)으로 불리는 일명 '바티칸 스탄체'(Stanze Vaticane)의 첫 프레스코 벽화 장식 작업으로 '서명의 방'(Stanza della Segnatura) 작업 착수. 라파엘로의 대표작 「아테네 학당」(Scuola di Atene)이 바로 이 방에 그려진 프레스코화임.

1509 브라만테의 추천으로 교황 거실 장식을 맡음.

1509~1510 '서명의 방'에 벽화 「파르나수스」 제작.

1510 아고스티노 키지(Agostino Chigi)와 처음 만남. '서명의 방'에 「아테네 학당」 제작.

1511~1512 「교황 율리우스 2세의 초상화」를 벽화로 그림. 산타고스티노 성당(Chiesa di Sant'Agostino)에 미켈란젤로가 그린 시스티나 천장화의 예언자에서 영향을 받아 「예언자 이사야」를 벽화로 제작.

1511 '서명의 방' 완성, '엘리오도로의 방'(Stanza di Eliodoro)에 「볼세나의 미사」 착수, 같은 시기에 아고스티노 키지의 별장인 파르네세궁을 장식하기 위한 벽화를 의뢰받아 라파엘로 대표작이자 르네상스 회화의 걸작인 「갈라테아의 승리」 제작.

1512 메데치가가 피렌체에서 다시 정권을 잡음.

1512~1515 「시스티나 성모」 제작.

1513 2월 21일 교황 율리우스 2세 서거. 3월 11일 교황 레오 10세(조반니 데 메디치) 선출. 「의자의 성모」 제작.

1514 '엘리오도로의 방'에 그린 「성 베드로의 감옥에서 해방」을 비롯해 이 방의 프레스코 작업 완성. 1514년 사망한 브라만테의 뒤를 이어 성 베드로 대성당 건축 감독으로 임명됨. 이후 미켈란젤로도 성 베드로 대성당 건축 감독으로 임명됨. 이 무렵 『궁정인』(*Cortigiano*)의 저자인 「발다사레 카스틸리오네(Baldassare Castiglione)의 초상화」, 「폴리뇨(Foligno)의 성모」, 「시스티나의 성모」 제작.

1514~1517 '보르고 화재의 방'(Stanza dell'Incendio di Borgo) 프레스코 완성. 매너리즘을 탄생시킨 라파엘로의 대표작 「보르고의 화재」가 이 방에 그려짐.

1515 고대 유적 발굴 감독관으로 활동. 「성 바오로의 아테네 강론」 등 아라치(Arazzi, 태피스트리 일종)를 위한 드로잉 제작. 산타 마리아 델 포폴로 성당 안 키지 경당을 설계하고 원형 천장을 신화와 종교를 주제로 모자이크로 장식(라파엘로의 드로잉을 바탕으로 데 파체가 제작), 비도니 카파렐리궁(Palazzo Vidoni Caparelli) 장식 프로젝트 기획. 몬테 마리오의 추기경 줄리오 데 메디치(Giulio de Medici)를 위해 고전적 양식의 건축물 마다마 별장 기획. 작업은 1517년 안토니오 산 갈로 주니어가 착수함.

1515~1516 시스티나 경당의 아라치 연작을 위한 실물 크기의 밑그림 제작.

1516 마다마 별장(Villa Madama) 프로젝트 수행. 패널화 「성녀 체칠리아」, 패널화 「예언자 에제키엘의 환시」, 패널화 「빵집 여인」 제작.

1516 12월 1일 라파엘로의 추천으로 안토니오 다 산 갈로가 성 베드로 대성당 부건축가로 임명됨. 바티칸궁(Palazzo Vaticano)의 비비에나(Bibbiena) 추기경 아파트 장식.

1516~1517 「레오 10세와 두 추기경」 제작, 조반니 프란체스코 다 산 갈로와 함께 피렌체의 판돌피니 궁전(Palazzo Pandolfini) 디자인.

1517 파르네세궁의 회랑 장식 착수(제자들이 완성).

1518~1519 바티칸궁 회랑(Loggia Vaticana) 장식. 산 다마스코 중정 뜰 옆에 위치한 바티칸의 가장 유명한 회랑으로 이전에 브라만테가 착수한 것을 라파엘로가 이 시기에 완성. 그로테스크를 모티프로 스투코와 벽화 등으로 장식.

1519 「화가와 친구의 초상」 제작. 발다사레 카스틸리오네와 함께 고대 로마 유적을 스케치하는 기획안 작성. 이탈리아 서사시인 로도비코 아리오스토의 희극 「바뀐 아이들 1」의 무대장치 설계. 5월 2일 레오나르도 다 빈치 사망.

1520 「그리스도의 변용」을 착수했으나 완성하지 못하고 4월 6일 과로로 로마에서 사망. 4월 7일 판테온에 묻힘.

프랑스인 화가이며 스테인드글라스의 거장

굴리엘모 다 마르칠라
Guglielmo da Marcilla
Guillaume de Marcillac
1470?~1529

GVGLIELMO MARCILLA PIT.
FRANZESE

〔해설〕

프랑스의 스테인드글라스 작가로 프랑스 이름은 기욤 드 피에르 마르실라이며 바사리의 고향 아레초에서 활동했다. 이 작가의 공방에서 스테인드글라스를 배우며 미술을 시작한 바사리에게 그는 스승이요 특별한 작가였을 것이다. 그럼에도 바사리가 이 화가를 소개하면서 "낯설고 먼 미개한 나라에서 온 사람이었으나…"라고 한 부분은 그가 세상의 중심은 이탈리아 토스카나, 바로 피렌체라는 생각을 감추지 않았음을 보여준다.

바사리가 이 책에서 피렌체와 자신의 고향인 아레초에서 활동한 작가들은 현대의 서양미술사에서 거의 알려지지 않은 이들까지도 세세하게 소개한 반면 티치아노를 비롯한 베네치아의 거장이나 그 밖에 지방의 작가들을 충분히 소개하지 못한 것은, 한편으로는 이 같은 피렌체 중심의 작가관에 기인하고 다른 한편으로는 현실적으로 자료 수집이 어려웠기 때문이었을 것이다.

굴리엘모 다 마르첼라는 교황 율리우스 2세와 레오 10세의 초청을 받아 교황청에서 작업했으며 그중 라파엘로의 스탄차 「보르고 화재의 방」에 스테인드글라스를 제작했고, 아레초의 주요 성당에도 스테인드글라스를 남겼으니 이 분야에서는 명성을 누렸음을 짐작하게 한다.

 우리 예술이 하늘로부터 축복받았던 시대와 거의 같은 때에 프랑스 사람 굴리엘모 다 마르칠라Guglielmo da Marcilla*가 아레초에 살았는데 그는 이곳에 와서 오랫동안 살면서 정이 들어 아레초를 고향같이 생각했다. 누구나 그를 칭찬했으며, 또 아레초 사람이라고 불렀다. 영리하고 손재주 있는 사람이라면 어느 도시에 가더라도 능력을 발휘하여 자신의 지위를 굳히고 칭찬과 존경을 받을 수 있는데, 그가 낯설고 먼 미개한 나라에서 왔으나 유능했기 때문에 누린 이익이라고 볼 수 있겠다.

자기 집을 떠나 먼 나라에 가서 살면서 능력 있는 외국인을 좋아하는 그곳 사람들에게 따뜻한 환영과 인정을 받는다면 이방인은 옛집을 버리고 새집에 영원히 정착하는 일이 많다. 아레초를 택한 굴리엘모가 바로 이런 경우다. 그는 젊었을 때 프랑스에서 아름다운 유채화를 그리면서 스테인드글라스도 제작했다. 그가 프랑스에 있을 때, 어떤 친구의 간청에 못 이겨 친구가 원수를 죽이는 현장에 함께 있었는데 그 때문에 그는 법망과 재판을 피하려고 산 도미니코 교단의 제의祭衣를 입어야만 했다. 그 뒤 그는 비록 수도원에는 들어가 있었으나 예술 연구를 계속하여 완성된 수준에까지 오르게 되었다.

교황 율리우스 2세가 궁전을 지을 때, 스테인드글라스를 많이 만들도록 브라만테 다 우르비노Bramante da Urbino에게 명했다. 따라서 가장 우수한 공장工匠을 모으려고 사방으로 탐지하던 브라만테는 프랑스에 뛰어난 제작자가 있다는 소문을 들었다. 당시 교황청 주재 프랑스 대사는 흰 초자 조각에 여러 가지 빛깔을 불에 구워 맞춘 아름다운 조상을 끼운 뼈대를 가지고 있었다. 그리하여 브라만테의 청에 따라 프랑스에

---

* 프랑스 이름은 기욤 드 피에르 마르실라(Guillaume de Pierre Marcillac)다. 그가 아레초에 머물 때 바사리의 스승이었다. 그의 스테인드글라스는 그다지 독창성이 없다는 평가를 받지만 바사리는 그를 높이 평가했다.

편지를 보내서 프랑스 사람들을 로마로 초빙하여 후한 보수를 지불하기로 했다.

프랑스의 거장 클라우디오Claudio는 이 소식을 듣고, 굴리엘모가 우수하다는 것을 알았기 때문에 그를 무난히 수도원에서 빼내 약속대로 파견했다. 하지만 수사들 중에는 굴리엘모에게 심한 질투와 악의를 품은 사람들이 있었기 때문에 그 자신이 솔선해서 더 떠나고 싶어 했다. 그리하여 그는 로마로 가서 산 도미니코 교단의 제복을 벗고 성 베드로의 제의로 바꿔 입었다.*

당시 브라만테는 교황 궁전에 석회화로 들창을 완성했는데, 지금은 안토니오 다 산 갈로가 둥근 천장과 함께 아름답게 손질했고, 피렌체의 페리노 델 바가가 스투코로 장식했다. 이 들창들을 거장 클라우디오와 굴리엘모가 화려하게 장식했는데 적군이 침공했을 때 모두 총탄에 부서졌다. 이들은 그밖에도 교황의 궁전 여러 곳에 스테인드글라스를 제작했지만 모두 같은 운명에 빠졌다. 그러나 보르자탑 안 라파엘로의 명작 「보르고의 화재」가 있는 홀 안의 것은 전화戰禍를 면했는데, 교황 레오 10세의 문장紋章을 받든 천사들이 매우 아름답다.

그밖에도 산타 마리아 델 포폴로 성당 안의 마돈나 경당에 성모 마리아의 생애에 관한 이야기를 제작했는데, 높이 평가받는 작품이다. 그러나 거장 클라우디오는 그 나라 사람들의 습관이 그렇듯이 술을 지나치게 마셨고 로마의 나쁜 공기 탓도 있어 높은 열로 병상에 누운 지 6일 만에 세상을 떠났다.

홀로 남은 굴리엘모는 그 뒤 로마의 독일 거주민들의 교회 산타 마리아 데 아니마S. Maria de Anima를 장식했다. 이것이 연고가 되어 코르토나 Cortona의 추기경 셀비오Selvio**가 그와 계약을 맺고 자기 고향인 코르토

* 1508년경의 일이다.
** 셀비오 파세리니(Selvio Passerini). 그는 1517년 코르토나에 부임했다.

1670

나의 저택을 장식하게 했다. 굴리엘모는 그곳으로 이주하여 추기경의 저택 정면을 명암법을 써서 장식했는데, 추기경은 그의 비범한 솜씨를 보고 코르토나 본당의 들창을 「그리스도의 탄생」Natività di Cristo과 「동방박사의 경배」Adorazione de Magi로 장식하도록 했다.

굴리엘모는 고매한 정신의 소유자이자 유리를 다루는 데 거장으로, 특히 빛깔을 분배하는 데서 중심인물은 밝게, 주변 인물들은 거리가 멀어짐에 따라 차차 어둡게 묘사하는 점에서 드물게 보이는 거장이라 하겠다. 그뿐만 아니라 그는 인물을 표현할 때도 판단력이 탁월했으며, 인물들이 점점 멀어질 때도 건축물과 풍경은 조금도 들러붙지 않아 마치 패널[本板]에 그린 것같이 보이며 돋을새김과도 같았다. 그가 제작한 장면의 구성은 창의와 다양성을 보여주며 짜임새 있고 유리 조각의 연결을 단순화했는데 기교 없는 서툰 사람들에게는 여간 힘든 일이 아니었을 것이다. 들창에 붙일 그림의 디자인이 뛰어나서 납과 쇠로 된 뼈대를 그늘과 옷자락에 가려 보이지 않도록 했는데, 그 우아함이 화필로는 더 잘 그릴 수 없었다.

굴리엘모는 구울 유리의 명암明暗을 나타내는 데 두 가지 빛깔을 사용했다. 그 하나는 철분鐵粉으로 의복·머리카락·건축물 등 검은 빛깔을 내는 데에, 또 구리 가루는 황갈색이어서 피부 빛깔을 내는 데에 쓰인다. 그는 그밖에도 플랑드르 지방이나 프랑스산 굳은 돌lapis amotica*이 붉은색이므로 금빛을 나게 하는 데에 사용했다. 이것은 먼저 청동 절구 안에서 잘 간 다음 동판 위에서 무쇠 망치로 고무와 함께 반죽하면 유리에 잘 붙는다.

굴리엘모가 처음 로마에 도착했을 때만 해도 그의 기술은 대단한 것이 아니었으나 이제 웬만한 일은 다 잘해낼 수 있었다. 그는 그림도 열심히 공부했으며 그의 스테인드글라스 기법도 해마다 진보되었다. 그

---

* 라피스 아마티타(Lapis amatita) 또는 에마티테(hematite).

리하여 앞서 말한 코르토나의 추기경 궁전 본당의 둥근 들창, 성당 입구 오른쪽의 교황 레오 10세 문장, 예수 친목회의 작은 들창 두 개, 그 밖에 산토 오노프리오S. Onofrio 성당 등에 있는 이 작품들은 그가 만든 과거의 것들보다 훨씬 훌륭하다. 굴리엘모가 코르토나에 머무는 동안 아레초 출신인 파브리아노 디 스타조 사솔리Fabriano di Stagio Sassoli가 거기에서 사망했는데, 이 사람은 큰 들창을 만드는 훌륭한 장인匠人이었다. 따라서 주교좌 성당 사목위원들은 그의 두 아들 파비아노와 도메니코 페코리Domenico Pecori를 고용하여 20브라차 크기의 본당 들창을 완공시켰는데, 이것이 아레초 시민의 마음에는 들지 않았다.

로도비코 벨리키니Lodovico Belichini는 당시 유명한 의사였으며, 아레초시 통치자의 한 사람이었는데, 추기경 어머니의 병환을 치료하러 코르토나에 간 일이 있다. 그때 굴리엘모를 만날 기회가 있어 자주 대화했으며 서로 친해졌다. 당시 굴리엘모는 수도원의 부원장으로 임명되어 있었다.

어느 날 벨리키니는 굴리엘모에게 추기경의 허락을 얻어 아레초에 가서 스테인드글라스를 제작할 수 있는지를 물었다. 굴리엘모는 기꺼이 승낙하고 추기경의 동의를 얻어 아레초로 갔다. 그곳에서는 이미 이야기했듯이 스타조가 그를 자기 집으로 받아들였다. 스타조는 이미 도메니코와 동업을 해체하고 있었다.

굴리엘모가 처음 착수한 일은 아레초 주교좌 성당 알베르고티Albergotti 가문의 산타 루치아S. Lucia 경당 들창에 성녀 루치아와 성 실베스트로S. Sylvestro를 제작하는 것이었는데, 투명한 채색 유리 같지 않고 마치 살아 있는 듯한 초상이었다. 즉, 살색과 붉은색이 노란색으로 스며들며, 흰색과 초록색이 푸른색으로 스며들고 있다. 붉은색·푸른색·초록색은 이쪽, 흰색은 저쪽인데 면도날처럼 두께가 얇으며 서투르게 다루다가는 깨질 것만 같아 그것을 벨 때에는 쇠붙이를 쓰지 않고 끝이 뾰족한 구리를 사용했으며, 다음에 금강사로 조금씩 갈면 흰 유리껍질이 없어지고 투명하게 된다. 흰 유리를 노랗게 만들려면, 구워서 석회로 만든 은銀을 약한 불에 함께 넣고 태우면 교회점토膠灰粘土 같은 빛깔이 되면서 좀 두꺼워진다. 불 속에서는 이것이 유리로 스며들어 아름다운 노란빛으로 변한다.

그러나 굴리엘모만큼 이 방법을 잘 쓸 줄 아는 사람은 없었으므로, 유리든 그림물감이든 다른 것을 칠하는 것도 큰 문제가 아니었다. 또 투명해야 한다는 것도 그리 중요하지 않으며, 물이 스며들지 않도록 하여 영구히 지탱하도록 하는 데 어려움이 있다. 그러므로 이 훌륭한 공장은 크게 칭찬받을 만하며 부채나 데생에서 그를 따를 만한 사람이 없다.

그는 후에 이 성당의 장미창을 장식했는데, 성신 강림과 성 요한이 그리스도에게 세례 주는 장면을 제작했다. 세례 장면은 요르단강에서 그리스도가 성 요한을 기다리는 모습인데 벌거벗은 한 노인이 그의 신발을 벗기고 있으며, 천사들은 그리스도의 옷을 준비하고, 하늘에서는 성부가 아들 그리스도에게 성령을 내리신다. 이 들창은 대성당의 성수반 위 벽에 있는데 나사로가 죽은 지 4일 만에 부활하는 장면을 그렸다. 이렇게 좁은 공간에 공포와 환희 속의 군중과 부활의 기쁨에 눈물 흘리면서 기뻐하는 그의 여동생을 담는 것은 불가능한 것같이 생각되지만 이 그림에서 그는 색채들을 서로 아름답게 융합하여 인물 하나하나에 약동감을 주었다.

이 부원장의 솜씨를 알고 싶은 사람은 아포스틀 경당 산 마태오의 들창을 자세히 관찰하면 된다. 벤치에 앉은 그리스도가 성 마태오를 부르는 장면인데, 이 사도는 지금까지 모은 재화를 다 버리고 주에게 두 손을 벌리고 가까이에서 주를 맞으려 한다. 또 몇 발자국 저쪽에 잠든 사도를 다른 사도 한 사람이 깨우는 광경도 진실한 느낌이 난다. 성 베드로와 성 요한이 이야기하는 장면도 보이는데, 역시 사람 손으로 만든 것 같지 않다. 원근법으로 표현한 성당도 보이며 적절하게 안배된 인물

그림 397 굴리엘모 다 마르칠라, 「성 마태오의 부름」,
스테인드글라스, 아레초 대성당, 아레초.

과 풍경은 유리 안에 그려진 것이 아니라 우리를 즐겁게 하려고 하늘에
서 내려보낸 것 같다. 이 성당의 다른 들창에는 성 안토니오와 성 니콜
라오, 성전에서 상인들을 쫓아내는 그리스도, 그밖에 간통죄로 잡힌 한
여인의 장면을 제작했는데 모두가 불가사의할 정도로 훌륭하다.*

이 수도원 부원장의 재주와 근면성에 감탄한 아레초 시민은 그를 포
상하고 칭찬했으며, 그도 이에 감동되어 이 도시에서 살기로 결심하

* 1520~24년경 작품이다.

고 프랑스 사람이 아니라 아레초 시민이 되었다. 그러나 스테인드글라스가 부서지기 쉬운 것을 통감한 그는 그림을 그리고 싶어 했으며, 이 주교좌 성당의 큰 둥근 천장에 사목위원들을 위하여 프레스코를 그려서 자신을 기념하는 작품을 남기려고 했다. 이에 대한 보답으로서 아레초 시민들은 교외에 있는 산타 마리아 델라 미세리코르디아S. Maria della Misericordia 성당의 교우 단체 소유 농지와 훌륭한 집 한 채를 굴리엘모에게 기증하여 그가 편하게 생활하도록 했다.

이 작업이 끝나자 사목위원들은 유명한 화가들에게 위촉하여 그림을 평가하기로 정하고 충분한 보상을 하기로 했다. 따라서 그는 이 작품의 가치를 보여주기로 결심하고 미켈란젤로의 경당을 모방하여 아주 큰 초상들을 그렸다. 그는 나이가 이미 50세였으나 그림에서도 거장이 되고 싶은 열렬한 소망이 조금씩 그를 향상해서 미에 대한 지식이 미를 모방하여 표현하려는 기쁨보다 못하지 않음을 보여주었다. 그는 이전에『구약성서』의 장면들을 둥근 천장에 프레스코 세 폭으로 그렸지만, 이번에는『신약성서』의 첫머리를 그리기 시작했다. 이것을 보고, 나는 만일 재주 있는 사람이 무엇이든 완벽함에 도달하고자 하는 욕망에 더해 노력만 한다면 이룰 수 있다는 것을 믿게 되었다. 이 일에 착수할 때 그는 경험이 없었으므로 이렇게 큰 작품을 만드는 데 겁을 냈다. 그 때문에 그는 세밀화가 조반니 프란체세Giovanni Franzese를 로마로 파견했는데, 프랑스인인 이 사람은 아레초에 와서 산 안토니오 성당 아치에 그리스도를 프레스코화로 그렸고, 교우들 조합의 위촉을 받아 행렬할 때 쓰는 기치를 제작했다.

그때 굴리엘모는 산 프란체스코 성당 정면의 장미창을 만들고 있었는데 큰 작업이었다. 거기에는 교황을 선출하려는 추기경 회의, 정원의 장미를 지닌 성 프란체스코가 자신의 계율戒律을 확인하려고 로마로 가는 장면들이 있다. 이 작품에서 그가 구도에서 대가大家라는 사실을 입증했다. 사실 그는 하늘이 낳은 화가다. 어떤 화가도 그의 작품의 아름다움과 많은 등장인물의 우아함에 견줄 만한 이가 없다. 이 도시에는 그가 제작한 스테인드글라스가 수없이 많으며, 마돈나 델레 라그리메Madonna delle Lagrime 성당 장미창에는 '성모 몽소승천과 사도들'Assunzione e Apostoli과 '성모영보'Annunziata를 그린 들창, 성모의 결혼Sponsalizio을 그린 장미창, 스파다리Spadari*의 위촉으로 만든 성 히에로니무스와 작품들이 그밖의 여러 성당에도 있다.

가장 아름다운 장미창은 산 지롤라모 성당에 있는 그리스도의 탄생이며, 산 로코 성당에도 몇 점 있다. 다른 지방으로 보낸 것도 많으며카스티골리오네 델 라고 등, 피렌체에는 로도비코 카포니를 위하여 산타 펠리시타S. Felicita 성당에 보냈는데 그곳에는 야코포 다 폰토르모의 패널 그림도 있다. 그는 또 벽화를 유채화로, 프레스코화로, 패널 그림으로도 그렸다. 피렌체에서 공장으로 일할 때 예수회Frati Ingesuati 수중에 들어간 굴리엘모의 유리 부속품이 있는데, 그것이 어떤 방법으로 만들어졌는지 연구하려고 조각을 떼어버리고 다른 것들로 대치한 것이 많기 때문에 전혀 다른 스테인드글라스가 된 것도 있다.

굴리엘모는 유채화를 그리고 싶어 했는데, 아레초의 산 프란체스코 성당 안 콘체치오네 경당Capp. Concezione에 제의祭衣를 입은 사람들의 두부를 아름답게 그린 패널 그림이 있다. 그것은 그의 첫 번째 유채화지만 칭찬을 많이 받았다. 그는 신의를 존중하고 질서를 지키는 신사였으며 훌륭한 주택도 장만했다.

그는 수사 직분을 포기한 것에 일말의 가책을 느꼈으나, 하나의 신앙인으로서는 나무랄 데가 없었다. 그는 아레초의 그가 속해 있던 산 도미니코 수도원 대제단이 있는 경당 들창을 성 도미니코의 몸에서 나온 듯한 포도나무와 이 교단의 나무를 이루는 성스러운 수사들로 아름답게 장식했다. 제일 높은 곳에는 성모 마리아, 그 밑에는 시에나의 성녀

* 무기공.

카테리나와 신혼하는 그리스도를 제작하여 거장임을 보여줌으로써 많은 칭찬을 받았다. 그는 이 작품에 대한 보수를 사양했는데 과거에 이 교단의 신세를 많이 졌기 때문이다.

페루자의 산 로렌초 성당에도 아름다운 들창을 제작했고, 그밖에 각처에 많은 작품을 보냈다. 그는 건축에 대해서도 탁월한 구상을 보였는데 아레초에 있는 건축물의 설계와 장식, 산 로코의 돌로 만든 성문, 산 지롤라모 성당 안의 거장 루카Luca*가 그린 패널 그림의 회색 석재 장식은 물론 치프리아노 단기아리Cipriano d'Anghiari 대수도원의 '삼위일체 조합'을 위해 '고난의 십자가 경당'Cappella del Crocifisso 안에 다양한 장식을 했으며 또 성물실 안에 성수반聖水盤을 절묘하게 조각했다.

끝으로, 일하는 데 즐거움을 느낀 그는 여름, 겨울 가릴 것 없이 벽화 제작을 계속하다가 건강을 해쳐 몸에 수종水腫이 생겼다. 의사가 물을 빼내고자 했으나 신심 깊은 크리스천이 그렇듯이, 종부성사를 받은 며칠 후 그의 넋은 하늘로 올라갔다. 그때 그의 나이는 62세**였다. 아레초에서 약 20밀리아32킬로미터 거리의 아페닌노 산기슭 카말돌리 수도원에 은둔하며 제작에 헌신한 그는 자기 육신과 함께 모든 재산을 그곳에 남겼다. 그는 스테인드글라스 제작에 쓰이는 연장과 소묘집은 제자인 파스토리노 다 시에나Pastorino da Siena에게 주었다. 그는 굴리엘모 밑에서 여러 해 동안 수련을 받았다. 그가 홍해紅海의 파라오Pharaoh를 그린 데생 한 장이 내 스케치북에 있다.

파스토리노는 그 후 여러 방면의 예술에 손댔는데 스테인드글라스는 많이 만들지 않았다. 코르토나의 마소 포로Maso Porro가 굴리엘모를 많이 모방했다. 그는 유리를 불에 구워서 서로 맞추는 기술이 채색하는 기술보다 뛰어났다.

* 루카 시뇨렐리를 말한다.
** 1537년.

굴리엘모의 제자 아레초의 바티스타 보로Battista Borro는 스테인드글라스를 만드는 데 스승을 가장 많이 모방했다. 베네데토 스파다리Benedetto Spadari와 조르조 바사리도 그의 제자다. 그는 토스카나 지방 스테인드글라스 제작에서 높은 수준으로 세련된 작품을 낸 데 높이 평가받을 만하며, 그가 우리에게 이렇게 큰 혜택을 준 것에 우리는 존경의 뜻을 표한다. 아울러 그의 생애와 작품에 끊임없는 사랑과 찬사를 보내야 할 것이다.

피렌체의 건축가

시모네 일명 크로나카

Simone, called Il Cronaca

Simone del Pollaiuolo

1457~1508

CRONACA ARCHITETTO
FIORENTINO.

　15세기 중·후반 피렌체에서 활동한 건축가이자 조각가로 피렌체 최고의 작가였던 안토니오 폴라이우올로, 피에로 폴라이우올로 형제와 친척간이다. 로마에서 10년간 지냈으며 이때 관찰한 로마의 유적들에 대해 정확한 기술을 남긴 덕에 연대기 작가라는 뜻의 크로나카라고 불렸다. 베네데토 다 마이아노의 뒤를 이어 피렌체에서 메디치궁과 더불어 대표적인 궁으로 꼽히는 스트로치궁 건축에 참여했는가 하면 베키오궁, 산타 크로체 성당의 정면 설계 작업 등 피렌체의 주요 기념비 사업에 참여했다.

　흔히 궁이라고 번역하는 이탈리아의 팔라초Palazzo는 유럽에 등장한 새로운 종류의 건축물로 프랑스어의 팔레Palais에 해당하며, 유럽의 도시들이 오늘날의 외관을 형성하는 데 결정적인 영향을 미쳤다. 바티칸과 같은 초대형 건축물도 팔라초라고 칭하고, 베르사유궁과 같은 대형 궁도 팔라초라고 부르지만 도심의 크고 작은 빌딩도 이탈리아에서는 팔라초라고 한다.

　바사리는 이 작가의 도입부에서 훌륭한 작가라 하더라도 그것을 실행에 옮겨줄 후원자를 만나지 못하면 재능을 발휘할 수 없고, 반대로 후원자가 능력이 있으나 유능한 작가를 만나지 못하면 좋은 작품이 나올 수 없다는 작가와 후원자의 관계를 정확하게 지적했다. 모든 위대한 작가의 걸작은 그를 알아주는 위대한 후원자가 있었기에 가능했다는 점에서 바사리의 지적은 핵심을 찌른다.

　　훌륭한 작품을 낼 수 있는 천재일지라도 아름다움을 아는 인사, 한 걸음 나아가서 그것을 실행에 옮기려고 열망하는 인사를 만나지 못한다면 자기 재능을 충분히 발휘하지 못할 것이다. 그러나 권력은 있지만 능력도 의지도 없는 영주가 있어, 그가 어떤 가치 있는 건조물을 건립하려는 생각이 있다면 그는 유능하고 마음 착한 건축가를 찾아내는 데 별로 힘들지 않을 것이다. 오히려 그는 명예와 명성을 깨끗하지 못한 피조물에 기탁함으로써 역사의 기록에서 면목을 잃게 된다.

　　자기 앞에 제시된 훌륭한 소묘가 많은데도 자기를 따르는 사람에게 은혜를 베풀려고 가장 추악한 소묘를 택함으로써 솜씨 없는 기념물을 만들게 되는바, 식견 있는 인사들은 모두 그것을 보고 공장과 그를 고용한 영주가 함께 짜고서 이 공사에 가담했다고 생각할 것이다. 반면에, 비록 지식은 그리 풍부하지 못하지만 많은 영주가 기교 있고 판단력이 뛰어난 공장들을 만나게 되어 건조물을 건립하고 그가 죽은 뒤에 이 건조물 덕에 얻은 명성이, 그가 생시에 백성을 다스려서 얻었던 명성보다 얼마나 높았던가?

　　안토니오 폴라이우올로Antonio Pollaiuolo가 로마에서 성 베드로 대성당 안에 청동으로 묘묘를 제작할 때 이야기인데, 그는 당시 피렌체에서 싸움을 벌이고 이곳으로 도망쳐온 시모네Simone라는 친척 소년을 데리고 있었다. 전에 목수를 주인으로 섬겼던 시모네는 건축물에 무척 흥미를 느끼고 로마 시대의 고적들을 열심히 측량하면서 자세하게 관찰했다. 그는 얼마 안 되어 안토니오가 자기에게 맡긴 일을 훌륭하게 해냈다. 그는 피렌체로 되돌아갔는데, 원래 이야기 솜씨가 뛰어나 로마와 다른 곳의 동물들을 생생하게 전했기 때문에 친구들은 그 뒤부터 그를 일 크로나카Il Cronaca, 辯士라는 별명으로 불렀다.* 그는 건물 대지를 선

---

* 크로나카(일명 시모네 델 폴라이우올로Simone del Pollaiuolo)는 위대한

택하는 판단력이 경쟁자들보다 정확하여 성공할 수 있었는데, 고대 유적을 재치 있게 모방하는 면에서도 비트루비우스*의 법칙을 잘 활용했으며, 필리포 브루넬레스키 작품을 주의 깊게 관찰하여 피렌체에서 제일가는 건축가로 인정받고 있었다.

당시 피렌체에는 필리포 스트로치그는 자기 동생의 이름과 구별하려고 이렇게 불렀다라는 부자父子가 살았는데, 그는 자기 아이들은 물론 자기 고향인 이 도시를 위하여 기념이 될 만한 훌륭한 궁전을 지으려고 생각했다. 그는 베네데토 다 마이아노를 불러서 모델을 만들도록 한 뒤 공사를 시작했으나 아래에 이야기하겠지만 근처 사람들이 기꺼이 자기들 집을 내놓고자 하지 않았으므로 예정대로 공사를 진행하지 못했다 1489. 베네데토는 궁전 건립에 착공하여 전력을 다했으며, 필리포가 죽기 전에 건물 정면을 거의 완성했다. 건물의 양식은 현재 우리가 보는 바와 같이 시골풍이며, 담벼락은 눈금을 매긴 것 같다. 1층의 석재, 특히 첫째 들창과 출입문은 시골풍 양식이며, 2층은 좀 덜하다.

베네데토가 막 피렌체를 떠날 무렵에 크로나카가 로마에서 돌아왔다. 소개장과 궁전의 모델과 궁전 외각 둘의 큰 쇠시리의 모델을 가져온 크로나카를 스트로치는 무척 마음에 들어 했고, 그에게 모든 공사를 맡겼으며, 그 뒤에도 계속 그를 고용했다. 크로나카는 건물 외부를 아름다운 토스카나 양식으로 장식하고 지붕 끝을 장엄한 코린트 양식으로 만들었는데, 지금 우리가 보는 바와 같으며, 더할 나위 없이 우아하다.그림 398 이 쇠시리는 로마에서도 가장 아름다운 스폴리아크리토 Spogliacrito의 고대 유물을 크로나카가 본떠서 제작한 것이다. 즉, 그는

1500년대(Cinquecento)로 옮아가는 과도기에 태어난 건축가다. 바사리는 그가 1491년에 쇠시리를 팔라초 스트로치에 부착한 유명한 작업을 중점적으로 강조했다.
 * 기원전 1세기 아우구스투스 시대 로마의 건축가, 기술자, 건축에 관한 저술가.

그림 398 베네데토 다 마이아노와 일 크로나카,
스트로치 궁전, 피렌체.

건물의 비례를 좀 길게 하여 이 궁전에 적용하고 지붕을 덮었다.

이처럼 그는 재치 있게 다른 사람의 작품을 원용하여 자기 것으로 옮겼는데, 이런 일은 성공하기가 매우 어렵다. 어려움은 아름다운 디자인을 원용하는 것만 아니라 그것을 자기가 원하는 목적에 어떻게 하면 우아하고 세련되고 균형 잡히게 그리고 쓸모 있게 적용하느냐에 있다. 그러나 이 쇠시리가 높이 평가받는 반면에, 같은 도시에 바초 다뇰로가 크로나카를 모방하여 건조한 바르톨리니Bartolini의 궁전은 항상 비난의 대상이 되고 있다.

이 궁전은 좀 작지만 정면이 우아한 건물 위에 몬테 카발로Monte Cavallo에 있는 건조물에서 다른 고대식 쇠시리를 올려놓은 것인데, 바초가 완전히 실패한 작품이다. 왜냐하면 그것을 원용할 판단력이 없었으며, 마치 어린이 머리에 큰 모자를 씌운 것같이 보이기 때문이다. 흔히 예술가들은 고대 유물들을 주의 깊게 계측했으며, 거장들의 작품을 모사한 것이라고 말하지만, 변명할 필요도 없이 좋은 판단력과 정확한 눈이 컴퍼스보다 가치 있다.

크로나카가 궁전 둘레의 쇠시리를 낙수받이 돌과 달걀 모양 장식을 써서 매우 아름답게 장식했으며, 석재들을 균형 잡히게 서로 묶어서 양면을 마무리했으므로 이 건물을 매우 정성 들여 완벽하게 지었음을 알 수 있다. 이 궁전의 모든 돌은 서로 튼튼하게 묶었으므로 마치 한 덩어리같이 보인다. 이 건물의 모든 것이 조화되도록 철제품과 건물 모퉁이의 조명장치를 모두 피렌체의 금속세공인 니콜로 그로소 카파라Niccolò Grosso Caparra가 정성 들여 제작했다. 이들 조명등은 쇠시리, 원주, 기둥머리, 대좌臺座와 더불어 당대의 가장 뛰어난 금속세공품으로 훌륭한 기교와 지혜를 보여준다.그림 399

니콜로 그로소는 성질이 괴팍하고 완고하여 절대로 남을 믿지 않았다. 자신이 맡은 공사도 꼭 선금을 요구했다. 그 때문에 로렌초 데 메디치는 그를 일 카파라Il Caparra, 선금·계약금라는 별명으로 불렀으며, 다른 사람들도 그랬다. 그는 자기 상점에 '불타는 회계부'Libri ca'Ardevano라는 글자를 붙여놓았는데 고객이 대금을 언제 지불하면 되느냐고 물으면, 그는 "내 회계부가 지금 불타고 있으니 채무자를 기록할 수 없다"라고 대답했다.

언젠가 구엘피Guelfi당 간부가 그에게 난로를 받치는 철제 장작받침 한 쌍을 주문했는데, 다 만든 뒤에 사람을 여러 차례 보냈으나 물건을 내주지 않고 그로소는 "이 화덕을 가지고 땀 흘리고 일했는데 나도 맞

그림 399 니콜로 그로소, 「촛대, 철」, 스트로치 궁전,
피렌체.

돈으로 갚아야 할 형편이오"라고 말했다. 물품 조달 책임자가 사람을
보내서 다른 물건을 또 주문하면서 그가 직접 오면 대금을 곧 치르겠다
고 했다. 그러나 그로소는 고집을 피우면서 우선 대금을 가져오라고 했
다. 화가 난 조달 책임자는 물건값의 절반을 보내면서 당 간부가 현물
을 보고 싶어 하니 현품을 가져오면 즉석에서 잔금을 지불하겠다고 했
다. 그로소는 계산이 정확하다고 생각했으므로 장작받침을 한 개만 보
내면서 조달 책임자에게 이르기를 "둘 중 하나만 가져가시오. 물건이

그들 마음에 든다면 잔금을 가지고 와서 나머지도 가져가시오. 현재로 서는 내 소유니까"라고 말했다. 불가사의한 이 작품을 본 당 간부들은 잔금을 치르고 나머지도 가져갔다.

또 이런 이야기도 전해진다. 로렌초 데 메디치가 외국에 선사할 철 제품鐵製品을 주문하려고 은밀히 카파라의 상점에 들렀을 때 그는 마침 작업 중이었다. 로렌초가 찾아온 용건을 이야기하자 그는 어느 가난한 시민에게 이미 선금을 받았으므로 그 일이 끝나기 전에는 주문을 받지 못한다고 했다. 또 청년들이 설계도를 가지고 와서 철물제품을 만들어 달라고 간청했는데 그 제품의 용도가 다른 철물을 부수거나 열 수 있는 것임을 안 그로소는 완강히 거절하면서 "이런 물건들은 도둑이 사용하 는 도구가 아니면 젊은 여성을 유괴한다든가 욕보이려는 데 쓰이는 것 이니 나는 응할 수 없소. 당신들은 정직한 사람같이 보이는데"라고 했 다. 청년들이 혹시 피렌체 시내에 이런 것을 만들 사람이 어디 있는지 묻자 그는 벌컥 화를 내면서 욕설을 퍼부으며 그들을 쫓아버렸다.

그는 유대인의 주문은 받지 않았는데, 그들의 돈이 더럽고 냄새가 난 다고 했다. 그는 선량하고 신심 깊은 사람이었으나 괴팍하고 고집 덩 어리였다. 여러 사람이 권했으나 피렌체를 떠난 적이 없으며, 거기에서 나서 살다가 죽었다. 내가 여기에 그의 전기를 적는 이유는, 그가 이런 직업에서는 독보적 존재였으며, 그를 따를 사람이 없었기 때문이다. 스 트로치궁의 아름다운 철제품과 칸텔라들이 이를 잘 증명해준다.

이 궁전은 크로나카가 완성했는데 아름답게 장식한 안뜰이 있으며, 코린트 방식과 도리아 방식으로 장식된 원주, 기둥머리, 쇠시리, 들창, 출입문이 아름답다. 민일 건축물 내부가 외부의 아름다움에 어울리지 않는다면 그것은 크로나카 탓이 아니며 이미 다른 건축가들이 착수했 던 건축물 내부 설계에 억지로 맞도록 시공했기 때문이다. 이 건물을 현재와 같이 아름답게 만드는 데는 그의 노력이 참으로 컸다. 건물 안 계단이 오르내리기에 편치 않고 너무 가파르다든가, 갑작스럽다든가 또는 홀과 칸막이가 건물의 웅장함과 어울리지 않는다고 비평하는 이들에게도 같은 대답을 할 수 있다. 그런데도 오늘날 이탈리아에 건립된 개인 저택과 더불어 이 궁전은 정말 웅장하므로, 크로나카는 크게 칭찬받을 만한 자격이 있다.

그는 또 피렌체의 산토 스피리토 성당에 팔각형 성물보관실을 제작했는데, 균형이 잘 잡혀 있는 좋은 작품이다. 이 성당에는 안드레아 달 몬테 산소비노Andrea dal Monte Sansovino가 만든 기둥머리도 있는데 참으로 완벽하다. 크로나카는 성물보관실의 곁방도 만들었는데, 원주와 원주 사이의 칸은 그리 좋지 않지만 매우 아름답다. 그는 또 피렌체 교외의 산 미니아토S. Miniato 언덕 위에 오세르반차Osservanza의 산 프란체스코 경당과 세르비테 수도원의 식당도 지었는데, 많은 칭찬을 받고 있다.

그때 나는 피렌체의 시뇨라Signora 광장에 있는 팔라조 베키오 안에 유명한 설교자 지롤라모 사보나롤라의 평의회를 만들게 되었는데 이를 위하여 레오나르도 다 빈치, 당시 청년인 미켈란젤로 부오나로티, 줄리오 산 갈로, 바초 다뇰로와 사보나롤라의 절친으로 크로나카로 불리는 시모네 델 폴라이우올로 등이 상담역을 했다. 토의를 거듭한 끝에 다음과 같이 합의했다.

공사 총책임자로는 유능한 건축가이며 사보나롤라의 친구인 크로나카를 임명했다. 크로나카는 작업을 부지런하고 신속하게 진행했는데, 건물이 사방으로 넓었으나 지붕을 만드는 데 비범한 재주를 보여주었다.* 담벼락과 담벼락 사이가 38브라차나 되는데, 필요한 길이에 맞는 대들보를 구할 수 없어서 대들보 여러 개를 열 장씩 장부촉으로 맞추어 지붕의 대들보로 만들었다. 한편 주재主材 한 쌍에는 보통 마루 대공 하나가 있으며, 주재에는 각각 세 개, 즉 한가운데에 큰 것 하나와 양쪽에

---

* 1495년에 완성했다.

암기둥 하나씩이 있다. 서까래들이 길어서 버팀대와 버팀목이 있는데 암기둥의 버팀목이 벽 쪽에서 서까래를 지탱하는 한편, 중앙에 위치한 마루대공을 지탱한다.

나는 지금 이 일거리가 어떤 모양으로 만들어졌는지를 기록하고자 한다. 왜냐하면 이 어려운 일을 잘 다루었기 때문이며, 각처로 보내려고 만든 이에 관한 도면을 볼 기회가 있었기 때문이다. 즉, 주재는 6브라차씩 떨어져 놓았으며, 바로 그 위는 지붕이고 천장은 나무로 만들었으며, 사방이 4브라차로 구획이 나뉘었고, 쇠시리로 짜 맞추었다.

그들은 건물 동쪽 한가운데에 들창 2개와 서쪽에 4개를 더 냄으로써 좀 개선해보려고 노력했으나 크게 성공하지 못했다. 시민들의 요청에 따라 공사를 빨리 진행한 마지막 손질로써 그들은 벽돌을 쌓아 올린 높이에 그 넓이의 담벼락을 따라 8브라차 높이로 이 도시의 모든 행정관이 앉을 의자로 만들어놓은 나무 계랑階廊을 제작했는데 전면에는 난간을 붙였다. 동쪽 전면 한가운데에는 법무장관과 시 행정요원들의 의자를 좀더 높은 위치에 만들어놓았으며, 그 양쪽에는 출입문이 둘 있어 하나는 세그레토Segreto*로, 또 하나는 스페키오Specchio**로 통하게 되어 있다. 맞은편, 즉 서쪽에는 미사를 위한 제단이 있는데 프라 바르톨로메오의 그림이 있으며, 옆에는 설교대가 놓여 있다.

홀의 한가운데에는 시민을 위한 벤치가 몇 줄 놓여 있고 홀 바닥을 둘러싼 단 중앙의 여섯 계단 높은 곳은 교회 직원이 투표지를 모으는 데 쓰이게 되어 있다. 당시에는 이 홀을 빠른 시일 안에 완공했다고, 또 좋은 아이디어가 많다고 칭찬했지만 세월이 흐름에 따라 이 홀이 낮다고 혹은 어둡다고, 투박하다고, 직각을 이루지 않았다고 많은 결점을 지적했다. 그러나 크로나카와 그 관계자들의 책임은 아니라고 본다. 왜

---

* 투표용지를 계산하는 곳.
** 교회의 은혜를 입은 사람들의 기록부를 보관하는 곳.

냐하면 시민들이 이 홀을 그림과 금박 천장으로 장식하려고 공사를 재촉했기 때문이며, 이런 큰 홀은 로마의 산 마르코 궁전, 피우스 2세와 인노첸티우스 8세가 건조한 바티칸 궁전, 나폴리의 성, 밀라노의 궁전, 우르비노·베네치아·파도바의 궁전들을 제외하고는 없다.

그 후 크로나카는 홀에 오르는 계단의 넓이를 배로 늘려 만들었는데 마치뇨,* 벽기둥, 코린트 방식 기둥머리, 이중 쇠시리로 장식하고 곁들여서 같은 종류의 석재, 통(筒) 모양 둥근 천장, 대리석을 조각한 들창과 기둥머리를 혼합한 원주들을 만들어놓았다. 이 공사로 그는 많은 칭찬을 받았지만 만일 이 계단이 급히 구부러지지 않았거나 가파르지만 않았다면 더욱 칭찬을 받았을 것이다. 왜냐하면 좀더 좋게 제작할 수 있었기 때문이다. 즉, 코시모 공작 시대에 조르조 바사리는 크로나카가 만든 계단 맞은쪽 거의 같은 공간에 계단을 만들었다. 이 계단은 오르기에 편하여 마치 평지를 걷는 것 같다. 코시모 공작 치하에서 행해진 온갖 것과 마찬가지로 또 그의 관습에 따라 이 공사도 모든 요새, 공공 및 사유 건물 등이 공작의 위대한 마음씨에 일치하듯이 즉시 사용될 수 있을 뿐만 아니라 아름답고 착상이 좋으며, 판단력이 뛰어남을 보여준다.

이 홀의 규모가 유럽에서 가장 크고 장엄하며 아름답다는 것을 감안하여, 이탈리아에서 제일가는 호화로운 건물로 만들려고 아레초의 조르조 바사리에게 이 홀의 결점을 수리하도록 위촉했다. 따라서 옛 벽 위를 12브라차 올렸더니 마루에서 천장까지는 32브라차나 된다. 지붕을 지탱하는 까치발은 원래 크로나카가 제작한 것인데 다시 수리하고 새로 배열했다. 또 이 홀에는 별로 가치가 없는 평범하고 단순한 옛 천장도 풍부한 조각과 금박을 칠한 쇠시리로 수리했으며, 대부분 9브라차 크기의 정사방, 원형, 팔각형으로 된 그림으로 장식했다. 즉, 인물화

* 표석의 일종(macigno).

를 담은 유채화는 크기가 7~8브라차며 이 도시의 명예, 승리, 뛰어난 업적들, 예부터 피렌체의 영주들, 피사와 시에나 전쟁, 그밖에 이야기하면 너무 길어질 사건들을 그린 것이다.

각 벽면의 60브라차나 되는 공간은 각각 그림 장면 3폭을 넣으려고 남겨놓았다. 마루와 조화되도록 방 안에는 피사와 시에나 전쟁을 취급한 그림 7폭을 측면마다 장식하기로 했다. 그런데 이 구획은 너무 넓어서 예나 지금이나 어떤 위대한 화가도 허용되지 않았다. 그들은 큰 석재를 지붕과 묶어서 장식했으며, 북쪽은 코시모 공이 원주, 벽기둥, 대리석 조상이 들어 있는 감실로 장식했는데, 이 공사는 시종 바초 반디넬리에게 위촉되었다. 다른 곳에서 이야기하겠지만 이 홀은 공작의 알현실로 쓰기로 했다.

맞은편의 비슷한 정면에는 물이 치솟는 분수, 풍부하게 장식한 원주들, 대리석과 청동으로 만든 조상들을 조각가이며 건축가인 아마나토 Ammanato가 제작하기로 했다. 지붕을 높임으로써 홀이 넓어진 것 같고 건물 측면에 들창을 각각 3개씩 더 만들고 원래 있던 창들은 조금 높였기 때문에 햇볕이 더 잘 들어오게 되었고, 홀 안쪽은 로지아를 이루어 밖으로 복도를 내다보게 되었으며, 광장 위의 조망으로 반디넬리의 작품들을 보게 되었다.

이 홀과 궁전을 개량한 이야기는 다른 곳에서 언급하기로 하자. 이 홀을 설계한 크로나카와 나머지 영리한 예술가들이 만일 되살아난다 하더라도 그들이 궁전과 홀, 그밖에 거기에 있는 사물들을 알아차리지 못하리라고 생각한다. 이 홀은 반디넬리와 아마나토가 손을 대지 않고도 90×38브라차인 직사각형이 된다.

크로나카 이야기로 되돌아가자. 그는 생애의 말년에 지롤라모 사보나롤라의 사상에 너무 집착했다. 마침내 그는 만성병으로 55세 나이로 죽었는데, 1509년에 피렌체의 산 암브로조S. Ambrogio 성당에 매장되었다. 얼마 뒤에 다음과 같은 비명碑銘을 조반 바티스타 스트로치Giovan

Battista Strozzi가 만들었다.

크로나카
나는 살아 있다. 영원히 살 것이다.
나의 넋, 플로라는
내가 사는 로마의 아름다운 궁전에서 살 것이다.
Cronaca.
Vivo, e mile e mile anni e mille ancora
Merce de'vivi miei palazzi e tempj :
Bella Roma, vivra l'alma mia Flora.

크로나카에게는 마태오Matteo라는 동생이 있었는데 조각을 공부했으며, 지혜도 있고 대리석 조각에 재주가 있었다. 그러나 크로나카가 죽음으로써 19세밖에 안 된 동생만 남겨두어 모든 사람이 기대하는 만큼의 업적을 이루지는 못했다.

DOMENICO PVLIGO PITT.
FIORENTINO.

16세기 초반 활동한 도메니코 기를란다요의 아들 리돌포 기를란
다요의 제자다. 이 작가의 전기에서 바사리는 "초상화를 그리려면
작품을 완전하게 표현하려고만 하지 말고 닮도록 그리는 데 노력
해야 할 것이다"라고 썼다. 또 끊임없이 연구하는 화가라면 재주가
아주 뛰어나지는 않아도 우수한 작품을 만들기도 한다면서 도메니
코 풀리고에 대해 그의 초상화 기법은 훌륭하지만 인물의 개성을
잘 포착하지 못했음을 지적했다.

실제로 이 화가의 초상화는 안드레아 델 사르토풍의 당시 피렌
체 고전주의 회화를 구사했으나 개성이 드러나기보다 형식에 치중
했음을 부인할 수 없을 것 같다.

회화라는 예술에 종사하는 사람들이 디세뇨와 채색법을 끊임없이 공부함으로써 타고난 재주 또는 훌륭한 스타일에 따라 흔히 우수한 작품을 만드는 경우가 있는데, 이런 화가들을 아주 뛰어났다고는 할 수 없으나 찬사를 보내지 않을 수 없다. 과거와 현대의 화가들을 잘 관찰하면 알 수 있듯이 타고난 재주를 지닌 화가들은 그림 연구를 소홀히 하거나 심지어는 일시 포기했을 경우에도 그들이 화필을 들어 제작한 작품은 일별해도 뛰어난 것을 알게 되며, 자연의 힘이 크다는 것을 느끼게 된다. 이 이야기가 진실이라는 것을 우리는 피렌체의 화가 도메니코 풀리고Domenico Puligo의 작품에서 보게 된다.

도메니코 기를란다요Domenico Ghirlandaio의 아들 리돌포Ridolfo가 피렌체에서 많은 작품을 제작할 때에 자기 아버지가 했던 것처럼 리돌포도 장래가 촉망되는 젊은 제도弟徒를 많이 거느렸다.* 그리하여 젊은 이들은 서로 경쟁하여 우수한 작품을 많이 만들었는데 리돌포는 그들에게 필요한 모든 자료를 대주어서 초상화, 프레스코, 템페라, 의상 등 다방면으로 많은 작품을 영국, 독일, 스페인에 보내서 이득을 많이 보았다. 제자들 중에서 바초 고티Baccio Gotti와 토토 델 눈치아타Toto del Nunziata는 각각 프랑스 왕 프랑수아와 영국 왕의 초대로 떠나갔으며, 다른 제자들은 스페인이나 헝가리의 상인과 그 외 사람들에게 초대를 받았으나 돈과 지위를 탐내지 않고 자기 나라 안에서 열심히 그림을 공부했다.

그중 한 사람인 피렌체 출신 안토니오 델 체라이우올로Antonio del Ceraiuolo는 로렌초 디 크레디Lorenzo di Credi와 함께 오랫동안 공부했는데, 그는 자연을 잘 모방하여 초상화를 잘 그렸으나 조형력은 익숙하지

---

* 리돌포 기를란다요는 큰 공방을 운영했으며 시뇨리아(Signoria) 가문의 공인화가였다.

못했다. 그가 묘사한 두부를 보면 코가 꼬부라졌고 한 입술은 작고 다른 입술은 너무 크며 얼굴 용모가 일그러져 있으나, 외모를 정확하게 파악했기 때문에 실물과는 닮게 그렸다. 그러나 다른 화가들은 초상화를 예술적으로 완전하게는 그렸지만 표현하고자 하는 것은 조금도 닮지 않았다.

사실인즉 초상화를 그리려면 작품을 완전하게 표현하려고만 하지 말고 닮도록 그리는 데 노력해야 할 것이다. 초상이 닮고 아름다워야만 그 작품이 훌륭하며, 화가도 훌륭하다고 할 것이다. 안토니오는 초상화 이외에 패널 그림을 많이 그렸는데, 이야기가 길어질 것 같아 두 가지만 기록하겠다. 즉, 하나는 알베르티 거리 모퉁이의 산 야코포 트라 포시S. Jacopo tra' Fossi 성당 안 경당에 「십자가에 못 박힌 그리스도와 성 프란체스코, 마리아 막달레나」를 그렸고 또 하나는 눈치아타 성당 안에 영혼의 무게를 다루는 성 미카엘을 그렸다.*

앞서 이야기한 두 제자 중 또 다른 사람은 도메니코 풀리고인데, 그는 공장으로서 더욱 뛰어났으며, 부채법賦彩法도 다른 제자들보다 우아하고 매력이 있었다. 그의 그림은 부드러우며, 물감을 지나치게 칠하지 않아 딱딱하지 않고 그림 속에서 거리가 멀어짐에 따라 차차 희미해져서 마치 안개 속으로 스며드는 것 같아 한마디로 우아하다.

리돌포 공방에서 그가 제작한 그림과 초상화에 관한 이야기는 생략하기로 하고, 그가 후에 리돌포의 경쟁자로서 그린 그림으로 지금 피렌체 시중에 산재한 것들, 아울러 그가 무척 친하던 안드레아 델 사르토 공방으로 찾아가서 자기 작품의 결점에 관해 의견을 묻던 시대의 작품을 언급하겠다. 당시 화가들은 자신의 작품을 아무에게도 보여주지 않고, 자기 판단만 지나치게 고집했으므로 작품이 완성된 후에는 비난에 부딪히곤 했다.

* 현재 우피치 미술관과 피티 미술관 사이 복도에 있다.

도메니코의 첫 작품은 아뇰로 델라 스투파Agnolo della Stufa의 위촉으로 그린 아름다운 「성모 마리아」 그림인데, 현재 아레초 지방의 카팔로나Capalona 수도원에 그가 소중히 보관하고 있다. 이 그림에 못지않게 아름다운 「성모 마리아」 패널 그림을 아뇰로 니콜리니Agnolo Niccolini의 부탁으로 그렸다.

니콜리니는 현재 피사 교구장敎區長이며 추기경인데, 그는 이 그림을 피렌체 파지Pazzi 거리 모퉁이의 자택에 간직하고 있다. 도메니코가 그린 크기가 같은 우아한 그림 한 폭을 피렌체의 필리포 델 안텔라Filippo dell' Antella가 가지고 있다. 또 3브라차 크기의 「성모 마리아」 전신과 그녀 앞에 무릎을 꿇은 소년들, 성 요한을 그린 작품은 그가 그린 것들 중에서 가장 뛰어난 것이라고 한다. 이 그림은 피렌체의 유명한 영주의 재무관인 필리포 스피니 소유다.

도메니코가 그린 수많은 초상화가 모두 아름다울 뿐만 아니라 실물을 닮았는데, 그중에서도 가장 뛰어난 것은 당시 풍채 좋은 청년, 피에로 카르네세키Piero Carnesecchi의 초상이다.그림 400 그는 피렌체의 이름난 아름다운 창부 바르바라Barbara의 초상화도 그렸는데, 그녀는 미모와 예절, 아름다운 노래로 많은 시민의 사랑을 받았다. 그러나 도메니코의 가장 훌륭한 작품은 실물대大의 성모 마리아와 천사들과 어린이들, 글 쓰고 있는 성 베르나르도 그림이라 하겠다. 이 그림은 현재 피렌체의 산 로렌초 성당 사목위원 조반니 구알베르토 델 조콘도Giovanni Gualberto del Giocondo와 그의 동생 니콜로 소유로 되어 있다.

그의 작품들이 시내 개인 저택에도 많이 흩어져 있는데, 그중 몇몇 유명한 것을 들면 클레오파트라가 독사로 하여금 자신의 가슴을 물게 하는 장면, 루크레티아Lucretia가 단도로 자살하는 장면을 그린 것들이 있다. 또 그가 그린 초상화와 아름다운 그림이 핀티Pinti 성문에 가까운 줄리오 스칼리Giulio Scali 저택에 많이 있는데 스칼리는 훌륭한 미술감식가이기도 하다.

그림 400 도메니코 풀리고, 「피에로 카르네세키의 초상화」,
1525, 패널에 오일, 106×74cm, 피티 미술관, 피렌체.

피렌체 세르비테 성당의 대설교단이 있는 경당에 성 프란체스코가
성흔聖痕을 받는 장면을 그린 패널화가 있는데, 색조가 부드러우며 아
름답게 마무리한 작품이다. 그는 카스텔로 성당의 성사에 쓰이는 닫집
달린 감실 주위에 프레스코 두 폭을 그렸다.* 또 같은 성당 안에 있는
다른 경당에 「성모 마리아와 소년들, 성 요한, 성 베르나르도」도 그렸
다.**

* 도메니코 기를란다요의 작품들이다.
** 1525년경의 작품이다.

이 그림이 마음에 든 수사들이 그를 고용하여 피렌체 교외의 세티모 Settimo 대수도원 안에 우고Ugo* 백작의 환시幻視를 그리도록 했다우고 백작은 대수도원을 일곱 곳에 건립했다. 얼마 후 도메니코는 「성모 마리아, 성녀 카테리나와 신혼神婚하는 청년, 순교자 성 베드로」를 산타 카테리나 모차 거리 모퉁이의 닫집 달린 감실에 그렸다. 앙기아리읍 근처 경당에도 그는 「그리스도 십자가 강하」를 그렸는데, 그의 작품 가운데 손꼽히는 것의 하나다.

그러나 그는 대작大作보다는 「성모 마리아」와 초상을 그리는 것이 장기였으며, 자연히 거기에 많은 시간을 보냈다. 만일 도메니코가 좀더 열심히 그림을 그리고 다른 일에 정신을 팔지 않았다면 틀림없이 더 훌륭한 화가가 되었을 것이다. 그의 절친한 친구 안드레아 델 사르토가 디세뇨와 그밖에 많은 충고로 그를 도왔으므로 그의 작품의 채색과 데생이 더욱 아름다웠다.

그러나 도메니코는 별로 노력하지 않았으며, 명예보다는 돈을 더 좋아했기 때문에 그림이 늘지 않았다. 그는 들뜬 사람, 음악가, 여자와 너무 자주 사귀었으며, 또 자주 사랑에 빠졌다. 그는 1527년에 어떤 정부의 집에서 흑사병에 걸려 52세의 나이로 죽었다.

* 우고는 독일인으로 브란덴부르크(Brandenburg)의 백작인데 황제 오토 (Otto) 3세를 따라 이탈리아로 갔다. 그는 토스카나에서 대목(代牧)에 임명되었다. 어느 날 사냥을 나갔다가 숲속에서 길을 잃었는데 날이 어두워졌다. 어두움 속에서 얼굴이 일그러진 사람들이 나타나서 괴롭혔다. 이들은 그에게 넋을 잃은 자들이라고 고하고 만일 통회하지 않으면 같은 운명이 될 것이라고 했다. 겁에 질린 그는 피렌체로 돌아와서 자기 재산을 전부 처분하여 일곱 군데에 수도원을 건립했다. 즉, 피렌체의 바디아(Badia), 본 솔라초(Bon Solazzo), 아레초의 베루카 디 피사(Verruca di Pisa), 포지본시(Poggibonsi), 치타 디 카스텔로, 세티모(Settimo)다 (*Villani*, Vol. 4. Chap. 2).

그의 그림은 언제나 아름다운 조화를 이루었으므로 그는 충분히 칭찬받을 만하다. 그의 제자 가운데 피렌체 출신 도메니코 베체리 Domenico Beceri*도 부채법에 능란하여 좋은 작품들을 만들었다.

---

* 아마도 도메니코 디 야코포(Domenico di Jacopo) 또는 베코(Beco)일 것이다.

조각가

안드레아 다 피에솔레
Andrea da Fiesole
Andrea Ferrucci
1465~1526

피에솔레의 다른 조각가들

ANDREA DA FIESOLE
SCVLTORE.

〔해설〕

15세기 말에서 16세기 초에 활동한 피렌체의 조각가다. 피렌체 근교 피에솔레의 조각가 집안 출신으로 미켈레 마이니의 제자다. 피렌체에서 주로 일했으며 헝가리 왕가와도 인연을 맺어 몇 차례 그곳에 건너가 작품을 남겼다. 1526년에는 피렌체 대성당 건축 감독으로 임명될 정도로 명성을 누렸다.

그러나 바사리는 정작 이 작가에 대해 "그림을 거의 그릴 줄 모르는 조각가가 훌륭한 작품을 만들어 사람을 놀라게 하기도 하는데, 피에솔레의 조각가 피에로 디 마르코 페루치가 그중 한 사람이다"라고 평가했다. 자연의 정확한 재현을 중요시했던 바사리 관점에서 볼 때 안드레아 다 피에솔레는 그 기대치에 미치지 못한 조각가였던 것 같다.

화가가 물감을 잘 다룰 줄 알아야 하는 것과 마찬가지로 조각가는 끌을 능숙하게 쓸 줄 알아야 한다. 점토로 훌륭한 작품을 만든다고 해서 대리석으로 완전한 작품을 만들 수는 없지만 간혹 조형력造形力에 관한 지식이 별로 없어도 쓸 만한 대리석 조상을 만드는 이도 있다. 그들은 자신의 마음에 드는 사물을 모방하여 좀더 잘 이해하게 되면 그것을 복제複製한다. 그림을 거의 그릴 줄 모르는 조각가가 훌륭한 작품을 만들어 사람을 놀라게 하기도 하는데, 피에솔레의 조각가 피에로 디 마르코 페루치Piero di Marco Ferrucci도 그중 한 사람이다. 그는 어렸을 때, 피에솔레의 조각가 프란체스코 디 시모네 페루치Francesco di Simone Ferrucci에게 조각의 원리를 배우고, 처음에는 잎[葉] 장식을 하는 정도였는데 차츰 숙달하여 얼마 후 조상을 시작하게 되었다. 그리하여 부드러운 손으로, 마치 조형력을 잘 이해하는 사람처럼 자연스러운 판단력으로 대리석 조상을 만들었다. 그 후 피에솔레의 다른 조각가 미켈레 마이니Michele Maini 밑에서 더욱 열심히 공부했다. 미켈레는 로마의 미네르바Minerva 사원 안에 성 세바스티아노의 대리석 조상을 제작했는데, 많은 칭찬을 받았다.

안드레아는 이몰라Imola로 소환되어 가서 인노첸티Innocenti 성당 안에 회색 돌로 경당을 지었는데, 평이 매우 좋았다. 이 공사를 끝낸 뒤 그는 유명한 토목기사이며 페란테Ferrante 왕의 전속 건축가인 세티냐노Settignano 출신 안토니오 디 조르조Antonio di Giorgio의 초청으로 나폴리에 가서 이 나라 건축물에 대한 모든 책임을 맡았다. 이곳에서 그는 왕을 위하여 카스텔로 디 산 마르티노Castello di San Martino 등 여러 곳에서 많은 공헌을 하고 죽었다. 왕은 그를 건축가로서가 아니라 궁중의 귀족에 해당하는 장례식을 거행하여 조문객 20쌍을 묘지까지 따르게 한 뒤 매장했다.

안드레아는 이곳이 자신의 나라가 아님을 느끼고 나폴리를 떠나 로마에 와서 잠시 머무르면서 일도 하고 공부도 했다. 마침내 토스카나로 돌아와서 피스토이아의 산 야코포 성당 안에 한 경당과 성수반聖水盤을 아름답게 장식했으며, 벽에는 실물대人로 성 요한에게 세례받는 그리스도를 돋을새김으로 만들어 아름다운 스타일을 보여주었다. 한마디 첨부할 것은 안드레아는 예술성보다는 손재주로 작품을 만들었는데, 여기서 그의 대담함을 인정할 수 있으며 칭찬받을 만하다. 사실, 이런 공장이 데생에 관한 지식과 더불어 실제적인 재주와 판단력을 겸비한다면, 훌륭한 재능은 갖추었지만 연장 사용법을 몰라서 그것을 제대로 쓰지 못하고 대리석만 긁는 공장들보다는 훨씬 뛰어날 것이다.

이 제작을 끝낸 다음 그는 피에솔레 주교좌主教座 본당 안 성가대석으로 올라가는 계단 두 개 사이에 있는 디딤돌의 대리석판에 조상 세 개와 풍경을 얕은 돋을새김으로 만들었다. 피에솔레의 산 지롤라모 성당의 한 경당 한가운데에도 얕은 돋을새김으로 대리석판을 장식했다. 이런 작품들로 그가 명성을 얻게 되자 산타 마리아 델 피오레 대성당의 사목위원들은 그에게 4브라차 높이가 되는 사도使徒의 조상을 만들도록 위촉했는데, 당시 피렌체의 통치자는 줄리오 데 메디치 추기경이었다.

당시 비슷한 조상 네 개는 다른 거장 네 사람에게 맡겨졌는데, 그중 하나는 베네데토 다 마이아노에게, 또 하나는 야코포 산소비노Jacopo Sansovino에게, 셋째 것은 바초 반디넬리에게, 넷째 것은 미켈란젤로 부오나로티에게 위촉되었다. 이 조상의 수는 모두 12개가 될 예정이었으며, 로렌초 디 비치Lorenzo di Bicci가 그린 12사도의 자리에 놓게 되었다.* 안드레아는 그 조상을 훌륭하게 만들었는데, 다른 조각가들보다 더 잘 만들지는 못했다고 해도 나름 거장이라는 칭찬을 받았다.** 그 뒤부터는

---

* 그의 아들 비치 디 로렌초의 작품이다.
** 1512년 작품.

그림 401 안드레아 다 피에솔레,「마르실리오 피치노」,
대리석, 산타 마리아 델 피오레 대성당, 피렌체.

계속해서 이 성당에 고용되어 마르실리오 피치노Marsilio Ficino*의 두부
를 제작했는데, 성당 사제관 출입문 안에 놓여 있다.그림 401

그는 헝가리 왕에게 보낼 대리석 분수대를 만들었는데, 이것으로 명
성을 떨쳤다. 또 헝가리의 도시 그란Gran으로 보내는 분묘도 만들었
다. 이 분묘에는 다른 조상과 함께 귀부인의 조상도 만들었으며, 뒤에
스트리고니아Strigonia 추기경의 유해가 들어갈 예정이었다.** 또 볼테라

* 1517년에 제작.
** 토마스 바콕츠는 1521년에 선종했다.

Volterra에는 둥근 대리석에 두 천사를 새긴 것을 보냈으며, 피렌체의 마르코 델 네로Marco del Nero를 위하여 실물대의 나무로 「십자가에 못 박힌 그리스도」를 제작했는데, 현재 피렌체의 산타 펠리치타S. Felicita 성당에 보존되어 있다. 그는 건축술에도 흥미가 있었으며, 만고네Mangone의 스승이었다. 만고네는 석공 겸 건축가였으며, 로마에서 궁전과 건축물을 건립했다.

끝으로 안드레아는 늙으면서 석수 일에 관심을 가졌고 조용하게 여생을 보내기를 원했다. 그는 안토니오 베스푸치 부인에게서 남편 안토니오 스트로치의 묘지 제작을 위촉받았으나, 자신이 일을 많이 할 수가 없어 제자인 피에솔레 출신 마소 보스콜리Maso Boscoli에게는 두 천사의 제작을, 다른 제자 실비오 코시니Silvio Cosini에게는 이 부인의 조상을 위탁했다. 그러나 1522년에 완성은 되었지만 안드레아가 죽는 바람에 한꺼번에 설치할 수 없었다. 그는 스칼조Scalzo 조합원들에 의하여 세르비테 성당에 매장되었다.

실비오는 스트로치의 무덤을 완성하고서 대단한 열정을 가지고 조각을 공부하기 시작하여 우아한 조상을 많이 제작했다. 그는 특히 기괴하고 환상적인 그로테스크를 만드는 데 가장 뛰어났다. 즉, 구멍을 아름답게 뚫어서 가면이 보이는 무덤으로, 벽기둥의 대리석 기능머리가 있는 미켈란젤로의 성물실에서 보는 것과 같은 작품이다. 그는 같은 장소에 가면들이 웃고 있는 프리즈를 만들었다. 그것을 본 미켈란젤로가 그의 재주에 감탄하고 무덤 공사가 끝나는 대로 트로피를 몇 개 만들도록 했는데, 피렌체 포위 때문에 미완성으로 그쳤다.

실비오는 미네르베티Minerbetti 위촉으로 산타 마리아 노벨라 성당 안에 있는 그들의 경당에 장엄하고도 아름다운 묘소를 만들었는데, 기괴한 도안의 방패, 언월도偃月刀 등이 칭찬할 만하다. 또 1528년 그가 피사에 머무를 때, 대성당의 대제대 높이의 원주圓柱 위에 기절한 것 같은 아름다운 천사를 제작했는데 트리볼로Tribolo가 제작한 것과 마주 보게 하려는 것으로서 한 사람 손으로 이루어진 것 같다. 그는 리보르노 Livorno 근처의 몬테 네로Monte Nero 성당에 예수회 수사들을 위하여 얕은 돋을새김으로 대리석 조상 둘을 만들었으며, 볼테라에는 그곳 유지 라파엘로의 묘소를 제작하고 대리석 석관石棺에는 그의 조상과 장식들도 새겼다.

피렌체가 포위 공격당했을 때, 고명한 유지인 니콜로 카포니가 제노바에서 돌아오던 도중 카스텔 누오보 델라 갈파냐나에서 죽었다. 그는 당시 공화국이 황제에게 보내는 대사였다.* 그때 그의 데드마스크를 뜨기 위해서 실비오를 급히 파견했는데, 밀랍으로 아름답게 본을 떠서 대리석 조상을 만들 계획이었다.

실비오는 가족과 함께 피사에서 살았는데, 미세리코르디아 연령회원煉靈會員이었으므로 유죄 판결을 받고 사형을 집행받으러 가는 사람들과 향방계원香房係員들과 동행하던 터였다. 실비오에게 묘한 생각이 떠올랐다. 어느 날 밤 그는 전날 교수형을 당한 시체를 묘지에서 끌어내 예술을 공부한다는 핑계로 해부한 후 변덕스럽게도 죽은 사람의 피부를 벗겨서 가죽 재킷을 만들어 큰 보물인 양 생각하고 아무도 모르게 셔츠 위에 입고 다녔다. 어느 날 그는 모든 것을 신부에게 고해하고 신부의 보속補贖에 따라 가죽 재킷을 무덤에 도로 가져다 묻었다. 나는 이와 비슷한 이야기를 많이 하고 싶지만 이 기사와 관계가 없기 때문에 그만두고자 한다.

첫째 부인이 죽자, 그는 카라라로 가서 분주하게 작업하면서 다시 결혼했다. 그 뒤 곧 제노바로 가서 도리아Doria 공작 궁전에서 봉사하면서 궁전 출입문 위에 문장紋章을 만들었다. 화가 페리노 델 바가가 앞서 그린 궁전 여기저기를 장식했으며 샤를 5세 황제의 대리석상도 화려하게 제작했다. 그러나 그는 한곳에 오랫동안 머물지 못하는 성격이어서 제

* 1529년 10월 18일.

노바에 싫증을 내고 프랑스로 떠났는데, 몬사네제에 미처 도착하기도 전에 다시 밀라노로 돌아와서 그곳 대성당 안에 조상들을 제작하고 장식도 많이 하여 많은 인기를 얻었으나 45세에 죽었다.

그는 변덕스러운 재사였으며, 무슨 일에든 능숙하여 마무리를 잘 지었다. 그는 소네트를 잘 지었으며 노래도 잘했다. 그는 어렸을 때 문장紋章 제작을 직업으로 삼았다. 만일 그가 조각과 소묘에 전심했다면 그와 어깨를 견줄 만한 사람이 없었을 것이며, 선생인 안드레아 페루치 Andrea Ferrucci보다 훌륭해졌을 것이다.

다른 조각가로서 역시 피에솔레 출신 일 치칠리아Il Cicilia도 같은 시대를 산 재주꾼이었다. 피렌체 캄포 코르볼리니Campo Corbolini의 산 야코포 성당에 기사騎士 루이지 토르나부오니Luigi Tornabuoni의 묘지를 만들었는데, 말 머리에 붙여놓은 가문家紋이 달린 방패 때문에 그의 명성이 자자했으며, 고대의 습속에 따라 방패는 말의 머리같이 만들었다.

같은 시대에 안토니오 다 카라라Antonio da Carrara라는 희귀한 조각가가 있었는데, 그는 나폴리 출신 피냐텔라 가문의 몬텔리오네Montelione 위촉으로 팔레르모Palermo에 조상을 세 개를 만들었다. 즉, 세 가지 자세를 한 「성모 마리아」의 조상으로, 칼라브리아의 몬텔리오네 대성당 안 제대를 장식한 것이다. 또 몬텔리오네 후작을 위하여 팔레르모에 대리석 상들을 제작했다. 그에게는 아들이 하나 있는데, 현재 조각가며 아버지 못지않게 훌륭하다.

빈첸치오 다 산 지미냐노
Vincenzio da San Gimignano
Vincenzio Tamagni
1492~1530?

티모테오 다 우르비노
Timoteo da Urbino
Timoteo della Vite
1469?~1523

VINCENZIO DA S. GIMIGN.
PITTORE.

〔해설〕

빈첸치오 다 산 지미냐노는 16세기 전반기에 활동했으며 라파엘로의 제자로 소도마의 공방에서 미술을 배웠다. 라파엘로의 생전과 사후1516~21, 1525~27에 로마의 라파엘로 공방에서 일하면서 바티칸의 회랑 장식 작업에 참여했다. 고향인 산 지미냐노와 몬탈치노, 몬테리지오니 등 토스카나 지방 소도시에 작품을 남겼다.

티모테오 다 우르비노는 16세기 전반기에 활동한 화가로 볼로냐의 프란체스코 프란치아 공방에서 일했으며 이후 로마의 라파엘로 공방에서 일했다. 그의 작품은 16세기 전성기 르네상스의 고전주의 화풍에 속하며 특히 라파엘로의 영향을 강하게 받았다.

안드레아 다 피에솔레 이야기가 끝났으니 이제는 훌륭한 두 화가, 즉 토스카나의 빈첸치오 다 산 지미냐노와 우르비노의 티모테오Timoteo*에 관하여 쓰고자 한다. 바로 앞에 초상화를 걸어놓은 빈첸치오Vincenzio는 티모테오와 거의 동시대 사람이다. 그리고 둘 다 라파엘로의 제자이며 친구이기도 하다.

그는 교황 궁의 로지아를 장식할 때 동료들과 함께 라파엘로를 위하여 일했는데, 특히 뛰어났기 때문에 스승과 다른 사람들에게 칭찬을 많이 받았다. 그것으로 조반니 바티스타 달라퀼라 저택 맞은편의 보르고에 파견되어 일했다. 그는 프리즈를 장식했는데, 아홉 자매인 뮤즈Muse와 가운데에는 아폴로를, 위에는 사자獅子들을 매우 아름답게 그렸으며, 이것이 바로 교황의 문장紋章이다.

빈첸치오는 매우 부지런한 사람이며, 부드러운 채색으로 그린 조상은 매우 온화하게 보인다. 그는 언제나 라파엘로 양식을 모방하려고 애썼다. 안코나Ancona의 추기경 공관 맞은편에 우르비노의 조반니 안토니오 바티페로Giovanni Antonio Battiferro가 지은 저택 벽 정면을 보면 알 수 있지만 그는 라파엘로의 친한 친구이며, 그에게 건물 정면의 디세뇨를 배웠고, 이런 방법으로 궁전은 많은 경비를 절약하게 되었다. 뒤에 이 디세뇨로 빈첸치오가 제작했는데, 라파엘로는 바티페로의 이름을 상징하여 유피테르의 번개를 만드는 키클로페스Cyclopes, 큐피드의 화살을 만드는 불칸Vulcan, 그밖에 아름다운 나상과 흥미 있는 이야기 그리고 몇몇 조상을 보여준다.

그밖에 빈첸치오는 로마의 산 루이지 데 프란체시S. Luigi de' Francesi

* 티모테오 다 우르비노(Timoteo da Urbino=빈첸초 타마니 안드 티모테오 비티 티모테오 비티Vincenzo Tamagni and Timoteo Viti Timoteo Viti, 1467~1523)는 페라라에서 출생하여 1501년 우르비노에 정착했으며, 그가 라파엘로 제자였는지는 확실하지 않다.

광장 정면에 「카이사르의 죽음」Morte di Cesare과 「정의의 승리」Trionfo della Giustizia, 「기병들의 전투」Battaglia di cavalli를 프리즈에 그렸는데, 활기 넘치는 장면들을 정성 들여 제작했다. 그는 들창과 들창 사이의 지붕 가까이에는 몇 가지 덕德을 뛰어나게 그렸고, 폼페오Pompeo 법정 뒤의 캄포 디 피오레Campo di Fiore 근처에 있는 에피파니Epifani 정면에는 별을 찾는 삼왕三王 등을 그렸으며, 그밖에도 시내 각처에 많은 작품을 남겼다.

경험에 따르면 어떤 도회나 지방의 공기와 위치가 사람들로 하여금 위대한 작품을 낳도록 자극하는 듯하다. 같은 능력을 지닌 사람이 그가 거처하는 곳에 따라서 좋은 작품을 제작하든지 그렇지 못한 경우가 왕왕 있다. 빈첸치오가 로마에서 명성이 높았을 때 로마는 전성시대였으나 1527년의 약탈 때문에 폐허가 되고 말았다. 빈첸치오는 슬픔에 잠겨 고향인 산 지미냐노로 되돌아왔다. 그의 불행과 신체 변화가 그에게 최악의 경우를 가져왔다. 그러나 이곳에 와서 그가 이룩한 일은 거론하고 싶지 않다.

그가 거처를 옮겨서 입은 상처로 친구 스키초네Schizzone와 같은 처지가 되었다. 스키초네는 보르고, 로마의 매장장埋葬場, 산 스테파노 델리 인디아니S. Stefano degl'i Indiani에 훌륭한 작품 몇 점을 남겼지만, 고독에 잠기게 되어 예술에서 손을 끊고 얼마 후 죽었다. 빈첸치오는 로마를 떠난 후에는 산 지미냐노에서도 생활에 별로 재미를 느끼지 못했으며, 고향에서 세상을 떠났다.

우르비노의 티모테오는 훌륭한 가문 출신인 바르톨로메오와 페라라의 안토니오 알베르토Antonio Alberto의 딸 칼리오페Calliope 사이에서 태어났다. 알베르토는 당시 우르비노에 살던 평범한 화가였으며, 티모테오는 어렸을 때 아버지를 여의고 어머니 칼리오페―길조吉兆를 뜻하는 칼리오페Calliope는 예술과 시의 후원자인 뮤즈의 아홉 자매 중 한 사람이다― 밑에서 자라났다. 어머니가 그에게 그림과 데생 공부를 시켰는데 그때가 바로 라파엘로의 전성시대였다.

그는 처음에는 금은세공을 배웠는데,* 당시 볼로냐에 살면서 그림을 공부하여 장래가 촉망되던 형 피에르 안토니오의 부름을 받고 볼로냐로 떠났다. 티모테오는 잠시 그곳에 머무르면서 귀족인 프란체스코 곰브루티Francesco Gombruti의 사랑을 받았으며, 동시에 훌륭한 정신을 지닌 사람들과 사귀었다. 몇 달 안 가서 이 젊은이는 뛰어난 판단력과 기교로 친구들의 초상화를 그렸으며, 금은세공 솜씨보다 훨씬 뛰어났다. 그는 형과 친구들의 충고를 받아들여 줄과 끌을 내던지고 그림에만 전념했다.

그 후로는 열심히 그림 공부를 하면서 화가들을 사귀고 시내에 흩어져 있는 유명한 작품들을 모사하여 특별한 선생의 지도 없이도 기량이 나날이 진보했다. 그림에 전력을 쏟자, 그는 화가들이 물감을 섞는 것과 붓을 놀리는 것만 보고도 많은 비법을 깨닫게 되었다. 스스로의 힘과 천부의 자질로서 한두 번 보기만 하면 새로 나타난 아펠레스Apelles** 같이 대담하게 채색했고, 매력 있는 양식으로 표현했다. 그는 우수한 판단력과 지혜로 목판과 벽에 그림을 그렸으며, 자기가 동료 화가들보다 우수하다는 생각으로 발판을 굳혔다.

그는 26세 때 고향으로 돌아와서 몇 달 동안 머무르면서 실력을 보여주었다.*** 첫 작품은 대성당 산타 크로체 경당을 장식한 「성모 마리아」인데, 양쪽에 산 크레셴티우스S. Crescentius와 산 비탈리스S. Vitalis가 대령해 있고, 땅에 앉은 천사들이 비올라를 연주하고 있는 모습으로, 천사의 우아함과 어린이의 단순성을 잘 표현한 작품이다.**** 다음에는 트리니타Trinità 경당의 대제단화인데 산타 아폴로니아S. Apollonia가 제

* 프란차(Francia) 밑에서 1490~95년 사이에 금은세공을 공부했다.
** 그리스의 화가. 기원전 360?~기원전 315?
*** 1495년이다.
**** 밀라노의 브레라 미술관 소장품.

단 왼쪽에 있다. 이 작품들로 그의 명성이 외국까지 전파되자 라파엘로의 부름으로 기꺼이 로마에 가서 라파엘로의 극진한 환대를 받았다. 그는 1년 동안 라파엘로와 함께 일하면서 그림도 많이 그렸고 수입도 많았다.

그는 파체Pace 경당 반월창에 무녀巫女를 그려 라파엘로를 도왔는데 여러 화가에게 갈채를 받았다. 그가 거기에서 작업하는 것을 본 사람의 이야기로는 그가 가지고 있던 밑그림에서 증명된다고 한다. 그는 시에나의 스쿠올드 디 산타 카테리나Scuold di S. Caterina의 영구대靈柩臺와 관가棺架를 제작했다고 전해지나 애국심이 지나친 사람들은 다른 사람이 작가라고 한다.* 그러나 외관의 우아함과 채색이 부드러운 것으로 보아 티모테오의 작품이 틀림없다. 그는 로마 체재 중 좋은 자리에 있었으나 다른 화가들과 마찬가지로 멀리 떨어진 타향에서 오랫동안 견딜 수 없었으며, 친구들과 어머니를 돌보는 사제司祭의 청으로 우르비노로 되돌아가서 그를 아끼던 라파엘로의 마음을 아프게 했다.

티모테오는 귀향한 지 얼마 되지 않아 결혼했고, 고향에서 명성도 얻었기 때문에 다시 로마로 돌아오라는 라파엘로의 끈질긴 편지에도 불구하고 고향을 떠나지 않겠다고 결심했으며, 그 무렵 자녀도 생겼다. 그는 우르비노에서 열심히 제작에 종사했다. 그는 포를리Forli의 경당을 위하여 동료인 지롤라모 젠가Girolamo Genga와 함께 장식했다. 혼자서 치타 디 카스텔로로 보내게 된 목판에 그린 유채화와 칼리Cagli로 보낼 것도 그렸다. 또 카스텔 두란테Castel Durante에 프레스코를 그렸는데 찬사를 받았으며, 다른 작품들도 마찬가지였다. 그는 조상, 풍경 그밖에 그림의 모든 분야에서 가벼운 운필을 하는 화가로 알려졌다.

우르비노에서는 대성당의 산 마르티노S. Martino 경당을 젠가와 함께 장식했는데, 제단화와 경당 중앙부는 전부 그가 그렸다. 이것은 우르비

* 파크니아로토(Paccniarotto) 또는 페루치(Peruzzi).

그림 402 티모테오 다 우르비노, 「무염시태 성모와 세례자 요한,
성 세바스티아노」, 1512~20, 패널에 오일, 260×182cm,
브레라 미술관, 밀라노.

노 만투아Urbino Mantua의 대주교 아리바베네Arrivabene의 의뢰로 제작했
다. 같은 경당 안에 짧은 외투를 입은 막달레나Magdalena를 그렸다. 땅
까지 드리운 그녀의 머리카락은 정말 실물 같으며, 바람에 나부끼는 것
같다. 또 표정은 그리스도를 향한 사랑을 나타내는 신성神性을 띠고 있
다.* 산타 아가타S. Agata 성당에도 그의 그림이 있지만 대수로운 것이
아니다.

교외의 산 베르나르도S. Bernardo의 위촉으로 그린 성모영보도 아름다

* 볼론스(Bologns) 미술관 소장품.

우며, 그림 402* 우르비노의 귀족 부오나벤투리가家 경당 제단의 오른쪽에 있는데, 서 있는 성모 마리아의 모습이 매우 우아하고 아름답다. 손을 잡고 눈길을 모은 하늘에는 영광의 후광 안에 아기 예수가 비둘기로 상징되는 성령 위에 한쪽 다리를 올려놓고 왼손으로 세계를 상징하는 천체를 받치고 오른손을 들어 올려 축복을 내리고 있다. 아기 예수 오른쪽에는 한 천사가 성령에게 성모 마리아를 가리키고 있다. 성모 마리아 오른쪽에는 낙타 가죽으로 몸을 가린 세례자가 맨몸을 드러내고 있다. 왼쪽에는 나무에 묶인 성 세바스티아노가 보이는데, 입체감이 무척 훌륭하다.

우르비노 공작 저택 안뜰에 밀실이 있는데 거기에는 티모테오가 그린 아폴로와 뮤즈들의 상반신 그림이 들어 있다. 그는 공작을 위하여 많은 그림을 그렸으며, 실내 장식도 많이 했다. 그 후 프랑스 왕에게 보낼 마의馬衣를 젠가와 함께 그렸는데 동물들이 정말 움직이는 듯하다. 그는 또 공작부인 레오노라Leonora와 프란체스코 마리아 공작과의 결혼식에 장식될 아치를 제작했는데, 마치 고대의 것을 방불케 하여 많은 칭찬을 받았으며, 그 덕분에 공작의 가령家令의 한 사람으로 임명되어 급료도 충분히 받았다.

티모테오는 뛰어난 디자이너이면서도 부드럽고 매력적인 채색을 하는 화가였다. 그의 천성은 낙천적이고 명랑했으며 부지런했다. 또 재치 있고 예리하게 이야기했다. 여러 악기를 즐겨 연주했는데, 특히 류트를 즐겼다. 그는 1524년에 54세로 죽었으며, 명성과 능력으로 고향을 빛냈지만 죽음으로 슬프게 만들었다. 그가 우르비노에 남긴 미완성 작품들은 다른 사람들이 완성했지만 차이는 컸다.

나는 그가 그린 데생을 몇 편 가지고 있는데 그의 아들에게서 구입했다. 이들은 무척 아름답고 칭찬할 만하다. 줄리아노 데 메디치를 펜

* 밀라노의 브레라 미술관 소장품.

과 잉크로 그린 초상화 소묘는 줄리아노가 우르비노 궁정과 유명한 아카데미아 미술관을 방문했을 때 그린 것이다. 그밖에 「내게 손을 대지 마라」Noli me tangere와 그리스도가 기도드리는 동안 사도 요한이 잠들어 있는 무척 아름다운 장면을 그린 그림들도 있다.

안드레아 달 몬테 산소비노
Andrea dal Monte Sansovino
Andrea Contucci
1460~1529

VITV DI ANDREA CONTVCI
SCVLT. ET ARCHI.

〔해설〕

15세기 후반에서 16세기 전반에 활동한 전성기 르네상스의 대표 조각가다. 바사리는 안드레아 산소비노가 양치기였으며 조토의 생애에서처럼 그가 바위에 그림을 그리는 것을 지나가던 시모네 베스푸치가 보고 미술가로 키우기 위해 피렌체의 안토니오 폴라이우올로 공방에 들어가게 했다고 전하고 있다. 이 같은 일화는 실제일 수도 있지만 화가의 일화에서 종종 등장하는 것이므로 바사리가 지어낸 이야기일 수도 있다.

산소비노는 22세에 이미 코르비넬리 가문을 위해 피렌체의 산토 스피리토 성당에서 제대를 제작했을 정도로 재능이 뛰어났다. 메디치 가문이 포르투갈의 왕 조반니 아비스Giovanni Aviz를 위해 파견한 조각가와 건축가 중 이 작가가 포함되었다는 사실로 재능을 짐작할 수 있다. 로렌초 데 메디치가 죽은 뒤 1501년까지 포르투갈에 머물며 코임브라 대성당의 라 푸에르타 에스페초사la Puerta Especiosa 문을 제작했고, 포르투갈의 벨렘Belém, 신트라Sintra, 리스본Lisbona 등에서 일했다. 이 무렵 스페인 톨레도 대성당의 마조레 경당에 멘조나 추기경을 위한 장례 기념비를 제작하기도 했는데, 이 작품은 스페인에 알려진 최초의 이탈리아 르네상스 작품으로 꼽힌다.

이후 산소비노는 이탈리아로 돌아와 피렌체, 로마 등에서 활발히 활동했다. 1513년부터 1524년까지 이탈리아의 로레토 성지에서 일했다. 이 성지는 예루살렘에 있던 예수, 마리아, 요셉이 살던 집의 벽돌을 십자군 병사들이 로레토로 옮겨와 복원한 것으로 산소비노는 이 집을 둘러싼 보호벽을 쌓는 일을 했다. 산소비노 외에도 피렌체의 바초 반디넬리를 비롯한 유명 조각가들이 참여했다. 말년에 자신의 고향인 몬테 산소비노의 산 아고스티노 성당의 중정과 내부 회랑의 건축을 시행했다.

안드레아 디 도메니코 콘투치 달 몬테 산소비노
Andrea di Domenico Contucci dal Monte Sansovino는 빈한한
농부의 아들이며 양치기였으나, 그의 정신은 고매하고
드물게 보이는 천재였다. 또 그의 머리는 힘든 건축법
과 원근법에 정통했으므로 당대에 그보다 뛰어난 사람을 볼 수 없었으
며, 의심나는 문제들을 쉽게 해결했기 때문에 아주 유일한 존재로 인
정받았다.* 그의 출생은 1460년으로 추정되며 조토처럼 양치기였으며,
자기가 지키는 가축들을 땅 위나 모래 위에 그리곤 했다.

어느 날 피렌체 시민이며 몬테Monte의 촌장인 시모네 베스푸치가 지
나가다가 그림을 그리는 이 소년을 유심히 지켜보고는 그의 재주가 비
범함을 알고 그의 아버지에게 아이를 데려다가 그림 공부를 시키고 싶
은데 허락하겠느냐고 물었다.

시모네가 그의 아버지 도메니코의 승낙을 얻어 어린이를 데리고 피
렌체로 돌아가 안토니오 델 폴라이우올로에게 맡겼더니 아이는 몇 해
안 가서 훌륭한 거장이 되었다. 폰테 베키오 옆의 시모네 집에는 그가
그린 「나무에 못 박힌 그리스도」의 스케치가 있다. 또 옛날 메달을 복
사한 갈바Galba와 네로Nero의 테라코타 머리상像이 참 아름답다. 이 작
품들은 벽난로를 장식했던 것인데, 갈바 황제상은 아레초의 조르조 바
사리 집에 있다.

그가 피렌체에 있을 때 몬테 산소비노Monte Sansovino의 산타 아가타
성당을 위하여 성 로렌초와 그밖의 성인들과 작은 풍경을 테라코타로
제작했는데, 놀라운 솜씨였다. 얼마 후 성모 마리아의 몽소승천을 성녀
아가타, 성녀 루치아, 성 로무알도가 대령해 있는 작품으로 만들었는

---

* 산소비노의 생애는 바사리의 제2판에 처음으로 실렸다. 바사리는 그가
토스카나에서 교육을 받았다고 강조하고, 베네치아 건축에 큰 진보를 가
져다준 공적을 칭찬했으나 그가 제작했다는 조각에 관해 엇갈린 주장도
했다.

그림 403 안드레아 달 몬테 산소비노 외, 「산타 카사를 위한
보호벽」, 대리석, 16세기 초반, 로레토 대성당, 로레토.

데, 후에 델라 롭비아della Robbia가 판유리 그림을 끼웠다.

그가 조각가로 전신한 뒤 산토 스피리토 성당 성기실聖器室 벽기둥의 기둥머리를 크로나카Cronaca를 위해 제작하여 명성을 떨치게 되자 본당과 성기실 사이의 곁방을 만들도록 위촉받았다. 장소가 좁았기 때문에 그는 기지를 발휘하여 표석漂石으로 코린트식 원주圓柱를 6개씩 2열로 세우고 그 위에 처마도리, 프리즈, 쇠시리 등을 놓고 중배 부른 통돌로 둥근 천장을 만들었으며, 거기에 다양하고 풍부한 조각으로 장식했고 칸막이를 설치하여 참신한 설계로 많은 칭찬을 받았다. 만일 정사방과 원형으로 구분한 칸막이를 원주가 있는 직선으로 만들었으면 일하기도 쉬웠을 테고, 모양도 한층 좋았을 것이다.

안드레아의 친구가 나에게 이것은 로마에 있는 로톤다Rotonda를 본뜬 것이라고 말했다. 로마의 로톤다는 중앙에 자리 잡은 둥근 기둥의 서까래들이 칸막이들을 이루고 있으나 점점 자취를 감추었으며, 원주와도 열을 이루지 않았다. 그 친구는 "현존現存하는 것 가운데 가장 아름다우며, 균형이 잘 잡힌 이 로톤다를 제작한 건축가가 크고 중요한 둥근 천장을 만들 때 만일 이런 사항들을 고려하지 않았다면 작은 것을 지을 경우에도 문제가 된다"라고 덧붙였다.

여러 건축가―그중에는 미켈란젤로도 들어 있지만―의 의견은 이 로톤다를 건축가 세 사람이 지었다는 것이다. 즉, 첫째 사람이 원주에서 쇠시리까지 짓고, 둘째 사람이 쇠시리 위에서부터 윗부분을 제작했다고 한다. 왜냐하면 쇠시리 윗부분의 들창들이 아랫부분과 다르며, 둥근 천장 공사가 밑의 각 구획의 선과 맞지 않기 때문이다. 셋째 건축가는 아름다운 주랑柱廊을 만들었다고 생각된다.

지금 사람들은 안드레아같이 건축을 하지는 않을 것이다. 이 공사를 한 후 안드레아는 코르비넬리Corbinelli 일가로부터 이 성당 안의 성사聖事에 쓰일 경당을 짓도록 위탁받았다. 그는 이 작업을 도나텔로Donatello와 다른 유명한 사람들의 작품을 모방하여 얕은 돋을새김으로 완성했는데, 명예를 위하여 수고를 아끼지 않았다. 감실의 양쪽 벽감에 1브라차 크기의 성 야고보와 성 마태오의 조상을 세웠는데 완벽한 작품이다. 그 밑에 두 천사를 돋을새김으로 만들었는데, 옷차림이 매우 섬세하여 마치 나는 듯하다. 중앙에 그리스도의 나상도 매력 있게 만들었으며, 대좌와 감실 위에 작은 인물들의 조상과 풍경도 마치 그린 것같이 섬세하다. 더욱 놀라운 것은 이 작품 전체가 잘 조화되어 마치 한 폭으로 된 작품 같다는 것이다. 또 제단 앞에는 얕은 돋을새김으로 만든 커다란 대리석으로 피에타를 제작했는데, 성모 마리아와 울고 있는 성 요한이 있다. 이 교회의 청동제 창살도 일품이며 수사슴, 코르비넬리의 문장紋章으로 장식한 가지촛대들을 넣어 만든 아름다운 작품이다.

이 작품과 다른 여러 작품으로 안드레아의 명성이 국내외에 퍼지게 되어 포르투갈 왕이 로렌초 데 메디치를 통하여 그를 고용하고자 했다. 따라서 로렌초는 안드레아를 왕에게 파견하여 조각, 건축, 특히 화려한 궁전을 건축하게 했다. 이 건축물들은 안드레아의 설계와 밑그림에 따라 지었는데, 그는 본래 연필로 그림을 잘 그렸으며 내가 수집한 그의 연필 그림, 건축 스케치를 보아도 이를 잘 알 수 있다.

그는 포르투갈 왕을 위하여 예언자들을 장식한 제단을 나무로 제작했다. 그는 또 왕이 무어Moor족을 정복하고 승리한 장면을 대리석으로 조각할 점토 모형을 만들었다.* 그의 작품으로는 이보다 뛰어난 것이 없으며, 말들이 보여주는 각양각색의 자세와 움직임, 싸우는 병사들의 노여움 등을 훌륭하게 표현했다. 또 그에게는 아름다운 성 마르코의 대리석제 조상도 있다. 그가 왕에게 봉사하는 동안 왕을 기쁘게 하려고 그 나라의 독특하고 곤란한 건축상의 문제를 연구했다. 그 책을 그의 후손이 내게 보여준 일이 있는데, 지금은 안드레아의 제자 지롤라모 롬

---

* 1471년 아르칠라(Ar-Zila)를 붙잡는 장면이며, 코임브라(Coimbra)와 가까운 산 마르코 성당 수도원에 보관되어 있다.

바르도Girolamo Lombardo가 가지고 있다. 그는 현재 과거에 스승 안드레아가 착공했던 제작을 마저 끝내기 위해 포르투갈에서 작업 중이다.

그는 포르투갈에서 9년을 지낸 후 지쳐서 토스카나 지방의 친척과 친구들이 그리운데다가 돈도 어느 정도 모았기 때문에 일을 그만두기로 결심했다. 가까스로 왕의 허락을 얻어 자신이 하던 일을 마치도록 몇 사람을 남겨두고 피렌체로 돌아왔다. 1500년에 미세리코르디아 맞은편 산 조반니 성당 출입문 위에 놓을 「세례자 요한」의 대리석 조상을 만들기 시작했지만 제노바로 떠나야만 할 일이 생겨 완성하지 못했다. 또 대리석으로 만든 조상이 둘 있는데, 하나는 그리스도와 성모 마리아며,* 끝맺지 못한 채 피렌체의 산 조반니 성당에 있다.

그는 교황 율리우스 2세의 초청을 받고 로마로 가서 산타 마리아 델 포폴로 성당 안에 묘묘 두 개의 건립을 위촉받았다. 그 하나는 추기경 아스카니오 스포르차Ascanio Sforza의 것이고, 또 하나는 교황의 가까운 친척인 추기경 레카나티Recanati의 것이다.** 그는 이 묘묘를 예술상의 법칙과 균형을 잘 고려하여 아름답고 품위 있게 제작했다. 거기에는 대리석 조상이 또 하나 있다. 즉, 손에 모래시계를 든 절제節制***인데 신의 작품이라 할 만하며, 현대의 것이라기보다는 고대 유물에 가깝게 그 자태와 우아함이 뛰어나다. 이 조상을 휘감은 베일 역시 깃털처럼 가볍고 아름다워 마치 기적과 같다.

로마의 산 아고스티노S. Agostino 성당을 위하여 본당 건물 주축대 위에 성녀 안나가 성모 마리아와 그리스도를 붙들고 있는 거의 실물 크기의 대리석 조상도 제작했다.**** 이 작품은 성녀 안나의 기쁨과 자연스러운 행동, 성모 마리아와 그리스도의 신성한 아름다움을 취급한 현대 작

---

* 1503년 작품이며 현재 산 로렌초 성당에 있다.
** 1505~1507년 사이에 완성했다.
*** 가톨릭에서 4추요덕(樞要德)의 하나다.
**** 1512년 작품이다.

그림 404 안드레아 달 몬테 산소비노 외, 「성모영보」, 대리석,
16세기 초반, 로레토 대성당, 로레토.

품 중에서 가장 높은 자리를 차지하는데, 그 섬세함과 경쾌함이 필적할 것이 없으며, 군상群像에 붙어 있는 수많은 소네트와 작시作詩에 영감을 주었다. 이런 시가詩歌를 잔뜩 적어 넣은 책을 한 수사가 보관하고 있는데 나는 그 내용을 읽고 깜짝 놀랐다. 정말 아무리 칭찬해도 결코 지나치지 않기 때문이다.

안드레아의 명성이 이렇게 점점 올라가자 교황 레오 10세는 브라만테가 1513년에 로레토에 가서 착공했던 산타 마리아 성당 안의 동정 마리아 경당에 대리석으로 만든 장식의 조각을 완성하려고 안드레아를 고용하기로 결심했다. 그는 경당의 모퉁이에 있는 돌출부 한 쌍마다 2.5브라차 높이의 벽기둥으로 장식했는데, 벽기둥은 기초와 기둥머리에도 조각이 되어 있으며, 아름답게 조각된 대과 위에 서 있다. 벽기둥 사이에는 앉은 조상이 들어 있는 큰 벽감이 있으며, 그 위에는 작은 벽감들도 보인다. 이것들은 벽기둥 기둥머리의 구슬선[柱環]까지 뻗어 그 높이에서 프리즈를 이룬다.

그 위에는 정교하게 조각된 처마도리, 프리즈, 쇠시리들이 담벼락 전체를 둘러싸며 네 모퉁이 위에 불쑥 내밀어 정면 중앙부에 두 공간을 형성하고 있는데, 방의 길이가 넓이보다 길다. 한가운데는 모퉁이와 마찬가지로 돌출물이 있으므로 크고 작은 벽감 양쪽에 5브라차씩 공간이 있다. 이 공간에는 출입문이 둘 있어 어느 쪽에서나 경당으로 통하며, 양쪽 벽감 사이에 대리석 구조물을 위한 공간이 5브라차 정도 있다.

건물 정면은 벽감만 없을 뿐 같으며, 기둥 밑부분은 벽기둥의 모퉁이와 모퉁이 벽감과 일직선으로 제단을 이룬다. 정면 중앙에는 위와 아래에 같은 넓이와 길이로 공간이 있다. 제단 위에는 안쪽 제단을 향하여 청동제 쇠창살이 있어 미사를 집전할 때 안을 들여다보면 성모 마리아의 제단을 볼 수 있다. 또 큰 벽감 여덟 개와 작은 벽감과 그 앞의 작은 공간에는 여러 교황과 교회의 문장들이 있다.

이 층계에 있는 작품들을 본 안드레아는 아래 공간을 성모 마리아의 이야기로 채우기로 하고 한쪽에 「성모 마리아의 강탄」을 시작했으나 결국 완성하지 못했는데 이는 후에 바초 반디넬리가 이어받아 완성했다. 또 한쪽에는 「성모 마리아의 결혼식」을 제작하기 시작했으나 이것도 역시 완성하지 못했으며, 그가 죽은 후에 라파엘로 다 몬테루포 Raffaello da Montelupo가 완성했다. 건물 정면 작은 공간 두 곳에 있는 쇠창살 양쪽에 하나는 마리아가 엘리자베스를 방문하는 장면을, 또 하나는 성모 마리아와 요셉이 함께 호적을 등록하는 장면을 제작했다. 이것들은 후에 프란체스코 다 산 갈로가 마무리했다.

큰 공간에는 안드레아가 「성모영보」를 만들었는데 형언할 수 없을 만큼 우아하며, 성모 마리아가 무릎을 꿇고 하례하는 천사를 지켜보는 모습은 천사의 입술에서 나오는 아베 마리아 찬가와 더불어 대리석이 아니라 정말 하늘에서 온 것 같다.그림 405 또 가브리엘 대천사를 뒤따르는 두 천사를 돋을새김으로 만들었는데 하나는 대천사를 따르고 또 하나는 날고 있다. 두 치품천사熾品天使가 건축물 뒤에서 보이는데 대리석 구름 위에서 쉬는 모습이 마치 살아 있는 듯하며, 대리석 광선으로 성령을 내리는 성신을 받들고 있어 참으로 자연스럽게 보인다.

성령을 나타내는 비둘기 한 마리와 꽃을 가득 담은 아름다운 화병과 섬세한 조각, 천사들의 깃털, 머리카락, 우아한 용모와 의상, 그밖에 모든 것이 안드레아를 아무리 칭찬해도 지나치지 않다. 그 누구도 하느님 아들의 모친이 거처하는 이 성스러운 곳을 브라만테의 건축과 안드레아의 조각보다 더 아름답게 장식할 수는 없을 것이며, 가장 값비싼 동양의 보석일지라도 이만큼 고귀하지는 못할 것이다.

안드레아는 이 작품을 만드는 데 워낙 시일이 오래 걸렸으므로 그가 시작했던 다른 일들을 완성할 수 없었다. 그는 건축물 한쪽에 「구세주 강생」을 목자들과 노래하는 네 천사와 함께 착수했는데, 훌륭한 솜씨로 마치 살아 있는 듯하다. 그러나 「동방박사의 경배」는 그의 제자 지롤라모 롬바르도와 다른 제자들이 완성했다. 안드레아는 만년에 큰 장

그림 405 안드레아 달 몬테 산소비노, 「성모영보」, 1522,
대리석, 성전의 지성소, 로레토.

면을 두 개 제작하려고 했는데 죽은 성모 마리아를 사도들이 매장하러 가는 장면과 네 천사가 하늘을 나는 모습과 많은 유대인이 성체를 훔치려는 장면이다. 이 작품도 그가 죽은 후에 볼로냐의 조각가 도메니코 아이모Domenico Aimo*가 완성했다.

안드레아는 이 장면 아래에 로레토의 기적에 관한 이야기를 준비하고 있었다. 즉, 경당을 건립했는데 그 안은 성모 마리아가 탄생한 방과 아기 예수가 12세가 될 때까지 키우고 예수가 죽은 후에도 머물던 장면을 재현했다. 그녀는 맨 처음 나사렛에서 스클라보니아Sclavonia로, 그다음은 레카나티Recanati 지방의 숲속으로, 마지막으로 지금 이곳으로 옮겨졌는데, 여기는 성지聖地로서 기독교 신자들이 끊임없이 방문한다. 이 이야기의 장면들은 후에 피렌체의 조각가 트리볼로가 완성했는데 그 자리에서 다시 기술하겠다.**

* 볼로냐의 일 바리냐나(Il Varignana)다.
** 1523년에 완성.

안드레아는 벽감에 넣을 예언자들의 스케치도 그렸으나 단 하나만 완성했으며, 나머지는 지롤라모 롬바르도와 다른 조각가들이 완성했는데 그 부분에서 이야기하겠다. 그러나 안드레아의 조각은 당대에 으뜸가는 작품들이었다. 교황 레오의 명에 따라 브라만테가 설계한 교회 안에 있는 사목위원 회의실의 제작을 안드레아가 착수했지만 완성하지 못하고 교황 클레멘티우스 7세 때 안토니오 다 산 갈로, 그 뒤 조반니 보칼리노Giovanni Boccalino가 카르피Carpi 추기경의 지휘 아래 1563년에 끝냈다. 안드레아는 성모 마리아 경당에서 제작하는 동안 그와 친분이 돈독했던 조반니 데 메디치의 따뜻한 위임을 호의적으로 받아들여 로레토 요새화와 그밖에도 많은 일을 했다.

안드레아는 로레토에 머무르면서 1년에 4개월 동안 휴가를 얻어 고향 몬테Monte로 돌아가서 가족, 친척들과 생활을 즐기면서 농사를 지었다. 몬테에서 여름을 보내면서 자기 집을 짓고 가구도 많이 샀다. 또 산 아고스티노 성당의 수사들을 위하여 작지만 꽤 쓸모 있는 수도원도 지었다. 이 건물은 반半정방형으로 되어 있으며 네 모퉁이의 벽기둥들을 너무 많이 만들었는데 본래의 치수가 아닐뿐더러 균형도 잡히지 않았다.

산 안토니오라고 불리는 수도원의 수도자들을 위하여 도리아 양식의 출입문과 칸막이를, 산 아고스티노 성당에는 설교대를 설계했다. 또 옛 교구청教區廳 쪽 샘터로 올라가는 도중에 작은 경당도 설계했지만 이것은 수사들이 원하는 방식이 아니었다. 아레초에서는 유명한 점성가占星家 피에트로를 위하여 저택을 설계하고 몬테풀차노Montepulciano를 위하여 포르세나Porsena* 왕의 조상을 제작했다. 나는 그것을 한 번도 본 일이 없는데 어떤 손상이나 입지 않았는지 다소 근심된다.

안드레아는 친분이 있는 독일인 신부를 위하여 성 로코의 실물 크기

---

* 전설상의 이트루리아(Etruria) 왕.

그림 406 안드레아 달 몬테 산소비노 외,「동방박사의 경배」(부분),
1502~1505, 대리석, 282 and 260cm with bases,
로레토 대성당, 로레토.

조상을 테라코타로 제작했는데 무척 아름답다. 이 성직자는 그 조상을 아레초 지방 바티폴레Battifolle의 한 성당에 간직했다. 이것이 안드레아의 최후 작품이 되었다. 안드레아는 아레초에 있는 감독관을 위하여 계단을 설계했으며, 아레초시의 라그리메Lagrime 부인을 위하여 각기 4브라차 크기의 조상 네 개로 된 장식물을 제작하고 있었으나 그가 죽음으로써 중단되었다.*

그는 부지런하여 이 작품을 68세 때 착수했는데, 말뚝 빼는 작업을 도와주다 한기에 걸렸고 높은 열이 계속되어 1529년에 죽었다. 그의 죽음은 고향의 명예는 물론 그의 세 아들과 딸들에게도 큰 슬픔이었다. 얼마 안 있어 세 아들 가운데 하나인 무치오 캄밀로Muzio Cammillo도 죽었는데 그는 예술의 우수한 제도弟徒였다.

안드레아는 예술가로서 훌륭한 사람이었을 뿐만 아니라 모든 방면에 재능이 있는 탁월한 공장이었다. 그는 정직하고 현명했으며, 따라서 지식인들과 철학자들의 친구였다. 그는 우주론宇宙論에 조예가 깊었으며, 거리와 척도에 관한 작도作圖와 수기手記를 남겨놓았다. 그의 체격은 작은 편이었지만 짜임새 있고 튼튼했다. 그의 머리카락은 길고 부드러웠으며, 눈은 맑고 코는 독수리 부리처럼 굽었다. 피부는 희고도 붉었으며, 말은 약간 더듬었다.

안드레아의 제자 지롤라모 롬바르도, 피렌체의 시모네 촐리Simone Cioli는 이미 이야기한 바 있다. 또 도메니코 달 산소비노는 안드레아가 죽은 후 얼마 안 있어 죽었다. 레오나르도 델 타소Leonardo del Tasso는 피렌체의 산 암브로조Ambrogio 공동묘지에 성 세바스티아노의 목각조상을 제작했고, 성녀 키아라S. Chiara의 대리석 평석平石을 제작했다. 그리고 스승의 이름을 딴 피렌체의 야코포 산소비노가 있는데 이 사람에 대해서는 다른 장에서 구체적으로 이야기하겠다.

▌ * 1528년의 일이다.

건축술과 조각은 안드레아에 힘입은 바 적지 않다. 그는 과거에 모르던 측량과 무거운 물건 옮기는 방법을 고안했으며, 그의 조각들은 놀랄 만한 판단력과 기교로 다듬어졌다.

베네데토 다 로베차노
Benedetto da Rovezzano
1474~1552?

BENEDETTO DA ROVEZZANO
SCVLTORE

〔해설〕

　미술사 교과서에서는 언급되지 않는 작가지만 당대에는 피렌체 대성당 조각을 비롯하여 카르미네 성당 등 이 도시의 중요한 장소에서 작품을 주문받아 제작했다. 오늘날 피렌체의 많은 관광지에서 만날 수 있는, 이름은 알려지지 않았으나 대단한 기법을 자랑하는 작품들이 바로 베네데토 다 로베차노를 비롯해 당대 활발히 활동했던 작가들의 작품일 것이다. 베네데토 다 로베차노의 작품은 오늘날 남아 있는 것들이 많다. 피렌체의 산타 마리아 델 캄포 성당에 있는 성 줄리오의 유골함은 그중 하나인데 1643년 교황 우르바노 8세가 피에솔레의 주교 로렌초 델라 롭비아에게 선물한 것이다.

　피렌체의 포데스타궁Palazzo Podestà에 판돌피니 가문의 문장을 장식한 아키트레이브가 남아 있으며, 베네데토는 이 가문을 위해 피오렌티나 수도원Badia Fiorentina에 가족 경당을 건축해주었다. 그밖에 팔라초 포데스타에 그가 제작한 벽감 등 피렌체의 여러 성당, 수도원, 공공건물 등의 유적지에서 그의 작품들을 만날 수 있다. 베네데토는 루카를 비롯한 토스카나의 주요 도시에서 활동하며 작품을 다수 남겼다.

뛰어난 작품을 제작하고서 노경老境에 이르러 자신의 작품과 아울러 다른 사람들이 만든 작품을 즐기려 할 때나 그들이 종사하는 예술의 세계에서 완전성이 무엇인지를 이해할 경지에 이르러서, 운이 나쁘거나 또는 나쁜 습관이나 여러 원인으로 실명失明함으로써 같은 직업에 종사하는 사람들의 작품을 감상조차 못하게 된다는 것은 큰 불행이라 하겠다. 그리고 시기 때문이 아니라 남들처럼 신진 대가들의 명성이 그럴 만한 가치가 있는지를 판단할 능력이 없기 때문에 그들의 명성을 들을 때 슬픔은 한층 더할 것이다.

이러한 비극이 이제부터 소개하려는 피렌체 출신의 조각가 베네데토 다 로베차노에게 일어났다. 지금 내가 이야기하고자 하는 재주와 능력을 겸한 베네데토의 운명이 그러했다. 그가 피렌체에 있을 때 처음으로 만든 작품이 피에르 프란체스코 보르게리니Pier Francesco Borgherini 저택에 있는 굳은 석재로 만든 벽로壁爐인데, 그는 거기에 기둥머리, 프리즈, 그밖에 많은 장식을 새겼다. 그는 빈도 알토비티Bindo Altoviti 저택에도 벽로를 매우 섬세하게 만들었으며, 건축물 부분은 당시 젊은 야코포 산소비노가 담당했다.

1512년에 베네데토는 당시 피렌체 시장을 지낸 피에로 소데리니의 위촉으로 카르미네 성당 안의 한 경당에 대리석제 묘소를 장식하는 데에 고용되어 잎[葉] 장식, 죽은 사람과 다른 사람의 조상들을 정성을 다하여 아름답게 완성했다. 그리고 그 안에 현무암으로 검은 헝겊같이 보이도록 닫집을 만들었는데 우아하고 아름답게 마무리했으므로 현무암이 아니라 마치 비단같이 보인다. 베네데토의 이 작품은 아무리 칭찬해도 결코 지나치지 않을 것이다.

그는 건축술에도 능통하여 피렌체의 산토 아포스톨로S. Apostolo 성당에서 가까운 오도 알토비티Oddo Altoviti의 저택을 설계했는데, 정문을 대리석으로 만들고 그 위에는 알토비티의 문장紋章을 회색 돌로 새졌다. 그 속에 기대어 울부짖는 이리가 마치 방패에서 뛰어나올 것같이 보이며, 다른 장식물들도 도림질 세공으로 조각하여 종이같이 보인다. 이 성당에 있는 빈도 알토비티의 두 경당에 조르조 바사리가 「성모 무염시태」를 패널 그림으로 그렸다. 베네데토는 대리석 석관石棺을 잎 장식 등으로 화려하게 장식했다.

베네데토가 야코포 산소비노, 바초 반디넬리와 함께 산타 마리아 델 피오레 대성당을 위하여 사도 중 한 사람의 조상, 즉 복음 전도자 성 요한을 제작했다는 것은 이미 이야기한 바 있는데* 훌륭한 디세뇨와 기교를 보여주었다. 이 조상들은 사목위원회 집합소에 있다.

1515년에 발롬브로사Vallombrosa 교단 총재가 성 조반니 구알베르토의 유해를 파시냐노Passignano 대수도원에서 같은 교단에 속하는 피렌체의 산타 트리니타 성당으로 옮기려고 베네데토에게 경당과 무덤의 설계도를 만들도록 함께 위촉했는데, 등신대大의 많은 조상을 화려하게 조각한 프리즈로 가득 찬 벽기둥과 그로테스크 사이의 닫집 달린 감실에 알맞게 분배하도록 했다. 그 밑은 1.5브라차 높이 대좌台座에 성인들의 생애 중에서 몇 장면으로 장식했다.그림 407 이 묘묘를 만드는 데 많은 조각가의 조력으로 10년이 걸렸다.

성성聖省에서 막대한 비용을 대면서 크로체 성문 밖의 산 살비에 가까운 일 구아를론도Il Guarlondo 저택에서 진행했는데, 거기는 교단 총재가 거처하는 곳이다. 이 공사가 완성되자 피렌체시는 깜짝 놀랐다. 그러나 세상은 그럴 수 있듯이, 대리석과 훌륭한 사람들이 만든 아름다운 작품이 변덕스러운 운명의 대상이 되고 말았다. 수사들 사이에 불화가 일어나서 책임자가 바뀌고 이 공사는 1530년까지 미완성인 채로 내버려두었다. 당시 전쟁이 피렌체 주위를 휩쓸고 있었으며, 애써서 제작한 물건들이 병사들 때문에 완전히 파괴되어 산산조각이 났다. 그리하여

* 1512년에 위촉받았다.

그림 407 베네데토 다 로베차노, 「성 베드로 이그네우스
불에 호된 시련을 겪다」(성 요한 구알베르트의 무덤에서,
일부분 파괴됨), 대리석, 바르젤로 미술관, 피렌체.

수사들은 후에 그것들을 헐값으로 팔아버렸다. 그 파편이 보고 싶으면
산타 마리아 델 피오레 대성당 사무실에 몇 조각이 있으니 가서 보면
되는데, 이 성당 사무원이 몇 해 전에 사들인 것들이다.*

　모든 것이 평화와 일치가 감도는 수도원에서는 아름다운 성과를 맺
지만, 그와 반대로 대항과 불화밖에 없는 곳에서는 자랑할 만한 완성과
유종의 미는 찾아볼 수 없다. 왜냐하면 선량하고 현명한 사람들이 백
년을 걸려서 만들어놓은 것을 무식하고 미치광이 같은 놈들은 단 하루
에 파괴해버리기 때문이다. 아마 운명은 무식한 자, 무가치한 것을 좋
아하는 자가 언제나 지배하고 명령하는 자, 아니 모든 것을 파괴하는
자이기를 원하는 것 같다. 일찍이 로도비코 아리오스토Lodovico Ariosto,
1474~1533가 오를란도 푸리오소Orlando Furioso의 노래 17편의 첫머리에
서 세속 영주들에 관해 한 말은 진실이라 하겠다.

　다시 베네데토 이야기로 돌아가자. 그의 노력과 교단의 돈이 불행하
게 쓰인 것은 매우 안타까운 일이다. 이 건축가가 설계한 건축물 가운
데 중요한 것을 들면 피렌체의 바디아Badia 성당 출입문과 현관, 몇몇
경당, 즉 판돌피니Pandolfini 가족이 위촉한 산 스테파노 경당 등이었다.

* 파편들은 현재 피렌체의 바르젤로 미술관에 있다.

그 후 베네데토는 영국 왕이 초청하여 그곳에 건너가서 대리석과 청동으로 많은 작품을 제작했는데, 특히 왕의 묘묘를 만들고* 왕에게 많은 보수를 받아 여생을 안락하게 지낼 수 있었다. 그는 피렌체로 되돌아와서 다시 금박金箔가공 일을 했는데, 이미 많은 보수를 받았다. 그는 영국에서도 일 때문에 눈병을 앓은 적이 있는데 이번에도 금속을 녹이면서 불 곁에 장시간 서 있었기 때문에 마침내 실명하고 말았다. 그리하여 그는 1550년에 일을 포기하고 2~3년을 더 살았다.

그는 죽을 때까지 신심 깊은 크리스천으로, 하느님께 감사를 드리면서 생애를 마쳤다. 베네데토는 예의 바른 사람이었으며, 언제나 교양 있는 사람들과 즐겨 사귀었다. 그의 초상화는 젊었을 때에 아뇰로 디 도니노Agnolo di Donnino가 그린 것이다. 이 그림이 내가 모은 화첩에 들어 있다. 그가 그린 디세뇨도 몇 장 간직하고 있는데 아주 훌륭하다. 그는 뛰어난 공장들 중 한 사람으로 인정될 만한 사람이다.

* 추기경 볼세이(Wolsey)가 기공한 이 기념물에 베네데토는 1524년부터 작업을 시작했다. 그런데 영국 의회의 명으로 1646년에 헐어버렸으며 산 파울로 성당 지하에 있는 석관만 현재 넬손(Nelson)의 유물로 보존하고 있다.

바초 다 몬테루포와 그의 아들 라파엘로

Baccio da Montelupo & Raffaello

1469~1535?   1505~1566

〔해설〕

　피렌체 근교 몬테루포에서 태어나 18세경 피렌체로 건너와 세라믹과 조각을 배웠다. 미켈란젤로도 공부했던 고대 로마 조각이 수집되어 있는 피렌체 산 마르코 수도원 정원에서 조각을 공부했으며 이 인연으로 미켈란젤로와 친구가 되었다. 바사리는 이 작가를 성공한 게으름뱅이로 소개했다. 젊어서는 놀기만 하고 조각에는 관심이 없었는데 사리분별이 생기자 마음을 굳게 먹고 우수한 작품을 남겼다는 것이다. 바사리가 우리말을 알았더라면 대기만성형 작가라고 표현했을 것이다.

　주요 작품으로 피렌체 오르산미켈레Orsanmichele에 복음저자 요한 조각상이 있고, 산 도메니코 수사들의 주문을 받아 여러 인물로 구성된 테라코타 조각 「그리스도의 죽음을 슬퍼함」, 피렌체 산 로렌초 바실리카와 산 마르코 수도원을 위해 제작한 「십자가에 못 박힌 그리스도」가 있다.

　사보나롤라 추종자였던 그는 사보나롤라가 화형당하자 볼로냐로 옮겨 활동했으며 12사도의 흉상을 테라코타로 제작하기도 했는데 이들 작품은 현재 페라라 대성당에서 보존하고 있다. 볼로냐의 산 도메니코 성당에서도 테라코타로 제작한 그리스도의 죽음을 슬퍼하는 인물 흉상들을 만날 수 있다.

 게으름뱅이가 붙들고 있는 일이 성공하리라고 믿는 사람은 거의 없다. 그러나 이런 의견과 반대로 바초 다 몬테루포Baccio da Montelupo는 조각예술을 배우는 데에 성공했다. 그가 젊었을 때에는 조각예술에 조금도 생각이 없었으며, 친구들이 나무랄 때에도 노는 데 미쳐서 놀기만 했다. 그러나 사리분별이 생길 나이가 되자 그는 갑자기 자신의 행동이 잘못되었다는 것을 깨닫고, 자기보다 나은 사람을 보면 부끄러워했다. 그리하여 그는 자기가 회피하던 조각 공부를 열심히 하려고 굳게 결심했다.

그는 모든 정력을 쏟아서 우수한 기량을 보여주었는데, 그것이 곧 피렌체의 푸치Pucci 궁전에 붙은 정원 모퉁이에 교황 레오 10세의 문장紋章이 새겨진 방패다. 두 어린이가 지탱하고 있는데, 이 방패를 그는 단단한 돌로 아름답게 조각하여 절찬을 받았다. 그는 또 피에르 프란체스코 데 메디치Pier Francesco de' Medici의 위촉으로 헤라클레스를 만들었으며 포르타 산타 마리아Porta S. Maria 조합의 요청으로 복음 전도자 성 요한의 청동 조상을 만들게 되었는데, 이때는 경쟁자가 많아서 애를 먹었다. 완성하여 우피초Ufficio 맞은편, 오르산미켈레 성당 모퉁이에 세워놓았는데 정성 들여 마무리한 훌륭한 작품이다.그림 408

이런 이야기가 전해진다. 바초가 진흙으로 조상을 만든 다음 갑옷과 투구를 입히고 그 위에 틀을 씌워 주형을 만든 것을 본 사람들은 그를 드물게 보는 거장으로 인정했다. 이 작품으로 그의 작업은 굳어졌으며, 이 조상은 오늘날의 공장들도 가장 아름답다고 여긴다.

바초는 목각木刻에도 취미가 있어 등신대大의 「십자가에 못 박힌 그리스도」를 제작했는데, 그것들이 이탈리아 전역에 흩어져 있다. 그중에서도 피렌체의 산 마르코 수도원 성가대석 출입문 위에 걸린 것은 특히 우아하며, 다른 것들보다 아름답다. 피렌체의 무라테 성당, 산 피에트로 마조레 성당, 아레초의 산타 피오라 에 루칠라S. Fiora e Lucilla 수도원 수사들을 위하여 만든 것은 지금 그곳 대제대를 장식하고 있다. 교

그림 408 바초 다 몬테루포, 「사도 요한」, 청동,
오르산미켈레 성당, 피렌체.

황 레오 10세가 피렌체를 방문했을 때, 그는 포데스타Podestà 궁전과 수
도원 사이에 나무와 점토로 개선문을 제작했는데, 그 부속 장식물들은
그 후 시내 여러 집으로 흩어졌다.

  그는 피렌체가 싫증나서 루카로 가서 조각을 했지만, 건축에 더욱 흥
미가 있어 루카 시민의 수호성인을 모신 산 파울리노S. Paulino 성당을
설계하여 짜임새 있게 건축하고 안팎을 아름답게 단장하여 자신이 섬
세하고 노련한 예술가임을 입증하고 88세에 죽었다. 생전에 그를 존경

하던 사람들이 그를 산 파울리노 성당에 매장하여 경의를 표했다.

바초와 같은 시대에 아고스티노 밀라네세Agostino Milanese라는 유명한 조각가가 있었다.* 그는 맨 처음 밀라노의 산타 마르타S. Marta 성당에 포익스Foix의 묘지를 건설했는데 아직도 미완성 상태다. 거기에는 큰 조상이 많은데 어떤 것은 완성되었으나 반쯤 손질한 것, 그냥 돌덩어리로 있는 것이 있고, 얕은 돋을새김 장면, 잎 장식 트로피 등을 볼수 있다. 그는 또 비라기Biraghi의 묘소도 만들었는데, 산 프란체스코 S. Francesco 성당 안에 큰 조상 여섯 개와 몇 가지 장면을 아름다운 장식으로 꾸몄으며, 유능한 공장으로서 지혜와 기량을 보여준다.

바초의 아들들 가운데 조각에 종사하는 라파엘로가 있는데 그의 기량이 아버지를 훨씬 능가했다. 그는 어렸을 때부터 점토·밀랍·청동으로 일을 시작하여 이름을 날렸으며, 그 후 안토니오 다 산 갈로에게 발탁되어 로레토로 가서 여러 사람과 함께 안드레아 산소비노가 남겨놓은 데생에 따라 홀을 장식했다. 또 일부는 자신의 디자인으로 「성모 마리아의 결혼식」을 완성하여 그곳 일에 참여한 훌륭한 예술가들 틈에서 자리를 굳혔다.

그가 이 작업을 끝낼 무렵, 미켈란젤로는 교황 클레멘티우스 7세의 명으로 피렌체의 산 로렌초 성당 도서실과 새 성물실을 마무리 지으려고 일을 진행 중이었는데 라파엘로의 재능을 인정하여 데려다가 일에 참여시켰다. 미켈란젤로는 또 자신이 디자인한 모델로 성 다미아노 S. Damiano의 대리석 조상을 만들도록 했는데 아름다운 작품이어서 모든 사람의 칭찬을 받았다. 이 작품은 지금 성물실 안에 놓여 있다.

라파엘로는 교황 클레멘티우스가 선종한 후 알레산드로 데 메디치 Alessandro de' Medici 공작에게 봉사했는데, 당시 공작은 프라토의 요새를

---

* 아고스티노 부스티 일 차라바이아(Agostino Busti il Zarabaia)며, 흔히 밤바이아(Bambaia)라는 이름으로 와전되어 있다.

건축하고 있었다. 공은 라파엘로에게 요새의 능보陵堡 말단에 샤를 5세의 문장紋章이 붙은 방패, 즉 실물대大로 나상의 승리 여신을 회색 돌로 만들어 붙이도록 했는데, 그는 이것으로 많은 칭찬을 받았다.* 또 시내로 향한 방향, 즉 남쪽 능보의 끝에는 같은 돌로 알레산드로 공의 문장을 만들어 붙였다. 그 후 그는 산타 아폴로니아S. Apollonia 성당의 수녀들을 위하여 나무로 「십자가에 못 박힌 그리스도」를 크게 만들었고, 또 같은 것을 알레산드로 안티노리의 위촉으로 만들었다. 안티노리는 당시 피렌체의 부유한 상인으로 딸의 혼례식 때 호화로운 잔치를 베풀었는데 그때 조상·장식물·그림을 많이 제작했다.

로마로 간 라파엘로는 미켈란젤로에게 고용되어 교황 율리우스 2세의 묘묘에 쓰일 5브라차 높이의 대리석 조상 두 개를 만들었는데,** 완성되면 미켈란젤로가 빈콜라Vincola에 건립한 성 베드로 대성당에 가져다놓기로 한 것이다. 그러나 라파엘로는 작업 중 병에 걸려서 자신의 열성과 힘을 다하지 못했으므로 미켈란젤로에게 실망을 안겨주었다.

샤를 5세가 로마를 방문했을 때 교황 파울루스 3세는 이 무적無敵의 왕을 영접하려고 트로피를 세웠는데, 라파엘로에게 산 안젤로S. Angelo 다리 위에 점토와 스투코stucco로 조상 14개를 세워놓도록 했다. 이 조상들은 이 축전에서 가장 훌륭한 장식이라는 평을 받았다. 그는 이 작업을 너무 빨리 끝냈기 때문에 왕이 갈지도 모르는 피렌체로 가서 5일 안에 점토로 강江을 두 개 만들어야만 했다. 즉, 산타 트리니타 다리의 교대橋臺 위에 독일을 대표하는 라인강과 헝가리를 대표하는 다뉴브강을 각각 5브라차 높이로 만들었다.

그 후 라파엘로는 오르비에토Orvieto로 가서 대리석에 「동방박사의 경배」를 얕은 돋을새김으로 장식했는데, 조상들의 다양한 모습과 정중

 * 1527년.
** 예언자와 무녀(巫女).

한 예의를 잘 나타내어 훌륭한 작품이라는 평을 받았다. 여기는 전에 유명한 조각가 모스카Mosca가 아름다운 장식물을 많이 만들어놓은 곳이다.

로마로 되돌아온 그는 당시 카스텔로 디 산 안젤로Castello di S. Angelo의 성주城主 티베리오 크리스포Tiberio Crispo에게 큰 건축물의 건축사로 임명받아 여러 홀을 장식한 석재로 꾸미고, 벽난로·들창·출입문을 손질했다. 그리고 그는 기가 나부끼는 성탑 꼭대기에 높이 5브라차의 대리석 천사를 올려놓았는데, 칼집에서 칼을 빼들고 백성을 페스트에서 구해내려고 기도드리는 성 그레고리에게 나타난 천사같이 보인다.*

크리스포는 추기경이 되자 라파엘로를 자기 궁전이 있는 볼세나 Bolsena에 자주 파견했다. 곧 추기경 살비아티Salviati와 페시아Pescia의 발 다사레 투리니Baldassarre Turini는 라파엘로를 추기경 크리스포에게서 데려다가 교황 레오의 조상을 제작하도록 했는데, 지금 로마의 미네르바 Minerva 안에 있는 그의 묘묘 위에 놓여 있다. 이 일을 끝낸 라파엘로는 페시아의 성당 안에 대리석으로 경당을 짓고, 발다사레의 묘지를 제작했다.

계속하여 라파엘로는 로마 콘솔라치오네Consolazione의 한 경당에 얇은 돋을새김으로 조상을 셋 만들었다. 그 뒤부터 그는 조각가라기보다는 철학자에게 맞는 생활에 전심하며 여생을 평화롭게 지내려고 오르비에토에서 은퇴했다. 그리고 거기에서 산타 마리아 성당 건물 관리 책임을 맡아 건물을 여러모로 개선했으며, 여러 해 동안 이 일에 몰두했으나 천명天命을 다하지 못하고 죽었다.

내 생각으로는 라파엘로가 만일 좀더 큰일에 착수했더라면 더 훌륭한 제작을 많이 했으리라고 본다. 그러나 그는 성품이 온화하고 조심성이 있어 귀찮은 것을 피하며 행운이 가져다주는 것에 만족했기 때문에

* 18세기에 들어서 청동 조상으로 바꿔놓았다.

훌륭한 일을 할 기회를 많이 놓쳤다. 그의 데생은 훌륭하며, 자기 아버지보다도 예술을 더 잘 이해했다. 나는 이 부자가 그린 데생을 다 가지고 있는데 라파엘로 것이 더욱 우아하고 예술적이다. 건축에서 라파엘로는 미켈란젤로의 수법을 따랐는데, 그가 산 안젤로 성당과 오르비에토의 경당에 만든 벽난로·출입문·들창을 보면 곧 이해가 갈 것이다. 이들은 드물게 보는 아름다운 스타일이다.

바초 이야기로 되돌아가자. 그의 죽음은 루카 시민들을 큰 슬픔에 잠기게 했다. 그가 온화하고 예절 바르고 강직하고 청렴한 성품을 지녀 모든 사람의 사랑을 받았기 때문이다. 그의 작품 활동은 대개 1533년 경에 활발했으며, 그의 친우 차카리아 다 볼테라Zuccaria da Volterra는 바초에게서 많은 것을 배웠다. 그는 볼로냐Bologna에서 테라코타로 많은 작품을 만들었는데 그중 몇 개가 산 주세페S. Giuseppe 성당에 있다.

피렌체의 화가

로렌초 디 크레디
Lorenzo di Credi
1458~1537

LORENZO DI CREDI PITTORE
FIORENTINO

〔해설〕

15세기 말에서 16세기 초 활동한 피렌체의 주요 화가로 레오나르도 다 빈치와 함께 베로키오의 제자였다. 로렌초 디 크레디는 국내에는 많이 알려지지 않았으나 이탈리아 미술사에서는 비중 있게 다루는 작가다. 그는 당시 피렌체의 주요 장소에 수많은 제단화를 제작한 것을 비롯하여 회화 작품을 많이 남겼다. 베로키오가 콜레오니 청동 기마상을 제작하기 위해 베네치아에 체류할 때 동행했으며 스승이 죽자 시신을 피렌체로 모셔온 것도 그였다. 1497년 사보나롤라의 영향을 강하게 받은 후 세속적 주제의 그림을 그리지 않았다.

로렌초 디 크레디는 성모자 혹은 성가정을 주제로 성화를 다수 제작했으며, 「안드레아 베로키오의 초상화」를 비롯하여 다수의 초상화를 남겼다. 그는 레오나르도의 영향을 받아 스푸마토 기법을 구사함으로써 고요하고 조화로운 고전미를 표현할 줄 알았으며 말년 작품은 페루지노, 프라 바르톨로메오, 라파엘로의 영향을 보여준다. 그는 자신만의 새로운 화풍을 개척한 것은 아니었으나 동시대 피렌체에서 탄생한 혁신적인 회화 기법을 활용하여 나름의 작품 세계를 구축해나갔다.

유명한 금은세공가인 크레디Credi가 피렌체에서 제작할 무렵, 안드레아 시아르펠로니Andrea Sciarpelloni는 아들 로렌초Lorenzo를 그에게 보내 이 기술을 익히게 했다. 이 거장이 즐겨 가르쳤으므로 소년은 빨리 체득하여 머지않아 훌륭한 도안자가 되어 젊은 나이에 그와 같은 훌륭한 금은세공가가 없을 정도였다. 이런 것들이 크레디의 신용을 얻었기 때문에 당시 로렌초 시아르펠로니라고 부르지 않고 로렌초 디 크레디라고도 불렀다.

야망에 가득 찬 로렌초는 화가 안드레아 델 베로키오를 찾아가 그 밑에서 피에트로 페루지노, 레오나르도 다 빈치와 친구 겸 경쟁자가 되었다. 로렌초는 레오나르도의 화풍이 특히 마음에 들어 누구보다도 그를 모방하며 연마하고 계승했다. 즉, 내가 수집한 그의 데생 가운데 펜과 잉크로 그린 소묘와 수채화, 밀랍을 입힌 점토 모델의 많은 사본을 얼마나 정성 들여 끈기 있게 마무리했는지를 보면 잘 알 수 있을 것이다. 그 때문에 베로키오는 로렌초를 매우 사랑하게 되었고, 바르톨로메오 다 베르가모Bartolommeo da Bergamo와 그의 말[馬]을 동상으로 제작하려고 베네치아로 떠날 때 사무적인 일, 소묘, 조상, 기타 모든 그림에 쓰이는 재료를 로렌초에게 맡겼다.

로렌초도 선생을 여간 존경하지 않았으므로 사무를 잘 보았을 뿐만 아니라 여러 차례 선생을 만나려고 베네치아로 가서 그간의 결산보고를 하여 안드레아를 기쁘게 했다. 만일 로렌초가 동의만 했다면 안드레아가 그를 상속자로 만들었을지도 모른다. 안드레아가 사망하자 로렌초는 선생의 시체를 피렌체로 운반해서 그와 소유물을 상속인에게 넘겨주었지만 소묘, 그림, 조각, 기타 물품만은 그가 간직했다.

로렌초가 맨 처음 그린 그림은 안드레아의 소묘를 따서 제작한 「성모 마리아」인데 스페인 왕에게 보낸 것이다. 다음은 레오나르도 다 빈치의 작품을 모사한 것인데, 원화原畵와 구별할 수 없을 만큼 완벽했다.

이것 역시 스페인에 보냈다. 피스토이아의 산 야코포 대성당 모퉁이에* 「성모 마리아」의 패널 그림과 체포Ceppo시에 있는 병원의 것이 그의 우수한 작품이다. 그의 작품으로는 자기 청년 시대의 자화상을 포함하여 초상화를 그린 것이 많다.

그의 제자이며 화가인 지안 야코포Gian Jacopo는 자기 선생과 피에트로 페루지노와 안드레아 델 베로키오의 자화상과 선생의 작품 여럿을 간직했다. 그는 친구이며 유지인 지롤라모 베니비에니Girolamo Benivieni의 초상화도 그렸다. 피렌체의 산 세르비테 성당 뒤 산 바스티아노 S. Bastiano 조합 안에 성모 마리아, 성 세바스티아노, 그밖에 여러 성인을 패널에 그린 것이 있고, 산타 마리아 델 피오레 대성당 제단에 성 요셉을 그렸다. 몬테풀차노에 「십자가에 못 박힌 예수와 성모 마리아, 성 요한」을 그려 보냈는데 온갖 정성을 다해서 만든 작품으로 그 후 산 아고스티노 성당으로 옮겨졌다. 그러나 그의 최대 걸작은 카스텔로의 성당에 있는 「성모 마리아와 성 율리아노, 성 니콜라오」를 패널에 그린 것이다.그림 409 그는 이 작품에 온 정력을 기울였는데, 어떻게 하면 유채화를 잘 보존할 수 있는지를 보여준 작품이다.**

그가 젊었을 때 오르산미켈레 성당 벽기둥에 바르톨로메오를 그렸고, 피렌체의 산타 키아라S. Chiara 성당 수녀들을 위하여 「예수 강탄降誕」***을 그렸는데 거기에는 목동들과 천사들이 지켜보고 있으며, 마치 실물 같은 초목들이 보인다. 같은 장소에 고행 중인 「막달레나」를, 오타비아노 데 메디치 저택 근처에는 「성모 마리아」를 원형圓形 안에, 산 프리아노 성당에 한 폭을, 렐모Lelmo 병원 내 산 마태오S. Matteo 성당에 몇몇 인물이 들어 있는 그림을, 산타 레파라타S. Reparata 성당에 「미카

그림 409 로렌초 디 크레디, 「성모 마리아와 성 율리아노,
성 니콜라오」, 1490~92, 패널에 오일, 163×164cm,
루브르 박물관, 파리.

엘 대천사」*를, 스칼조 조합을 위하여 아주 정성껏 그린 패널 그림을 남
겼다.** 그밖에도 「성모 마리아」 몇 점과 피렌체의 개인 집에 작품이 몇
점 있다.

　이와 같이 애써 제작을 하고 또 돈에 관심이 많았던 탓으로 그는 얼

* 1523년 작품.
** 세례를 주는 그림이며, 현재 피에솔레의 산 도메니코 수도원에 있다.

그림 410 로렌초 디 크레디(베로키오의 밑그림), 「성모자와 성인들」, 1475~83, 목판, 189×191cm, 피스토이아 대성당, 피스토이아.

마간 저축을 한 후 피렌체의 산타 마리아 누오바S. Maria Nuova 성당에 입주하여* 아늑한 그곳에서 죽을 때까지 지냈다. 그는 페라라의 프라 지롤라모Fra Girolamo** 종파에 이끌려서 청렴하게 살았으며, 언제나 공손했다. 78세에 죽었으며, 1530년에 산 피에로 마조레 성당에 매장되었다.***

그가 작품들을 너무 섬세하게 마무리 지었기 때문에 다른 사람의 그림은 마치 지저분하게 스케치하여 조잡한 것처럼 보인다. 그는 많은 제자를 남겼는데 그중에는 조반니 안토니오 솔리아니와 톰마소 디 스테파노Tommaso di Stefano가 있으며, 전자에 관해서는 다른 곳에서 이야기하겠다.

로렌초 이야기로 되돌아가자. 그는 죽을 때 미완성 작품을 많이 남겼으며, 특히 아름다운 「그리스도의 수난受難」은 안토니오 다 리카솔리Antonio da Ricasoli 손에 들어갔다. 패널 그림 하나는 산타 마리아 델 피오레 대성당 사목위원인 프란체스코 다 카스틸리오네Francesco da Castiglione의 것이 되었으며, 그는 그것을 카스틸리오네로 보냈다.

로렌초는 애써 작품을 많이 만들려고 하지 않았다. 왜냐하면 그에게는 작업이 너무 벅찼기 때문이다. 그는 그림물감을 지나치게 갈았으며, 다른 물감이 들어 있는 기름을 제거하고 팔레트 위에 옅은 색에서 짙은 색까지 수많은 물감을 나열하여 일시에 25~30개 이상을 만들어놓고 화필도 하나하나 따로 썼다. 그는 작업할 때에는 먼지가 일어날까 염려되어 움직이지도 않았다. 오히려 이 같은 조심성은 철저한 무관심만도 못하다. 만사에는 뜻이 담겨 있으므로 이러한 극단은 옳지 못하다고 하겠다.

* 1531년 4월 1일의 일이며 매년 36플로린을 지불하기로 했다.
** 프라 지롤라모 사보나롤라. 로렌초는 1497년 사보나롤라의 「허영의 불사름」 때 자신의 비종교적인 그림을 불태운 화가 가운데 한 사람이다.
*** 신력(新曆)으로는 1537년 1월 12일에 죽었다.

피렌체의 건축가 겸 조각가

로렌제토
Lorenzetto
1490~1541

크레모나의 화가

보카치노
Boccaccino
1467~1524/25

LORENZETTO SCVL. ET ARCH.
FIORENTINO.

〔해설〕

　본명은 로렌초 디 로도비코이고 로렌제토는 별명이다. 라파엘로의 제자로 스승의 수석제자인 동료 줄리오 로마노의 여동생과 결혼했다. 바사리는 로렌제토가 라파엘로와 절친한 사이여서 이 선생에게서 도움을 많이 받았으며, 로마의 산타 마리아 델 포폴로 성당 안에 당대 로마 최고의 부호이자 은행가였던 아고스티노 키지의 가족 경당에 묘지를 제작하게 되었다고 소개했다. 이 프로젝트에서 로렌제토는 작품 비용을 충분히 받을 것으로 예상하고 고래 뱃속에서 3일 밤낮을 지내고 나온 「요나」를 대리석으로 열심히 제작했는데 라파엘로와 아고스티노 키지가 거의 동시에 죽는 바람에 작업비를 받지 못했다는 일화를 함께 소개했다. 재운이 따라야 돈이 생기는데 그에게는 재운이 없었던 것 같다.

　바사리에 따르면 로렌제토가 라파엘로의 묘지를 만들었다고 하며 라파엘로를 만난 인연으로 이름이 오늘날까지 남게 되었으니 명예운은 있었던 것 같다. 로렌제토는 순수 조각뿐만 아니라 대형 기념비나 장례비에서 기능적으로 필요한 조각 작품을 다수 남겼다. 그는 로마에서 교황들의 주문을 받은 작품도 제작했는데 교황 클레멘티우스 7세의 명으로 성 바오로상을 제작했으며, 이와 함께 놓일 성 베드로상은 파올로 로마노가 제작했다. 이밖에도 교황 바오로 3세 때 로마의 성 베드로 대성당 재건축 작업에서 건축기사로 일하면서 부와 명예를 회복했다.

운명의 여신은 가끔 기량 있는 사람을 가난하게 만들어서 좌절케 하다가 갑자기 기분을 바꿔 미워하던 사람들에게 은혜와 이익을 베풀어 많은 곤란과 모욕을 잠깐 사이에 씻어버리도록 해준다. 피렌체의 종 만드는 사람 로렌초 디 로도비코Lorenzo di Lodovico가 그 적절한 예다. 그는 건축가 겸 조각가였으며, 우르비노의 라파엘로와 절친한 사이여서 많은 도움을 받았고, 라파엘로의 제자 줄리오 로마노의 여동생을 아내로 맞아들였다.

　　로렌제토*—그는 항상 이렇게 불렸다—는 젊었을 때 피스토이아에 있는 산 야코포 성당의 포르테구에라Forteguera 추기경 묘지를 제작했는데, 이 묘지는 그전에 안드레아 베로키오가 착공했던 것이다. 거기에 그는 자신의 손으로 애덕愛德을 만들었다. 이 아름다운 작업을 끝내자 그는 로마로 가서 조반니 바르톨리니Giovanni Bartolini의 정원을 장식하는 조상을 하나 만들었다.

　　그밖에도 많은 제작을 했으나 다 기재할 여유는 없으며, 라파엘로의 주선으로 아고스티노 키지**가 산타 마리아 델 포폴로 성당 안의 가족 경당에 묘지를 제작하도록 로렌제토에게 위촉했다. 로렌제토는 온 정력과 정성을 바쳐서 일했다. 라파엘로의 은혜에 보답하고 그를 만족하게 하려 했을 뿐만 아니라 그의 신임을 얻고, 또 부호인 아고스티노에게 많은 보수를 은근히 기대했기 때문이다. 그리하여 그의 노력이 빛을 보았는데, 그것은 라파엘로의 도움으로 훌륭한 조상들을 만들어냄으로써 이루어졌다.

　　즉, 하나는 고래의 배에서 나온 벌거벗은 요나Jonah인데 죽은 자가 부

---

　　* 로렌초(Lorenzo)의 지소사(指小辭)이며, 로렌제토 로티(Lorenzetto Lotti).
　　** 키지 무덤은 1652년에 베르니니(Bernini)가 복원(復元)했다.

활한다는 상징이며,그림 411 또 하나는 엘리야Elijah가 물 항아리와 재에서 구운 빵을 가지고 노간주나무 아래에서 하느님의 은총으로 생활하는 장면이다. 이 조상들은 로렌제토가 그의 예술과 정성을 다하여 제작한 가장 아름다운 작품이지만 그의 노고는 보상받지 못했으며, 가족을 먹여 살릴 최소한의 비용도 지불되지 않았다. 그것은 아고스티노와 라파엘로가 거의 동시에 죽었기 때문이며, 아고스티노의 인색한 상속인들이 이 작품을 로렌제토의 공방에 그냥 두라고 했다. 오늘날에야 겨우 이 조상들이 산타 마리아 델 포폴로 성당 안 그의 묘지에 세워졌으니 그 당시 로렌제토는 실의에 빠졌으며, 시간과 노력을 낭비했다고 생각했다.

로렌제토는 라파엘로의 유언을 집행하려고 산타 마리아 로톤다 S. Maria Rotonda 안에 라파엘로의 묘지를 만들면서 4브라차 높이의 「성모 마리아」 대리석 조상을 위촉받아 거기에 있는 닫집 달린 감실의 수리도 주인의 명으로 했다. 그는 그밖에도 로마의 트리니타 성당에 있는 페리니 무덤에 두 소년을 얕은 돋을새김으로 조각하여 장식했다.

건축에서도 로마에서 개인 저택을 많이 설계했는데, 특히 베르나르디노 카파렐리Bernardino Caffarelli의 궁전과 발레Valle에 있는 안드레아 델라 발레Andrea della Valle 추기경 저택 정면 내부와 위 정원의 마구간 설계 따위가 있다. 이것을 구성하는 데에 그는 고대의 원주圓柱, 대좌臺座, 기둥머리 등을 도입했는데, 대좌로서 얕은 돋을새김의 석관들을 배치했다.

좀더 높은 데에 있는 큰 감실들 밑에는 고대 물건의 파편으로 프리즈를 만들었고, 그 위의 감실 안에는 옛날 식으로 조상들을 넣었는데, 이 조상들은 머리 없는 것, 팔 없는 것, 다리 없는 것들로 결손된 부분들을 훌륭한 조상들에서 보완하여 잘 배치해놓았다. 이것을 본 명사들, 즉 체시스Cesis, 페라라, 파르네세Farnese의 추기경들, 다시 말해서 모든 로마 사람이 다투어 모방했다. 이와 같이 고대 유물들이 현대의 불완전한

그림 411 로렌제토, 「요나」, 1519~20, 대리석, 키지 경당,
산타 마리아 델 포폴로 성당, 로마.

작품들보다 더 우아했다.

정원 이야기로 되돌아가서 감실 위에는 프리즈가 있는데, 지금도 볼
수 있다. 돋을새김으로 된 고대의 장면인데 지상至上의 미美라 하겠다.
이러한 착상이 로렌제토에게 큰 이익을 가져다주었으며, 교황 클레멘
티우스가 곤경에서 빠져나오자 그를 명예롭고 수입이 많은 자리에 채
용했다.

교황은 산 안젤로 다리에서 전쟁이 벌어졌을 때에 다리 끝에 있는,

대리석으로 만든 두 경당이 해로운 것을 알게 되었다. 왜냐하면 화승총을 쏘는 병사들이 이곳을 점령하고 유리한 자리에서 성벽에 노출된 사람들을 모두 쏘아 죽였기 때문이다. 그리하여 교황은 이 경당들을 없애버리고 주춧대 위에 대리석 조상들을 세워놓기로 결심했다. 그중 하나는 성 바오로인데 파올로 로마노Paolo Romano에게, 다른 하나는 성 베드로인데 로렌제토에게 위촉했다. 그는 멋지게 제작하기는 했지만 로마노 것에는 미치지 못했다. 이 두 조상은 현재 다리 입구에 세워져 있다.

교황 클레멘티우스가 선종善終한 후 교황 클레멘티우스와 레오 10세의 묘묘 건설이 바초 반디넬리에게 위촉되었으며, 로렌제토는 대리석 석조 일을 맡았는데 그는 이 일에 많은 시일을 보냈다. 파울루스 3세가 교황으로 선출되자 로렌제토는 경제적으로 큰 궁핍에 빠졌다. 그는 마첼로 데 코르비Macello de' Corbi의 자신이 지은 집 한 채에서 자녀 다섯을 거느리고 이 무거운 짐에서 허덕여야만 했다.

그러다 그에게 행운이 오게 되었다. 교황 파울루스가 성 베드로 대성당 건축을 계속하기로 결정했는데, 시에나의 발다사례와 그전에 고용되었던 사람들 중에서 당시까지 생존해 있는 사람이 하나도 없었으므로 안토니오 다 산 갈로는 로렌제토를 건축기사로 임명했으며, 건축물 벽 4브라차마다 가격을 산정해서 보수를 지급하기로 했다. 그래서 로렌제토는 큰 노력을 하지 않고도 2, 3년 동안에 큰 재산을 지니게 되었고 명예도 얻게 되었다.

로렌제토가 좀더 오래 살았다면 과거에 겪은 궁핍을 회복할 수 있었을 텐데, 그는 1541년 열병에 걸려 47세로 죽고 말았다. 그의 능력과 정도를 잘 아는 사람들은 그의 죽음을 애통해했으며, 성 베드로 대성당 교인들은 그의 장례를 명예롭게 치르며 다음과 같은 묘비명墓碑銘을 세웠다.

피렌체 출신 조각가 로렌제토

로마는 나에게 무덤을,

피렌체는 나에게 생활을 주었다.

누구든지 다른 곳에서는 태어나거나

죽고 싶지 않을 것이다.

1541년

그는 47년 2개월 15일을 살고 갔다.

SCULPTORI LAURENTIO FLORENTINO

ROMA MIHI TRIBUIT TUMULUM, FLORENTIA VITAM:

NEMO ALIO VELLET NASCI ET OBIRE LOCO.

MDXLI

VIX. ANN. XLVII, MEN. II, D. XV.

같은 시대에 크레모나Cremona*에 살던 보카치노Boccaccino는 롬바르디아에서 명성이 자자하던 화가인데, 미켈란젤로의 유명한 그림을 구경하려고 로마로 떠났다. 그는 미켈란젤로의 그림을 보자마자 이 거장을 비난함으로써 자신이 높아지리라는 기대에서 그 작품들을 전력을 다하여 비방했다.

보카치노가 산타 마리아 트라스폰티나S. Maria Traspontina 경당의 장식을 위촉받아 완성한 후에 큰 기대를 걸고 개막했을 때, 그것을 처음 본 사람들은 놀라기는커녕 비난을 퍼부었다. 그것은 「성모 마리아의 대

---

* 바사리는 조각가 로렌제토 이야기에 크레모나 지방 화가들의 이야기를 추가했다. 보카치오 보카차노(Boccaccio Boccacciano)가 로마의 산타 마리아 트라스폰티나(S. Maria Transpontina) 경당에서 펼쳤던 허무맹랑한 주장은 이미 사라졌지만, 그때 미켈란젤로를 비방한 탓에 바사리에게 심한 비판을 받았다. 그러나 바사리는 그의 아들 카밀로에게는 호의적인 평가를 내렸다.

관」Incornazione di Nostra Donna이었는데 그는 그 그림에 하늘을 나는 어린아이들도 같이 그렸다.

우리는 어떤 사람이 실제 실력보다 과대평가되었을 때 그 사람의 작품이 진정한 제자리를 잡을 때까지는 말만으로는 아무런 효과가 없다는 것을 알고 있다. 가장 위험한 것은 작업하는 사람에게 지나치게 빨리 찬사를 보내는 일이다. 섣부른 찬사는 이 미숙한 사람을 지나치게 부풀게 만들어, 장차 일을 하는 데 방해가 되기도 한다. 그러므로 현명한 사람이라면 마땅히 비난보다는 칭찬을 두려워해야 한다. 왜냐하면 칭찬은 아첨에서 오는 때가 있지만 비난은 진실을 어느 정도는 드러내는 면이 있기 때문이다.

만신창이로 로마에서 쫓겨나 크레모나로 되돌아온 보카치노는 전력을 다하여 그림 공부를 계속했다. 그는 대성당 한가운데의 아치 너머로 '성모 마리아의 생애' 중에서 몇 장면을 그렸는데 현재도 볼 수 있다.

그는 아들 카밀로Camillo에게 그림을 가르쳤는데, 아들은 열심히 공부하여 아버지가 오만 때문에 실패한 것을 극복하려고 노력했다. 크레모나에서 약 1밀리아1.6킬로미터 거리의 산 지스몬도S. Gismondo 성당에 그의 그림이 몇 점 있는데 크레모나 사람들은 그것을 가장 우수한 작품으로 믿고 있다. 산타 아가타 성당의 둥근 천장 전체도 그렸으며, 산 안토니오 성당의 건물 전면을 장식했고 패널 그림도 몇 점 있다. 그러나 그가 명예로운 성공을 거두기 전에 애석하게도 죽음이 그를 앗아갔다. 그가 우리에게 남겨준 작품들은 후일 그를 기록에 남길 만한 훌륭한 것들이다.

다시 보카치노 이야기로 돌아가면, 그는 자신의 예술에 별다른 진보도 보여주지 못하고 58세로 세상을 떠났다. 그와 같은 시대에 밀라노에는 지롤라모Girolamo라고 부르는 유명한 세밀화가가 살고 있었는데, 그의 작품들이 밀라노시와 롬바르디아 각처에 흩어져 있다.

또 거의 같은 시대에 밀라노에 베르나르디노 델 루피노Bernardino del

Lupino라는 화가가 있었는데* 그는 섬세하고도 유쾌함을 주는 그림을 많이 그렸으며, 밀라노에서 12밀리아약 20킬로미터 거리에 있는 사로네 Sarone**에는 「성모 마리아의 결혼식」Sposalizio di Nostra Donna을 그렸고, 산타 마리아 성당chiesa di S. Maria에는 아름답고 완벽한 프레스코를 남겼다. 그는 유채화를 잘 그렸으며, 예절 바르고 성품이 대범했는데 그같이 뛰어난 예술성을 지녔으면서도 일상생활에 항상 겸손함이 묻어나는 사람에게는 어떠한 찬사도 아깝지 않다고 본다.

* 베르나르디노 델 루피노(Bernardino del Lupino)=베르나르도 루이니 (Bernardo Luini). 다 빈치가 밀라노에 있을 때의 제자.
** 오늘날의 사론노(Saronno).

시에나의 화가 겸 건축가

발다사레 페루치
Baldassarre Peruzzi
1481~1536

〔해설〕

16세기 전반기에 활동한 시에나 출신의 건축가이자 화가다. 브라만테와 라파엘로의 영향을 받아 고전주의 양식을 익혔으며 시에나의 유명 화가 소도마와 교류했다. 시에나에서 미술에 입문했으며 1503년 로마로 건너와 활동했고 고전주의 건축 양식을 선보였다. 1505년 로마 베드로 대성당 재건축 총감독을 맡은 건축가 브라만테의 공방에 들어갔으며 고대 로마 건축과 조각에 관심을 가지고 이를 연구한 방대한 드로잉들을 남겼다.

그의 대표작으로는 1510년에서 11년 사이에 당대 로마 최고의 부호이자 은행가였던 동향 출신 아고스티노 키지를 위해 건축한 파르네세궁이 있다. 이 궁은 라파엘로의 벽화와 안니발레 카라치의 프레스코화로 로마에서도 가장 중요한 명소로 꼽힌다. 특히 대중에게 공개되는 기간이 한정되어 있으므로 이곳을 방문하려면 미리 계획해야 한다. 파르네세궁은 공공건축물이 아닌 개인의 저택인데도 라파엘로와 바로크 회화를 탄생시킨 안니발레 카라치 같은 거장들의 작품으로 장식했다는 것은 당시 로마의 문화적 수준을 짐작하게 한다. 페루치 자신이 이 궁의 천장화 일부를 장식하기도 했다.

대표작으로는 현재 국립 로마 박물관Museo Nazionale Romano으로 사용되고 있는 로마의 팔라초 마시모Palazzo Massimo가 있으며 이 궁의 파사드는 고전주의에서 매너리즘으로 이동하고 있는 사례로 유명하다. 그밖에도 로마의 산타 마리아 델라 파체 성당과 볼로냐 산 페트로니오 성당 등에 다수의 회화를 남기는 등 건축과 회화에서 많은 작품을 남긴, 르네상스 고전주의를 대표하는 작가 중 한 명이다.

하늘이 사람에게 내려주신 선물 가운데 타고난 재능 못지않게 침착함과 마음의 평온보다 더 큰 것이 없다고 생각된다. 전자는 사람을 영원불멸하게, 후자는 사람을 행복하게 해준다. 신에게 많은 은혜를 받은 것 외에도 이런 재능을 받은 사람이 우리 시대에 있다면 그는 시에나의 건축가 발다사레 페루치일 것이다. 겸양과 선함이 내적인 고요함에서 솟아나는 그의 작품은 하늘이 그에게 심어주신 재능의 신성한 열매라 하겠다.

그는 그전부터 그렇게 알려졌기 때문에 나는 그를 시에나 시민이라고 불렀다. 마치 7개 도시가 호메로스를 각각 자기네 시민이라고 권리 싸움을 하듯이 토스카나 지방의 훌륭한 세 도시 피렌체, 볼테라Volterra, 시에나는 발다사레를 자기 도시 시민이라고 주장했다. 사실상 이 세 도시는 자기 몫을 가지고 있다. 그런데 사실상 이 세 도시는 각자 자기 몫을 가지고 있다.

피렌체의 시민전쟁 때 고귀한 시민 안토니오 페루치는 볼테라로 피난했다. 얼마 후인 1482년에 그는 그곳에서 결혼하여 몇 해 사이에 두 자녀를 두었는데, 아들은 발다사레, 딸은 비르지니아Virginia라고 이름을 지었다. 그러나 전쟁으로 볼테라는 곧 약탈을 당하고* 안토니오는 재산을 몽땅 잃어버리고 시에나로 피하지 않으면 안 되었다. 그러는 동안 발다사레는 성장하여 그곳의 여러 재사, 즉 도안가와 금은세공가들과 사귀었다. 그는 점점 예술에 흥미를 가지고 작품 제작에 헌신했다.

아버지가 죽고 얼마 안 되어 발다사레는 그림 연구에 열정을 기울여 거장들의 작품과 비교할 수 있을 정도로 자연만상을 모방하는 장족의 진보를 가져왔다. 이로써 다소 수입이 생겨 자신은 물론 어머니와 여동생을 도우면서 자기 공부를 계속했다.

* 이 사건은 페루치가 출생하기 전인 1474년에 일어난 일이다.

그의 최초 작품들은 시에나에서 작업한 별로 중요하지 않은 것들을 제외하면, 피렌체 성문에서 가까운 볼테라의 작은 경당 안에 아주 우아한 그림을 그렸으므로 그는 피에로라고 부르는 볼테라의 화가와 친하게 되었다. 피에로가 예전에 로마에 머무르면서 알레산드로 6세의 궁전에서 일한 적이 있었으므로 그들은 로마로 떠났다. 그러나 알레산드로 교황이 이미 서거했으므로 피에로가 맡은 일도 중단되어 일감이 없었으므로 발다사레는 당시 그리 유명하지 않은 화가 마투리노의 부친이 운영하는 공방에 들어갔다. 거기에는 항상 일감이 많았기 때문이다.

공방 주인은 아무런 밑그림이나 소묘素描도 주지 않고 이 청년 앞에 패널을 불쑥 내놓고 「성모 마리아」를 그리라고 했다. 발다사레가 연필을 들고 자기가 그리고 싶은 대로 재치 있게 몇 획을 긋고 2, 3일 걸려 채색을 끝내자 주인과 공방 화가들은 이를 보고 감탄했다. 그리하여 그는 산토 오노프리오S. Onofrio 성당 안 경당 제대를 만들도록 고용되었는데, 거기에 우아하고 아름다운 프레스코를 그렸다.* 라파Rapa에 있는 산 로코 성당 안의 두 경당에도 프레스코를 제작했다.

이름이 알려지자 그는 오스티아에 초빙되어 요새의 각 홀에 명암법으로 몇 장면을 그렸으며, 특히 고대 로마 병사의 백병전을 잘 표현했다. 그 옆에는 요새를 공격하는 병기대대 등 전사들의 용감성을 보여주는 장면과 갑옷을 입고 성벽에 사닥다리를 대는 장면, 방어하는 병사들이 용감하게 격퇴하는 장면 등이 있다. 그는 여기에 고대 전투기구와 각종 문장紋章을 도입했다. 다른 홀에도 여러 장면을 밀라노 출신 체사레**의 도움으로 그렸다.

그는 로마로 돌아와서 시에나 출신 아고스티노 키지와 친교를 맺었다. 그에게는 사람을 끄는 매력이 있어서 시에나 사람이 된 셈이었다.

---

* 1517년경의 일이다.
** 체사레 다 세스토(Cesare da Sesto)를 말한다.

그는 친구의 도움으로 로마의 고적, 특히 건축물을 연구하게 되었고 놀랄 만한 진보를 보여주었다. 브라만테*와 벌인 선의의 경쟁은 내가 다른 곳에서 이야기한 바와 같이 후일 그에게 큰 이익이 되었다. 그의 작품에 나타난 바와 같이 당시 몇 사람밖에 모르던 원근법을 연구했다. 발다사레는 율리우스 2세가 건립한 궁전 복도와 지붕 가까이에 있는 큰 새장을 위하여 열두 달에 걸쳐 그리자이유로 그렸다. 이 작품에는 수없이 많은 건축물, 극장, 궁전, 기타 대건축물을 뛰어난 창의력으로 하나하나 특색 있게 만들었다.

그는 다른 화가들과 함께 오스티아 교구장인 추기경 라파엘로 리아리오Raffaello Riario를 위하여 궁전 안에 홀들을 만들었으며, 울리세 다 파노Ulisse da Fano의 집 벽에 율리시스Ulysses 이야기를 그려 명성을 높였다. 더욱 그의 성가를 높인 것은 아고스티노 키지의 궁전**에 있는 모델인데, 무척 우아하여 사람의 손으로 이루어졌다기보다는 실로 신의 창조물이라 하겠다.그림 412 그는 외부를 자신이 만든 점토로 아름답게 장식하고 홀은 원근법으로 원주圓柱를 장식하여 실제보다 크게 보이도록 했다. 그러나 더욱 놀랄 만한 것은 정원에 면한 로지아다. 자기를 본 사람을 돌로 변하게 하는 메두사는 그녀의 목을 벤 페르세우스Perseus와 함께 형언할 수 없이 아름다울 뿐 아니라 둥근 천장도 여러 장면의 그림으로 장식했다.그림 413 스투코와 채색으로 원근법을 써서 만든 장식이 너무 아름다워서 화가가 보더라도 마치 돋을새김 같다.

언젠가 화가 티치아노Tiziano를 안내하여 그곳에 갔을 때 그것이 그림이라고 믿지 않던 그의 모습이 생각난다. 같은 장소에는 베네치아의 성 세바스티아노 이야기와 신인神人 라파엘로가 제작한 해신海神에게

---

* 발다사레는 브라만테의 제자다. 바사리는 그가 건축에 장식적인 그림을 배치하는 점에 유의했다.

** 키지의 궁전, 즉 파르네세는 1509~11년에 건립되었다.

그림 412 발다사례 페루치, 「파르네세궁」, 1505~11,
로마.

그림 413 발다사레 페루치, 「페르세우스가 메두사와
성좌의 목을 베다」, 1510~11, 프레스코, 둥근 천장,
살라 델라 갈라테아, 파르네세궁, 로마.

끌려가는 갈라테아도 있다. 주데아Giudea 광장으로 가는 도중 캄포 디
피오레Campo di Fiore 한편에도 원근법으로 건물 정면을 장식했는데, 이
것은 교황의 가령家令을 위한 것이며 지금은 피렌체의 야코포 스트로
치Jacopo Strozzi 소유가 되었다.

　그는 파체 성당으로 들어가는 왼쪽 경당에 페란도 폰체티Ferrando
Ponzetti*를 위하여 『구약성서』 이야기에서 몇 장면을 프레스코로 매우
크게 그렸다. 또 그가 자기 역량껏 그린 작품은 상서尙書 필리포 다 시

* 1517년에 추기경이 되었다.

에나Filippo da Siena를 위한 것인데, 대제단大祭壇에 가득 차게 「신전 계단을 오르는 성모 마리아」를 그렸다. 이 그림에는 그밖에 옛날 의상을 입은 여러 인물이 자비를 구하면서 팔을 뻗은 거지에게 기꺼이 말을 내리면서 보시布施를 베푸는 광경도 보인다.

이 그림 안에는 또 건조물들과 스투코를 모방하여 만든 장식물이 마치 유채화처럼 보이게 벽에 못으로 붙여놓았다. 로마 사람들이 벌이는 캄피돌리오Campidoglio 신전의 큰 잔치를 위하여 이 성전의 지휘봉을 줄리오 데 메디치에게 증여했을 때 발다사레는 높이 6칸네와 넓이 3.5칸네 크기 그림 6폭 가운데 하나를 그렸는데, 율리아 타르페이아Julia Tarpeia가 로마 사람을 배반하는 장면으로 가장 뛰어났다고 한다.*

그러나 최고 찬사를 받은 것은 건축물들과 로지아, 신기한 출입문, 들창, 기타 건축의 세부들을 다양하게 만들어 아름다운 광경을 연극 장면으로 만든 작업인데, 그의 풍부한 창의력으로 나타난 수천 가지 부분을 여기에 일일이 적을 수 없다. 파르네세Farnese 광장의 프란체스코 디 노르차Francesco di Norcia 저택을 위하여 우아한 도리아 방식 출입문을, 알티에리Altieri 광장에 가까운 프란체스코 부치오Francesco Buzio 저택 정면에도 로마 시대의 추기경 초상들을 프리즈 안에 넣어 아름답게 장식했다. 그는 이 위에 세계 각처에서 로마 황제에게 공물貢物을 바치는 광경도 나타냈는데, 페데스탈 위에 서 있는 12황제를 밑에서부터 전축법前縮法을 써서 표현함으로써 많은 찬사를 받았다.

반키Banchi에서는 피부색이 아름다운 세 소년이 받드는 문장紋章을 교황을 위하여 프레스코로 그렸고, 몬테카발로Montecavallo에는 피옴보의 수사修士 마리아노 페티를 위하여 그의 정원에 성 베르나르도를 점토로 만들었다. 줄리아Giulia가街에는 시에나의 성녀 카테리나를 위하여 관가棺架와 그밖에 아름다운 물건들도 제작했다. 시에나에서는 카

---

* 1515년의 일이다.

르미네Carmine회를 위하여 오르간을 설계했다.

산 페트로니오S. Petronio 성당 사목위원들의 초청으로 볼로냐Bologna
에 가서 성당 정면의 모델을 두 양식, 즉 하나는 현대식 또 하나는 독
일식으로 제작했는데, 이것들은 귀중한 작품으로 여겨져 아직 성물실
에 보관되어 있으며, 탁월한 원근법으로 뚜렷하게 눈에 띈다.* 이 성당
을 위하여 조반 바티스타 벤티볼리 백작 저택에 각종 소묘素描를 제작
했는데, 고대 양식을 보존하면서 현대식과 통일한 아름다운 고안이 돋
보인다. 그는 또 백작을 위하여 그리자이유로「동방박사의 경배」를 그
렸는데 말과 마차, 세 왕의 의상 등이 무척 우아하여 마치 이 시골집 근
처에 신전의 벽과 가옥들이 있는 것 같다.** 백작은 그 후 이 그림을 지
롤라모 트레비지Girolamo Trevigi에게 채색을 시켰는데 매우 아름답게 그
렸다.

발다사레는 볼로냐 교외의 아름다운 몬테 올리베토Monte Oliveto 수
도원의 산 미켈레 인 보스코S. Michele in Bosco 성당 출입문을 설계하고
카르피Carpi의 대성당을 비트루비우스 양식으로 아름답게 건립했다.
같은 곳에 산 니콜로S. Niccolo 성당을 짓기 시작했으나 요새를 설계하
려면 시에나로 돌아가지 않을 수 없어 완성을 못 보았다.

로마로 가서 파르네세궁 맞은편에 주택을 지었고, 교황 레오 10세에
게도 여러 번 고용되었다. 브라만테의 설계로 율리우스 2세가 착공한
성 베드로 대성당을 교황이 마무리 짓고자 했는데, 원래 너무 크고 설
계가 잘못된 것을 발다사레가 새로이 정교하고 웅장한 모델로 만들었
으며, 이것은 후에 다른 건축가들이 일부 변경했다. 그의 판단력과 근
면함이 뛰어났으며, 또 높은 기량을 바탕으로 회화의 다양한 양식을 함

---

* 그리자이유로 그린「동방박사의 경배」밑그림은 1522년의 것으로 국립
미술관에 있다.
** 1522년에 제작된 밑그림이 현재 런던 국립 미술관에 있다.

께 구사했기 때문에 그와 겨룰 만한 건축가가 없었다. 그는 교황 하드리아누스 6세의 묘묘를 설계하고 그림도 직접 그렸다.* 시에나 출신 미켈란젤로가 대리석 공사를 맡았으며, 발다사레가 조력했다.

추기경 비비에나Bibiena가 지은 희극喜劇 『라 칼란드라』*La Calandra*를 교황 피우스를 위하여 상연할 무렵, 발다사레가 무대장치를 그렸는데 누가 한 것보다 뒤지지 않았다. 하지만 희극은 결국 상연되지 않았으며, 무대장치도 유명무실해지고 말았다. 사투리로 쓰인 오랜 희극의 하나인 이 「칼란드라」Calandra 상연을 앞두고 발다사레는 교황 레오 10세 때의 불가사의한 무대면 2폭을 제작하여 그 후 우리 세대에 무대장치 방법을 마련해주었다.

이런 좁은 공간에 거리, 궁전, 이상한 신전, 로지아, 쇠시리 등을 어떻게 해서 모두 골고루 만들어 배치해놓았는지 놀라울 뿐이다.그림 414 그는 원근법을 사용하여 안쪽에 광선을 주었다. 이 희극을 모든 부대물과 함께 상연한다면 그야말로 장관일 것이며 다른 어떠한 큰 행사보다도 뛰어날 것이다.

1524년 교황 클레멘티우스 7세의 선거 때 발다사레가 대관식에 필요한 기물들을 만들었고, 또 브라만테가 착수했던 성 베드로 대성당 정면을 응회암凝灰岩으로 만들었다. 교황 식스투스 묘가 있는 경당 제단 뒷면 벽감 안에 사도使徒들을 그리자이유로 그렸고, 성사聖事용 닫집 달린 감실도 우아하게 제작했다.

1527년 로마가 약탈당했을 때 발다사레는 스페인 사람에게 붙잡혀 재산을 모두 빼앗겼을 뿐만 아니라 많은 고통과 번민을 겪었다. 그의 외양이 정중하고 귀인 같았으므로 그들은 발다사레를 무슨 고위성직자나 저명인사로 보고 거액을 몸값으로 요구했다. 후에 그가 화가인 줄

---

* 교황 하드리아누스 4세의 묘지는 산타 마리아 데 아니마(S. Maria de Anima)에 있다. 1529년에 완공.

1776

그림 414 발다사레 페루치, 「건축학적 계층 설치」,
종이에 펜, 가비네토 데이 디세니 에 스탐페,
피렌체.

알고 이 야만인 가운데 하나가 악명 높은 한 장교의 초상화를 그리도록
강요했다.

그런 일이 있은 후 그는 시에나로 가는 도중 포르토 에르콜레Porto
Ercole에서 도둑을 만나 모든 것을 빼앗기고 속옷 바람으로 시에나에 도
착했다. 친구들이 그를 반겨 맞아주고 옷을 주었다. 곧 정부에서는 이
도시의 요새화에 참여한다는 조건으로 그에게 숙소를 제공했다. 그때
그에게는 자녀가 둘 있었다. 그는 정부의 일을 돌보아주는 한편 시민들
에게 많은 소묘를 그려주었다. 카르미네 성당을 위하여 매우 아름다운
오르간도 설계했다.

황제와 교황의 군대가 피렌체를 포위 공격할 때* 성하聖下께서는 발다사레를 특사로 바초 발로리Baccio Valori 야영지에 보내 전지에서 그의 재능을 활용토록 했다. 그러나 발다사레는 교황의 총애를 사양하면서 요청을 거절했다. 교황 클레멘티우스가 이 이야기를 듣고 매우 화를 냈지만 그는 교황의 분노도 겁내지 않았다. 전쟁이 끝나고 발다사레가 로마로 돌아가기를 원하자 그는 다시 총애를 받게 되었고, 살비아티, 트리불치Trivulzi, 체사리노 세 추기경의 중재로 그전에 하던 일을 계속하게 되었다. 발다사레는 이 세 추기경에게는 그전부터 봉사해왔다.

발다사레는 로마로 돌아오자마자 비테르보로 통하는 거리에 오르시니Orsini를 위하여, 또 라 팔리아La Paglia를 위하여 아름다운 저택 두 채를 지었다. 그사이 그는 점성학占星學과 수학을 연구했으며, 로마의 고기古器에 관한 책과 비트루비우스에 관한 논고도 저작했다. 그 속에 자신이 삽화를 그려 넣었는데 그중 소묘 몇 장은 제자인 프란체스코 다시에나Francesco da Siena가 가지고 있다. 로마에 있는 동안 마시니Massini** 집도 지었는데, 새로운 아이디어인 타원형으로 만들고 정면은 도리아 방식 원주로 구성된 포치porch에 안뜰도 잘 꾸몄고 층계도 편하게 설계했지만 불행히도 그가 죽었기 때문에 완성되지 못했다.

근면하며 퍽 유능한 이 예술가는 남을 많이 도와주었으나 자기에게는 그렇지 못했다. 왜냐하면 교황, 추기경, 고명한 인사 등 부유한 사람들이 그를 고용했지만 그 누구도 그에게 보수를 넉넉히 주지 않았기 때문이다. 이는 그의 보호자들의 너그러움이 모자라서라기보다는 발다사레가 약삭빠르지 않았기 때문이며, 이것이 더욱 그를 빨리 은퇴하도록 만들었다.

영주領主들이 도량 깊고 고결하다는 것은 체모 있는 일이지만 욕심

---

* 1529년.
** 코르소에 있는 마시니의 저택.

과 무례와 배은망덕으로 그를 끈질기게 괴롭혔다. 처음엔 악덕이었던 집요함이 다음에는 미덕으로 변한다. 마치 분별이 욕심과 거래하기 시작하면 악덕이 되듯이.

발다사례는 나이가 들자 자기가 빈곤하고 가족에게 짐이 되어버린 것을 느꼈다. 얼마 후 그는 중병에 걸렸다. 이 사실을 전문에 들은 교황 파울루스 3세는 성 베드로 대성당 회계관 야코포 멜리기Jacopo Melighi 를 시켜서 금화 100두카트를 하사했다. 아마 뒤늦게나마 이런 사람의 죽음이 큰 손실이라는 것을 깨달았기 때문일 것이다. 그러나 그의 병은 이미 악화되었으며, 내 생각에 그의 자리를 노리는 경쟁자 가운데 누군가에게 독살된 것이 틀림없다. 그의 죽음으로 악인이 노린 대가는 금화 250두카트에 해당하며, 의사들은 그의 증세를 너무 늦게 발견했다.

그의 죽음이 더욱 애석했던 까닭은 그 사람보다는 아무런 재산도 물려받지 못한 불쌍한 가족 때문이다. 자식들과 친구들이 몹시 슬퍼했으며, 그의 유해는 로톤다 안의 라파엘로 바로 옆에 매장되었다. 여기에는 그 후 로마의 많은 화가, 조각가, 건축가가 매장되었다. 그의 무덤에는 다음과 같은 명문銘文이 세워졌다.

회화, 건축술 및 여러 가지 예술에 뛰어났던
시에나 출신 발다사례 페루치에게,
그가 만일 옛사람들 시대에 죽었더라면
우리 시대에 와서는 더 다행스럽게
그의 전기를 읽게 되었을 것이다.
그의 생애는 55년 11개월 20일이었다.
라크레시아와 이오 살루스티우스는
자기들의 가장 훌륭했던 남편과 부친을 위해서,
시모비, 호노리오, 클라우디오, 에밀리아, 그리고 술피시아 등
가문 자손들의 눈물 속에서 애통해하며

1536년 1월 4일 그를 매장했다.

BALTHASARI PERUTIO SENENSI, VIRO ET PICTURA ET ARCHITECTURA

ALIISQUE INGENIORUM ARTIBUS ADEO EXCELLENTI, UT SI PRISCORUM

OCCUBUISSET TEMPORIBUS, NOSTRA ILLUM FELICIUS LEGERENT. VIX.

ANN. LV, MENS. XI, DIES XX.

LUCRETIA ET JO. SALUSTIUS OPTIMO CONJUGI ET PARENTI, NON SINE LACRIMIS

SIMONIS, HONORII, CLAUDII, AEMILIAE, AC SULPITIAE, MINORUM FILIORUM,

DOLENTES POSUERUNT, DIE IIII JANUARII, MDXXXVI.

그의 이름과 명성은 그가 죽은 뒤에 더욱 높아졌다. 그러나 그의 능력은 교황 파울루스 3세가 성 베드로 대성당의 공사를 끝내기로 결심한 데서 빗맞았다. 왜냐하면 그는 안토니오 다 산 갈로의 유력한 협조자였을지도 모르며, 산 갈로가 자신이 맡은 일을 잘 수행했지만, 만일 발다사레가 옆에 있었다면 힘든 일들을 더욱 잘 극복했으리라고 생각되기 때문이다.

볼로냐 출신 세바스티아노 세를리오Sebastiano Serlio가 발다사레 유물을 많이 물려받았다. 그는 건축학 책 세 권과 로마 고기古器의 개요에 관한 책 네 권을 저술했는데, 발다사레의 연구가 많은 도움을 주었으며 그중 몇몇은 난외欄外에 삽입했다. 발다사레가 쓴 원고는 교황 파울루스의 건축사 야코모 멜리기노Jacomo Melighino에게 전수되었다. 유물의 일부는 그의 제자인 시에나의 프란체스코 손에 들어갔는데, 그는 자기 선생의 초상화 한 점을 내게 주었을 뿐만 아니라 내 책 초판이 발행되었을 때는 자기 선생에 관한 여러 비화를 알려주기도 했다.

발다사레 제자에는 로마의 비르질리오Virgilio, 안토니오 델 로조 Antonio del Rozzo, 시에나 출신 리치오Riccio, 시에나 출신 건축가 조반 바티스타 페롤로Giovan Battista Peloro 등이 있다.

발다사레는 여러 면에서 예리한 판단력을 가지고 훌륭한 소묘素描를 대개는 연필 또는 수채화로 명암법을 사용하여 제작했다. 이것은 여러 미술가가 가지고 있는 그의 소묘집에서 보는 바와 같으며, 내 화집에도 그의 데생이 몇 장 있다.

그중 하나는 광장을 환상적으로 스케치한 것으로 많은 아치, 거대한 조상彫像, 극장, 오벨리스크, 피라미드, 갖가지 선전, 주랑柱廊, 기타 옛 스타일 건물들이 보인다. 대좌台座 위에 머큐리가 서 있고 그 주위를 갖가지 모양을 한 연금술사가 풀무, 초자기구, 도가니, 기타 증류용蒸溜用 기구를 가지고 사람들 모두에게 심신을 깨끗하게 하도록 도와주는, 참으로 흥미 있고 특별한 착상이다.

발다사레 친구들 가운데 언제나 예의 바르고 착한 시에나 출신 도메니코 베카푸미Domenico Beccafumi가 있는데 그는 뛰어난 화가다. 또 일 카파나Il Capanna는 시에나 광장에 있는 투르키Turchi의 정면을 제작한 화가다.

화가들

조반 프란체스코 펜니
Giovan Francesco Penni
Il Fattore
c.1488~1528

펠레그리노 다 모데나
Pellegrino da Modena
1483~1523

조반 프란체스코 펜니는 16세기 전반기에 활동한 매너리즘 작가다. 라파엘로가 로마에서 활동하던 시기에 가장 밀접한 관계를 맺었던 제자이자 공방의 일원이다. 라파엘로의 공방에는 1514년에서 15년경에 들어간 것으로 보이며, 라파엘로가 자신의 집에서 줄리오 로마노와 함께 아들처럼 키우며 그림을 가르쳤다고 한다. 줄리오 로마노, 페린 델 바가바사리는 '페리노 델 바가'로 표기 등과 함께 바티칸의 엘리오도로의 방을 비롯한 중요한 작업에서 스승의 작업을 도왔으며 바티칸에 설치하기 위해 제작한 아라치Arazzi라 불리는 라파엘로의 대형 타피스트리 연작에서 밑그림 작업을 맡았다.

라파엘로의 공방에서는 라파엘로의 거의 모든 작품을 동판화로 제작했는데 이때 줄리오 로마노는 전체 감독을 맡았고 프란체스코 펜니는 라파엘로의 드로잉을 바탕으로 정교한 밑그림 작업을 해준 것으로 알려진다. 공방에서 제자들은 이처럼 각기 분업 형태로 고유의 업무를 맡고 있었으며 라파엘로가 드로잉을 던져주면 제자들이 이를 밑그림으로 그린 후 확대하여 대형 프레스코 작업이나 판화 작업으로 완성하는 시스템을 갖추었다. 그렇지 않고는 짧은 기간에 엄청난 대작들을 완성할 수 없었을 것이다.

라파엘로 공방의 동료인 페린 델 바가의 여동생과 결혼했으며, 라파엘로가 죽은 뒤 줄리오 로마노 등과 함께 바티칸의 「콘스탄티노의 방」을 완성했다. 이후 나폴리로 건너가 이탈리아 남부에 르네상스와 매너리즘을 알리는 메신저 역할을 했다.

조반 프란체스코 펜니Giovan Francesco Penni, 일명 일 파토레Il Fattore는 타고난 온화한 성품, 재질 및 그림을 향한 열정에 넘쳐 라파엘로가 줄리오 로마노와 함께 자기 집에 데려다가 마치 아들처럼 키우면서 그림 공부를 시켰다. 라파엘로가 그들을 얼마나 사랑했는지는 그가 죽을 때 이들에게 그림 그리는 법과 재산을 남겨놓은 것으로도 알 수 있다.

프란체스코가 소년 시절에 라파엘로에게 갔을 때부터 그는 일 파토레라고 불렸다. 그는 라파엘로의 디세뇨 양식을 모방했는데, 채색하기보다는 디세뇨 그리기를 더 좋아했으며, 많은 작품을 남겨놓았다. 그의 첫 작품은 로마 교황을 로지아에 그린 것인데, 그때 조반니 다 우디네, 페리노 델 바가, 그밖에 여러 화가와 함께 그렸으며, 퍽 우아하게 표현하고 대가처럼 마무리를 지었다.

프란체스코는 다예多藝했으며, 특히 풍경과 건축을 즐겨 그렸다. 유채화·프레스코·템페라 부채賦彩에 뛰어났으며, 별로 노력하지 않아도 될 천부天賦의 재주를 갖추었다. 그리하여 라파엘로가 교황의 경당과 추기경 회의실의 벽걸이 융단을 그릴 때 대부분 그를 도왔다. 그는 라파엘로의 밑그림으로 많은 작품을 만들었으며, 특히 파르네세궁 트라스테베레 안의 아고스티노 키지 경당 둥근 천장에 그림을 그렸으며, 그밖에도 많은 그림을 뛰어나게 그렸으므로 라파엘로는 그를 더욱 사랑했다.

로마의 몬테 조르다노Monte Giordano의 정면을 그리자이유로, 산타 마리아 데 아니마S. Maria de Anima 성당 안의 라 파체La Pace로 들어가는 옆문에 높이 8브라차로 산 크리스토퍼를 그렸다. 동굴 안에 호롱등을 든 은둔자 얼굴도 보이는데, 조화가 잘 이루어진 그림이다.

그는 피렌체로 돌아와서 로도비코 카포니Lodovico Capponi를 위하여 산 갈로 성문 옆 몬투기Montughi에 아름다운 닫집 달린 감실을 만들었다. 라파엘로가 죽은 후에도 프란체스코와 줄리오 로마노는 함께 남아

그림 415 조반 프란체스코 펜니 작품으로 추정,
「콘스탄틴의 세례」, 1520~24, 프레스코, 살라 디 콘스탄티노,
바티칸, 로마.

서 라파엘로의 미완성 작품, 특히 교황의 별장과 궁전 안의 홀에 그리
기 시작했던 것들을 완성했다. 그중에는 콘스탄티누스 왕의 이야기도
있는데, 라파엘로의 스케치와 구도가 일부분 들어 있다.

그 무렵 저명한 화가인 페리노 델 바가가 프란체스코의 여동생과 결
혼했다. 그들은 줄리오와 협력하여 페루자에 가까운 몬텔루치Monteluci
로 보내게 된 「성모영보」를 두 조각으로 된 패널에 그렸으며, 그밖에도
많은 작품을 제작했다. 그들은 프랑스에 보낼 산 피에트로 아 몬토리오
S. Pietro a Montorio 성당을 장식한 라파엘로풍 그림을 그리도록 교황의
위촉을 받고 작업을 시작했다. 원래는 라파엘로가 그곳에 가서 제작할
예정이었다.*

* 그림 내용은 그리스도의 변용이다.

라파엘로가 남긴 재산과 디세뇨와 다른 물건들을 분배한 다음 줄리오는 만토바로 가서 후작을 위하여 수많은 제작을 했다. 얼마 안 가서 줄리오의 애정이 식어 그를 찾아온 프란체스코를 냉대冷待하자 프란체스코는 곧 그곳을 떠나 롬바르디아를 거쳐 로마로 간 뒤 배를 타고 나폴리에 도착하여 몬토리오의 산 피에로S. Piero 성당에 간직해두었던 패널 그림과 후작령侯爵領인 이스키아Ischia섬에 두었던 그림을 가지고 바스토Vasto 후작을 방문했다. 그 후에 그 패널은 나폴리의 산토 스피리토 델리 인쿠라빌리S. Spirito degli Incurabili 성당의 지금 장소에 두었다.

프란체스코는 나폴리 체재 중 상인이자 후작의 사무장인 톰마소 캄비Tommaso Cambi와 친교를 맺고 디세뇨와 그림을 많이 그렸다. 그 후 건강이 나빠져서 죽었는데 후작과 친지들의 슬픔이 대단했다.

그의 형제 루카Luca도 화가였으며, 친척 페리노Perino와 제노바 그리고 이탈리아 각처에서 함께 일했다. 그러다가 나중에 영국으로 건너가서 궁정과 상인들을 위하여 작품을 만들고 플레밍스 사람을 위하여 아름다운 동판의 디세뇨도 했는데, 서명과 독특한 스타일에서 그의 작품임을 곧 알아챌 수 있다. 그중 한 작품인 목욕하는 여인들의 그림 원본이 내 수집품에 들어 있다.

일명 일 피스토이아Il Pistoia라고 부르는 레오나르도Leonardo도 프란체스코의 제자였다. 그는 나폴리에서는 아리아노Ariano의 주교였으며, 루카와 로마에서 작품을 많이 제작하고, 현재 추기경인 디오메데 카라파 Diomede Caraffa를 위하여 그의 경당에 「돌로 얻어맞는 성 스테파노」를 패널에 그렸다. 몬테 올리베토에서도 패널화로 제단을 장식했으나 후에 조르조 바사리가 비슷한 주제로 그곳에 그림을 그렸으므로 레오나르도의 그림은 다른 곳으로 옮겨졌다.

프란체스코는 나폴리 귀족에게서 많은 재산을 모을 수 있었으나 도박에 손을 대어 남긴 것이 별로 없었다. 그의 작품 수는 많지 않으나 색채화가라는 명성을 남기고 나폴리에서 1528년에 죽었다. 그때 나이

40세였다.

펠레그리노 다 모데나는 프란체스코의 친구였으며, 라파엘로의 제자였다. 고향에서 명성을 떨친 그는 라파엘로 다 우르비노의 놀라운 평판을 듣고 청운의 꿈을 이루고자 로마로 갈 결심을 했다. 유능한 사람이라면 거절하지 않는 라파엘로는 그를 맞아 제자로 삼았다.

당시 로마에서는 그림으로 서로 경쟁하여 이겨 라파엘로의 사랑을 받으려는 젊은 화가와 이미 유명해진 화가가 많이 있었다. 펠레그리노는 끊임없이 노력하여 기량 있는 화가가 되었으며, 라파엘로가 교황 레오 10세의 초청으로 로지아를 장식할 무렵 펠레그리노는 다른 젊은 화가들과 함께 그를 도와주었는데 라파엘로의 인정을 받아 그 후 일할 때에도 고용되었다.

펠레그리노는 로마의 산토 에우스타키오S. Eustachio 성당 입구의 제대에 프레스코를 세 폭 그렸으며, 포르투갈 사람들의 라 스크로파la Scrofa 성당 대제대를 장식했다. 추기경 알보렌세Alborense가 스페인 사람들의 산 야코포 성당에 대리석으로 장식한 예배장을 건립했는데 거기에는 야코포 산소비노가 그린 4.5브라차 높이의 성 야고보 조상이 있다. 펠레그리노는 라파엘로를 모방해서 그의 온화한 초상이 들어 있는 복음 전도자들의 생애를 그렸는데, 그 구도를 보면 그가 기량 있는 훌륭한 화가임을 입증해준다.

라파엘로가 죽은 후에 그는 모데나로 돌아와서 많은 작품을 제작했는데, 그중에서도 콘프라테르니타 디 바투티Confraternita di Battuti를 위하여 「그리스도에게 세례 주는 성 요한」을 유채화로, 세르비테 성당에 성 코시모S. Cosimo와 성 다미아노Damiano, 그밖에 여러 조상을 패널에 그렸다.

그는 결혼하여 자식이 하나 있었는데 그로 말미암아 죽게 되었다. 즉, 아들이 친구들과 언쟁하다 그중 한 사람을 죽였는데, 펠레그리노는 아들을 구해내려고 하던 터에 살인자를 찾고 있던 살해된 사람의 친척에게 변을 당했다. 격노한 그들이 아들을 붙잡으려 하지 않고 펠레그리노에게 많은 상처를 입혔기 때문이다. 이 사건은 모데나 사람들을 몹시 슬프게 했다. 그것은 그들이 드물게 보이는 고귀한 정신을 펠레그리노에게서 느꼈기 때문이다.

안드레아 델 사르토
Andrea del Sarto

1486~1530

ANDREA DEL SARTO PITTOR
FIORENTINO

〔해설〕

　16세기 전반 미켈란젤로와 라파엘로가 로마로 떠난 피렌체에서 거장들의 빈자리를 지키며 당대 최고 화가로 활동했다. 피렌체 전성기 르네상스의 고전주의 양식을 꽃피운 주인공으로 잠시 프랑수아 1세의 초청으로 프랑스를 다녀온 것을 제외하고는 피렌체를 거의 떠나지 않았다. 그의 공방은 폰토르모, 일 롯소, 피오렌티노 같은 당대 천재 제자를 배출한 매너리즘의 요람이었다.

　안드레아 델 사르토는 피에로 디 코시모의 제자로 피렌체의 금속세공 공방에서 미술을 시작했으며 20세가 채 안 된 1508년경 이미 프란차비조와 함께 독립된 공방을 운영했다. 그는 일찌감치 라파엘로, 레오나르도 다 빈치, 바르톨로메오 델라 포르타 같은 거장들의 장점을 본받아 자신의 양식을 구축했다. 초기 대표작은 피렌체 산티시마 아눈치아타 성당에 그린 벽화 「성 비니치의 기적」, 「마리아의 탄생」 등으로 이들 벽화는 피렌체의 산타 마리아 노벨라 성당에 그려진 도메니코 기를란다요의 벽화에서 인체의 자연스러운 움직임, 인물과 인물, 배경과 인물의 비례와 조화를 완벽하게 이해하고 응용했음을 보여주며 동시에 매너리즘 양식의 징후가 보인다는 점에서 흥미롭다. 이들 벽화는 15세기 피렌체 벽화의 거장 도메니코 기를란다요의 벽화를 한 단계 업그레이드한 전성기 르네상스 고전주의의 걸작으로 꼽힌다.

　그의 대표작 중 하나인 제단화 「아르피에 마돈나」는 성모자와 성 프란체스코, 사도 요한을 그린 것으로 인물의 자연스러운 움직임과 균형, 조화, 대칭 등 고전주의 양식의 특징을 보여주며, 당대 제단화의 대표작으로 동시대 화가들에게 많은 영향을 주었다. 특히 아기 예수의 장난기 넘치는 표정에서 볼 수 있듯이 그의 인물들은 고전주의임에도 표현이 생생하고 개성 넘치며 매너리즘 화가들의 트레이드마크인 괴기스러운 표정도 이미 선보이고 있다. 그의 후

기작 중 나무로 만든 궤의 일종인 카소네cassone에 그린 「요셉 이야기」는 공간 처리와 색상 등에서 매너리즘 요소가 싹트고 있으며 폰토르모의 「요셉 이야기」에 영향을 미쳤다. 다수의 초상화를 남겼으며 드로잉의 천재로 알려졌다.

미술가들의 전기를 읽노라면 수많은 화가 가운데 어떤 사람은 부채賦彩에 탁월하며, 어떤 사람은 데생에, 또 어떤 화가는 창의력이 뛰어났음을 알 수 있다. 나는 지금 이 세 가지 재능 모두를 하늘로부터 받은 가장 뛰어난 안드레아 델 사르토를 이야기할 차례에 이르렀다. 그의 정신은 굳건하고 판단력은 심오하여 필적할 만한 이가 없다. 그러나 한편 정신의 내면적이고 순종하는 단순한 천성이 그의 불타는 열정을 막았으나 그의 다른 재능과 더불어 천재를 만들었다. 그리하여 다른 여러 화가에게서 흔히 볼 수 있는 꾸밈과 장려함과 풍부한 스타일 등의 결합을 그의 작품에서는 볼 수 없다.

그의 작품의 인물들이 단순하고 순수한데도 잘 고안되어 있고 실수가 없다는 점에서 완벽하다고 할 수 있다. 그의 그림에 나타난 여자와 어린이의 얼굴은 자연스럽고 우아한 표정이며, 노인과 젊은이는 놀랄 만큼 씩씩하고 원기가 있다. 그들의 의상衣裳은 훌륭하고 나상裸像에는 그의 깊은 지식이 나타나 있으며, 그의 데생은 단순하고 부채는 참으로 신기神技에 가깝다.

안드레아는 1478년에 피렌체에서 태어났으며, 아버지 직업이 재봉사여서 델 사르토del Sarto라는 이름이 생겼다. 7세 때 학교에서 데려다가 금은세공사에게 맡겼으나 그는 금과 은을 세공하는 것보다 데생에 더 취미가 있었다. 피렌체의 화가 잔 바릴레Gian Barile가―그는 좀 거칠고 평범한 사람이었지만―금은세공가에게서 어린이를 데려다가 정확한 데생 방법을 가르쳤다. 자연에서 타고난 재능은 미술에 더욱더 흥미를 가지게 되어 짧은 시일 안에 그의 부채 솜씨가 잔 바릴레는 물론이고 많은 화가를 깜짝 놀라게 했다.

3년 동안 계속하여 가르친 잔 바릴레는 이 어린아이가 훌륭한 화가가 될 자질을 가지고 있음을 알고, 공부에 계속 열중하며 배우기를 원하는 안드레아를 당시 피렌체의 일류화가인 피에로 디 코시모에게 부

그림 416 안드레아 델 사르토, 「성모승천」, 1526~29, 패널에 오일,
236×205cm, 피티 미술관, 피렌체.

탁했다. 천부의 재질을 타고난 안드레아는 부채 재주가 뛰어나 50여 년 동안 그림을 그린 사람같이 보였다. 그래서 피에로의 사랑을 받게 되었으며, 특히 축제일에는 다른 소년들과 함께 교황의 저택에 가서 미켈란젤로와 레오나르도의 밑그림을 보고 그림 공부를 했다. 그는 비록 어린 나이였으나 그곳에 모인 국내외의 어느 화가들보다도 디세뇨를 더 잘 그렸다. 그 화가들 가운데 프란차비조Franciabigio의 성격을 좋아했으며, 같이 회화를 그렸으므로 나중에는 친구가 되었다.

어느 날 안드레아가 프란차비조에게 늙은 자기 선생 피에로의 기행奇行을 더는 참을 수 없으니 자기 공방을 하나 마련하면 좋겠다고 말했다. 프란차비조는 곧 동의하고 자기 스승 마리오토 알베르티넬리의 그림이 완성되었으니 안드레아가 와서 함께 있도록 제안했다. 그리하여 그들은 피아차 델 그라노 광장에 공방을 마련하고 거기서 제작을 많이 했다. 그 가운데 하나가 프란차비조의 먼 친척인 향방계원香房係員이 위촉한 세르비테 성당 제단화를 위한 커튼이다.*

성가대석 쪽에는 「성모영보」Annunziata를, 그 반대쪽에는 「그리스도 십자가 강하」Cristo diposto를 그렸다. 그 성당 안에 있는 필리포와 피에트로 페루지노의 그림과도 매우 흡사하다. 이 그림은 스칼조 성당 상조회 사람들이 세례자 요한에게 헌납한 것인데, 그때 피렌체의 여러 화가가 공경하는 오타비아노 데 메디치 공작의 저택에 맞게 짜넣었다. 이 집은 산 마르코 수도원 정원의 맞은편 라르가Larga 둔덕에 있다. 다른 것들은 작은 기둥에 의지한 주랑柱廊으로 안뜰을 만들었다.

그중 몇 사람은 안드레아가 화가로서 진보했음을 깨닫고 안드레아에게 세례자 요한의 생애 열두 장면을 그리자이유 화법으로만 그려주기를 희망했다. 그들은 돈보다도 신앙심이 더욱더 앞서 있었다. 그래서 안드레아는 1515년 일에 착수했는데, 그리스도의 세례로 시작한 이 작

* 안드레아 디 코시모(Andrea di Cosimo, 1510~11)가 그린 그림들이다.

품을 매우 훌륭하게 그려서 좋은 평판과 명성을 얻었으므로, 사람들은 그가 좋은 작품을 만들 것을 확신하고 그를 고용하고자 했다.

그가 그린 다른 작품 가운데 하나가 필리포 집에 있으며, 이 화가를 기념할 만한 것으로 평가받는다. 즉, 성녀 마리아 막달레나 앞에 예수께서 나타나는 장면으로 산 갈로 문밖의 산 아우구스티노 교단의 에르미타니Ermitani 수도원 경당에 그린 패널 그림이다. 채색彩色, 명암 조화, 부드러움이 완벽한 이 작품 덕분에 얼마 후 이 교회에서는 그림 두 점을 그에게 위촉했다. 이 세 점이 현재 아르베르티 거리의 산 야코포 트라 포시 성당 안에 있다.*

그 후 안드레아와 프란차비조는 피아자 델 그라노를 떠나 사피엔자에 있는 눈치아타 수도원 근처에 공방을 차렸다. 이것이 안드레아와 그 당시 젊은 조각가로, 안드레아 콘투치Andrea Contucci 밑에서 조각을 공부하던 야코포 산소비노가 친교를 맺는 계기가 되었으며, 그들은 거의 매일 만나 예술에 대하여 논의했다. 그러니 그들이 훗날 유명해진 것은 당연한 일이다.

그 당시 세르비테 성당의 향방계원으로 촛불을 팔던 마리아노 달 칸토 알라 마치네Mariano dal Canto alla Macine라는 수사가 있었다. 그는 안드레아의 명성을 여러 사람에게 듣고 소액이나마 돈을 기부하고 싶었다. 천성이 온후하고 태평한 안드레아를 만나 그의 영예와 이익을 얻도록 돕고 싶다는 뜻을 표했다. 여러 해 전 알레소 발도비네티는 세르비테 수도원 안뜰 「성모영보」를 그린 담벼락에 「예수강생」을 그리도록 위촉했으며, 또 저쪽 담벼락에는 이 수도원 설립자인 성 필리포의 초상을 코시모 로셀리가 관습에 따라 제작 중이었으나 그가 죽었기 때문에 일을 끝내지 못했다.

*「나를 만지지 마라」라는 다른 두 점과 우피치 미술관과 피티 미술관에 있다.

그림 417 안드레아 델 사르토, 「페트라르카의 책을 들고 있는
여인」, 1514, 패널에 오일, 87×69cm, 우피치 미술관,
피렌체.

이 사업의 완성을 근심하던 수사修士는 안드레아와 프란차비조의 경쟁의식을 고려하여 이 기회에 이득을 보려고 일을 각각 하나씩 맡기려 했다. 안드레아에게는 자기 생각을 밝히고 제작에 착수하도록 설득했다. 또 그 작품을 외국 사람들과 피렌체 시민이 많이 출입하는 장소에 전시할 테니 보수는 신경 쓰지 말고 작품을 만드는 데 전력하도록 열심히 당부했다. 만일 안드레아가 그 일을 맡지 않는다면 프란차비조가 보수를 받지 않으면서 나설 것이라면서 이런 사정 때문에 마음 약한 안드레아가 제작에 착수하도록 만들었다. 더구나 프란차비조에 대한 고려 때문에 다른 사람을 고용하지 않겠다는 계약서를 문서로 작성했다.

그리하여 수사는 한 장면에 단돈 10두카트를 보수로 지불했다. 안드레아는 성 필리포의 생애에 관한 작품을 시작했는데* 사람들이 평하기를 수도원의 이익보다는 자기 목적을 성취하려는 것이라고 했다. 그는 자기 이익보다는 명예를 위하여 성실하게 제작했으며, 완성 후 세 장면을 공개했다. 첫째 장면에서는 수사인 성 필리포가 벌거벗은 사람에게 옷을 입히고 있으며, 둘째 장면에서는 하느님께 불경하는 도박꾼들에게 설교하고 있다. 그들은 성 필리포 이야기를 조롱하는데, 번쩍이는 광선이 그들을 죽이고 남은 사람들은 공포에 떨게 만든다. 그중 몇 사람은 손을 머리에 대고 앞으로 넘어지며 소리를 치면서 도망친다. 한 여자는 천둥소리에 놀라 도망치는데 마치 살아 있는 듯하며, 깜짝 놀란 말 한 마리가 뒷발로 서 있는 등 모든 장면이 우발 사건으로 안드레아가 생각해낸 것이다.

셋째 장면에서는 성 필리포가 실례를 들어 줄거리를 설명하면서 한 여자에게서 마귀를 쫓아내는데, 이상 세 작품이 안드레아의 성가를 크게 높였다. 용기를 얻은 안드레아는 같은 안뜰에 두 장면을 더 그렸다. 그 하나는 수사들이 죽어 쓰러진 성 필리포를 보고 슬퍼 눈물을 흘리는

* 산 필리프 베니치(S. Philip Benizzi), 1509년에 시작.

장면이다. 다른 장면은 죽은 어린이의 관가棺架에 손을 대니 어린이가 아주 자연스러운 모습으로 다시 살아나는 광경이다. 그 옆은 수사들이 성 필리포의 의복을 어린이의 머리에 가져다 대는 장면이다. 여기에 붉은 옷을 입은 노인은 조각가 안드레아 델라 롭비아Andrea della Robbia의 초상을 그린 것인데, 허리를 굽히고 손에 지팡이를 들고 있다.

또 안드레아의 아들 루카Luca의 초상도 보인다. 필리포가 죽은 장면에는 얼마 전 프랑스에서 죽은 자기 친구이며 안드레아의 아들인 지롤라모의 초상도 그려놓았다. 이 장면들을 끝낸 그는 나머지 부분을 그리지 않기로 결심했다. 그림에 비해 보수가 너무 적었기 때문이다. 그러나 수사들은 안드레아의 행위를 몹시 불평하면서 계약에 따라 안드레아를 가지 못하게 했으며 보수를 조금 더 주고 일을 끝맺도록 했다.

이 작품으로 명성을 떨치게 된 안드레아는 여러 중요한 제작을 위촉받게 되었다. 그중 하나가 산타 크로체 문밖에 있는 산 살비 수도원 식당의 둥근 천장 아치에 그린 「최후의 만찬」cenacolo이다.* 이것은 발롬브로사Vallombrosa 수도원장이 그에게 위촉한 작품이다. 여기에 그는 성 베네딕토, 성 조반니 구알베르토, 성 살비 주교 및 피렌체의 성 베르나르도 델리 우벨티니 추기경 등의 인물화를 메달에 그리고 한가운데에는 삼위일체를 나타내는 같은 얼굴 셋을 그렸다. 이 프레스코는 참으로 훌륭하여 안드레아의 진가를 더욱더 높여주었다.

그리하여 그는 바초 다뇰로에게 고용되었다. 메르카토 누오보Mercato Nuovo로 가는 오르산미켈레 옆 깊숙한 곳에 아직도 있는 작은 스타일의 「성모영보」를 그렸으나 평판은 그리 좋지 않았다. 왜냐하면 자연에 무리하지 않고도 잘할 수 있었을 터이지만 너무 무리하면서 노력했기 때문이다.

그가 피렌체를 위하여 수많은 작품을 제작했으므로 그것을 자세하

---

* 1519년 작품.

게 이야기하려면 너무 길지만, 그중 현재 바초 바르바도리 집에 있는 「성모자와 성녀 안나와 성 요셉」을 그린 아름다운 그림은 바초가 높이 평가하고 있다. 또 좋은 작품으로는 로렌초 디 도메니코 보르기니가 소유한 것과 레오나르도 델 조콘도Leonardo del Giocondo를 위하여 그린 「성모 마리아」가 있다. 후자는 그의 아들 피에로가 가지고 있다.

그는 카를로 지노리를 위하여 작은 작품 두 점을 제작했는데 그 하나는 후에 오타비아노 데 메디치 공작이 사들였으며, 또 하나는 그의 아름다운 별장 캄피Campi에 있다. 그밖의 것들은 현대 여러 유명한 화가의 작품과 함께 그의 아들 베르나르데토 각하 집에 있는데, 그는 유명한 화가들의 작품을 높이 평가하는, 미술에 식견이 있는 사람이다.

한편 세르비테 수사들은 자기 수도원 안뜰에 그림 한 폭을 프란차비조에게 위촉했다. 그러나 안드레아가 질투심이 생겨서 혹시 그가 자기보다 프레스코를 더 빠르게 잘 그리지나 않을까 싶어 마치 경쟁이나 하듯 산 세바스티아노의 문 쪽과 안뜰에서 눈치아타 성당으로 가는 작은 문 사이에 그릴 예정인 두 장면의 밑그림을 그렸는데, 프란차비조는 아직 자기가 맡은 일을 완성하지 못했다.

밑그림이 끝나자 안드레아는 곧 프레스코에 착수하여* 방 안에 우아하게 배열한 인물들, 즉 **동정** 마리아의 강탄에서 시작하여 당시 의상을 입고 방문하는 여인들을 그렸다. 신분이 낮은 사람들은 불 주위에 둘러서 있으며 어떤 이는 갓난아이를 씻기고 있다. 또 어떤 이는 감싸는 천을 만들면서 시중을 들고 있다. 그중에는 불에 몸을 녹이는 어린이들과 침대에 누운 한 노인도 있는데 모두가 살아 있는 것같이 보인다. 여인들은 극히 자연스러운 자태로 성녀 안나에게 음식을 가져다드리며 그밖의 인물들 표정, 의상이 꽃을 던지는 어린이들과 잘 조화되어 채색이 마치 사람의 살빛 같아 그린 것 같지 않다.

* 1511년에 착수하여 1514년에 완성했다.

다른 장면은 별의 인도를 받아 아기 예수를 경배하려고 온 동방박사다. 안드레아는 이들이 말에서 내리는 장면을 그렸는데, 이들이 목적지에 가까이 온 장면만 그린 이유는 이 그림이 진열된 다음 다른 홀에는 알레소 발도비네티가 그린 「그리스도의 강생」이 이미 있었기 때문이다. 이 장면에는 왕들과 안뜰에 마차·시종·도구와 피렌체식 옷차림을 한 세 사람의 초상화, 즉 그림을 바라보는 야코포 산소비노의 전신을 그리고, 안드레아 자신은 원근법을 사용하여 그렸으며, 야코포 뒤에는 음악가 아욜레Ajolle의 상반신을 그렸다. 그밖에 이 행렬과 이상한 짐승들을 구경하려고 담벼락을 기어오르는 어린이 모습이 있는데 모두 훌륭한 장면들이다.

이 두 장면은 같은 장소에서 제작을 완성한 프란차비조에 대해서는 말할 필요도 없이 매우 월등한 작품이다. 같은 때에 그는 같은 성직록聖職錄에 따르는 성직인 산 고덴조S. Godenzo 대수도원을 위하여 패널 그림을 제작했다. 그밖에 산 갈로의 수사들을 위하여 「성모영보」를 패널에 그렸는데,* 빛깔이 아름답게 조화를 이루며 가브리엘이 끼어 있는 천사들의 얼굴에 나타난 부드러운 색채와 표정이 아름답다. 안드레아의 제자 야코포 다 폰토르모가 이때 제단의 대를 제작하여 피렌체에서 후일에 대성할 징조를 일찍부터 보여주었다.

그 후 안드레아는 차노비 지롤라미를 위하여 요셉 이야기를 그림으로 표현하고자 부단히 노력했다. 또 산 암브로조 수녀원 뒤에 있는 산타 마리아 델 네베 조합 사람들을 위하여 패널 그림을 제작했는데 「성모 마리아」, 「세례자 요한」, 「성 암브로조」의 초상화를 그려서 그 조합의 제단에 걸었다. 이러한 안드레아의 능력은 조반니 가디와 친교를 맺게 해주었다. 가디는 후에 시 의회의 책임자가 되었는데, 예술과 그림을 좋아하여 항상 야코포 산소비노를 고용했다. 그는 안드레아의 화풍

* 현재 피티 미술관 소장품.

그림 418 안드레아 델 사르토, 「하르피아의 성모자」,
1517, 패널에 오일, 208×178cm, 우피치 미술관, 피렌체.

을 좋아하여 「성모 마리아」의 그림을 주문했으며, 안드레아가 이 제작
에 온 정력을 쏟았으므로 당시 가장 훌륭한 작품으로 알려졌다.

그때 포목상을 하던 조반니 디 파올로를 위하여 또 하나의 「성모 마
리아」를 제작했으니, 그 아름다움이 보는 이로 하여금 황홀케 했다. 또
안드레아 산티니를 위하여 「성모 마리아」와 「성 요한」, 「성 요셉」을 그

려서 피렌체 시민에게 많은 칭찬을 받았다.

이러한 작품들로 안드레아는 수많은 화가에게 실력 있는 가장 뛰어난 화가로 인정받았다. 그는 비록 적은 보수밖에 받지 못해서 빈곤에 시달렸으나 존경받으며 생활할 수 있었다. 그는 어떤 젊은 여인과 사랑에 빠졌는데, 그녀가 과부가 되자 곧 결혼했다. 그 때문에 여생을 더욱더 제작에 시달려야 했고 이런 시련뿐만 아니라 그녀의 질투 때문에도 고통받아야 했다.

안드레아의 작품으로 되돌아가자. 그의 많은 작품이 모두 훌륭하다. 그의 다음 작품은 팔각八角 대좌臺座 위의 성모자聖母子인데,* 성모 마리아는 한쪽 팔로 부드럽게 아기 예수를 안고 한 손에는 책을 들었으며, 벌거벗은 두 천사를 바라보고 있다. 천사들은 무릎을 꿇고 성모자를 경배하고 있다. 이 그림은 당시 비아 펜톨리니에 있던 산 프란체스코 수녀원 통치자였던 산 프란체스코 수도원의 수사들을 위하여 제작된 것이다. 성모 오른쪽에 있는 성 프란체스코의 표정은 단순함과 친절함이 성스럽게 나타나 있다. 발과 의상 묘사가 참으로 섬세하고 인물 표정을 잘 처리하여 신체의 윤곽이 잘 드러나 보인다. 오른쪽 사도 요한의 자세도 아름답다. 건물의 상부는 구름이며, 인물들이 움직이는 것 같으므로 전체가 뛰어나게 아름다운 그림이다. 또 소목장小木匠 니차Nizza를 위하여 성모 마리아를 제작했는데 역시 아름답다.

상인들이 성 요한 축일 아침의 행렬에 사용하려고 고대 로마 시대 것과 같은 목제 개선차凱旋車 제작을 위촉했다. 이것은 도시나 시골에서 바치는 공물인데 외투나 촛불을 대신하여 당일 공작과 지방장관들 앞을 행진할 때 쓰려는 것이었다. 안드레아는 유화로 또는 회색만 가지고 열 개쯤 그렸는데 매우 찬사를 받았다. 이 행사는 매년 각 도시나 각 지

*「하르피아의 성모자」(Madonna delle Arpie), 1517년 작품이며 현재 우피치 미술관에 있다.

방에서 직접 만들어 굉장한 쇼를 벌였지만 1527년부터 중단되었다.

안드레아가 이런저런 일로 피렌체시를 장식하는 동안에 그의 인기는 날로 높아졌으며, 스칼조 조합 사람들은 그가 안뜰에서 진행하던 「그리스도의 세례」Battesimo di Cristo를 빨리 완성하고 싶어 했다. 그는 이 제작에 착수하여 두 장면, 즉 애덕愛德과 출중한 판단력으로 출입문을 장식했다.* 그중 한 장면에는 마치 살아 있는 것 같은 자세와 기백 있는 표정으로 군중을 향하여 설교하는 성 요한을 그렸다. 청중의 생동감 넘치는 모습은 참으로 훌륭하며 새롭고 보기 드문 설교를 듣고 감탄하며 놀라 서 있는 청중의 모습도 다양하다.

안드레아의 더욱 놀랄 만한 재능을 보여주는 것은 성 요한이 군중에게 세례를 주는 장면인데, 몇 사람은 옷을 벗었고 몇몇은 세례를 받고 있으며 어떤 이는 차례를 기다린다. 그들 모두가 죄를 깨끗이 씻어버리려고 노력하는 모습을 보여주는데, 이 그림은 마치 대리석 조상을 연상케 한다.그림 419

안드레아가 제작에 종사하는 동안 알브레히트 뒤러의 동판화에서 인물들을 차용하여 자기 스타일에 응용했는데, 이런 일은 우리가 조금 생각해야 할 문제다. 그렇다고 해서 남의 좋은 점을 이용하는 것이 반드시 나쁜 것은 아니지만 안드레아의 창의력이 다소 부족했기 때문으로 생각된다. 오늘날의 당당한 일류 조각가인 바초 반디넬리가 유화를 그리고 싶은 환상에 사로잡혀 피렌체에는 안드레아보다 훌륭한 화가가 없는 줄 알고 안드레아를 찾아가서 부탁하여 자기 초상화를 만들었는데 현재 우리가 보는 바와 같이 그와 매우 흡사하다. 안드레아의 채색법을 본 그는 결심을 단념하고 조각에만 전심했다. 회화가 힘들다고 생각한 탓인지 또는 흥미를 잃은 탓인지는 알 수 없다.

안드레아는 알레산드로 코르시니Alessandro Corsini를 위하여 아기 예

---

* 1522년에 착수하여 1526년에 완성.

그림 419 안드레아 델 사르토, 「군중의 세례」, 1515~17,
프레스코, 콤파니아 디 산 조반니 바티스타 알로
스칼조 수도원, 피렌체.

수와 함께 땅에 앉은 성모 마리아를 그렸다. 치품천사들이 성모를 둘러
싼 이 작품은 채색이 탁월한 걸작이다.* 그가 로마에 사는 목공인 친구
를 위하여 제작한 그림도 있다. 피렌체의 조반 바티스타 푸치니Giovan
Battista Puccini는 안드레아의 화풍畵風을 좋아했으며, 그를 고용하여 프
랑스로 보낼 성모 마리아를 그리도록 위촉했는데, 작품이 너무 아름다
워서 자기가 갖고 말았다고 한다.

* 현재 독일 뮌헨의 알테 피나코테크(Alte Pinakothek) 소장인 「성 가족」
이라고 추측된다.

그러나 그는 프랑스와 장사 거래가 있어서 유명한 화가의 그림이 필요했으므로 안드레아에게 다시 위촉했다. 죽은 그리스도를 부축하는 것인데, 천사들이 인간의 죄로 말미암아 비참하게 죽은 조물주를 슬퍼하는 그림이다.* 이 작품이 많은 사람을 감탄시켰으므로 로마에 있는 아고스티노 비니치아노Agostino Viniziano에게 메달에 새기게 했으나 결과가 좋지 못하여 인쇄하지 않았다. 이 그림이 피렌체에서와 같이 프랑스에서도 인기가 대단했기 때문에 국왕이 사람을 시켜서 안드레아에게 다른 그림을 주문했다. 안드레아는 친구들의 충고에 따라 곧 프랑스로 떠나기로 결심했다.

이야기는 바뀌어 1515년에 교황 레오 10세가 피렌체를 방문한다는 호소식이 들어왔다. 시민들은 풍부한 재력과 인재를 동원하여 어느 시대에도 볼 수 없었던 호화로운 환대를 준비하려고 많은 아치, 성당, 거대한 조상 등을 만들기로 했다. 야코포 디 산드로Jacopo di Sandro는 바초 다 몬테루포Baccio da Montelupo의 도움을 받아 산 피에르 가톨리니San Pier Gattolini의 문에 찬란하게 장식한 아치를 만들었으며, 광장에 있는 산 페리체에는 줄리아노 델 타소Giuliano del Tasso가 또 하나를 만들었다. 산 트리니타에는 로물루스Romulus**의 상반신 조상과 메르카토 누오보에 트라얀 원주를 제작했다.

피아자 데 시뇨리에는 줄리아노 다 산 갈로의 형제 안토니오가 팔각의 신전을 건립했고, 바초 반디넬리는 로지아에 거대한 조상 하나를 제작했다. 바디아Badia와 포테스타Potestà 궁전 사이에는 그라나초Granaccio와 아리스토텔레 다 산 갈로Aristotele da San Gallo가 아치를, 비스케리의 모퉁이에는 일 롯소Il Rosso가 다른 하나를 세웠으며, 모두 각양의 모양

* 비엔나 미술관 소장.
** 로마 전설: 마르스와 레아 실비아 사이에 태어난 쌍둥이의 한 사람으로 티베르강에 버린 것을 늑대가 길러냈다고 한다. 그 후에 로마 왕국을 세우고 39년간 재위했다.

을 하고 있다. 그러나 가장 뛰어난 것은 산타 마리아 델 피오레 대성당 정면에 안드레아가 장식한 목재 정면 장식이라 하겠으며, 회색만으로 그린 장면도 있다. 이 장식의 건축과 얕은 돋을새김과 조각은 야코포 산소비노의 작품이며 교황은 그것을 보고 나서 이것을 대리석으로 만들었다면 더욱더 아름다울 것이라고 말했다.

이것들은 교황의 부친 로렌초 데 메디치 공작이 고안했다. 산타 마리아 노벨라 대성당 앞 광장에 야코포가 로마에 있는 것과 같은 말을 제작했는데 여간 아름답지 않다. 또 비아 델라 스칼라에 있는 교황 숙소의 많은 장식과 거리마다 얕은 돋을새김을 여러 예술가가 제작했지만 대부분이 바초 반디넬리 작품이다. 그리하여 교황이 9월 3일 피렌체를 방문했으며 이해의 준비 작업이 과거 어느 때보다도 가장 아름답고 값진 것이었다고 한다.

안드레아 이야기로 되돌아가서, 그가 프랑스 왕의 요청으로 아름다운 성모 마리아 그림을 완성하여 보내자 이때 상인은 종전의 네 배 넘는 보수를 받았다고 한다. 그 무렵 피에르 프란체스코 보르게리니Pier Francesco Borgherini가 바초 다폴로를 고용하여 안락의자, 상자, 침대를 만들어 방을 꾸미고자 격에 맞는 아름다운 그림을 안드레아에게 위촉했으므로 성 요셉 이야기의 장면에 알맞은 인물들을 그리게 되었다.* 즉, 그라나초와 야코포 다 폰토르모와 경쟁하게 하려고 했다. 안드레아는 이 사람들보다 뛰어나도록 매우 노력한 결과 훌륭한 성공을 거두었다. 그림 장면에서 환경의 다양성으로 그의 능력을 과시했다.

피렌체가 포위당했을 때 조반 바티스타 델라 팔라Giovan Battista della Palla가 이 작품들을 꾸려서 프랑스 왕에게 보내려고 했으나 너무 세게 고정되어 있어서 파손하지 않고는 뗄 수 없었기 때문에 아름다운 성모 마리아와 함께 지금 그 자리에 그대로 남아 있다. 안드레아는 그다음

* 피티 미술관 소장품.

그리스도의 머리를 그렸는데 세르비테 수도원 수사들이 눈치아타 성당의 제대 위에 걸어놓았다. 사람의 지혜가 이 그림 이상 섬세할 수가 없다고 나는 생각한다.

산 갈로 문밖에 있는 한 성당의 경당에 안드레아의 패널 그림이 두 폭 있지만 질이 너무 떨어진다. 수사들이 또 다른 그림이 욕심 나서 교회의 상사를 움직여 안드레아에게 위촉하게 했다. 그는 곧 서 있는 네 인물을 그렸는데 삼위일체를 논의하는 것이다.* 주교복 차림의 아프리카 사람 모양의 성 아우구스티누스가 순교자 성 베드로 쪽을 향하고 있다. 책을 든 성 베드로의 풍채와 표정이 만만하지 않으며, 이 인물들의 태도와 표정은 칭찬할 만하다. 그 옆에는 성 프란체스코가 한 손에 책을 들고 또 한 손으로 자기 가슴을 치는 그림이 있는데, 그의 열정을 표현하기가 힘든 것같이 보인다.

젊은 성 로렌초는 이 사람들의 권위에 공경하는 자세다. 그 옆에 무릎을 꿇은 두 인물이 있는데 하나는 어여쁜 의상을 입은 막달레나다. 이 초상화는 안드레아 아내의 얼굴로서 그는 여인을 그릴 때에는 자기 아내 외에는 모델을 쓰지 않았다. 이런 습관 때문에 그가 그린 여자의 얼굴은 모두 그의 아내를 닮았다. 네 인물 가운데 마지막은 나체 상태의 성 세바스티아노다. 그는 뒤로 돌아서 있는데 마치 살아 있는 것 같다.

화가들은 이 그림이 그의 최고 작품이라고 평한다. 왜냐하면 인물들의 치수를 조심스레 다루었으며, 표정의 다양함—부드러운 젊은이의 표정, 딱딱한 노인 그리고 중용을 갖춘 중년들—으로 이 그림은 어디를 보나 매우 아름답다. 이 그림은 안드레아의 다른 작품과 함께 알베르티 광장 모퉁이의 산 야코포 트라 포시 성당에 있다.

안드레아가 피렌체에 살고 있을 때 이 작품들을 가지고 있었는데 형

* 현재 피티 미술관 소장품.

편이 조금도 나아지지 않자 그중 두 폭을 프랑스 왕에게 보냈다. 이 작품은 로마·베네치아·롬바르디아 등지에서 가져온 것들보다 뛰어났으며 프랑스 왕은 이 작품이 매우 마음에 들어 안드레아에게 프랑스로 와서 자기 일을 해주도록 권했다. 그리하여 여비도 받은 그는 제자 안드레아 스구아첼라Andrea Sguazzella를 데리고 기꺼이 프랑스로 떠났다.*

궁정에 도착하자 그들은 왕에게 정중한 환영을 받았다. 그 하루 전에 안드레아는 도량이 넓은 왕에게서 훌륭한 의복과 많은 보수를 받았으며, 왕은 그에게 너그러움과 호의를 베풀었다. 그가 제작을 시작하자 왕과 궁중의 사람들에게 사랑받게 되었으므로 비참한 환경에서 벗어나 가장 행복하게 산 셈이다.

그가 맨 처음 제작한 작품은 낳은 지 한두 달밖에 안 되는 도핀Dauphin**의 초상화이며, 왕에게 가져다 보이고 금화 300두카트를 받았다. 다음 작품이 왕을 위하여 그린 「애덕」愛德***으로 왕의 마음에 쏙 들었는데 사실 그만한 가치가 있다. 왕은 그를 고용하려고 그에게 큰 주택 등 모든 편의를 제공해주었으며 부족함이 없도록 해주겠다고 약속했다. 왜냐하면 그가 빨리 그리는 것이 마음에 들었고, 또 안드레아가 모든 것에 만족해했기 때문이다.

안드레아 쪽에서는 궁정이 마음에 들었고 그들을 위하여 많은 제작을 했다. 만일 그가 자신의 출신과 지금 행운이 다가오는 자기 위치를 잘 고려했다면 부자가 되었을 것은 물론이고 명예로운 지위에 올랐을 것이다. 그러나 어느 날 왕의 어머니를 위하여 죄를 뉘우치는 성 제롬의 초상을 그리고 있을 때 피렌체의 아내에게서 편지가 도착하자 무슨 이유에서인지 귀국하려고 생각하기 시작했다. 그는 일단 귀국하여 일

* 1518년 5월 말이다.
** 1518년 2월 28일 출생, 후에 앙리 2세가 되었다.
*** 현재 루브르 박물관 소장.

을 처리한 다음 아내를 데리고 와서 좀더 안락하게 생활하고 싶었으며, 아울러 귀중한 그림과 조각을 가져올 뜻을 왕에게 비친 다음 허가를 청했다. 왕은 그를 믿고 여비를 주었으며 안드레아는 복음서에 손을 얹고 수개월 안에 돌아올 것을 맹세했다.*

안드레아는 피렌체에 도착하여 아내와 친구들과 도시에서 즐겁게 수개월을 지냈다. 프랑스로 돌아가야 할 날짜가 지났을 무렵에는 자기 집**에서 아무 일도 안 하면서 편히 지내는 동안에 자기 돈은 물론이고 왕이 준 것까지 다 소비해버렸다. 그가 돌아가기를 원한다 하더라도 아내의 눈물과 간절한 부탁이 자기 자신의 필요와 왕에게 한 약속보다 소중했다. 프랑수아 대왕은 안드레아의 신의 없는 행동에 크게 노했으며, 그 후 오랫동안 피렌체의 화가들을 의심하는 눈초리로 보았다. 만일 안드레아가 뒤늦게 돌아갔다고 하더라도 즐거움보다는 고초를 더 당했을 것이다. 그리하여 안드레아는 피렌체에 머물게 되었다. 그는 높은 지위에서 가장 낮은 곳으로 추락했으며, 생존을 위해 최선을 다해야만 했다.

안드레아가 프랑스로 떠났을 때 스칼조 사람들은 그가 다시 돌아오지 않을 줄 믿고 수도원에 남아 있던 일들을 프란차비조에게 위촉했으며 그는 두 장면을 이미 끝냈다. 안드레아가 귀국하자 그들은 다시 일을 맡도록 재촉했고 그는 네 장면을 일렬로 그렸다. 첫째 장면이 헤롯 Herode 왕 앞의 성 요한이며, 둘째 것이 잔치와 에로디아스Herodias의 춤 장면인데, 인물들을 정말 훌륭하게 묘사했다. 셋째 것은 요한의 목을 베는 장면이다. 다른 인물과 마찬가지로 아주 섬세하게 표현했으며, 그 중 몇 사람은 즐거워하는 표정이다. 이 장면들은 한때 그림을 배우는 젊은 학생들의—지금은 훌륭한 화가가 됐지만—교사 역할을 했다.

* 1519년 10월의 일이다.
** 그는 피렌체에 자기 집을 지었다.

안드레아는 핀티Pinti 문밖 인제수아티Ingesuati로 통하는 둥근 천장 모퉁이의 감실 안에 아기 예수와 웃고 있는 어린 성 요한과 함께 앉아 있는 성모 마리아를 그렸다. 그 완전한 미美와 생동감이 매우 높은 평가의 대상이 되었다. 성모의 초상화는 자기 아내의 얼굴이었고 이 감실이 뛰어나게 아름다웠기 때문에 1530년 피렌체가 포위 공격을 당했을 때 인제수아티의 수도원과 다른 아름다운 건물들이 헐렸는데 감실은 그대로 남겨두었다.

당시 프란체스코 바르톨로메오 판치아티키Francesco Bartolommeo Panciatichi, 아버지가 상용商用으로 프랑스에 체류하고 있었으며, 리용 Lyons시에 자기 기념을 남기고 싶어 바초 다뇰로를 시켜서 안드레아에게 사도들이 지켜보는 가운데 성모 몽소승천을 담은 패널 그림을 그리도록 위촉했다.* 안드레아가 제작을 거의 끝냈을 때 판자가 여러 차례 쪼개졌기 때문에 그가 죽을 때까지 완성되지 못했다.

그 후 바르톨로메오 판치아티키아들 때에 정말로 찬양할 만한 사도들과 성모 마리아를, 성가를 부르면서 둘러싼 치품천사들—그중 몇몇은 단아한 모습으로—을 그려서 그 집에 걸어놓았다. 이 그림 아래쪽에 안드레아는 실물과 꼭 같이 자기 초상화를 사도들 가운데에 그려 넣었다. 이 그림은 현재 피렌체 교외의 바론첼리Baroncelli 별장 안에 있는데, 이 별장 근처에 사는 피에로 살비아티Piero Salviati가 이 그림을 간직하려고 지은 조그만 경당 안에 소장되어 있다.

세르비테 수도원의 정원 두 구석에도 안드레아는 「포도밭의 비유」라는 두 장면을 그렸다.** 나무를 심고 이랑을 만들며, 한 농부가 일꾼 몇 사람에게 일을 하겠냐고 묻는다. 즉, 그들 중 한 사람은 앉아서 손을 비비면서 일에는 흥미가 없는 다른 게으름뱅이와 함께 어디로 갈지 의

---

* 피티 미술관 소장. 1526년에 제작.
** 1512~13년에 제작.

논한다. 돈을 치르면서 중얼중얼 불평하는 농부의 섬세한 표현이 놀랍다. 그중 돈을 세는 사람의 초상화도 우수한데, 이 장면들은 회색을 사용하여 정교하게 그린 프레스코다.

이 수련 수사들의 수도원 계단 꼭대기 감실 안에 안드레아가 「피에타」를 채색한 프레스코로 그렸는데 매우 아름답다. 안드레아는 또 하나의 피에타와 예수 강생을 이 수도원장 안젤로 아레티노Angelo Aretino의 방에 그렸다. 안드레아의 작품을 간절히 원하던 차노비 브라치를 위하여 그의 방에는 바위 앞에 무릎을 꿇고 그리스도를 바라보는 동정 마리아를 그렸다. 그리스도는 담요 위에 앉아 미소를 띠면서 하늘을 쳐다보고 있으며, 옆에 서 있는 성 요한이 동정 마리아에게 진정한 하느님의 아들을 가리키고 있다. 뒤에는 두 손으로 머리를 쥔 요셉이 바위 위에 앉아 있다. 안드레아는 이 신성한 출생의 신비를 그의 작품으로 그렸으며, 이 작품으로 그의 정신은 더욱더 빛나게 되었다.

추기경 줄리오 데 메디치는 교황 레오*에게서 피스토이아와 피렌체 중간에 위치한 포조 아 카이아노에 있는 메디치궁의 둥근 천장을 치장 벽토와 그림으로 장식하라는 위촉을 받았다. 이때 공사 책임과 임금 지출을 오타비아노 데 메디치 각하에게 위임했는데 그는 이런 사정을 잘 이해하는 사람이었고, 또 선친처럼 예술가의 후원자이며, 메디치궁을 가장 유명한 예술가의 작품으로 장식하는 것을 누구보다도 좋아했다.

그는 공사의 3분의 1을 프란차비조에게, 또 3분의 1을 안드레아에게, 나머지 3분의 1을 야코포 다 폰토르모에게 위촉했다. 그러나 오타비아노의 간절한 부탁에 대해 보수를 지불하겠다는데도 이 공사를 끝내도록 그들을 설득할 수 없었다. 다만 안드레아만이 카이사르Caesar가 각종 동물을 공물貢物로 받는 광경을 매우 부지런하게 담벼락 위에 그려서 완공했다. 이 그림의 데생은 내 화집에 있는데 안드레아가 잿빛으로만

＊ 1521년의 일이다.

그림 420 안드레아 델 사르토, 「벌받은 신성모독자들」, 1510,
프레스코, 360×304cm, 산티시마 아눈치아타 성당, 피렌체.

그리는 장식화법으로 그린 것 가운데 가장 잘된 것이다.

그는 프란차비조와 야코포를 이기려고 갖은 애를 써서 아주 장엄한 원근법으로 카이사르 자리까지 올라가는 계단을 그렸다. 그중 각종 공물貢物을 가져오는 사람의 종류에만 만족하지 않고 적절한 조상들로 장식해놓았다. 여기에는 앵무새를 넣은 새장을 어깨에 메고 노란 튜닉을 입은 인도 사람을 드물게 보는 원근법으로 처리했다. 그밖에 인도의 수퇘지·사자·기린·표범·늑대·원숭이를 가져오는 사람들과 황무지를 신기에 가까운 기술로 프레스코로 그려놓았다. 또 계단에는 카멜레온을 가지고 앉아 있는 난쟁이를 형언할 수 없는 탁월한 비율로 조금 흩어진 모양으로 그렸다.

그러나 이 작품은 교황의 죽음으로 미완성으로 끝나고 말았다. 알레산드로 데 메디치 공작은 야코포 다 폰토르모가 제작을 완성하기를 원했지만 일에 착수하도록 설득할 수가 없었다. 이 세상에서 가장 아름다운 별장의 일을 완성하지 못한 것은 참으로 통탄할 일이다. 피렌체로 돌아온 안드레아는 조반 마리아 베닌텐디를 위하여 벌거벗은 상반신의 세례자 요한을 무척 아름답게 그렸다. 후에 그는 이 그림을 코시모 공작에게 기증했다.

이런 일이 진행되는 동안 안드레아는 프랑스를 생각하면서 한숨지었다. 만일 그가 용서를 받았다면 틀림없이 다시 갔을 것이다. 그는 행운을 되찾겠다고 결심하고, 프랑스 왕의 총애를 되찾을 생각으로 프랑스의 안느 드 몽메랑시에게 보내려고 반나체의 세례자 요한을 제작했다. 그러나 무슨 까닭인지 그것을 보내지 않고 항상 자기를 높이 평가하던 오타비아노 데 메디치 각하에게 팔았다. 그는 또 각하를 위하여 같은 스타일로 「성모 마리아」를 두 편 제작했으나 자기 집에 두었다.

얼마 후에 차노비 브라치가 몬시뇨레 디 산 비아우제Monsignore di S. Biause=야퀘스 데 베아우네 데 셈블란카이Jaques de Beaune de Semblancay를 위하여 안드레아에게 그림 한 폭을 그리도록 했다. 안드레아는 다시 프랑스 왕에게 가서 총애를 얻기 위해 몬시뇨레에게 수고를 아끼지 않았다. 그는 또 로렌초 야코포를 위하여 종전보다 큰 작품을 만들었다. 성모 마리아가 아기 예수와 함께 앉아 있고 다른 두 인물은 계단에 앉은 것인데, 데생과 채색이 그전 것과 비슷하다.* 그 후에 조반니 다고스티노 디니를 위하여 아름다운 성모 마리아를 그렸다. 이 작품은 지금도 높이 평가받고 있다. 그는 또 코시모 라피의 초상화도 그렸는데 마치 살아 있는 듯한 생생한 그림이다.

1523년에 페스트가 피렌체와 다른 지방에 유행할 때 안드레아는 페스트를 피할 겸 제작을 하려고 산 피에로 아 루코S. Piero a Luco의 카말돌리 수녀원으로 갔다. 무젤로Mugello에 있는 수녀원에서 패널 그림을 제작했으며, 아내와 작은 딸, 처제 그리고 제자 한 사람도 함께 갔다. 수녀들이 안드레아와 일행에게 친절했으므로 그는 조용히 제작에만 전력을 바칠 수 있었다.

죽은 그리스도를 애통해하는 성모 마리아, 세례자 요한, 마리아 막달레나의 모습은 정말 살아 있는 것같이 보인다.** 세례자 요한은 부드러운 사랑을 보이고, 막달레나는 눈물을 흘리며, 성모 마리아의 표정과 자세는 마치 돋을새김처럼 보이고 그리스도를 향한 지극한 슬픔을 나타낸다. 그리고 성 베드로와 성 바오로는 성모의 무릎 위에 있는 죽은 구세주에 대한 슬픔과 동정으로 멍하니 서 있다. 모든 것이 안드레아의 예술에 대한 완전성과 환희를 보여준다.

이 그림으로 이 수도원은 다른 건물과 비용보다 위대하고 장엄하게 되었다. 페스트가 아직 전역에 퍼져 있었으므로 제작을 끝내고도 안드레아는 수주일 동안 이곳에 머물렀으며 극진한 대우를 받았다. 시간을 이용하려고 그는 「방문」을 제작했는데 경당 안에서 홍예머리 역할을

* 1605년에 만토바 공작에게 팔았다.
** 1524년 작품, 현재 피티 미술관 소장.

하는 「구유」 오른쪽에 있다. 또 크기가 그리 크지 않은 그리스도의 머리 부분을 그렸는데 눈치아타 성당의 것과 비슷하며, 미완성으로 남아 있다. 이 그림은 그의 걸작 가운데 하나이며, 피렌체의 안젤리Angeli 수도원에 있다. 미술가뿐만 아니라 모든 유능한 사람의 후원자인 피사에 사는 파드레 돈 안토니오 소유다.

복제품 몇 장을 돈 실바노 라지Don Silvano Razzi가 화가 차비노 포지니 Zanobi Poggini에게 위촉하여 만들었으며, 그 한 장을 원하던 바르톨로메오와 피렌체에 사는 몇몇 인사에게 나누어주었다. 그리하여 안드레아는 페스트의 위험을 면했다. 수녀원은 그의 재주를 이용하여 최고 수준의 예술가 작품이라 할 그림을 수중에 넣을 수 있었다. 이렇게 볼 때 스카리칼라시노의 용병대장 라마조토가 피렌체 포위 공격 당시 볼로냐에 있는 산 미켈레 인 보스코S. Michele in Bosco 성당 안의 자기 경당에 보낼 그림을 얻고자 온갖 수단을 다해 애쓴 것도 따지고 보면 조금도 놀라운 일은 아니다.

피렌체로 돌아온 안드레아는 친구인 초자공工 베쿠초 다 감바시 Beccuccio da Gambassi를 위하여 패널 그림을 제작했다. 하늘에는 성모 마리아와 아기 예수를, 그 밑에는 네 인물, 즉 세례자 요한, 성녀 마리아 막달레나, 성 세바스티아노와 성 로코를 그리고 베쿠초 부부를 제단의 대에 그렸다. 그 그림은 볼테라와 피렌체 중간에 위치한 발델자의 감바시 집에 있다.* 그는 로베차노의 차노비 브라치 별장 경당을 위하여 아기 예수에게 젖을 먹이는 성모 마리아와 요셉을 그렸는데, 너무 훌륭하게 그렸으므로 그들이 화면에서 살아나오는 듯하다. 이는 차노비의 아들 안토니오 브라치의 집에 있다.

그 무렵 안드레아는 스칼조의 정원 안에 두 장면을 그렸는데, 하나는 천사들에게 차카리아스Zacharias가 희생되어 말을 못하게 되는 장면이

* 현재 피티 미술관 소장.

며, 또 한 장면은 불가사의한 것인데 아름다운 성모 마리아의 「방문」을 그린 것이다.

만토바의 공작 페데리고 2세가 교황 클레멘티우스 7세를 방문하러 가던 길에 피렌체에 들렀을 때 카사 메디치의 창 너머로 라파엘로가 그린 추기경 줄리오 데 메디치와 추기경 데 롯시 사이에 있는 교황 레오의 초상화를 본 일이 있다. 이 그림이 무척 마음에 들어 로마에 있을 때 교황에게 그 뜻을 비쳤더니 교황은 기꺼이 그의 희망을 받아들였다. 따라서 당시 이폴리토와 알레산드로의 보호자인 오타비아노 데 메디치는 그 그림에 테를 씌워서 만토바로 보내도록 명령을 받았다.

이런 그림을 피렌체에서 빼앗기기를 원치 않은 오타비아노는 교황의 처사에 불쾌해하고 또 놀랐다. 그러나 그는 공작에게 그림을 보내겠다는 말을 전하면서 그림의 테두리가 나쁘니 새것으로 만들어 금박을 씌워서 만토바로 보내겠다고 했다. 그리고 몰래 안드레아에게 사람을 보내 사정을 이야기하고 그 그림의 복제를 만들어 공작에게 보내고 원화原畵는 감춰두기로 했다.

안드레아는 최선을 다하겠다고 약속하고 오타비아노 공작의 저택에서 몰래 제작을 시작했다. 작품은 성공리에 끝났으며, 그림 속의 때 묻은 자리까지도 모사했기 때문에 미술품 감정에 정통한 오타비아노 공작도 어느 것이 원화인지 구별할 수 없었다. 그리하여 테두리를 장식한 뒤 만토바로 보냈더니 공작이 기뻐했으며, 라파엘로의 제자인 화가 줄리오 로마노도 그런 사정을 모르고 이 작품을 칭찬했다.

만토바 공작은 그 그림을 라파엘로 작품으로 믿고 있었다. 그러나 조르조 바사리가 만토바를 지나던 길에 들러서 이 사실을 줄리오에게 알렸다. 즉, 안드레아가 제작하는 것을 오타비아노의 아들과 부하가 직접 목격했다는 내용이다. 줄리오는 바사리에게 큰 호의를 베풀었으며, 이 그림을 격찬하는 한편 자기 소유 그림과 골동품들을 보여주었다.

바사리는 말했다. "참 훌륭한 작품입니다만 라파엘로가 그리지는 않있습니다." "무엇이라고요?" 줄리오는 놀라 반문했다. "그럴 리가 없습니다. 왜냐하면 이 그림은 내가 직접 손질하기도 했던 작품입니다." 바사리는 다시 "당신이 잘못 생각하고 있습니다. 그것은 안드레아 델 사르토가 제작했으며, 피렌체에서 그린 것입니다. 여기 그 증거로 서명을 보십시오"라고 말했다. 줄리오는 그림을 다시 자세히 살펴본 뒤 서명을 알아보고 어깨를 으쓱하면서 "하지만 나는 내 스승 라파엘로가 그린 것 못지않은 좋은 작품이라고 평가합니다. 왜냐하면 다른 대가의 화풍을 이렇게도 정확하게 모방한다는 것은 비범한 재주니까요"라고 큰 소리로 외쳤다.

이 사실은 안드레아가 다른 사람과 함께 제작할 때나 혼자 제작할 때의 능력을 증명한다. 이와 같이 공작은 만족을 표시했다. 한편 피렌체는 오타비아노의 적절한 대처 덕분에 가치 있는 그림을 보존하게 되었다. 오타비아노는 알레산드로 공작에게 이 그림을 기증받아 오랫동안 간직했으나 그 후 코시모 공작에게 주었다. 코시모는 이 그림을 다른 유명한 그림들과 같이 자기 의상실에 간직해두었다.*

안드레아가 이 초상화 제작에 종사할 때 오타비아노를 위하여 후에 교황 클레멘티우스가 된 추기경 줄리오 데 메디치의 두상을 라파엘로 스타일로 그렸는데 아주 잘 그렸다. 이 그림은 후에 오타비아노가 데 마르치de' Marzi 주교에게 기증했다. 얼마 후 프라토의 발도 마지니가 자기 부동산에 있는 마돈나 델레 카르체레를 위하여 아름다운 그림 한 폭을 원했는데, 그는 앞서 그곳에 아름다운 대리석 장식을 꾸몄다. 여러 사람 가운데서 안드레아를 말했더니 사정은 자세히 모르지만 그는 안드레아를 고용하기로 거의 결정했다.

한편 산소비노Sansovino의 니콜로 소지Niccolò Soggi는 프라토의 친구를 통하여 그 이상 가는 대가를 얻기 어렵다면서 발도Baldo 씨에게 추

* 원화는 피티 미술관에 소장. 1524년에 그린 복제는 나폴리에 있다.

천되어 이미 일자리를 얻고 있었다. 사람을 시켜 그를 부르러 보냈으므로 안드레아는 도메니코 풀리고Domenico Puligo와 다른 화가들을 데리고 프라토로 갔다. 자기가 그 일을 확실히 맡으리라고 생각했기 때문이다. 그러나 그곳에 도착하자 니콜로가 이미 작업을 맡았음을 알고 안드레아는 더욱더 좋은 그림을 그리겠다고 발도 면전에서 돈을 걸어도 좋다고 자신만만하게 제의했다.

안드레아는 마음이 약했으나 니콜로의 실력을 잘 알고 있었으므로 "여기 있는 내 제자가 비록 그림에 능숙하지 못하지만 만일 당신이 보증을 원한다면 그를 위하여 내 돈을 걸겠소. 나 자신이 이런 경쟁에서 이기고 싶은 생각은 없소"라고 말했다. 시장 가는 상인같이 기뻐하는 니콜로에게 작업을 맡기도록 발도에게 말하고 안드레아는 피렌체로 돌아갔다.

여기서 그는 피사를 위하여 다섯 폭으로 된 패널 그림 하나를 할당받았다. 이 그림은 후에 옛날 성과 대성당 중간의 벽 위에 있는 산 아녜세 S. Agnese 성당 성모 마리아 주변에 걸었다. 각 장면에는 인물 하나씩을 그렸다. 즉, 세례자 요한과 성 베드로를 성모 마리아의 이쪽에 그리고, 순교 성녀 카테리나, 성녀 아네스, 성녀 마르게리타를 저쪽에 그렸는데 모든 인물이 놀랄 만큼 아름답고 그가 그린 것 가운데 가장 섬세하고 사랑스러운 여인상이다.

세르비테 수도원의 야코포 수사는 수도원으로 통하는 눈치아타 성당 옆문 위에 걸 성모 마리아를 봉헌하는 조건을 서약받고 한 여인을 사면했다. 야코포는 안드레아를 만나 자기는 충분하지는 못하나 비용을 댈 터이니 명성 높은 당신이 이 일을 맡아주기를 희망한다고 말했다. 착한 안드레아는 수사의 요청을 바로 수락했다. 자기의 이익과 명성에 대한 욕망도 있었기 때문이다. 그는 아기 예수를 안고 앉은 성모 마리아와 부대에 기대고 책에 눈길은 모은 요셉을 프레스코로 아름답게 그렸다. 이 그림은 구도의 우아함, 채색의 생동감, 윤곽의 선명함이 그의 모든 선배보다 뛰어남을 여실히 증명했으므로 칭찬받을 만한 작품이다.

스칼조 성당 안뜰에 있는 이 일련의 그림 가운데 단 한 장면만 완성되지 못했다. 미켈란젤로가 산 로렌초 성당의 성물실에 그린 거의 완성된 인물들을 본 뒤부터 안드레아는 자기 화풍을 과장하게 되었으며, 세례자 요한 탄생에서는 인물을 섬세하게 처리하여 그가 예전에 이곳에 그린 그림보다 더 윤곽을 뚜렷하게 하는 솜씨 있는 처리로 괄목할 만한 진보를 보여주었다.

이 그림에는 섬세한 인물로 표현된 성녀 엘리자베스가 누운 침대로 갓난아이를 가져가는 여인이 있다. 차카리아스가 무릎을 꿇고 앉아 한 손으로는 종이를 쥐고 다른 손으로는 어린이 이름을 적고 있는데 정적靜寂만 있을 뿐이다. 또 아주 섬세하게 그려진 한 노인이 해산한 늙은 엘리자베스를 보면서 웃는 모습도 자연스럽다.

이 감탄할 만한 작품을 끝낸 안드레아는 발롬브로사의 수도원장을 위하여 네 인물, 즉 세례자 요한, 교단 창설자인 성 조반니 구알베르토S. Giovanni Gualberto, 성 미카엘, 추기경이며 교단 수사인 성 베르나르도와 한가운데는 마치 살아 있는 것 같은 아름다운 어린이들을 패널에 그렸다.* 멀리 떨어진 바위 꼭대기에 있는 발롬브로사에는 은둔자 생활을 하는 수사들에게 빌린 작은 방들이 보인다.

그 후 안드레아는 세라차나Serrazzana에 보내려고 패널 그림을 제작했다. 아기 예수와 함께 앉은 성모 마리아와 성 첼수스Celsus, 일어서고 있는 성녀 율리아, 성 오노프리오S. Onofrio, 성녀 카테리나, 성 베네딕토, 파도바의 성 안토니오, 성 베드로, 성 마르코 등이며 그의 다른 작품과 마찬가지로 높이 평가받고 있다.** 그는 또 줄리아노를 위하여 다른 곳

---

* 1528년 제작이며 현재 우피치 미술관 소장.
** 1528년 작품이며 현재 베를린 미술관 소장.

그림 421 안드레아 델 사르토, 「최후의 만찬」, 1520~25, 프레스코,
528×871cm, 산 살비아티 성당, 피렌체.

의 박공벽 같은 세르비테 성당 안의 반월창에 「성모영보」를 제작했다. 이것은 그 성당 안 경당의 주설교단 성가대석에 있다.*

산 살비 수도원의 수사들은 여러 해 동안 「최후의 만찬」 그림을 장만 해보려는 생각을 못 했으나, 안드레아에게 부탁하여 아치에 인물 넷을 그렸다. 훌륭한 수도원장은 이 일을 완성하려고 마침내 결심했다. 안드 레아는 전에 이 일에 관련도 있었으므로 별 이의 없이 제작에 착수하여 수개월 만에 완성했는데, 그는 한가할 때마다 붓을 들었다. 이것은 밝 은 채색과 우수한 디세뇨가 그가 과거에 제작한 작품보다 월등하며, 또 가장 쉽게 만든 작품이다.

그림 속 인물들이 매우 장엄하고 위풍 있고 우아하여 보는 사람에게 경탄과 감명을 주니 그 진가를 충분히 인정할 수 있다. 그래서 1529년 에 피렌체가 포위 공격을 당하여 병사들이 시외 거리의 수도원·병원· 건물을 모두 파괴했는데도 이 그림은 견뎌냈으니 놀라운 일이다. 병사 들은 산 살비의 성당 종루鍾樓를 부숴버리고 수도원을 공격하기 시작 했으나 「최후의 만찬」이 있는 식당까지 왔을 때 혹시 이 불가사의한 그 림 이야기를 들었는지 될 수 있는 한 식당을 파괴하지 않기로 생각하고 공격을 멈추었다.

일 니키오Il Nicchio라고 부르는 산 야코포 조합을 위하여 안드레아는 성 야고보가 스스로 매질하는 고행자 옷을 입은 소년의 턱을 만지는 것 과 책을 손에 든 소년을 매우 자연스러운 솜씨로 기旗를 그렸다. 그는 또 발롬브로사 수도원의 집사 초상화도 제작했다. 이 작품은 안드레아 의 친구인 집사의 희망에 따라 비바람이 몰아치는 덩굴 밑에 갖가지 환 상을 곁들여서 놓아두었다.

작품이 완성되자 안드레아는 아내 루크레치아를 불러서 말했다. "이 리 와요. 지금 안료가 좀 남았으니 당신이 조금도 늙은 티가 안 나는지

* 현재 피티 미술관 소장.

보여주고자 당신 초상화를 그리고 싶소. 또 당신의 처음 초상화와 얼마나 달라졌는지도 알고 싶소." 그러나 아내가 무슨 다른 생각을 하는지 가만히 서 있지 못하는 것을 보고 안드레아는 자기 끝장이 가까운 것을 예견하듯이 거울을 꺼내서 자화상을 그렸다.* 이 그림은 아직 살아 있는 그의 아내가 가지고 있다.

그는 또 피사의 교단 회원인 친구의 초상화를 섬세하게 그렸다. 또 각하를 위하여 광장에 있는 린기에라Ringhiera의 난간, 시내의 거리, 소년들이 들고 있는 깃발, 덕의 천사 및 피렌체 근처의 유명한 산하의 밑 그림을 그렸으나 그의 죽음으로 미완성으로 남아 있다. 또 포피 인 카젠티노Poppi in Casentino를 위하여 발롬브로사의 수사에게 패널 그림도 그렸으며, 이것은 거의 완성된 편이다. 이 그림에는 그리스도의 승천을 그렸으며 치천사熾天使, Seraphim, 성 조반니 구알베르토 추기경이며 수사인 성 베르나르도, 성녀 카테리나, 성 피델레와 지금 이야기한 수도원이 보인다. 피사로 가져간 그림과 비슷하지만 섬세한 솜씨로 완성했으며, 다른 그림들과 함께 살비아티의 집에 있다.**

그 무렵 조반 바티스타 델라 팔라가 값진 그림과 조각을 힘이 되는 한 많이 구입하고 피렌체에서 선택된 물건을 다량 약탈해 프랑스 왕실의 방들을 될 수 있으면 풍부하게 장식하려고 보냈다. 팔라는 안드레아가 왕에게 봉사하러 다시 프랑스로 와서 그림 두 폭을 그리기를 원했다. 그 하나는 당시 안드레아의 최고 작품으로 간주되었다. 아브라함이 이삭을 희생하는 장면***인데, 이 족장은 자기 아들을 죽이는 것도 무서워하지 않는 굳은 신앙과 성실을 잘 나타낸다.

아브라함은 자기에게 손을 멈추라고 이야기하는 듯한 천사 쪽으로

---

* 현재 우피치 미술관에 소장.
** 1529~31년 사이의 작품. 현재 피티 미술관 소장.
*** 현재 드레스덴 미술관 소장.

고개를 돌린다. 그 자세와 의복이 형언할 수 없을 정도로 아름답다. 이 삭은 공포에 떨면서 그에게 다가오는 운명 앞에 거의 죽은 듯하다. 그의 목은 햇볕에 그을었으며 흰옷을 일부 걸치고 있다. 가시덤불 속 숫양은 마치 살아 있는 듯하며 풀밭 위에 있는 이삭의 옷도 자연스럽다. 두 머슴은 풀 먹는 당나귀를 바라본다. 풍경도 형언할 수 없을 정도로 아름답다.

안드레아가 죽은 후 바티스타가 체포되자 이 그림을 필리포 스트로치가 구입하여 델 바스토의 후작 알폰소 다 발로스에게 증정했으며, 그는 이것을 나폴리 근해의 이스키아섬으로 가져갔다. 안드레아의 다른 그림에 아름다운 「애덕」이 있는데, 세 어린이를 그린 것이다. 이 그림은 안드레아가 죽은 후 그의 아내에게서 화가인 도메니코 콘티Domenico Conti가 사서 니콜로 안티노리Niccolò Antinori에게 팔았는데, 드물게 보이는 가치 있는 작품이다.

오타비아노 데 메디치가 안드레아의 화풍畫風이 크게 진일보한 것을 보고 그에게 그림을 청했다. 언제나 뛰어난 거장을 총애하는 이 권력자에게 기꺼이 봉사를 마다하지 않을 뿐만 아니라 그에게 많은 은혜를 입은 안드레아는 땅에 앉은 성모 마리아와 그녀 무릎에 걸터앉은 아기 예수가 늙은 엘리자베스를 부축한 성 요한에게 머리를 돌리는 그림을 그렸다. 마치 살아 있는 듯하며 믿을 수 없을 정도의 숙련된 데생으로 채색되어 있다.*

그는 완성된 그림을 가지고 오타비아노한테 갔으나 마침 피렌체가 포위 공격을 당하던 때였고, 그는 어떤 예감에서인지 안드레아에게 양해를 구하며 감사하다고 말하면서 주고 싶은 사람에게 주라고 했다. 안드레아는 오타비아노 공작을 위하여 그린 것이므로 공작이 받기를 원한다고 대답했다. 공작은 "안드레아, 그림을 파시오. 그리고 이 돈을 받

* 1529년 작품, 피티 미술관 소장.

그림 422 안드레아 델 사르토, 「이삭의 희생」,
1527~28, 패널에 오일, 213×159cm, 게멜데 갤러리,
드레스덴.

으시오. 왜냐하면 그럴 만한 이유가 있소"라고 했다.

안드레아는 집으로 돌아왔으나 누구에게도 그림을 주지 않았다. 포위가 끝나고 메디치가家가 피렌체로 돌아오자 안드레아는 그림을 공작에게 다시 가져갔다. 그는 따뜻이 맞이하고 보수를 두 배로 주었다. 이 그림은 현재 공작의 부인이며 살비아티의 여동생인 프란체스카 공작 부인이 보관하고 있다. 그녀는 남편이 남겨준 이 그림을 아주 소중하게 간직하고 있다.

안드레아는 또 조반니 보르게리니를 위하여 그림을 제작했는데, 이 「애덕」Carita이 말하듯이 성모 마리아와 성 요한이 세상을 표시하는 공[球]을 드리는 모습이다. 파올로 다 테라로사가 이 화가의 여러 친구와 마찬가지로 안드레아가 그린 아브라함 스케치를 보고서 그가 그린 것을 원했더니 안드레아는 금방 원화와 별다름 없이 약간 작은 그림을 준비했다. 파올로가 기뻐서 값을 물었더니 그가 엄청나게 싼값을 불렀다. 파올로는 어깨를 으쓱 올린 다음 부끄러워하면서 값을 치렀다. 이 그림은 나폴리로 가서, 거기에서 제일 훌륭한 그림으로 전시되었다.

피렌체가 포위 공격을 당하던 무렵 시의 기관장들 중에는 남에게 보복을 하고 도망치는 자가 있었다. 안드레아는 포테스타궁宮에 있는 탈주자와 반역 시민을 그리도록 위촉을 받고 승낙했다. 그는 안드레아 델 카스타뇨처럼 사형 집행자라는 별명을 받기가 싫어서 자기 제자 베르나르도 델 부다Bernardo del Buda에게 이 작업을 넘겨준다고 통고했다. 그러나 커다란 헛간을 세울 때 그는 밤만 되면 그곳으로 출입하여 자신이 인물들을 그렸는데 모두 살아 있는 것 같다. 광장에 면한 콘도타Condotta에 가까운 낡은 메르카탄치아Mercatanzia 담벼락에 그렸던 병사들의 모습은 여러 해 전에 흰 도료를 발라버렸고 안드레아가 궁전 안에 그린 시민의 그림도 지워버렸다.

만년晩年에 안드레아는 세르비테 성당 뒤에 있는 산 세바스티아노 조합 관리인들과 친해졌으며, 그의 마지막 작품으로 볼 수 있는 산 세바스티아노의 상반신을 그려주었다. 피렌체 포위 공격이 끝나자 안드레아는 조반 바티스타 델라 팔라의 알선으로 프랑스로 되돌아갈 희망을 갖고 사태의 호전을 기대했다. 병사들 중에는 피렌체시에 창궐하는 페스트에 걸린 독일 용병傭兵들도 있었다.

안드레아는 공포에서인지 또는 포위로 인한 물자 결핍 후 너무 닥치는 대로 먹은 탓인지 중병에 걸리고 말았다. 그가 병들어 누웠지만 돌보아주는 이가 거의 없었고 아내마저 병이 옮을까 무서워 도망치고 말았으니, 사람들 말에 따르면 그는 혼자 외로이 죽었다고 한다. 스칼조 수도원 사람들이 간소한 장례식을 지내고, 같은 조합 사람들이 묻혀 있는 자기 집 근처의 세르비테 성당 표지에 매장했다.

안드레아의 죽음은 피렌체와 예술에 큰 손실이었다. 그는 42세까지, 또 그 후에도 착실하게 진보했으며, 계속하여 그림을 그렸을 것이다. 그는 점진적으로 발전했으므로 만일 그가 로마로 가서 라파엘로나 미켈란젤로의 작품, 그리고 여러 조상과 기념품을 보았더라면 자기 작품의 구성과 스타일을 더욱더 풍부히 하고 인물들을 좀더 세련되고 힘차게 표현할 수 있었을 것이다. 이런 것은 로마에 얼마간 머무르면서 상세하게 연구하며 실천하는 사람들만 체득할 수 있기 때문이다. 그의 디자인은 감미롭고 우아하며, 채색이 경쾌하고 무척 화려했으므로 그가 로마에 머물렀다면 자연히 당대의 어느 화가보다도 훨씬 뛰어났을 것이다.

어떤 사람은 이렇게 생각을 해본다. 그가 만일 로마에 머물렀다면 시가 과다하게 맡긴 일에 시달렸을 테고, 또 두드러진 데생으로 끊임없이 고생하는 라파엘로의 많은 제자 꼴이 보기 싫었을 것이다. 그는 원래 소심했으므로 차마 계속해서 머물 용기가 없어 피렌체로 돌아가는 것이 낫다는 결론을 내렸을 것이며, 피렌체에 와서 로마의 이것저것을 듣고 본 일을 잘 기억함으로써 자기 작품을 높이 평가받게 제작했을 것이다. 사실 그의 작품은 사람들이 그가 살아 있을 때보다도 죽은 후에 더

그림 423 안드레아 델 사르토, 「계단의 성모」, 1522~23,
패널에 오일, 177×135cm, 프라도 박물관, 마드리드.

많이 모방했다.

안드레아 작품을 소중히 여기는 사람들, 또 가지고 있는 사람들은 그에게 지불한 값의 세 배나 이익을 보았다. 그의 성격이 소심했기 때문에 언제나 자기 작품의 값을 낮추어 불렀으며, 또 얼굴이 널리 알려진 사람들은 자기 집을 장식할 그림을 장만하려면 안드레아가 급히 돈이 필요한 것을 눈치채지 않고는 일을 부탁하지 않았다. 물론 안드레아는 그가 주는 대로 돈을 받을 수밖에 없었다. 그런데도 그의 작품은 매우 훌륭했으며, 당연히 높게 평가될 만한 것이어서 그는 지금까지 살아온 화가들 가운데 훌륭한 사람의 하나다.

나는 그의 디세뇨를 많이 소장했지만 모두가 일품이며, 그중에서도 포조 아 카이아노의 메디치 궁전의 카이사르에게 동양의 각종 동물을 공출하는 장면이 으뜸이다. 그것은 잿빛으로만 그렸지만 그의 어느 디세뇨보다도 잘 처리된 작품이다. 왜냐하면 그가 작품을 만들려고 할 때는 자연에서 퍽 거친 스케치를 그림으로써 단지 참고용으로 할 뿐 완성된 작품을 제외하고는 결코 끝까지 그리지 않았기 때문이다. 따라서 그의 디세뇨를 다른 곳으로 옮겨 그리기 위한 기억에 불과하다.

안드레아의 제자는 수없이 많았지만 그 밑에서 제대로 절차를 밟지는 못했으며, 어떤 사람은 중단하거나 잠깐 혹은 얼마 동안 계속했는데, 그것은 안드레아의 잘못 때문이 아니라 그 아내 탓으로, 그녀는 제자들을 포악하게 다루었고, 그들의 생애에 무거운 짐을 지웠다.

안드레아의 제자들 가운데에는 야코포 다 폰토르모와 프랑스 파리 교외의 한 궁전에 작품을 남기고 높이 평가받는 안드레아 스구아첼라 Andrea Sguazzella가 있으며, 솔로스메오Solosmeo와 산토 스피리토 성당에 패널 그림 세 폭을 그린 피에르 프란체스코 디 야코포 디 산드로가 있다. 또 프란체스코 살비아티Francesco Salviati와 그의 친구 아레초의 조르조 바사리 등이 있다. 바사리는 안드레아 밑에 잠깐 있었다.

그리고 피렌체의 야코포 델 콘테Jacopo del Conte와 투르논Tournon의 추기경과 함께 프랑스에 체재하면서 많은 신용을 얻은 난노초Nannoccio 등이 있다. 야코네Jacone로 불리는 야코포는 그의 제자인 동시에 친구이며 안드레아 스타일을 많이 모방했다. 안드레아 생전에 야코포는 우리가 그의 모든 작품에서 보듯이, 특히 산타 트리니타 성당 앞 광장의 기사 부온델몬티의 집 정면 등은 스승의 도움을 많이 받았다.

도메니코 콘티는 안드레아의 소묘집, 예술 작품 등 유산을 많이 물려받았지만 그림에서는 재미를 보지 못했다. 어느 날 밤 어떤 화가한테 도난당했다는 것인데, 그 후는 어찌 되었는지 알 수 없다. 스승에게서 입은 은혜를 감사히 느끼고 스승에게 명예를 돌리려고 애쓴 도메니코 콘티는 라파엘로 다 몬테루포Raffaello da Montelupo를 움직여서 세르비테 성당 안의 벽기둥에 대리석 편석을 붙이게 하고, 젊고 유식한 피에로 베토리Piero Vettori에게 아래와 같은 묘비명을 작성하게 했다.

놀라운 재능을 지닌 화가이며
만인의 판단대로 옛 유명한 이들과 비견할
안드레아 사르토에게.
그의 제자 도미니코 콘티는
자기를 가르치느라고 애쓰신 그 스승의 많은 수고에
감사하는 마음으로 이 대리석 판을 세웠다.
향년 42세로 1530년 서거.
ANDREAE SARTIO
ADMIRABILIS INGENII PICTORI, AC VETERIBUS ILLIS OMNIUM JUDICIO
COMPARANDO,
DOMINICUS CONTES DISCIPULUS, PRO LABORIBUS IN SE INSTITUENDO SUSCEPTIS,
GRATO ANIMO POSUIT.

VIXIT ANN. XLII, OB. ANN. MDXXX.

얼마 후에 교회 사목위원 몇 사람이 적의라기보다는 무지한 탓으로 대리석 묘비명을 교회의 인가 없이 세울 수 있는 장소로 옮겨서 결국 그 자리에서 빼내어 아직 다른 곳에 세우지도 못했다. 우리가 지금 보는 바와 같이 운명의 신은 살아 있는 사람의 운명만 아니라 기억에 남아 있는 사람에게도 영향을 미친다. 그러나 모든 것을 다 제쳐놓고라도 안드레아의 작품과 명성은 길이 남을 것이며, 내가 쓰는 이 전기가 그에 대한 기억을 여러 세기 동안 이어주기를 바란다.

결론을 지어야 할 시점에 왔다. 안드레아는 비천한 생활을 했고 작은 일에 만족했지만 예술에서 그의 정신은 고매했고, 그의 작품은 기교에 넘쳤으며, 데생과 채색의 독특한 스타일로 예술을 즐겼다. 그는 피렌체의 다른 어느 화가보다도 실수를 덜 범했다. 그는 빛과 그늘과 어둠의 소진消盡을 잘 이해했고, 발랄하고 감미로웠으며, 프레스코에서는 완전한 조화를 나타냈다. 또 세코seeco 화법에서는 다시 붓을 대는 일이 드물었다. 그의 그림은 하루 사이에 완성된 것같이 보인다. 그러므로 그는 토스카나 지방 화가의 표본 구실을 할 수 있었으며, 가장 유명한 화가들과 함께 영예로운 종려나무 가지를 몸에 지닐 것이다.

볼로냐의 조각가

프로페르치아 데 롯시 부인

Modonna Properzia de' Rossi

1490?~1530

M. PROPERZIA DE ROSSI SCVL.
BOLOGNESE.

〔해설〕

16세기 초반 활동한 이탈리아 르네상스 시대의 여성 조각가다. 볼로냐에서 공중인의 딸로 태어나 라파엘로의 전속 판각사였던 볼로냐의 마르칸토니오 라이몬디에게 미술을 배웠다. 프로페르치아 데 롯시는 회화, 조각, 드로잉, 판화 등 미술뿐만 아니라 르네상스 시대 만능인이 그러했듯이 음악, 시, 고전문학 등에도 능했다. 대리석으로 초상 조각을 제작했는가 하면 볼로냐의 중요한 성당 중 하나인 산 페트로니오 성당의 서쪽 문 제작 공모에서 우승하기도 했다.

바사리는 프로페르치아 데 롯시를 소개하면서 여성의 중요성과 재능 있는 여성의 가치에 대해 썼는데 오늘날 읽어도 동감할 정도로 여성에 대한 평가를 제대로 했다. 한때 볼로냐의 대성당으로 미켈란젤로가 교황 율리우스 2세의 청동 조각을 제작한 바 있으며 지금도 중요한 성당 중 하나로 꼽히는 산 페트로니오 성당의 서쪽 문 장식을 맡았다는 것은 그의 능력이 대단했음을 말해준다. 스승 마르칸토니오 라이몬디는 르네상스 동판화의 대가로 미켈란젤로와 라파엘로 같은 거장들의 회화 작품을 동판화로 찍어냄으로써 당대 미술가들에게 거장의 작품을 알리는 역할을 했는데 스승의 영향을 받아 그도 동판화를 제작했다.

여성이 자신들이 몸 바쳐 일하는 모든 분야에서 성공하여 유명해진다는 사실은 언제나 주목할 만한 일이다. 그 예를 들면 수없이 많으며, 누구나 다 잘 아는 바와 같이 여성이 가정에서 지니는 가치는 말할 필요도 없고 전쟁 때에도 예를 들면 카밀라Camilla, 아르팔리체Harpalice, 발라스카Valasca, 토미리스Tomyris, 펜테실레아Penthesilea, 몰파디아Molpadia, 오리치아Orizia, 안티오페Antiope, 이폴리타Hippolyta, 세미라미스Semiramis, 체노비아Zenobia, 풀비아Fulvia는 무기를 들고 자기 남편과 자신을 방어했다고 한다.

　파우사니아스Pausanias가 이야기한 바와 같이 이 부부는 시인으로도 이름났으며, 코린나Corinna도 유명한 시인이었다. 에우스타티우스Eustathius가 그의 저서 『호메로스의 배의 목록』에서 이야기한 바와 같이 에우제비우스Eusebius가 『연대기』年代記에 기록한 사포Sappho —그녀는 젊고 이름난 여성이었는데 —는 비록 여성이었으나 그 시대의 유명한 작가들보다 뛰어났다고 한다. 또 바로Varro는 에린나Erinna에게 무한한 찬사를 보내면서 그녀는 시 300수로 그리스의 가장 유명한 시에 도전했을 뿐만 아니라, 작은 시집 『엘레카테』*Elecate* 한 권이 저 위대한 호메로스의 육중한 『일리아드』*Iliad*에 맞먹는다고 했다.

　아리스토파네스는 카리세나Carissena를 미모와 학식을 겸비한 여인이라고 칭찬했는데, 테아노Teano, 메로네Merone, 폴라Polla, 엘페Elpe, 코르니피차Cornificia도 마찬가지였으며, 텔레실라Telesilla는 그중에서도 미모가 뛰어나서 「비너스의 신전」에 그의 조상이 있다. 다른 시인들은 손꼽지 않더라도 아리스티푸스Aristippus에게 난해한 철학을 가르치는 아레테Arete를 읽었는가? 라스테네니아Lastheneia와 아시오테아Assiotea는 플라톤의 제자였다. 웅변술에서 셈프로니아Sempronia와 오르텐시아Hortensia는 가장 유명한 여인이었다.

　아테나에우스Athenaeus가 이야기한 바와 같이 문법론에서는 아갈리스Agallis에 비할 만한 사람이 없었다. 또 미래를 예견하는 데는 점성학占星學과 마술魔術로 나눌 수 있는데 테미스Themis, 카산드라Cassandra, 만토Manto가 그 시대의 제일인자들이었다. 이시스Isis와 체레스Ceres는 농사, 테스피아데스Thespiades는 과학 전반에서 유명한 사람들이었다.

그러나 현재 우리가 사는 시대처럼 여성들이 가장 높은 명성을 누리던 때가 없었다. 즉, 문예 부문에서 비토리아 델 바스토Vittoria del Vasto, 베로니카 감바라Veronica Gambara, 카테리나 안구이시우올라Caterina Anguisciuola, 스키오파Schioppa, 누가롤라Nugarola, 라우라 바티페리Laura Battiferri, 기타 수백 명이 넘는데, 이들은 속어이탈리아어나 라틴어, 그리스어에 능통했고 다른 학문에서도 마찬가지다. 또 그녀들은 작고 부드러운 흰 손을 거친 대리석, 굳은 무쇠를 다루는 예술에 돌리는 데 조금도 무서워하지 않았으며, 우리 시대에는 프로페르치아 데 롯시Properzia de' Rossi가 그런 여인이었다. 그녀는 가정에서의 일뿐만 아니라 모든 일에 능숙해서 여러 사람의 선망의 대상이었다.

데 롯시는 미인이었으며, 그녀가 살던 볼로냐에서 노래를 가장 잘 부르고 악기도 잘 다루었다. 그녀는 기지機智가 있었으며, 처음에는 개암나무를 조각하기 시작해서 섬세하고 날씬한 자세를 한 조상을 만들었다.* 아름다운 「그리스도의 수난」과 그 옆에는 십자가에 못 박힌 성자들과 사도들도 조각했다. 이 작품에 용기를 얻은 그녀는 남편에게 사목위원회를 통하여 산 페트로니오S. Petronio 성당 정면의 출입문 셋 가운데 일부를 대리석으로 장식할 수 있는지를 물었다. 그들은 승낙하면서 그녀가 만든 대리석 조상을 보고 싶다고 했다. 그리하여 그녀가 서슴지 않고 알레산드로 데 페폴리Alessandro de' Peppoli 백작에게 증정한 자

---

* 바사리는 여기에서 여류 조각가 프로페르치아의 전기를 쓰는 기회에 다른 여성 화가 두 사람도 언급했다. 즉, 유명한 안구이시우올라(1527~1623)는 초상화를 잘 그렸다. 바사리는 다른 곳에서도 다시 언급했다.

기 아버지 구이도Guido 백작의 조상을 만들어 보였더니 그들뿐만 아니라 시민들이 모두 좋아했다. 교회에서는 그녀에게 일자리 일부를 맡겼는데 깊은 돋을새김 조상을 만들어 볼로냐 사람들을 다시 한번 놀라게 했다.

이 가련한 여인은 당시 자기에게 아무런 관심을 두지 않는 한 청년을 열렬히 사랑했으므로 파라오Pharaoh 왕의 가령家令 포티파르Potiphar의 아내가 미칠 듯이 사랑하는 요셉을 설득하다 이루지 못하고 여성답게 우아한 자세로 요셉의 웃옷을 벗기는 장면을 제작했다. 사람들은 이 작품을 가장 아름답다고 평했으며, 그녀는 『구약성서』 속 이 장면으로 자신의 불같이 타는 열정을 일부나마 진정하면서 만족했다. 그녀가 이 건축물에 작품을 계속해서 만들도록 모두가 간청했으나 아미코Amico* 한 사람만은 질투가 나서 사목위원들에게 항상 그녀를 좋지 않게 이야기하여 빈약한 보수를 지불하게 만들어 결국 그녀가 일을 못하게 만들었다.

그녀는 깊은 돋을새김으로 균형 잡힌 두 천사를 제작했는데, 그 건물에 지금까지 보존되어 있다. 그 후 데 롯시는 동판銅板 조각에 전력하여 많은 칭찬을 받았다. 그리하여 그녀는 불행한 사랑만 빼놓고는 모든 일에 성공했다. 그녀의 명성이 이탈리아 전역에 퍼졌으며 나중에는 교황 클레멘티우스 7세의 귀에 들어갔다. 교황이 볼로냐에서 대관식을 끝냈을 때, 그녀는 그 주에 죽어서 유언에 따라 라모르테 병원 안에 매장된 것을 알게 되었다. 그녀를 만나고 싶었던 교황은 몹시 서운해했으며, 그보다도 시민들이 더욱 슬퍼했다. 나는 그녀가 라파엘로를 본떠서 펜으로 그린 스케치 몇 장을 보관하고 있다. 그녀의 초상화는 친구들이 그린 것이 몇 폭 있다고 한다.

데 롯시가 소묘에 능숙했지만, 소묘에서는 물론이고 조각에도 뛰어

* 아미코 아스페를니(Amico Asperllni)를 말한다.

그림 424 프로페르치아 데 롯시(추정), 「요셉과
포티파르의 아내」, 1520년경, 대리석, 산 페트로니오 성당
박물관, 볼로냐.

낳던 것만큼 그림에 뛰어난 여성들이 있다. 첫째로 손꼽을 만한 여성
은 플라우틸라Plautilla 자매다. 그녀는 피렌체의 산 마르코 광장에 면
한 산타 카테리나 다 시에나S. Caterina da Siena 수녀원에 부원장으로 있
는 수녀로서 거장들의 작품을 모방했는데 그중 몇몇 작품은 대가들을
놀라게 했다. 그녀가 그린 패널이 두 점 있다. 하나는 수녀원 성당에 걸
린 「동방박사의 경배」인데 많은 칭찬을 받았으며, 또 하나는 피스토이
아의 산타 루치아 성당 성가대석에 있는 대작大作으로서 「성모 마리아
와 아기 예수, 성 아우구스티누스, 마리아 막달레나, 시에나의 성녀 카

테리나, 성녀 아녜세S. Agnese, 동정 순교자 성녀 카테리나, 산타 루치아와 병원장 렐모Lelmo」를 그린 것이다. 수녀원 휴게실의 큰 패널 그림은 「최후의 만찬」이며, 또 하나 패널 그림이 작업실에 걸려 있다. 피렌체 시내 개인 집에도 그녀의 작품이 수없이 많다.

스페인 사람 몬드라고네Mondragone 부인은 「성모영보」를 그렸으며, 마리에타 데 페디니Marietta de' Fedini 부인도 마찬가지였다. 또 작은 「성모 마리아」 초상화가 피렌체의 산 조반니 성당에 있고, 산타 마리아 델 피오레 대성당 제단의 대에는 성 차노비S. Zanobi의 생애 중에서 몇 장면을 그렸다. 그녀가 이런 중요한 그림을 그리기 전에는 세밀화도 그렸는데 매력 있는 작품이 많지만 하나하나 이야기할 여유가 없다. 그녀는 다른 사람의 작품을 모방하여 좋은 그림을 많이 그렸는데 만일 남자들처럼 소묘와 모사, 초상과 정물을 공부했다면 더욱 훌륭한 화가로 성장했을 것이다.

브론치노Bronzino가 필리포 살비아티Filippo Salviati를 위하여 그린 것을 그녀가 모사한 「그리스도의 강생降生」을 보면 더욱 그것을 느끼게 된다. 그녀가 그린 마음에 드는 여자 얼굴은 남자가 그린 것보다 훨씬 더 잘 그렸다. 그녀가 제작한 여인의 초상화로는 미덕을 겸비한 코스탄차 데 도니Costanza de' Doni 부인이 유명하며, 아름답고 우아한 자태를 그 이상 기대할 수 없는 작품이다.

알폰소 퀴스텔리 델라 미란돌라Alfonso Quistelli della Mirandola의 딸이며, 클레멘테 피에트라 백작의 아내인 루크레치아Lucrezia는 소묘와 그림을 브론치노의 제자 알레산드로 알로리Alessandro Allori에게 배웠는데, 그녀의 수많은 그림과 초상화는 모두 칭찬할 만하다.

아밀카로 안구이시우올라Amilcaro Anguisciuola의 딸 크레모나의 소포니스바Sofonisba는 오늘날의 어느 여성 화가보다도 디세뇨와 표현이 우아하며, 다른 화가 작품도 훌륭하게 모사했으나 자신의 그림은 그리 많지 않다. 스페인 왕 필립은 알바Alba 후작에게 뛰어난 화가라는 말을 듣고 그녀를 스페인으로 초대했다. 그녀는 현재 황후를 모시고 있는데, 궁중에서는 그녀의 뛰어난 자질에 놀라 후한 봉급으로 대우하고 있다.

얼마 전 로마의 귀족 톰마소 카발리에리Tommaso Cavalieri가 코시모 공작에게 미켈란젤로가 그린 「클레오파트라」와 소포니스바의 그림을 선사한 일이 있는데, 그녀의 그림은 바구니 속에 든 게에 물려서 우는 소년을 바라보면서 웃어대는 소녀를 그린 것이며 정말 살아 있는 것 같은 광경이다. 그녀는 지금 스페인에 있기 때문에 이탈리아에는 그녀의 작품이 많지 않다. 나는 그녀의 재주를 칭찬하면서 내 수첩에 작품 한두 점을 보관하고 있다. 신인神人 아리오스토Ariosto의 시 광란의 오를란도 Orlando Furioso 20:2는 다음과 같다.

여인들은 그들이 연마한
모든 예술 분야에서 뛰어났다.
Le donne son venute in eccellenza
Di ciascun' arte ov' hanno posto cura.

볼로냐의 조각가 프로페르치아의 생애 이야기가 끝났다.

페라라의 알폰소 롬바르디
Alfonso Lombardi of Ferrara
1497~1537

미켈라뇰로 다 시에나
Michelagnolo da Siena
15세기 말~16세기 초

나폴리의 지롤라모 산타 크로체
Girolamo Santa Croce of Napoli
1503~1556

돗소와 바티스타 돗시
Dosso and Battista Dossi
1490~1542 1517~1533

〔해설〕

국내에는 거의 알려지지 않았으나 르네상스 시대의 보석 같은 작가를 꼽는다면 이 작가도 후보군에 들어갈 것이다. 그는 어느 유파에도 속하지 않으면서 고유의 개성을 보여주었다. 본명은 조반니 루테리Giovanni Luteri이고 돗소 돗시는 별명이다. 이탈리아 북부의 에밀리아 지방 출신으로 출생일과 장소는 정확히 알려지지 않았으나 페라라 출신으로 추정한다. 바사리가 다른 지역에서 활동한 이 작가를 전기에 포함시킨 것을 보면 이미 당대에 명성이 높았음을 짐작할 수 있다.

돗소 돗시는 페라라의 에스테가 알폰소 1세 궁에서 일했다. 당시 이탈리아의 도시들은 특정 가문이 통치했으며 가문의 대표는 곧 그 지방을 통치하는 군주였다. 피렌체에 메디치 가문이 있었듯이 페라라에는 에스테Este 가문이 있었다. 1517년과 1518년 돗소 돗시는 가문의 명을 받고 피렌체와 베네치아에 외교사절로 파견되었다. 15세기 초 플랑드르 최고의 화가 얀 반 에이크가 스페인, 포르투갈, 이탈리아에 외교관으로 파견되었고, 합스부르크가의 선량공 필리프가 1429년 포르투갈에 대사를 보낼 때 에이크를 동행하게 한 것은 당시 유명 화가들이 때로는 외교 사절이 될 정도로 위상이 높았음을 말해준다.

돗소 돗시는 당대 최고 문인이자 이탈리아 르네상스 문학의 자부심이라 할 수 있는 로도비코 아리오스토와 동향인으로 친분이 두터웠다. 이 같은 풍부한 문학적 소양 덕인지 그의 작품은 고전 문학작품에서 소재를 찾아 그렸는가 하면 당시에 흔치 않았던 미스터리한 주제들도 그려서 흥미롭다. 베네치아의 조르조네, 티치아노의 영향을 받았으며 1520년 로마 여행에서 이탈리아 전성기 르네상스 미술을 목격했는데 이때 라파엘로의 회화를 접하면서 많은 영향을 받았다.

돗소 돗시는 이를 토대로 그만의 독특한 회화세계를 구축했으며, 주제에서도 고전문학, 동물, 정물, 초상화를 비롯하여 당대 흔치 않은 독창적인 표현을 펼쳐나갔다. 인물과 사물에 대한 정교한 표현은 이후 카라바조에게 결정적 영향을 미쳤을 것으로 보이며, 바로크 시대 정물화의 탄생에도 기여했을 것으로 본다. 국내에는 거의 알려지지 않은 이 작가가 바사리의 명저를 통해 앞으로는 우리나라에서도 빛을 보게 될 날이 있을 것이다.

페라라의 알폰소Alfonso는 젊었을 때 그곳 귀족과 명사들의 초상화를 작은 메달 속에 만들었는데, 스투코stucco와 밀초를 사용했다. 그의 작품들이 지금도 눈에 띄며 그의 뛰어난 솜씨와 판단력을 잘 알 수 있다. 즉 도리아Doria 공, 페라라의 공작 알폰소, 교황 클레멘티우스 7세, 황제 샤를Charles 5세, 추기경 이폴리토 데 메디치, 벰보Bembo, 아리오스토Ariosto, 그밖에 여러 인사의 초상화 작품이다. 또 볼로냐에서 샤를 5세의 대관식이 거행되었을 때 이 식전을 위한 시설의 하나인 산 페트로니오S. Petronio 성당 정문을 장식했으며, 그때 메달 속에 초상화를 그리는 새로운 방법을 처음으로 고안하여 이목을 끌게 되었고, 마침내 궁중 안의 인사들 가운데에서 알폰소에게 일을 맡기지 않은 사람은 거의 없을 정도였다.

그는 자기가 점토, 밀초, 스투코로 제작한 작품들에서 얻은 명성에 만족하지 않고 대리석으로 작품을 만들기 시작했는데 짧은 시일 안에 우수한 작품을 제작하게 되었으므로, 볼로냐 교외 보스코Bosco의 산 미켈레 성당 안에 라마초토Ramazzotto의 무덤을 제작하도록 위촉받아 많은 칭찬을 받았다.* 또 같은 곳 산 도메니코S. Domenico 성당 제단의 대에 대리석으로 돋을새김을 제작했다.** 산 페트로니오 성당을 위하여 정문 왼쪽에 「그리스도의 부활」 장면들을 매우 아름답게 만들어놓았다.*** 그러나 볼로냐 사람들에게 가장 칭찬받은 작품은 델라 비타Della Vita 병원 상층에 있는 점토와 스투코를 겸용한 「성모 마리아의 죽음」을 깊은 돋을새김으로 만들어놓은 작품인데, 그중에서도 한 유대인이 마리아의 관가棺架에 손을 올려놓고 있는 자세가 이채롭다. 그림 425

* 라마초토(라마초토 스카리칼라시노Ramazzotto Scaricalasino, 1526년경).
** 1533년에 위촉받았다.
*** 1526년에 위촉받았다.

또 시청 안 장관실에 「헤르쿨레스Hercules가 히드라*를 죽이는 장면」을 같은 구도로 제작했는데, 당시 차카리아 다 볼테라Zaccaria da Volterra 와 서로 경쟁한 작품이지만 알폰소가 훨씬 우수했다. 바라카네Baracane 부인의 위촉으로 그는 닫집을 지탱하고 있는 천사 둘을 얕은 돋을새김으로, 또 산 주세페S. Giuseppe 본당 회중석會衆席 한가운데의 두 아치 위에 12사도使徒를 스투코로 제작했다.** 그 고장 산타 마리아 델 포폴로 성당 안 둥근 천장 한 모퉁이에 점토로 실물보다 좀 큰 조상 넷, 즉 산 페트로니우스, 산 프로쿨루스S. Proculus, 산 프란체스코와 산 도메니코를 제작했는데 모두 아름답고 놀라운 솜씨다. 그밖에도 스투코로 몇몇 작품을 볼로냐 성안과 체세나Cesena의 산 조반니 조합 안에 만들어놓았다.

점토와 밀초로 제작한 이 거장의 작품들—대리석 작품은 적지만—에 관한 이야기에 별로 놀랄 것은 없다. 풍채 좋고 젊어 보이는 그는 항상 즐겁게 제작했고, 그렇게 일하는 것을 자랑스럽게 생각했으며, 끌로 돌을 쪼는 것을 원치 않았다. 그는 목, 팔목, 옷에 번지르르한 장식품을 항상 지녔으며, 명예를 추구하는 예술가가 아니라 그저 제멋대로의 정신廷臣임을 자부했다. 사실 이런 치장은 부귀함을 과시하고자 하는 귀족이나 부자에게는 알맞을지 모르지만 예술가나 보통 사람들에게는 맞지 않을 뿐만 아니라 오히려 남의 비웃음이나 살 만하다.

알폰소는 자만심이 많았으며, 기량 있는 예술가에게 어울리는 행동을 하지 못했기 때문에 자기 직업으로 얻었던 명예를 완전히 망쳐버리고 말았다. 어느 날 밤, 그는 볼로냐의 백작 결혼식에 초대받아 갔는데 한 귀부인에게 사랑을 호소하여 부인에게서 횃불 무도회에 초대를 받았다. 함께 춤을 출 때 그는 부드러운 눈길로 그녀를 지켜보면서 큰 한

----

* 그리스신화의 구두사(九頭蛇).
** 현재 페라라 대성당에 있다.

그림 425 알폰소 롬바르디, 「성모 마리아의 죽음」,
테라코타, 산타 마리아 델라 비타 병원, 볼로냐.

숨과 더불어 외쳤다.

> 그것이 사랑이 아니라면
> 내가 느낀 것은 무엇이겠는가?
> S'amor none, che dunque e quel ch'io sento?

그의 주제넘은 짓을 일깨우려고 그녀는 곧 대답했다. "철면피 같은 말씀 마세요." 여러 사람이 이 소리를 들었고, 소문이 순식간에 볼로냐에 퍼졌다. 그는 두고두고 웃음거리가 되고 말았다. 만일 그가 허영심을 버리고 자기 몸을 예술에 바쳤다면 틀림없이 불가사의한 작품들을 만들어냈을 것이다.

샤를 5세가 볼로냐에 와 있을 때,* 알폰소는 카도레Cadore의 티치아노Tiziano가 그린 왕의 초상화를 보았는데, 자기도 초상화를 제작하고 싶어 했다. 그러나 티치아노를 통하지 않고는 왕의 면전에 나타날 수 없었으므로 그는 티치아노에게 자기 목적은 말하지 않고 다만 왕에게 그림을 가지고 갈 때 자기에게 그림도구를 들고 가도록 해달라고 부탁했다. 티치아노는 예절 바른 사람이었을 뿐만 아니라 그와 가까운 사이였으므로 알폰소를 데리고 왕의 거실로 들어갔다.

티치아노가 앉아서 그림 그리기에 바쁜 동안 눈치채지 않게 하려고 알폰소는 그의 뒤에 서서 메달 모양을 한 작은 상자를 꺼내서 스투코로 왕의 초상을 그리기 시작하여 티치아노가 초상화를 끝낼 무렵 자기도 완성했다. 왕이 일어서자 알폰소도 상자를 접어서 포켓에 넣었으므로 티치아노는 아무것도 보지 못했다. 그러나 왕이 알폰소에게 "그대가 만든 것을 보여주게"라고 이야기하자 그는 정중하게 왕에게 주었다. 그것을 자세히 바라본 왕이 "그것을 대리석으로는 만들 수 없을까?"라고 묻자 그는 "물론이지요, 각하"라고 대답했다. 왕은 "그럼, 그것을 만들어 제노바로 가져가시오"라고 말했다.

그때 티치아노의 감회가 어떠했을지 각자 상상해보기 바란다. 나는 그가 배신당했다고 생각했으리라 믿는다. 그러나 무엇보다도 이상한 것은, 왕이 티치아노에게 금화 1,000두카트를 보수로 보내면서 그 절반인 금화 500두카트는 알폰소에게 전하고 나머지를 티치아노가 차지하라고 명했다. 아마 티치아노의 마음을 몹시 괴롭게 했을 것이다.

그동안 알폰소는 최선을 다해서 대리석 두부를 제작했는데, 우수한 작품이다. 그것을 왕에게 가져가자 왕은 그에게 금화 300두카트를 더 주었다. 알폰소는 추기경 이폴리토 데 메디치의 초빙을 받아 로마로 가서 많은 조각가·화가와 함께 머무르면서 대리석으로 만든 비텔리우스

* 왕의 대관식이 1530년 2월 24일에 거행되었다.

그림 426 돗소 돗시, 「키르케」, 1514~16, 캔버스,
내셔널 갤러리, 워싱턴.

Vitellius 왕의 흉상胸像 등을 본뜨도록 위촉받았다. 이 작업으로 추기경과 로마 사람들에게 인정받은 그는 교황 클레멘티우스 7세의 흉상을 제작했다.

얼마 후, 추기경의 아버지 줄리오 데 메디치의 흉상도 주문받았으나 미완성에 그쳤다. 이 흉상들이 로마 시내에 나왔을 때, 나는 오타비아노 데 메디치의 요구로 이것들과 다른 그림 몇 폭을 사들였는데 현재 코시모 공작 궁전 안의 새 건물, 즉 내가 천장과 벽에 레오 10세를 그린 건물 안에 보관되어 있다. 여기에는 메디치가家 귀족 여러 사람의 흉상이 저 유명한 피렌체산 붉은빛 대리석으로 만든 출입문 위에 진열되어 있다.

알폰소 이야기로 되돌아가자. 그는 계속해서 추기경을 위하여 조상을 여럿 만들었지만 작은 것들이어서 대부분은 망실되었다. 교황 클레멘티우스가 죽자 알폰소는 추기경의 위촉으로 클레멘티우스와 교황 레오 10세의 묘묘를 만들게 되었다. 그는 미켈란젤로의 소묘를 따서 조상들을 곁들여 밀초로 아름다운 모델을 만든 다음, 대리석을 사려고 카라라Carrara에 갔다. 그사이에 추기경이 로마를 떠나 아프리카로 가던 도중 이트리Itri에서 죽자,* 이 공사는 그의 손에서 빠져나가고 말았다. 왜냐하면 공사 집행자가 된 살비아티, 리돌피Ridolfi, 푸치Pucci, 치보Cibo, 가디Gaddi 등 추기경 5인이 그를 해고했기 때문이다. 그리고 로렌초 데 메디치의 딸이자 교황 레오와 남매인 루크레치아 살비아티 Lucrezia Salviati가 피렌체의 조각가 바초 반디넬리에게 위촉했다. 이 조각가는 교황 클레멘티우스 생존 시에 그 모델을 이미 만들어놓았다.

이 사건으로 반쯤 얼빠진 알폰소는 볼로냐로 돌아갈 결심을 했다. 그는 피렌체에 도착하자 샤를 5세의 아름다운 대리석 흉상을 알레산드로

---

* 알폰소가 카라라로 되돌아간 것이 1530년이며 추기경 이폴리토는 1535년에 죽었다.

그림 427 돗소 돗시, 「주피터, 메르쿠리오, 비르투」, 1515~18,
캔버스에 유채, 1113×150cm, 미술사 박물관, 비엔나.

공에게 증정했다. 그런데 알레산드로 공이 죽자 추기경 치보는 공의 의상실에서 이 흉상을 옮겨와 카라라에 두었다. 알폰소가 피렌체에 도착하자 공은 자기 초상화를 제작하지 않겠느냐고 그에게 농담 삼아 이야기했다. 이미 조각가 도메니코 디 폴로Domenico di Polo가 공의 초상을 메달로 만들었으며, 프란체스코 디 지롤라모 달 프라토Francesco di Girolamo dal Prato와 벤베누토 첼리니Benvenuto Cellini도 경화硬貨에 만들어 넣었고, 조르조 바사리와 야코포 다 폰토르모가 초상화를 그린 바 있다. 따라서 알폰소는 무척 아름다운 돋을새김 초상을 제작했는데, 다네세 다 카라라Danese da Carrara의 작품보다 훨씬 낫다.*

그때 그는 볼로냐로 돌아가기로 결심했으므로 대리석으로 또 하나의 초상을 제작하라고 준 자금과 많은 사례금을 알레산드로 공에게 받고 볼로냐로 갔다. 그러나 추기경의 죽음과 묘묘를 제작하지 못하게 된 것 때문에 비관했으며, 설상가상으로 심한 피부병까지 걸려 49세 나이로 1536년에 죽었다. 그는 자기 생활을 여유 있게 해줄 자비로운 영주領主를 빼앗아간 운명의 여신을 항상 원망했으며, 동시에 자기가 이렇게 불쌍한 처지에 놓이기 전에 자기 눈을 감게 해주었어야 마땅하다고 운명의 여신 앞에서 불평했다.

미켈라뇰로는 시에나 출신 조각가이며, 다른 훌륭한 예술가들과 수년간을 스클라보니아에서 친교를 맺고 지낸 후 다음과 같은 환경에서 로마로 떠나게 되었다. 교황 하드리아누스가 죽자, 교황의 은고를 받던 인크포르트Hincfort는 그의 대리석 묘묘를 세우기로 결심하고 시에나의 화가 발다사레 페루치에게 모든 일을 맡기기로 했다. 발다사레는 모델을 만든 다음 친구인 미켈라뇰로에게 공사를 부탁했다. 따라서 그는 교황의 실물 크기 조상을 석관 위에 놓고, 교황을 방문하여 그를 경모하려고 로마시로 들어오는 시민들의 조상을 얕은 돋을새김으로 제작

* 다네세(Danese)=다네세 카타네오(Danese Cattaneo).

그림 428 돗소 돗시, 「키르케」, 1520, 캔버스에 오일,
170×172cm, 보르게세 미술관, 로마.

했다. 그리고 이 대리석 네 군데의 벽감에는 정의, 강의剛毅, 평화, 현명이라는 추요덕樞要德 네 개를 발다사레의 의견을 참작하면서 정성 들여 제작했다.

그중 몇 군데는 피렌체의 젊은 조각가 트리볼로가 제작했는데, 가장 훌륭한 작품이다. 미켈라뇰로는 일부분밖에 만들지 않았지만 매우 섬세하게 제작했으며, 이 작은 조상들이 다른 것들보다 많은 칭찬을 받았다. 그밖에도 다른 작품을 무척 아름답게 처리했으므로 추기경은 그의 노고를 치하하고 동시에 많은 보상을 주었으며, 그가 살아 있는 동안 내내 은혜를 베풀었다. 이 공사는 미켈라뇰로가 죽기 조금 전에 완성되었다.*

나폴리 출신 지롤라모 산타 크로체Girolamo Santa Croce는 불행하게도 좋은 작품을 기대하고 있을 때 젊은 나이에 죽었다. 그러나 나폴리에서 수년간에 걸쳐 만들고 아름답게 다듬은 그의 작품으로 미루어보면 스승들을 훨씬 능가할 만한 자질이었다. 그는 나폴리의 산 조반니 카르보나로S. Giovanni Carbonaro 성당 안에 원주圓柱로 둥글게 둘러싸인 비코 Vico 후작부인 경당에 정성 들여 조각한 무덤을 만들었다. 거기에는 스페인 사람이 이미 제작한「동방박사의 경배」가 있었지만 산타 크로체는 그와 경쟁하려고 벽감 안에 성 요한의 돋을새김 조상을 만들었는데, 정신력이나 판단력이 스페인 사람에게 조금도 뒤지지 않았다.

이름이 난 그는 당시 나폴리에서 제일가는 노인 조각가 조반니 다 놀라Giovanni da Nola와 겨루기로 결심했다. 놀라는 나폴리에서 이미 많은 작품을 만들었는데, 당시 그곳에는 대리석으로 경당과 제단화를 제작하는 풍습이 있었다. 산타 크로체는 나폴리의 몬테 올리베토Monte Oliveto 성당 안 왼쪽의 경당 건조에 착수했는데, 그 맞은편은 놀라가 제작한 것이다. 산타 크로체는 대리석으로 대담하게 잘라서 실물 크기의

* 무덤은 로마의 산 마리아 데 아니마에 있다.

성모 마리아 조상을 제작했는데, 의상과 손을 돌을새김으로 정성 들여 아름답게 손질하여 마무리 지음으로써 당시 나폴리에서 제일가는 작품이라고 평가받았다. 마리아는 아주 잘 구상된 두 성인 성 요한과 성 베드로 사이에 자리 잡고 있으며, 그들 위에는 천사들이 경배하고 있다.

그는 또 몬테 올리베토 수도원 내부의 한 경당 안에 단정한 조상을 제작했다. 그다음으로 투니스Tunis에서 돌아온 샤를 5세의 조상을 만들기 시작했지만 운명의 여신이 축복받는 이 세상을 시샘했는지, 산타 크로체는 스케치만 남기고 35세에 저세상으로 가고 말았다.

그가 좀더 오래 살았다면 그 시대의 모든 예술가보다 나았을 것이다. 그의 죽음은 온 나폴리 시민을 슬픔에 잠기게 했는데, 그것은 그의 성품이 온화하고 예절이 바르고 교양이 높았기 때문이다. 그와 사귀던 사람들이 눈물 없이 그의 이야기를 못했다는 것이 조금도 이상하지 않다. 그는 1537년에 최후의 작품을 만들고 그해에 명예로이 나폴리에 매장되었다.

조반니 다 놀라는 나폴리 시내에 있는 많은 그의 작품에서 보는 바와 같이 경험이 풍부한 노련한 조각가였다. 빌라프란카Villafranca 후작이며 나폴리 총독인 돈 페드로 디 톨레도Don Pedro di Toledo가 그를 고용하여 자신과 자기 처의 묘소를 만들게 했는데, 후작이 터키에서 승리하고 돌아오는 장면을 조심스럽게 만들었다. 이 묘소는 후에 스페인으로 가져가도록 되어 있었지만 그가 살아 있는 동안에는 완성되지 않았으므로 나폴리에 그대로 있다. 놀라는 70세로 죽었으며, 1558년에 나폴리에 매장되었다.

하늘이 페라라에게 신성神性을 지닌 시인 로도비코 아리오스토를 내려보낼 무렵, 같은 시에서는 화가 돗소Dosso가 태어났다.* 돗소는 아리오스토가 시인들 사이에서 희귀한 존재인 만큼은 유명하지 못했으나

---

* 아리오스토는 1474년에, 돗소는 1479년에 출생했다.

그림 429 돗소 돗시, 「아폴로」, 1524, 캔버스에 오일,
1194×118cm, 보르게세 미술관, 로마.

그림 공부에 모든 힘을 바쳤으므로 페라라 시민의 존경을 받았고, 그의
친한 친구인 시인이 그의 공적을 기록으로 남겨두려고 탁월한 글에 담
았다. 돗소는 일생을 그림에 바친 공적보다는 시 때문에 이름이 더 났
다. 생각건대 이런 위대한 사람에게 축복받는 것보다 더 큰 행복은 없

다고 하겠다. 왜냐하면 펜의 힘은 많은 사람에게 그런 칭찬을 받아들이도록 만들기 때문이다. 비록 칭찬을 받을 만한 충분한 자격이 없는 경우에도 그런 결과를 가져온다.

돗소는 예술가로서 자질은 말할 필요도 없고, 성격이 상냥할 뿐만 아니라 명랑했기 때문에 페라라 공작 알폰소Alfonso는 그를 무척 마음에 들어했다.그림 429

롬바르디아 지방에서 돗소는 가장 훌륭한 풍경화가라는 평이 높았는데, 프레스코와 유채화, 특히 수채화가 독일 양식에 비해서 뛰어났다. 페라라 대성당 안의 경당에 아름다운 조상들을 패널에 그렸으며 1527년, 공작의 저택 여러 방을 동생 바티스타Battista와 함께 장식했다.* 이 형제는 서로 원수 사이였지만 공작의 요청으로 함께 일했다. 또 이들은 이 저택 안뜰의 담벼락에 헤르쿨레스 이야기를 그린 나상들도 제작했다. 그밖에도 페라라 각처에 프레스코와 패널을, 또 트렌토Trento의 추기경 저택에도 다른 화가들과 함께 많은 작품을 제작했으며, 모데나Modena의 대성당에도 패널 한 점을 만들었다1522.

당시 화가이자 건축가인 지롤라모 젠가Girolamo Genga가 페사로Pesaro에 있는 임페리알레Imperiale궁을 우르비노 공작 프란체스코 마리아Francesco Maria를 위하여 장식한 일이 있는데,** 다른 곳에서 언급하겠다. 공작의 명령으로 이 일 때문에 채용된 많은 화가 가운데에 페라라의 돗소와 바티스타 형제가 풍경화를 그리도록 채용되었다. 그리고 포를리Forli 출신 프란체스코 디 미로초Francesco di Mirozzo, 보르고아 산 세폴크로 출신 라파엘로 달 콜레Raffaello dal Colle, 그밖의 사람들이 그 저택 안에 많은 그림을 그린 일이 있다.

* 이 그림의 일부분이 1718년 화재로 손상되었다.
** 임페리알레궁과 페라라의 프레스코들은 바티스타 돗소(1548년에 사망)와 그의 동생 조반니 합작으로 그렸는데 모두 없어졌다.

이 빌라에 도착하자 돗소와 바티스타는 그런 사람들이 으레 하듯이 눈에 보이는 것은 모두 비난하면서 공작에게는 훌륭한 그림을 그리겠다고 장담했다. 이 광경을 시종 지켜본 성급한 지원자가 큰 홀 하나를 그들에게 떠맡기면서 재주껏 그려보라고 했다. 따라서 그들은 재주를 과시하려고 최선을 다했으나 원인이 어떻든 간에 그들 생애에서 이렇게 시시한 그림을 그린 적이 없었다. 이런 일은 남을 비방하는 나쁜 마음씨나 욕심이 지나친 데에서 오는 것이므로 세상만사는 억지로 되는 것이 아니고 누구나 그릇된 욕망은 파멸을 부르고야 마는 것이다. 이는 모든 예술도 마찬가지인데 특히 글을 쓰는 데 자연스럽지 못한 것과 지나친 허식은 곧 남이 알게 된다. 돗소는 자기 그림이 너무 우습고 부끄러워 그곳을 떠나고 말았다. 공작은 그 그림들을 모두 지우고 젠가에게 다시 그리도록 명했다.

후에 그들은 부오시Buosi의 기사 조반 바티스타의 요청으로 「신전에서 토론하는 그리스도」를 패널에 아름답게 그려서 1536년에 파엔차의 대성당에 안치했다. 돗소는 만년에는 제작을 못 하고 알폰소 공작의 저택에서 기거했다. 바티스타는 작품을 많이 만들고 좋은 지위에 있었다. 돗소는 자기 고향인 페라라에 묻혔다.

같은 시대에 밀라노 출신 베르나차노Bernazzano도 풍경과 동식물 등을 잘 그리는 화가였다. 베르나차노 자신이 잘 알듯이 그는 인물화에 서툴러서 그 방면에 기량이 뛰어난 체사레 다 세스토Cesare da Sesto와 손잡고 일했다. 베르나차노가 어느 뜰에서 아름다운 풍경을 담은 프레스코화를 그렸는데, 광주리에 담긴 포도가 실물 같아 보여서 칠면조들이 자주 와서 쪼는 바람에 그림을 망쳤다는 이야기가 있다.

프리울리 지방의 화가들

포르데노네의 조반니 안토니오 리치니오
Giovanni Antonio Licinio da Pordenone
1483~1539

GIO. ANT. LICINIO. DA POR-
DENONE PITTORE.

〔해설〕

이탈리아 북부 프리울리 출신으로 16세기 초반에 활동한 전성기 르네상스와 매너리즘 양식의 화가다. 벨리니, 조르조네, 만테냐 등 베네치아와 이탈리아 북부 화가의 영향을 받았으며 이후 1514년에서 15년 사이에 로마로 건너가 라파엘로와 미켈란젤로의 작품을 접하고 고전주의와 매너리즘 양식을 구사했다.

바사리에 따르면 이탈리아 북부의 우디네 대성당에 이 작가의 「성 마르코」상이 있었다고 한다. 피렌체를 중심으로 한 토스카나 작가뿐만 아니라 안토니오 리치니오 같은 이탈리아 북부의 작가들까지도 기록했다는 점에서 바사리가 이탈리아 전 지역의 작가를 포함함으로써 자료의 객관성을 갖추고자 했던 열정을 엿볼 수 있다.

　내가 그전부터 주장한 바와 같이 인자한 어머니이신 대자연은 과거에는 별로 알려지지 않은 곳에 풍성한 선물을 내리시어, 스승 없이 자라난 사람들이 단지 자연을 모방함으로써 훌륭하게 된다. 또 왕왕 뒤에 자라난 사람이 선배와 경쟁하면서 로마·피렌체 등 유명한 그림이 있는 곳에 가보지 않고도 훌륭한 작품을 만드는 일이 있다. 프리울리 지방이 바로 이러한 경우이며, 수세기 동안 별로 알려지지 않은 이곳에 오늘날 훌륭한 화가가 많이 나타났다.*

　내가 이미 언급한 바와 같이 조반니 벨리니가 베네치아에서 제자들을 가르치면서 제작에 종사할 때, 제자들 가운데 특히 경쟁하는 두 제자, 즉 하나는 펠레그리노 다 우디네Pellegrino da Udine, 이 사람은 후에 다 산 다니엘로Da San Daniello라고 부른다와 또 하나는 역시 우디네 출신 조반니 마르티니Giovanni Martini가 있었다. 조반니는 항상 스승 벨리니의 화풍을 모방했다. 벨리니의 스타일은 좀 거칠고 딱딱하고 건조하여 그가 일가를 이루었는데도 그림이 부드럽고 감미롭지 못하다. 그는 열심히 자연을 모방하려고 애썼으나 볕과 그늘의 대조가 너무 강렬했기 때문에 색상이 항상 거칠고 따뜻한 느낌을 주지 못했다.

　그의 작품은 프리울리 지방에서 많이 볼 수 있으며, 특히 우디네의 대성당 안에는 그가 그린 유채화, 즉「여러 사람에게 둘러싸인 성 마르코의 좌상座像」이 있는데1501년 작품, 그의 가장 뛰어난 그림이다. 또 한 점은 순교자 수사 성 피에트로 마르티레S. Pietro Martire 수도원 성당의 성녀 우르술라 제단에 있는데,「성모 마리아 발밑에 성 마르코와 성녀들」을 그린 것으로서 아름다운 얼굴과 뛰어난 표현력이 보인다.**

---

　* 바사리가 프리울리 마을을 방문한 적이 있는지는 의심스러우나, 그가 베네치아에서 그곳 출신 화가들의 그림을 본 것은 틀림없다.
** 1506년 작품이며 현재 밀라노의 브레라 미술관 소장품.

조반니는 평범한 화가였다. 외모가 말끔한 사람이었는데, 성격이 겸손하고 정직하여 그가 죽을 때 아무런 재산도 남기지 못하고 아내에게 가난만 물려주었으며, 대를 이을 아들도 없었다. 아름답고 마음씨 착한 그의 아내는 두 딸을 우디네시의 부유한 가정에 출가시켰다.

조반니의 경쟁자 펠레그리노 다 산 다니엘레Pellegrino da S. Daniele는 조반니보다는 뛰어난 화가였으며, 세례명은 마르티노Martino였다. 조반니 벨리니가 그를 장래 이름난 화가가 될 것이라고 평했으므로 그는 이름을 펠레그리노로 바꿨다. 그가 우디네에서 약 10밀리아16킬로미터 떨어진 산 다니엘레를 좋아했기 때문에 국적도 바꾸고 산 다니엘레에 가서 결혼하고 그곳에서 생활했으므로 펠레그리노 다 산 다니엘레로 알려졌다.

그는 우디네에서 많은 제작을 했다. 낡은 오르간의 출입문 위에 깊은 아치를 원근법으로 그린 것이 있는데, 거기에는 군중 속에 앉은 성 베드로가 주교 성 에르마코라S. Ermacora에게 목장牧杖을 넘겨주는 장면이 있다. 내부에는 공부하는 교회박사 네 명을 그렸다.* 산 요셉 경당을 위하여 유채화로 패널 그림을 그렸는데 위엄 있는 성 요셉과 그 옆에 양치기 옷을 입고 아기 예수를 지켜보는 세례자 요한이 보인다.** 이 그림은 정말 훌륭하며 펠레그리노가 조반니와 경쟁하면서 열심히 그렸다는 이야기가 정말 같다.

펠레그리노는 우디네의 영주 델라 토레della Torre의 비서 프레 조반니의 위촉으로 홀로페르네스Holofernes의 머리를 들고 있는 유디트Judith의 상반신을 그렸는데, 정말 아름다운 작품이다. 우디네에서 약 8밀리아13킬로미터 거리의 치비탈레Civitale의 산타 마리아 대성당 대제단화를 그가 유채화로 그렸는데, 동정 마리아와 몇몇 인물을 아름답게 마무리

---

* 1519년 작품.
** 1500년 작품.

했다.* 그는 산 다니엘레에 있는 산 안토니오 경당에 「그리스도의 수난」을 그려 그 대가로 금화 1,000두카트를 받았는데, 그만한 값을 받을 만한 훌륭한 그림이다.** 페라라의 공작은 그의 뛰어난 재능을 인정하고 그를 총애하여 많은 선물과 더불어 그의 친척 두 사람을 우디네 대성당의 사목위원으로 임명했다.

펠레그리노는 많은 제자를 가르쳤는데 그중에서도 그리스 출신 화가가 스승의 스타일을 잘 모방했다. 펠레그리노의 친구 루카 몬베르데Luca Monverde는 청년 시절에 일찍 죽었기 때문에 작품을 단 한 점만 남겼는데 그가 만일 좀더 오래 살았다면 펠레그리노를 능가했을지도 모른다. 그의 유채화 한 점은 우디네의 산타 마리아 델레 그라치에S. Maria delle Grazie 성당의 대제단을 장식했다. 「아기 예수를 안은 성모 마리아상」이 마치 배경으로 스며들어가는 듯하며, 조상의 뛰어난 묘사는 그의 장래를 약속하기에 충분했다.***

다른 제자로 바스티아넬로 플로리고리오Bastianello Florigorio가 있는데, 그는 우디네의 산 조르조 성당 대제단화 「하늘의 성모자聖母子」를 수많은 지품천사들이 둘러싸고 경배하는 장면으로 그렸다. 아래에는 멀리 트인 전원 풍경과 성 요한을, 저쪽에는 갑옷을 입은 위풍당당한 성 조르조가 뱀을 죽이는 장면을, 또 이쪽에는 지원군을 보낸 하느님과 성모 마리아에게 감사를 드리는 소녀의 얼굴도 보인다. 그는 성 조르조 바스티넬로Bastianello의 초상은 그 자신의 것이라고 스스로 명명했다. 또 순교자 수사 성 피에트로 마르티레 수도원 성당 휴게실에도 프레스코 두 점을 그렸는데, 하나는 엠마우스Emmaus에서의 그리스도의 성찬의 축복, 또 하나는 성 베드로의 순교 장면이다. 마르구안도M.

* 1529년 작품.
** 1522년 작품.
*** 1522년 작품.

Marguando의 궁전 모퉁이 벽감에도 벌거벗은 성 요한의 프레스코화를 단축법으로 그렸는데 훌륭한 그림이다.

그는 어떤 사람과 싸움 끝에 우디네에서 쫓겨나 치비탈레로 가서 귀양살이를 하게 되었다. 그의 그림 스타일은 좀 거칠고 날카로운 감이 있는데, 그것은 그가 촛불 밑에서 그림 그리기를 좋아했기 때문이다. 그러나 그의 의상은 뛰어났고 초상화를 실물과 같이 그리면서 작업을 즐겼다. 그가 그린 초상화 중에는 라파엘로 벨그라도와 화가이자 건축가인 조반 바티스타 그라시Giovan Battista Grassi가 있는데, 나는 그라시의 호의로 프리울리의 화가들에게 특별한 신세를 졌다. 바스티넬로는 40세 전후에 죽었다.

그밖에 제자로는 우디네 출신 프란체스코 플로리아니Francesco Floriani가 있다. 그는 훌륭한 화가이자 건축가다. 그의 동생 안토니오 플로리아니Antonio Floriani도 유능한 화가로서 막시밀리안 황제 밑에서 작품 활동을 했다. 프란체스코의 그림 몇 점이 이 황제의 손에 들어갔는데, 그 중 하나는 유디트가 홀로페르네스의 머리를 들고 있는 그림이다. 다른 그림은 펜과 잉크로 그린 스케치 책이며, 그 속에는 건축물, 극장, 아치, 주랑柱廊, 교량, 궁전, 그밖에 훌륭한 건축학상의 의상 설계도 등이 들어 있어 곧 이용될 만한 것들이다.

펠레그리노의 제자에는 젠시오 리베랄레Gensio Liberale가 있으며, 특히 각종 물고기 사생으로 이름났다. 그는 오스트리아의 대공 페르디난드 밑에서 일했는데, 유능한 화가였으므로 높은 지위에 있었다.

프리울리 출신의 뛰어난 화가들 중에서도 가장 축복받은 사람은 조반니 안토니오 리치니오Giovanni Antonio Licinio*다. 그를 쿠티첼로Cuticello

---

* 포르데노네(Pordenone)는 알비세 비바리니(Alvise Vivarini)의 제자인 듯하다. 그의 진짜 이름은 조반니 안토니오 사키(Giovanni Antonio Sacchi)다. 바사리는 그를 리치니오(Licinio)라고 잘못 알고 있다. 바사리는 그가 로마에 간 것을 언급하지 않았으나 그는 로마에 갔던 것 같다.

라고 부르는 사람도 있다. 그는 그림 장면의 창의력, 디세뇨, 힘, 채색 기교, 프레스코 제작, 일 진행 속도, 돋을새김, 그밖에 기술의 모든 분야에서 다른 사람보다 훨씬 뛰어났다. 그는 우디네에서 약 30밀리아50킬로미터 떨어진 프리울리의 포르데노네Pordenone에서 태어났다. 하늘로부터 뛰어난 재능을 이어받은 그는 스승 없이 카스텔프랑코 출신의 조르조네Giorgione 화풍을 모방하여 사물들을 그렸다. 여러 번 베네치아에 가서 그 화가의 그림을 구경하고 그 양식에 매혹되었기 때문이다.

조반니가 그림의 기초를 공부할 때 페스트가 유행하여 시골로 피신하게 되었다. 몇 달 동안 그곳에서 지내면서 그는 경험도 쌓을 겸 시골 사람들을 위하여 석회 위에 채색화를 그려주었다. 이것이 그에게 큰 도움이 되어 이런 작품을 만드는 데 숙달되었고 판단력도 생겼으며, 자기가 원하는 색조 효과도 얻게 되었다. 즉, 만일 묽은 죽 상태에서 사용한다면 석회가 마르면서 흰색이 조화를 모두 망칠 위험이 있다는 것이다.

오랜 시일에 걸쳐 채색의 본질과 프레스코 화법을 연구한 다음, 그는 우디네로 돌아와서 성 피에트로 마르티레 수도원 성당 안에 「성모영보」 제단화를 유채화로 그렸는데, 거기에는 마리아에게 경배하는 가브리엘 천사와 치품천사에 둘러싸인 성부聖父가 성신을 보내는 장면을 하늘에 그렸다. 이 작품은 훌륭한 데생, 우아함과 생동감 그리고 음양 때문에 가장 뛰어난 작품이라는 평을 받았다.

이곳 대성당 안 펠레그리노의 그림이 있는 출입문 옆 설교대에 그는 성 에르마코라와 성 포르투나투스S. Fortunatus의 이야기를 그렸는데, 디세뇨가 경쾌하다.** 또 이 도시에는 틴기Tinghi 경 저택이 있는데, 이 저택 정면에 프레스코를 제작하여 우의를 돈독히 했다. 그는 건축과 프레스코 지식을 과시하고자 여기에 구획을 몇 개 만들고 장식과 조상을 그려 넣은 벽감들을 만들었다.

▌ ** 1527년 작품이다.

즉 한가운데의 큰 공간 세 곳에 채색한 조상들을 그렸는데, 중앙의 정사방형 공간에는 바닷속에 잠긴 좌대에 코린트 방식 원주를 얹었고, 오른쪽에는 시레나Sirena*가 이 원주를 받들고 있으며, 왼쪽에는 포세이돈이 받들고 있다. 기둥머리 위에는 이 저택 영주의 친구인 추기경의 모자를 그렸는데 폼페오Pompeo의 원주라고 부른다. 다른 두 공간에는 유피테르가 거인들을 호통치는 장면이 있는데, 땅에 누워 있는 자세를 단축법으로 잘 묘사했다. 맞은쪽 하늘 높이에는 신神들이, 땅에는 두 거인이 곤봉으로 디아나Diana를 치려고 하는데 그녀는 횃불로 거인의 팔을 태우려 하며 용감히 싸우고 있다.

조반니는 우디네에서 약 24밀리아38킬로미터 되는 스펠림베르고 Spelimbergo의 큰 성당 안 오르간 목판과 문에 그림을 몇 점 그렸는데, 하나는 성모 몽소승천이며, 안쪽에는 네로Nero 앞에 불려나온 성 베드로와 성 바오로가 공중을 나는 시몬 마구스Simon Magus**를 지켜보는 모습이다. 또 하나는 「구세주 강생」救世主降生***인데, 이 아름다운 작품들을 제작하고 명성을 얻은 그는 비첸차Vicenza에 초빙되어 그곳에서 작품 몇 점을 만들었다.**** 다시 만토바로 가서 그곳 귀족 파리스Paris의 저택 정면에 우아한 프레스코를 제작했다.

많은 칭찬을 받으면서 이 작품을 끝낸 그는 비첸차로 되돌아와서 산타 마리아 디 캄파냐S. Maria di Campagna의 설교단 전체에 그림을 그리려고 착수했지만 일부분만 끝내고 떠나게 되자 거장 베르나르도 다 베

---

* 그리스신화의 요정. 아름다운 뱃노래로 근처를 지나는 뱃사람들을 유혹하여 파선시켰다고 한다.
** 사마리아 출신으로 성 베드로에게 성령의 능력을 빼앗으려 했으나 질책당했다.
*** 1524년 작품.
**** 비첸차(Vicenza)가 아니고 피아첸차(Piacenza)인 듯하며 1529년에 위촉받았다.

르첼리Bernardo da Vercelli가 완성했다. 포르데노네는 이 성당 안의 두 경당에 프레스코를 제작했는데, 하나는 성녀 카테리나 이야기이고, 또 하나는 「그리스도의 강생」으로 동방박사가 경배하는 장면인데 모두 아름답다.*

바르나바 달 포초Barnaba dal Pozzo 박사의 아름다운 정원에 그는 시詩향이 풍기는 몇 가지 그림을 그렸으며, 캄파냐 성당 안 왼쪽 입구에 성 아우구스티누스의 조상을 그린 패널이 있다. 이런 작품들이 마음에 든 그곳 귀족들은 그를 결혼시켜 정중하게 대접했다. 그는 몇 해 전 제작한 바 있는 베네치아에 가서 대운하에 면한 산 제레미아S. Geremia 성당 정면을 그렸으며, 산상의 성모Madonna del Orto 안에는 유채화로 패널을 그렸다.**

그 외에도 조상을 여럿 그렸는데 그중에서도 세례자 요한에 정력을 기울였다. 같은 운하에 면한 마르틴 단나Martin d'Anna의 저택 정면에 프레스코를 여러 점 제작했으며, 특히 말을 탄 쿠르티우스Curtius를 단축법으로 그려서 마치 돋을새김같이 보인다. 하늘을 나는 헤르메스와 다른 것들도 재치 있는 솜씨로 그렸다. 이 작품들로 그는 다른 화가들이 일찍이 받지 못한 칭찬을 베네치아 시민들에게 받았다.

그에게 각별한 노력을 하도록 만든 환경 가운데 하나는 티치아노Tiziano와 경쟁하는 것이었다. 사실 그는 그것을 바랐으며, 프레스코 제작을 위한 끊임없는 연구로 정신을 단련하고 이 위대한 예술가와 겨루고자 했다. 티치아노는 뛰어난 기교와 상냥하고 겸손한 성격에 저명인사들과 항상 교제함으로써 안면이 넓었다. 이런 경쟁은 확실히 유익한 것이었으며, 포르데노네로 하여금 모든 일에 최선을 다하게 했고, 칭찬받을 만한 자격도 있었다. 그리하여 산 로코 성당에서는 그에게 경당을

* 1529~31년 사이에 제작된 것이다.
** 현재 베네치아의 아카데미아 미술관에 소장되어 있다.

맡겨 설교단 전체를 프레스코로 장식하도록 했다.

그는 거기에 성신聖神, spirito sancto과 그로부터 오는 소년들을 여러 자세로 아름답게 그렸다. 또 설교단 프리즈에는 『구약성서』에서 여덟 인물의 조상을, 모퉁이에는 복음사가 네 명을, 대제단 위 높은 곳에는 그리스도의 변용變容을, 양쪽의 루넷mezzi tondi에는 성교회의 네 박사를 그렸다. 경당 중앙에 있는 큰 그림 두 점도 그가 제작했는데, 하나는 그리스도가 많은 병자를 고치는 장면이며, 또 하나는 그리스도를 어깨에 업은 성 크리스토포로S. Christopher를 그린 것이다. 은그릇이 들어 있는 닫집 달린 감실 안에 그는 말을 탄 성 마르티노S. Martino와 그에게 허원許願을 청하는 거지들을 그렸다. 이 작품은 참으로 아름다우며, 명성과 많은 보수를 얻게 되었을 뿐만 아니라 야코포 소란초Jacopo Soranzo와 교제하게 되어 티치아노와 경쟁 끝에 프레가이Pregai의 커다란 홀을 장식하도록 위촉받았다.

그는 여기에 아름다운 조상을 많이 그렸는데 전면에서 단축법을 사용했다. 그는 유채화로 바다 괴물들을 프리즈에 그려서 절찬을 받았으며, 원로원元老院은 그에게 평생 녹봉祿俸을 지급하기로 결정하여 우대했다. 그는 티치아노와 한자리에서 제작하는 것을 항상 힘들어했다. 산 조반니 디 리알토S. Giovanni di Rialto 성당에는 가난한 사람들에게 시물施物 분배를 맡은 성 요한을, 다른 곳에는 성 세바스티아노, 성 로코와 그 밖의 성인들을 그렸는데, 훌륭한 작품이기는 하나 티치아노의 그것에는 미치지 못했다.

그런데 어떤 사람은 불순한 의도로 그를 티치아노보다 더 높게 평가하기도 했다. 또 산 스테파노S. Stefano 성당의 수도원에 『구약성서』에서 많은 장면과 『신약성서』에서 한 장면을 프레스코로 그린 것이 있는데, 각종 은덕恩德, Virtu을 취급한 것이며, 그가 좋아하는 단축법을 구사하여 표현하기 힘든 여러 자세를 시도함으로써 자기의 어느 작품보다 성공적이다. 그림 430

그림 430 조반니 안토니오 리치니오, 「성 세바스티아노,
성녀 카테리나, 성 로코」, 1535, 패널에 오일, 산 조반니
엘레모시나리오 성당, 베네치아.

제노바에서는 도리아Doria 공이 바다를 향한 곳에 궁전을 조영하고
페리노 델 바가를 고용하여 홀과 작은 방들을 유채화와 프레스코로 장
식하도록 했다.* 그가 그리는 그림이 아름답고 훌륭하기는 하지만 당시
별로 열의를 보이지 않았으므로 공작은 경쟁을 시켜서 그를 몰아내려
고 조반니를 데려왔다. 조반니는 테라스에 배에서 짐을 내리는 소년들
을 아름다운 자세로 그린 프리즈를 만들었다. 그밖에도 이아손Iason**이

* 바다에 면한 궁전은 파수올로(Fassuolo).
** 그리스신화에 나오는 영웅. 아이손(Aeson)의 아들이자 메데이아

황금양털을 찾아 탐험길에 나가려고 그의 숙부에게 허락을 청하는 장면도 크게 그렸다.

그러나 페리노와 조반니의 실력 차이를 보고 공작은 조반니를 해고하고 좀더 뛰어난 화가 도메니코 베카푸미를 초빙하려고 시에나에 사람을 보냈다. 이 화가는 이 훌륭한 공작에게 봉사하고자 서슴지 않고 고향을 떠났다. 그러나 페리노가 모든 일을 혼자 다 했으므로 베카푸미는 작품을 한 점만 제작하는 데 그쳤다.

조반니가 베네치아에 되돌아왔을 때 페라라 공작 에르콜레Ercole가 독일에서 많은 거장을 데려다가 명주, 금, 리넨, 모직물 등 그가 원하던 것을 모두 만들기 시작했다는 소문을 들었다. 그러나 페라라에는 인물 조상을 디자인할 사람이 없었으며, 지롤라모 다 페라라Girolamo da Ferrara*도 초상화에는 능숙하지만 박력과 훌륭한 디자인이 요구되는 멋진 장면을 제작하기에는 미흡했다. 명성을 회복하려는 생각에 고심하던 조반니는 베네치아를 떠나 페라라에 도착하자 공작의 따뜻한 영접을 받았다. 그러나 얼마 안 있어 그는 가슴에 심한 동통을 느껴 3일 만에 56세 나이로 죽었다. 공작에게는 큰 타격이었으며, 모두들 독살이 아닌가 의심했다.

조반니는 기지를 갖춘 상냥한 성격의 소유자로 음악을 좋아했다. 또 라틴 문학을 연구했기 때문에 우아하게 회화에 노력하려고 몰두했다. 그는 언제나 조상들을 크게 그렸으며 창의력도 풍부했다. 특히 프레스코에서는 대담한 필치였다.

조반니의 다른 제자로 산 비토S. Vito 출신 폼포니오 아말테오Pomponio Amalteo**가 있는데, 그는 착실하고 상냥한 성격 덕분에 조반니

<hr>

(Medeia)의 남편으로 금으로 된 양털을 찾으러 콜키스(Colchis) 나라로 출범한 아르고선(船) 탐험대 지휘자다.
  * 지롤라모 다 카르피(Girolamo da Carpi).
 ** 폼포니오 아말테오(Pomponio Amalteo, 1508~88)는 화가, 조각가, 건축

의 사위가 되었다. 그는 스승이자 장인의 발자취를 따라 열심히 일했다. 그는 새 오르간을 유채화로 장식했는데 외부에는 그리스도가 환전상換錢商들을 성전에서 몰아내는 장면을, 내부에는 라사로의 부활과 베데스다Bethesda 연못의 이야기를 그렸다.* 이 마을의 산 프란체스코 성당에는 그가 그린 「성 프란체스코가 성흔聖痕을 입는 장면」 유채화가 있는데, 아름다운 풍경과 솟아오르는 햇빛이 청순한 달빛을 어둡게 만들며, 성 프란체스코의 손발과 옆을 꿰뚫고 있는데, 그는 한마음으로 그것들을 받아들인다. 옆에는 그의 동료들이 즐거운 마음으로 바라보는 장면을 단축법으로 그렸다.

폼포니오는 라 비냐la Vigna의 수도원 휴게실에도 엠마우스의 그리스도가 두 제자 사이에 서 있는 장면을 그렸다. 또 고향의 산타 마리아 성당의 마돈나 경당에 아름다운 프레스코화를 그렸는데, 아름다운 스타일이 여러 사람에게 큰 감동을 주었으며, 산 비토의 영주이자 아퀼레이아Aquileia의 총대주교 마리아 그리마니에게 지명인사로 등록되었다.

내가 프리울리 지방의 뛰어난 화가들을 조반니의 전기 안에 기재한 것은 그들의 재능이 뛰어났기 때문이며, 이후에 기술하게 될 조반니 리카마토리Giovanni Ricamatori 전기에서 다시 그들의 탁월함을 소개할 것이다. 오늘날 우리 시대의 사람들이 스투코와 그로테스크에 관하여 그들에게 얼마나 많은 혜택을 입었는지 알게 될 것이다.

다시 조반니 이야기로 돌아가자. 그의 작품들은 가장 번영하던 그리티Gritti 시대에 베네치아에서 만들어졌으며, 그는 1540년에 세상을 떠났다. 그는 우리 시대의 가장 뛰어난 예술가였다. 그가 그린 조상들은 벽에서 튀어나오는 것만 같으며, 마치 돋을새김과 같은 느낌을 준다. 그는 예술 발달에 크게 기여했으며, 이 세상에 이익을 가져다주었다.

▌   가 겸 세공가다.
　　* 1555년 작품이다.

피렌체의 화가

조반니 안토니오 솔리아니
Giovanni Antonio Sogliani
1492~1544

GIO. ANTONIO SOGLIANI
PITTOR FIOR.

〔해설〕

16세기 전반 전성기 르네상스와 매너리즘 시기에 활동한 피렌체의 화가다. 로렌초 디 크레디의 공방에서 25년간 일했으며 동시대 피렌체의 주요 화가인 프라 바르톨로메오, 레오나르도 다 빈치, 알베르티넬리, 안드레아 델 사르토 등의 영향을 받았다. 이 작가에게서 볼 수 있듯이 당시 군소 화가들은 새로운 양식을 만들어내지는 못했지만 동시대 고전주의 양식을 익혀 능숙하게 구사할 줄 알았다.

솔리아니의 대표작은 피사 대성당에 그린 노아의 방주를 비롯한 구약 이야기와 성모 마리아 이야기가 있다. 바사리의 기록을 통해 그가 종사하던 당시 피사 대성당 작업에 당대 최고의 거장 안드레아 델 사르토, 베카푸미 등이 투입되었음을 알 수 있다. 또 바사리 자신이 일을 마무리했다고 한 것에서 알 수 있듯이 솔리아니는 바사리와 함께 일한 가까운 사이였으며, 이것이 그가 이 책에 소개될 수 있는 이유일 것이다.

 학문이나 예술을 공부하는 데 성격이 내성적인 사람
이 주도면밀하게 연구하며, 그것이 좀 과중한 부담일
때에도 좌절하지 않고 잘 견뎌내는 것을 우리는 흔히
본다. 피렌체의 화가 조반니 안토니오 솔리아니Giovanni
Antonio Sogliani의 경우도 예외가 아니다. 그는 외모가 차갑게 보이고 슬
픈 표정마저 짓고 있어 우울한 사람같이 보이지만, 자기 집안 걱정 이
외에는 예술에만 정력을 쏟았다. 가족에 관해서 그가 근심해야 할 환경
은 아니었지만 그는 고생을 사서 했다.

솔리아니는 24년 동안이나 로렌초 디 크레디 공방에서 그림을 그렸
고, 모든 시중을 들면서도 로렌초를 존경했다. 그는 거기에서 훌륭한
화가로 성장하면서 가장 충실한 제자로서 선생의 그림을 모방했다. 그
가 피렌체 교외의 산 미니아토San Miniato 언덕 위 오세르반차Osservanza
성당에 그린 처녀작을 보면 이해가 간다. 이 그림은 로렌초가 산타 키
아라S. Chiara 수녀원의 수녀들을 위하여 그린 「그리스도의 강생」을 모
방한 것인데, 로렌초 그림보다 못하지 않다.*

그 후 그는 선생의 공방을 하직하고 포도주 상인 조합의 위촉으로 주
교의 제의를 입은 성 마르티노의 유채화를 그려서 산 미켈레 인 오르토
S. Michele in Orto 성당을 장식했는데, 이 작품으로 훌륭한 화가로 인정받
았다. 솔리아니는 산 마르코 수도원의 프라 바르톨로메오 작품과 인격
을 퍽 존경했기 때문에 그의 화풍, 특히 부채법賦彩法을 모방하려고 많
이 노력했으며, 패널 그림 한 점을 그렸으나 완성하지는 못했다.

나중에 마음에 들지 않았기 때문에 자기 집에 그냥 두었는데 그가 죽
은 후에 이 그림을 시니발도 가디Sinibaldo Gaddi가 사서 당시 젊었던 산
티 티티 달 보르고Santi Titi dal Borgo를 시켜서 마무리 짓게 했다. 그리하
여 피에솔레의 산 도메니코S. Domenico 성당을 이 그림으로 장식했다.

* 현재 베를린 미술관 소장품.

「동방박사의 경배」를 그린 것인데, 아기 예수를 안은 성모 마리아에게 동방박사들이 경건한 자세로 인사드리고 있으며, 그 옆에는 이 젊은 화가의 초상이 보인다.

또 그는 피에로 데 메디치의 부인 알폰시나가 위촉하여 패널 그림 한 점을 그렸는데, 부인이 피렌체의 카말돌리 성당 안 마르티르 경당 대제대에 봉헌했다. 성 아르카디우스S. Arcadius의 순교도 그렸는데 다른 순교자들도 십자가를 메고 있으며, 그중 둘은 옷을 입고 나머지는 나상인데 무릎을 꿇고 있다. 하늘에는 손에 종려를 든 지품천신들이 날고 있다. 정성 들여 채색하여 마치 살아 있는 듯하다.

피렌체가 포위 공격당했을 때, 이 수도원을 에레미테Eremite 신부들에게서 박탈하여 예루살렘 기사교단으로 넘겼으나, 마침내 수도원은 파괴되었다. 그때 코시모 공이 이 그림을 산 로렌초 성당의 메디치 가족 경당으로 옮겼는데, 솔리아니가 그린 그림 가운데 걸작이다. 또 크로체타Crocetta 성당의 수녀들을 위하여 유채화로 「최후의 만찬」을 그려서 명성을 올렸다.

지노리Ginori 거리의 모퉁이에 있는 감실에 타데오 타데이의 위촉으로 「십자가에 못 박힌 그리스도」의 프레스코를 그렸는데, 눈물을 흘리는 성모 마리아와 성 요한이 있고 하늘에는 천사들이 날고 있다. 정말 훌륭한 프레스코화다. 또 피렌체의 베네데토Benedetto 교단 수도원의 휴게실에도 「십자가에 못 박힌 그리스도」를 그렸는데 성모 마리아, 성 요한, 성 베네딕토, 성녀 스콜라스티카Scholastica, 그밖에 여러 인물과 하늘을 날면서 눈물을 흘리는 천사들의 자세가 참으로 우아하다.

산 조르조 언덕 위의 산토 스피리토 수녀원에는 성 프란체스코, 성녀 엘리자베스, 헝가리 여왕과 이 교단의 수녀들을 그린 패널이 두 점 있다. 그는 체포Ceppo 조합의 주문을 받아 행렬 때 쓰는 기旗를 디자인했다. 이 기의 전면에는 「성모 마리아의 엘리자베스 방문」을, 뒷면에는 채찍질 고행자苦行者 차림을 한 두 소년을 거느린 성 니콜라오 주교를 그렸는데, 한 소년은 책을, 또 한 소년은 금빛 나는 볼을 들고 있다.

산 야코포 소프라 아르노 성당에는 삼위일체三位一體를 그렸다. 즉, 수없이 많은 천사, 성모 마리아와 무릎을 꿇은 마리아 막달레나, 성녀 카테리나와 성 야고보다.* 양쪽에는 똑바로 서서 회전悔悛하는 성 히에로니무스와 성 요한을 그리고, 좌대座臺에는 자기 제자 칼촐라이오Calzolaio로 하여금 세 장면을 그리게 했는데, 이 작품이 좋은 평을 받았다.

앙기아리를 위하여 경당에 그린 「최후의 만찬」 유채화 패널이 있으며, 한쪽에는 「사도들의 발을 씻는 그리스도」와 물병을 나르는 사환을 실물대大로 그렸다.** 이 작품도 높이 평가받았으며, 솔리아니는 많은 존경과 보수를 얻게 되었다.

그의 그림 「홀로페르네스의 목을 베는 유디트」는 헝가리로 보냈으며, 「세례자 요한의 참수斬首」는 산타 크로체 첫째 수도원의 파치Pazzi 회의실 외부를 원근법으로 표현하여 그린 것으로, 이 그림을 위촉한 파올로 다 테라로사Paolo da Terrarossa가 나폴리로 보냈는데 정말 아름다운 작품이다. 솔리아니는 베르나르디를 위하여 그림 두 점을 그렸으며, 세례자 요한과 파도바의 성 안토니오를 각각 등신대로 그린 유채화로 산 미니아토의 오세르반차 성당 안 한 경당을 장식했다. 그러나 이 두 작품 사이에 세울 예정이었던 패널 그림은 너무 늑장부리는 그의 성질 때문에 그림이 완성되기 전에 기진자寄進者가 죽었다. 그리하여 「성모 마리아의 무릎에 안긴 채 죽은 그리스도」는 완성하지 못했다.

이런 일이 있은 후 페리노 델 바가가 도리아 공작과의 불화 때문에 제노바를 떠나 피사로 가서 일하게 되었다. 당시 피사에는 피에트라산타Pietrasanta 출신 조각가 스타조Stagio가 대성당 끝의 익랑翼廊에 붙은

---

　　* 현재 산 마르코 성당에 보존되어 있다.
　** 1531년에 주문받은 것이며 현재 산타 마리아 델 포사에 있다.

경당을 대리석으로 새로 짓기 시작했는데, 대제대 위의 성물실 장식을 페리노가 맡아서 장식하도록 되었으나 페리노가 제노바로 소환되었기 때문에 솔리아니에게 대제대 뒤의 벽감들을 장식하게 했다.[*]

그는 거기에 『구약성서』의 희생을 대제대 중앙 위에 그려서 가장 신성한 성사聖事를 표징으로 삼았다. 첫째 그림은 노아Noah와 그의 아들들이 방주方舟에서 나왔을 때의 성사를 그렸다. 다음에는 카인Cain과 아벨Abel의 성사인데 모두 아름다운 그림으로 칭찬을 많이 받았으며, 특히 노아의 그림에서 두부와 조상들이 우아했다. 아벨의 그림은 풍경들이 특히 매력이 있으며, 아벨의 얼굴이 어질게 잘 표현되어 있으나 카인은 그와 반대로 정말 악한으로 보인다. 만일 솔리아니가 늑장부리지 않고 열심히 일했다면 성당 사목위원들의 마음에 들어 이 대성당의 일을 모두 맡았을 테지만, 앞서 이야기한 그림 외에 겨우 하나밖에 더 그리지 못했기 때문에 성당에서는 페리노에게 일을 맡기고 말았다.

그는 피렌체에서 이것을 잘 마무리 지어서 피사 사람들의 마음에 들만큼 아름다운 작품을 만들었다. 이것은 「성모 마리아와 성 요한, 성 조르조, 성녀 마리아 막달레나, 성녀 마르게리타」와 다른 성인들도 그린 것이다. 솔리아니 그림이 성당 사목위원들을 만족시켰기 때문에 패널 그림 세 점을 위촉받아 손을 댔으나, 그림을 맡겼던 위원이 죽고 바스티아노 델라 세타Bastiano della Seta가 그 자리를 이어받았는데, 일이 더디게 진행되는 것을 보고 대성당의 대제대 뒤쪽 성물실을 장식할 그림 네 점은 시에나의 거장 도메니코 베카푸미에게 맡겼다. 그가 제작을 빨리 끝냈다는 이야기는 다른 곳에서 언급하고자 한다.

한편 솔리아니는 천천히 작업에 임했지만 정성 들여 패널 그림 두 개를 완성했다. 둘 다 「여러 성인이 대령하는 성모 마리아」다. 그는 나중에 피사로 가서 마지막 작품에 손을 대게 되는데 벌써 노령이었고, 또

---

[*] 1531년에 위촉받은 것. 현재 산타 마리아 델 포사 소장품.

베카푸미와 경쟁해야 할 처지여서 어느 때보다도 곤경에 빠졌다.

그러나 사목위원 바스티아노는 솔리아니가 꾸물거리는 데 지쳐서 나머지 패널 그림 세 점은 조르조 바사리에게 맡겼다. 바사리가 그린 두 점은 성당 정면 출입구 양쪽을 장식했는데, 납골당納骨堂 가까운 쪽에 있는 그림은 「성모 마리아와 그 옆에서 아기 예수를 어루만지는 성녀 마르타」와 「무릎을 꿇은 성녀 체칠리아, 성 아우구스티누스, 성 요셉, 은둔자 성 구이도S. Guido, 앞자리에 성 히에로니무스와 성 루카, 장막을 여는 지품천신들」을 그린 것이다. 또 하나는 사목위원의 요청에 따라 「성모 마리아와 아기 예수, 순교자 성 야고보, 성 마태오, 교황 성 실베스트로, 기사 성 투르페Turpè」를 그린 것이다.

그는 비슷한 구도를 되풀이하고 싶지 않아서 「죽은 그리스도를 팔에 안은 성모 마리아와 십자가를 둘러싼 성인들」을 그렸다. 배경으로는 십자가에 못 박힌 벌거벗은 도둑 두 명, 말들, 사형 집행자, 요셉, 니코데모Nicodemo, 성녀들을 사목위원의 청에 따라 특히 늙은 성인들과 빈경당 따위를 그려 넣었다. 하나 더 필요한 그림은 브론치노Bronzino에게 위촉해서 「벌거벗은 그리스도와 여덟 명의 성인」을 그리도록 했다. 그리하여 작품들이 다 완성되었지만, 만일 솔리아니가 일을 더디게 진행하지 않았다면 모든 작품이 그의 손으로 이루어졌을 것이다.

솔리아니는 피사 시민들 사이에 인기가 좋았기 때문에 안드레아 델 사르토가 죽은 후 산 프란체스코 조합은 그가 남긴 스케치에 따라 그림을 완성해주도록 그에게 간청했다. 그리하여 완성된 패널 그림이 지금 피사의 산 프란체스코 광장에 있는 그 조합 건물 안에 있다. 또 그는 대성당의 커튼을 디자인했는데, 그는 이런 종류의 것을 만드는 데 취미가 있었으며, 피렌체에는 그의 친구 톰마소 디 스테파노Tommaso di Stefano 의 도움을 받아 만든 것이 많다.

솔리아니는 피렌체의 산 마르코 수도원에 소환되어 그곳 휴게실에 프레스코를 그리도록 되었는데, 그 비용은 몰레티Molletti 가문의 평수사平修士가 세속에 있을 때 세습재산世襲財産을 물려받은 것이다. 솔리아니는 그리스도가 군중 5,000명에게 빵 다섯 조각과 물고기 두 마리로 배부르게 하는 장면을 그리고자 이미 밑그림까지 만들어놓았는데, 수사들은 그것이 마음에 들지 않는다며 그저 평범하고 간단한 소재를 그리도록 부탁했다. 그는 수사들의 의사대로 「수도원 휴게실에서 수사들과 함께 하느님께 기구하는 성 도메니코」를 그렸는데, 그때 기적같이 사람 모양의 두 천사가 식탁에 넘칠 만큼 빵을 가져다놓았다.* 또 거기에는 이 수도원의 수사들 초상화도 많이 그렸으며, 특히 폴레티의 평신도 등은 마치 살아 있는 사람들 같았다.

그는 또 테이블 너머로 반월창半月窓에는 십자가에 못 박힌 그리스도, 그 밑에는 성 도메니코, 눈물을 흘리는 성모 마리아, 세례자 성 요한, 그 옆에는 시에나의 성녀 카테리나, 성 안토니오와 그 교단의 수사들을 그렸다.그림 431 그는 이 프레스코화를 정성 들여 아름답게 마무리 지었지만, 그가 만일 자신이 디자인한 것을 그렸다면 더욱 성공했을 것이다. 왜냐하면 화가란 자신이 마음먹은 것은 다른 사람보다 더 잘 나타낼 수 있기 때문이다. 그러나 한편으로 비용을 부담하는 사람의 마음에 들게 하는 것도 옳은 일이다. 앞서 이야기한 빵과 물고기 소묘는 바르톨로메오 곤디Bartolommeo Gondi 수중에 있으며, 그밖에도 큰 그림 한 장과 엷은 빛깔을 띤 종이에 사생한 두부도 생전에 그와 퍽 가까이 사귀던 솔리아니의 부인에게 얻은 것이다. 나는 그가 그린 아름다운 데생 몇 장을 내 스케치북에 간직하고 있다.

조반니 세리스토리Giovanni Serristori를 위하여 그는 산 미니아토 성문 밖, 산 프란체스코 델 오세르반차S. Francesco dell' Osservanza 성당을 장식할 큰 패널 그림에 착수하여 많은 인물의 조상을 그렸는데, 세리스토리의 죽음으로 그림을 완성하지 못했다. 그러나 그 후 솔리아니는 보수를

* 1536년에 제작.

그림 431 조반니 안토니오 솔리아니, 「천사들로부터 양식을
받는 성 도메니코와 십자가에 못 박힌 그리스도,
성 안토니오, 시에나의 성녀 카테리나」, 1536, 프레스코,
산 마르코 미술관, 베네치아.

전부 받았기 때문에 완성한 작품을 세리스토리 상속인인 사위 알라만
노 디 야코포 살비아티Alamanno di Jacopo Salviati에게 주었는데, 살비아티
는 장식품과 함께 산 루카S. Luca 수녀원 수녀들에게 기증했다. 그런데
이 그림은 지금 산 갈로 거리의 제대에 걸려 있다. 솔리아니 작품은 그
밖에도 피렌체의 개인 저택에 있고, 일부는 해외로 나갔다. 이 작품들
에 관해서는 별로 할 말이 없다. 왜냐하면 가장 핵심이 되는 것은 이미
이야기했기 때문이다. 그는 청렴하고 신앙심 깊은 사람이며, 자신의 일
에만 집착할 뿐 동료 화가들의 일에 간섭한 적이 한 번도 없다.

그의 제자로 산드리노 델 칼촐라이오Sandrino del Calzolaio가 있는데 무
라테 모퉁이에 있는 경당에 닫집 달린 감실을 만들었으며, 경당 병원
에는 가난한 사람들에게 은신처를 주어야 한다고 가르치는 세례자 요
한을 그렸다. 그가 젊은 나이에 죽지 않았다면 훌륭한 작품을 냈을 것

이다.

다른 제자로는 후에 리돌포 기를란다요에게 간 다음 그 이름을 붙인 미켈레Michele와 또 미켈란젤로의 제자 안토니오 미니Antonio Mini와 함께 프랑스로 떠난 베네데토가 있는데, 그곳에서 좋은 작품을 많이 만들었다. 그밖에 제자 차노비 디 포지노Zanobi di Poggino는 이 시내에 수많은 그림을 그렸다.

오랜 세월을 두고 결석結石으로 고생한 끝에 솔리아니는 52세로 자신의 넋을 하느님에게 바쳤다. 그의 죽음은 모두를 슬프게 했다. 그는 정말 훌륭한 화가였으며, 그의 성품 역시 여러 사람의 마음에 들었고, 그가 그린 조상들은 깊은 신앙을 나타냈다. 표현과 부채가 솔직하고 단순하고 우아한 것을 사랑하는 이들을 즐겁게 했다. 그가 죽은 후에 해부했더니 달걀 크기만 한 돌이 세 개 나왔다고 한다. 그는 생전에 수술에 동의하지 않았으며 이유도 묻지 말라고 했다.

지롤라모 다 트레비소
Girolamo da Treviso
1497~1544

GIROLAMO DA TREVIGI
PITTORE.

〔해설〕

전성기 르네상스와 매너리즘 양식의 시기에 활동한 이탈리아 북부 도시 트레비소 출신의 화가다. 지롤라모 다 트레비소는 조르조네, 티치아노 등 베네치아 화가들과 라파엘로, 파르미자니노 등 르네상스 및 매너리즘 거장들 작품에 두루 영향을 받은 후 이들의 작품을 종합하여 특유의 고전주의와 매너리즘 양식의 작품을 선보였다. 주요 활동지는 베네치아, 볼로냐.

트레비소가 볼로냐의 산 페트로니오 성당 안의 산 안토니오 다 파도바 가문 경당에 성인들의 생애를 그렸을 정도이면 동시대 최고 화가로 인정받았음을 의미한다. 바사리가 이 작가를 알게 된 것은 추측건대 고향 트레비소에서가 아니라 볼로냐에 체류하면서 당시 대성당이었던 산 페트로니오 성당에서 작업한 이 작가의 작품을 알게 되면서였을 것이다. 바사리가 이 작가의 또 다른 작품인 성모 마리아와 성인들을 그린 그림을 볼로냐의 산 도메니코 성당에서 보고 기술한 것이 이 같은 추정을 뒷받침한다.

지롤라모 다 트레비소는 비록 당대 최고 거장은 아니지만 중소 도시에서 활동하며 나름의 명성을 구축한 작가로서 바사리의 「르네상스 미술가 평전」이 쓰이는 과정을 짐작하게 한다는 점에서도 흥미롭다.

자신의 고향에서 공부를 계속한 사람들이 행운의 여
신의 도움으로 세상에서 인정받을 만한 수준에 오른다
는 것은 희귀한 일이며, 설사 늦게 인정받게 되더라도
아주 오랜 세월이 지난 일이다. 그들이 노력한 대가를
받게 된다 하더라도 오랫동안 그 명성을 얻지 못한다. 왜냐하면 그때는
이미 죽음에 직면하게 되기 때문이다. 지롤라모 다 트레비소Girolamo da
Treviso의 운명이 바로 이런 경우다. 그를 거장이라고는 할 수 없으나 훌
륭한 화가였으며, 유채화에서나 프레스코에서 아름다운 색채를 구사
하여 라파엘로 다 우르비노를 많이 모방했다. 그는 고향 트레비소에서
작품을 많이 제작했으며, 베네치아에서도 특히 안드레아 우도니Andrea
Udoni의 저택을 프레스코로 장식했는데, 안뜰에는 소년들의 프리즈도
있다. 이 저택 전부를 키아르스쿠로*가 아니라 물감으로 그렸다. 베네
치아 사람들이 채색화를 좋아했기 때문이다.

건물 정면 한가운데에는 주노Juno**를 넓적다리에서 윗부분을 그렸
는데 구름 사이를 날고 있으며 머리에는 달이 걸려 있고, 팔을 펼쳐 한
손에는 꽃병을, 또 한 손에는 큰 술잔을 들고 있다. 그는 또 술잔을 뒤
집어엎는 뚱뚱하고 혈색이 좋은 바쿠스, 손에 낱알 이삭을 든 케레스
Ceres***도 그렸다. 세 자매의 여신Graces****과 날면서 아래로 내려가는 다섯
지품천신智品天神이 많은 선물을 오도니 집으로 가져다가 축하하며, 또
이 집이 예술가들과 서로 친함을 나타낸다. 아폴로 저쪽에는 팔라스
Pallas*****를 그렸다. 신선미가 풍기는 이 작품은 지롤라모에게 명예와 많은
수익을 가져다주었다.

---

* 명암법(chiaroscuro).
** 로마신화 속 주피터의 아내이며 질투 많은 여신.
*** 로마신화 속 곡식의 여신.
**** 그리스신화의 아름다움, 우아, 기쁨을 상징하는 세 자매의 여신.
***** 그리스신화 속 아테나의 수호여신.

이 화가는 산 페트로니오 성당 안의 성모 경당에는 볼로냐의 화가들과 함께 작품 하나를 만들었는데, 이는 다른 곳에서 언급하겠다. 볼로냐에 살면서 그는 제작을 많이 했다. 산 페트로니오 성당 안의 산 안토니오 다 파도바 가문 경당에 성인들의 생애를 유채화로 그린 장면이 있는데, 뛰어난 판단력으로 우아하고 섬세하게 그렸다. 산 살바토레에는 신전의 층계를 내려가는 성모 마리아와 성인들을, 또 다른 작품으로는 하늘에 천사들과 함께 있는 성모 마리아, 그 아래에 성 히에로니무스, 성녀 카테리나를 그렸는데 볼로냐에 있는 그의 작품 가운데 가장 연약한 그림이다. 이 성당 출입문 위에 「십자가에 못 박힌 그리스도와 성모 마리아, 성 요한」을 그렸는데 역시 평판이 좋았다.

볼로냐의 산 도메니코S. Domenico 성당 안에 도메니코 성인 무덤 위, 성가대석 가까이에는 성모 마리아와 성인들, 그밖에 기진자寄進者를 그린 작품이 이 화가의 최고 작품이다.* 또 조반니 바티스타 벤티볼리를 위하여 시에나의 화가 발다사레의 밑그림인 동방박사의 경배 이야기를 채색했는데 인물 100여 명이 있는, 다채로운 기교가 뛰어난 작품이다.그림 432 볼로냐에는 개인 저택과 성당에 이 화가의 작품이 많다. 또 갈리에라Galiera에는 테오파미니Teofamini의 궁전 정면을, 그 뒤 돌피의 저택을 명암법으로 장식했는데, 여러 화가의 평에 따르면 이 도시에서 가장 뛰어난 작품이라고 한다.

그는 트렌토로 가서 다른 화가들과 함께 추기경의 옛 궁전을 장식하여** 명성을 얻었다. 그 후 다시 볼로냐로 가서 제작에 헌신하려고 했다. 당시 델라 모르테 병원의 그림을 맡으려고 했으나 경쟁자들의 데생이 많이 나왔으며, 실력보다도 그들 친구의 힘이 개입했기 때문에 지롤라모는 낙선하고 말았다. 그는 기분이 나빠서 볼로냐를 떠났는데, 그들의

* 현재 런던 국립 미술관 소장.
** 베르나르도 클레시오(Bernardo Clesio) 추기경, 1514~39.

그림 432 지롤라모 다 트레비소, 「성인들이 경배하는 성모와
아기 예수」, 1529~31, 패널에 오일, 225.4×147.3cm,
국립 미술관, 런던.

원성은 지롤라모가 상상도 못할 만한 것이었으며, 만일 그가 그 작업을
맡았더라면 운명의 여신이 그에게 가져다주었을 행복을 누릴 수가 없
었을 것이다.

　그는 영국으로 건너가* 친구 소개로 국왕 헨리Henry를 알현하고, 화
가가 아니라 공학기사로 채용되었다. 그는 토스카나와 이탈리아 건축

* 1542년.

물의 설계를 이용하여 왕에게 거장으로 인정받음으로써 연봉으로 황금 400두카트를 받았으며, 왕이 비용을 지불하여 그에게 훌륭한 저택을 지어주었다.

불행의 심연에서 올라와 행복을 누리게 된 그는 하느님께 감사를 드렸으나 그의 행복은 오래가지 못했다. 프랑스와 영국 사이에 전쟁이 계속되었고 지롤라모는 요새, 성채城砦, 대포, 야영지 등의 구축과 제작의 총감독 임무를 맡았다. 어느 날 피카르디Picardy의 블로뉴 시가가 폭격을 받을 때 대포에 맞아 말 등에 올랐던 그의 몸이 두 동강 났다. 그의 나이 36세였으며, 1544년의 일이다.*

* 지롤라모의 생존 연령을 바사리는 제1판에서는 46세, 제2판에서는 36세로 했다. 산 페트로니오 성당의 프레스코는 1525~26년에 제작했다.

화가들

폴리도로 다 카라바조
Polidoro da Caravaggio
1490~1543

마투리노 플로렌티네
Maturino Florentine
?~1528

〔해설〕

카라바조는 16세기 초반에 활동한 매너리즘 화가로 라파엘로의 제자다. 로마의 라파엘로 공방에 들어가서 조반니 다 우디네, 프란체스코 펜네, 줄리오 로마노, 페린 델 바가와 함께 핵심 제자로 활동했으며 페린 델 바가와는 동향으로 라파엘로 사후에는 스승의 양식을 전파하는 메신저가 되었다. 라파엘로를 도와 교황 레오 10세가 주문한 바티칸의 회랑Loggia 작업에도 참여했다. 카라바조는 바사리의 좋은 평, 이를테면 '우아함'grazia, '탁월함'bravura, '아름답고 기이한 환상'belle e capricciose fantasie과 같은 호평 덕분에 이미 당대에 훌륭한 모던 화가로 인정받았다.

당시 매너리즘 작가들의 환상과 기이함을 담은 작품들과 달리 카라바조는 미켈란젤로의 영향을 받아 좀더 조형적인 형태에 관심을 두었으며 디세뇨disegno라 불린 드로잉에서 탁월한 능력을 보여주었다. 카라바조는 리치궁Palazzo Ricci을 비롯한 로마의 많은 궁의 파사드에 새겨서 제작한 건축 정면 장식으로 명성을 떨쳤다. 이 기법은 건물 표면을 직접 긁어서 새기는 것으로 그리자이유 기법색상을 사용하지 않고 무채색 톤으로만 그리는 명암법으로 그렸다. 이 같은 건축물 표현의 장식은 바사리도 제작한 바 있는데 당시 메디치가 소유였으며 현재는 피사대학교 고등사범학교 도서관 건물의 정면이 바사리 작품이다.

바사리의 이 파사드 장식은 현재까지 잘 보존되어 있어서 관광객들이 방문하는 곳이기도 하다. 카라바조의 이들 파사드 장식은 오늘날에는 대부분 소실되었으나 다행히 드로잉과 판화로 남아 있어서 그 모습을 짐작할 수 있다.

카라바조는 로마, 피렌체에서 주로 활동을 펼쳤으며 1524년경부터 나폴리, 메시나 등 이탈리아 남부 지방으로 건너가 이들 지역에 로마의 전성기 르네상스와 매너리즘을 전파하는 메신저 역할을 했다. 매너리즘이 이탈리아 전역은 물론 유럽의 여러 나라에 전파될 수 있었던 것은 바로 로마에서 활동했던 라파엘로 제자들의 역할이 결정적이었다.

고매高邁한 정신과 기량을 지닌 예술가들이 예술의 황금시대라고 부르던 교황 레오 10세 치세治世 말기에 롬바르디아에 폴리도로 다 카라바조Polidoro da Caravaggio 라고 부르는 화가가 있었는데, 오랜 세월에 걸쳐 공부 했다기보다는 천품이었다. 교황 레오가 궁전에 로지아를 건립할 당시 그는 로마에 와서 라파엘로 밑에서 19세에 이르도록 공사장에서 나무 통에 석회를 넣어 나르고 있었다. 조반니 다 우디네가 거기에 와서 그림을 그리기 시작하자 폴리도로는 그림에 흥미를 갖기 시작하여 화가 가 되려고 취미가 같은 친구들과 모여서 그림 공부를 시작했다. 특히 마투리노 플로렌티네Maturino Florentine와 어울려서 교황의 경당 안 고 대 유물에서 모방한 데생을 보기 좋게 그렸다.

이 사람의 과거를 아는 이들은 몇 달 사이에 눈부시게 발전한 그를 보고 놀라지 않는 사람이 없었다. 로지아 공사가 진행되는 동안 그는 젊은 화가들 사이에 대담하게 참여하여 나중에는 누구보다도 훌륭한 그림을 그렸다. 이번 제작을 하는 동안 폴리도로와 마투리노의 우정은 점점 깊어갔으며, 마치 형제와도 같이 함께 지내고 함께 죽자고 맹세했 다. 그리하여 공동으로 제목을 세우고 금전관계 · 제작 · 생활을 완전히 합쳤다.

당시 로마에는 뛰어나게 부채를 구사하는 우수한 화가가 많았으며, 특히 시에나의 발다사레가 명암법으로 건물 정면을 장식한 것을 보고 무척 감동하여 이제부터는 이 방법을 모방하기로 했다. 그들은 산 실베 스트로 성당 맞은편 펠레그리노 다 모데나 조합의 몬테카발로 경당에 이런 방법을 한 번 시도했고, 여기서 용기를 얻어 산 살바토레 델 라우 로S. Salvatore del Lauro 성당의 옆 출입문, 미네르바Minerva 옆문, 산 로코 아 리페타S. Rocco a Ripetta 성당 위에는 괴물 여섯을 프리즈에 그렸다.그 림 433 그뿐 아니라 로마 도처에 많은 작품을 남겼다.

그 후 그들은 로마의 고대 유물들을 연구하여 대리석 조상들을 그리

그림 433 폴리도로 다 카라바조와 마투리노 플로렌티네, 「로마의 역사에서 몇 장면」, 단색 프레스코, 리치 궁전 정면, 로마. 이 두 화가가 제작한 다채로운 건물 정면은 여러 가지 원인, 특히 최근 수십 년간의 대기공해 때문에 거의 볼 수 없을 정도로 파손되었다.

자이유 수법으로 모사했으며, 꽃병·조상·석관石棺·돈을새김, 기타 완전한 물건이든 깨진 것이든 모사하지 않은 것이 없다. 이런 방법으로 그들 둘은 고대의 양식, 작품 제작 등에 같은 지식을 표현했기 때문에 서로 비슷했다. 마투리노는 능력이 폴리도로보다는 좀 떨어지지만 열심히 친구의 작품을 연구했기 때문에 두 사람의 작품은 누가 그렸는지 구별하기 힘들 정도였다.

콜론나 광장으로 가는 도중에 있는 카프라니카Capranica 광장 정면에 대신덕對神德이, 들창 밑 프리즈 안에는 신앙을 상징하는 로마 조상이 예쁘게 몸을 둘러싸고서 손에는 성자[聖爵]와 성체聖體를 쳐들고 있는데, 그녀는 지상의 모든 나라를 사로잡고 있으며, 전 인류는 공물貢物을 바치는데 터키만은 마호메트의 무덤에 활을 쏘아 파괴하고 있다. 모

그림 434 폴리도로 다 카라바조, 「성 안드레아」,
나폴리 국립 미술관, 나폴리.

든 것이 조각에 새긴 다음 글로 끝난다. '한 교회에 한 신자.' 의상, 구두, 그밖에 이상하고 놀랄 만한 것들을 그린 것을 보면 그들의 창의력이 뛰어났음을 알 수 있다. 그들의 그림을 외국 화가들도 와서 모사해 갔으며, 그들의 그림 화법은 치마부에Cimabue 이래 누구보다도 큰 공헌을 했다. 로마의 화가들도 다른 화가들보다 이 두 사람을 주목했다.

보르고 누오보에는 그림 표면을 손톱으로 긁는 방식sgraffito으로, 또라 파체 모퉁이에도 같은 방식으로, 파리오니Parioni로 가는 도중에 있는 스피놀리Spinoli의 저택에는 조금 다른 방식으로 고대의 씨름을 그려 타르페이아Tarpeia*의 희생 장면을 제작했다. 산 안젤로 다리 옆 토레 디 노나Torre di Nona 옆 건물 정면을 「카밀루스Camillus의 승리」로 장식했다.**

이마지네 디 폰테Imagine di Ponte로 가는 도중에는 정면에 페릴루스Perillus 이야기를 그린 장면이 있는데, 그를 청동으로 만든 황소 앞으로 밀어 넣는 표현이 아주 힘차며, 뜻하지 않은 죽음에 대한 공포를 잘 나타냈다. 여기에는 팔라리스Phalaris***가 큰 고통을 주면서 사람을 죽이라고 오만한 자세로 명령을 내리는 장면과 소년들과 다른 조상들을 그린 아름다운 프리즈가 있다. 그 위 담벼락에는 옛 로마 의상을 입은 이마지네 디 폰테를 그렸는데 평판이 아주 좋았다. 산 에우스타키오 성당 옆, 도가나Dogana 광장은 전쟁화로 정면을 장식했으며, 또 성당 입구 오른쪽 경당에도 폴리도로의 그림이 있다.

체페렐리Cepperelli를 위하여 그린 그림이 파르네세궁 위에 있고, 미

* 로마의 방위 총독 타르페이우스(Tarpeius)의 딸. 적군에게 속아서 성문을 열어주고 사살됨.
** 카프라니카(Capranica) 광장에 있던 「카밀루스의 승리」와 「페릴루스의 이야기」를 그린 프레스코가 없어진 데 관한 기록이 16세기에 카발리에레(Cavaliere)와 다른 사람들이 제작한 조각들에 나타나 있다.
*** 6세기 시칠리아(Sicilia)의 폭군.

네르바 뒤쪽 막달레니Maddaleni로 통하는 길에도 로마 역사에서 취재한 그림이 있다. 그밖에 아름다운 그림으로는 청동처럼 보이게 그린 기뻐하는 소년들이 있어 그 이상 우아할 수 없다. 미네르바에 가까운 부오니 아우구리Buoni Auguri 정면에 로물루스* 이야기를 그렸는데, 로물루스가 쟁기로 로마시를 이끌고 가는데 시민들은 하늘을 날아 따라가는 장면이다. 고대 로마의 의상과 사람들을 사실적으로 모방한 것으로서 누구도 일찍이 이렇게 솜씨 있으며, 재능 있고, 뛰어난 조형력과 훌륭한 양식으로 그린 사람은 없으며, 젊은 나이에 이런 기적을 낳았다고 여러 화가가 감탄했다.

코르테 사벨라Corte Savella 아래의 코스탄차가 매입한 저택에 그들은 사비네Sabine 여인들의 약탈을 그렸는데, 붙잡힌 여인들이 나타내는 공포보다도 격노한 약탈자의 욕망을 더 잘 표현했으며, 여인의 일부는 말에 태우고 일부는 병사들이 끌고 간다. 여기에는 그밖에도 무키우스Mucius와 호라티우스Horatius** 이야기와 토스카나의 왕 포르세나Porsena가 도주하는 장면도 그렸다. 트레비Trevi 분수 옆의 스테파노 달 부팔로Stefano dal Bufalo 정원에 파르나수스Parnassus 샘의 아름다운 장면을 그렸는데, 그로테스크 양식과 작은 조상들의 채색이 더욱 눈을 끈다. 또 산 아우구스티노S. Agostino 성당 가까이 발다시니Baldassini 저택에는 들창 윗부분으로 안뜰에 면한 곳에 황제들의 두부를 스그라피티sgraffiti로 그렸다.

산타 아가타에 가까운 몬테카발로의 건물 정면에 여러 장면을 그렸는데, 그중에서도 체로 티베르Tiber 강물을 신전神殿으로 나르는 베스탈

---

* 로마 전설에서 마르스(Mars)와 레아 실비아(Rhea Silvia) 사이의 아들로 티베르(Tiber)강에 버린 것을 늑대가 길렀다고 한다. 로마왕국을 처음 세웠다. 기원전 753년.

** 로마 전설에서 무키우스와 호라티우스는 에트루리아(Etruria) 사람들을 상대로 티베르강에 걸려 있는 다리를 지켜낸 용사.

투차Vestal Tuccia, 카밀루스가 저지른 패전, 클라우디아Claudia가 자기 허리띠로 배를 끌고 가는 장면이 이채롭다. 다른 건물 정면에는 늑대가 기르는 로물루스와 레무스Remus가 있고 호라티우스가 수천 명을 상대로 다리를 지키면서 용감하게 싸우는데, 그 뒤에서는 갖가지 자세를 한 아름다운 인물들이 곡괭이로 다리를 자르려고 한다. 또 다른 곳에는 포르세나Porsena 왕의 신하를 죽인 무키우스 스카에볼라Mucius Scaevola가 자기에게 복수하려고 하는 왕 앞에서 자신의 손에 불을 지르는 장면이 있으며, 저택 안에도 그림의 여러 장면이 보인다.

빈쿨라Vincula의 산 피에트로 성당 정면에 성 베드로의 이야기와 몇몇 예언자의 커다란 조상을 그렸다. 그들의 작품이 외국에 널리 알려지자 명성이 높아졌으며, 그들이 죽은 뒤에는 외국 화가들이 그들의 그림을 많이 모방했다. 메디치 궁전이 서 있는 광장에 면한 정면에 파울루스 에밀리우스Paulus Emilius의 승리와 로마 이야기를 그렸다. 몬테카발로의 산 실베스트로 성당 안에 마리아노Mariano 수사修士의 주택과 뜰 그리고 그의 경당에 성녀 마리아 막달레나의 유채화 두 점을 그렸는데, 거기에는 아름다운 풍경도 보인다. 폴리도로는 이 같은 그림에서 남보다 뛰어났으며, 나무와 동물을 쉽게 묘사하는 방법을 처음으로 시작했다.

그들은 후에 로마 시내 여러 저택의 실내와 프리즈에 채색화로 프레스코와 템페라 그림을 시험적으로 시도했다. 왜냐하면 그리자이유·청동·점토로 내는 색채보다 못했기 때문이다. 이런 일은 토레 산구이냐 Torre Sanguigna 또는 소데리니Soderini의 저택에서 볼 수 있다. 이 집은 본디 볼테라의 추기경 저택이며, 정면을 그리자이유로 아름답게 장식했으나 그 속의 몇몇 인물을 서투르게 채색했으므로 훌륭하게 그려진 다른 부분마저 손상시켰다. 하나 특기할 것은 교황 레오의 가문家紋이 붙은 방패에 조반 프란체스코 베트라이오Giovan Francesco Vetraio 또는 벰보가 나상裸像을 그리고 있었는데, 이색적인 작품이 될 뻔했지만 중도에 죽어버렸다.

그들은 이런 어리석은 방법을 고집하면서 야코포 산소비노가 대리석 성모 조상을 만든 마르텔리Martelli 성당 제단에 채색한 어린이 조상들을 그렸는데, 유명한 화가들의 작품이라기보다는 어리석은 초심자의 것 같았다. 그러나 제단을 가리는 닫집에 폴리도로가 그린 「죽은 그리스도와 옆의 성모 마리아」는 대가다운 실력을 보여준다.

그들은 다시 옛 스타일로 돌아가서 캄포 마르치오Campo Marzio 정면 두 곳을 장식했는데, 하나는 안쿠스 마르티우스Ancus Martius 이야기, 다른 하나는 사투르날리아Saturnalia* 축제다. 오벨리스크 주위를 달리는 말 두 필과 네 필이 끄는 전차 등 모두 잘 구성되었으며, 정확하게 고증考證한 그림이다.

또 코르테 사벨라Corte Savella로 가는 키아비카Chiavica 모퉁이 정면에 「티베르강을 건너가는 소녀들」과 출입문 가까이에는 「십자가에 못 박힌 예수」를 그렸는데 놀랄 만큼 정성을 들였으며, 필요한 모든 도구를 역시 충분히 고증했다. 피아차 델 포폴로에 가까운 산 야코포 델리 인쿠라빌리S. Jacopo degli Incurabili 성당 정면에 알렉산더 대왕의 일생을 그렸는데 나일강과 티베르강도 보인다. 이것은 벨베데레궁의 것을 모사한 것이다. 산 시메오네S. Simeone 성당 옆에 있는 가디Gaddi 궁전 정면은 갖가지 의상·많은 고대 유물·반장화·쪽배들로 아름답게 장식했는데, 세련된 상상력의 산물이라 하겠다. 이렇게 고대를 표현하는 방법으로 아름다운 여인들의 조상, 여러 가지 희생물, 전투하는 군인들, 출항하는 병사들, 갖가지 병기 등이 무수한 아름다움의 무게에 눌려서 머리가 어지러우며, 너무도 우아하고 교묘한 아름다운 착상이 눈을 어지럽게 한다.

* 옛 로마 농사의 신에게 드리는 축제, 12월 추수 후에 행한다.

건물 정면 맞은편에도 프리즈에 그린 니오베Niobe* 이야기 장면이 있는데, 이 여인에게 선물을 바치는 군중과 그밖의 것도 모두가 고상하고 섬세하고 재치 있게 표현했으며 돈을새김마저 말로 형언하기 힘들 정도로 아름답다.** 다음은 격노한 라토나Latona***가 지나치게 거만한 니오베에게 복수하려고 포에부스Phoebus****와 다이아나*****를 시켜서 화살을 쏘아 니오베의 일곱 아들과 일곱 딸을 모두 죽이게 하는데, 그린 것이 아니라 금속같이 보이는 청동이다.그림 435 그밖에도 기이한 금으로 만든 꽃병, 에트루시아의 투구와 이상한 물건이 가득 차 있어 창의력의 다양함과 풍부함이 경탄을 자아낸다. 이것들을 각 분야의 예술에서 모방했다. 그들은 또 저택의 안뜰과 로지아를 그로테스크 양식으로 작게 장식했는데 그들의 손이 닿은 곳은 모두가 신기神技같이 우아하게 되었다. 두 사람의 그림으로 내 책 한 권이 가득 찼으며 궁전·거실·정원 등 그들의 작품이 없는 곳이 드물다.

그들이 로마를 아름답게 장식하면서 노력에 대한 보상을 즐겁게 기다리는 동안, 운명의 여신이 그들을 시기한 탓인지 1527년에 부르봉Bourbon이 로마를 약탈했다. 그 때문에 폴리도로와 마투리노는 서로 이별하게 되었다. 한자리에서 식사하던 수많은 친구, 가족들도 같은 운명이 되었다. 도망쳤던 마투리노는 로마 약탈 얼마 후에 유행한 페스트에 걸려 죽은 것으로 추측된다. 그는 산 에우스타키오 성당에 매장되었다.

한편 폴리도로는 나폴리로 갔는데, 그곳 사람들이 예술에 대한 관심이 없어 그는 굶주려서 거의 죽게 되었다. 어느 화가를 도와서 산타 마

---

* 그리스신화 속의 한 여인. 여기에는 간추려서 기재할 여유가 없으니 독자들은 그리스신화를 찾아보라.
** 밀라노, 암브로시아나(Ambrosiana) 도서관 소장품.
*** 아폴로(Apollo)와 디아나(Diana)의 어머니.
**** 라토나(레토Leto)의 아들, 그리스신화로는 아폴로.
***** 그리스신화에서는 아르테미스(Artemis), 라토나의 딸.

그림 435 폴리도로 다 카라바조 그림의 복사, 「니오베의
이야기」(부분), 얕은 채색, 암브로시아 도서관, 밀라노.

리아 델라 그라치아 성당에서 성 베드로를 그리면서 근근이 생활을 이
어나갔다. 그러나 그의 능력이 알려지자 모씨某氏의 뜰을 템페라로 장
식하고 로지아를 채색하는 기회를 얻었다. 또 나폴리 어시장 근처의 산
안젤로 성당에 성모 마리아와 고통받는 나상들을 패널에 유채화로 그
렸는데, 이 그림은 부채보다 구도가 훨씬 뛰어났다. 이 같은 양식으로
그는 대제단에도 조상들을 그렸다.

　자기 기량을 나폴리 사람들에게 인정받지 못하자 폴리도로는 유능
한 화가를 인정하는 곳으로 가려고 결심했다. 그리하여 배를 타고 메시
나Messina로 가서 호평을 받으면서 채색화를 여러 점 그렸으며, 건축술
도 연구했다. 샤를 5세가 투니스에서 승전하고 돌아오는 길에 메시나
를 통과할 때 폴리도로는 아름다운 승리 아치를 만들어 명성을 떨치고
보수도 많이 받았다. 그는 오랫동안 살던 로마가 그리워서 다시 가려고

마지막으로 「십자가에 못 박힌 그리스도」를 그렸다. 그리스도를 따라가는 많은 군중, 병사, 바리사이파 사람들, 말, 부녀자, 어린이, 전방에는 도둑들을 그린 것인데 정말로 아름다운 유채화이며, 아마 하늘이 그의 힘을 불러일으켜서 이런 훌륭한 작품을 만들게 한 듯하다.

그는 이곳에서 대우는 좋았으나 로마로 떠나려고 애썼다. 그러나 성직자들과 오래전부터 그를 사랑하는 여인이 붙들었다. 로마에 가서 친구들도 만나보고 싶었던 그는 마침내 떠날 생각으로 그동안 저축해두었던 큰돈을 은행에서 찾았다. 그는 얼마 동안 사환을 고용했는데, 사환은 주인보다 돈을 더 좋아했다. 주인이 은행에서 돈을 찾아오자 사환은 친구들과 공모하여 주인이 잠들었을 때 죽이고 돈을 나누어 가지려고 했다. 즉, 주인이 잠들자 교살한 다음 약간 상처를 내어 시체를 그의 애인 집 문 앞에 가져다놓고, 화가의 친척 혹은 다른 사람이 죽인 것처럼 보이려고 했다. 그리고 악당들에게는 자기 몫을 주어 보냈다.

이튿날 아침 사환이 울면서 폴리도로의 친구인 어떤 남작을 찾아가서 줄거리를 이야기했다. 열심히 수사했으나 아무것도 드러나지 않았다. 그러나 하늘의 뜻이라고나 할까, 하늘의 노염에서인지 아무런 관련이 없는 어떤 사람이 말하기를, 폴리도로를 죽인 자는 다름 아닌 그 사환일 것이라고 했다. 남작이 사환을 고문拷問하자 곧 죄를 고백했고, 사환을 붉게 달군 족집게로 찌르고 사지를 찢은 다음 교수형에 처했다. 하지만 이것으로 폴리도로의 목숨과 예술을 되살리지는 못했다. 그를 만들어냈던 하늘과 예술은 행복했지만 그를 잘라버린 운명은 가혹했다. 그러나 그의 이름은 길이 남을 것이다. 1543년, 모든 시민이 애통해하는 가운데 메시나 대성당에서 폴리도로의 장례식이 장엄하게 거행되었고 그곳에 매장되었다.

화가들은 색다르고 기이한 의상과 장식들로 그림을 풍부하게 만드는데 그에게서 힘입은 바 많으며, 그에게 작품 속 인물·동물·건축물·그로테스크 및 풍경을 우아하게 표현하는 재주가 있었으므로 화가들은 줄곧 그의 스타일을 모방했다. 그러나 운명의 여신은 마음이 변하기 쉽다는 것이 그의 인생행로에 잘 나타나 있다. 왜냐하면 그를 영광의 절정에 올려놓은 후에, 그가 노력의 결실을 맛보려고 할 때 깜짝 놀랄 만한 나락으로 던져버렸기 때문이다. 그의 운명이 예기치 못한 불행에 빠져서 사람의 마음을 슬프게 했지만 그의 그림은 칭찬받을 만하다.*

* 카라바조(칼다라Caldara)는 라파엘로의 제자로서 프레스코로 이름을 날렸다. 나쁜 기후 때문에 마투리노의 그림을 모두 망쳐버렸다.

피렌체의 화가

일 롯소
Il Rosso(Fiorentino)
1495~1541

〔해설〕

16세기 초 피렌체를 대표하는 안드레아 델 사르토의 제자로 폰토르모와 함께 피렌체 매너리즘을 탄생시킨 선구자다. 로마에 라파엘로와 그의 제자들이 매너리즘을 탄생시키고 있었다면 같은 시기에 피렌체에서는 일 롯소와 폰토르모라는 두 거장이 매너리즘을 탄생시키고 있었다. 바사리의 「르네상스 미술가 평전」이 결국 13세기 이탈리아 고딕 작가들의 자연 모방에서 시작하여 사실 묘사에 대한 완전한 극복과 새로운 양식의 탄생으로 마무리된다는 큰 줄기를 생각할 때 롯소는 폰토르모와 함께 이 마지막 단계를 탄생시킨 주인공의 한 사람이다.

일 롯소는 일찌감치 미켈란젤로와 라파엘로가 도달했으며 완성시킨 전성기 르네상스의 이상주의에서 벗어나 색채, 비례에서 탈자연주의적·탈고전주의적 방향으로 선회했다. 바사리가 더는 새로운 양식을 만들어낼 수 없으니 미켈란젤로와 라파엘로 두 거장의 양식을 본받으라며 권장한 반면 일 롯소는 이들 거장들의 양식에 도전하며 새로운 돌파구를 찾았다. 이미 초기작인 「성모자와 성인들」에서 전성기 르네상스의 고전주의와 차별화된 묘하면서도 기괴한 분위기를 선보이면서 회화적 일탈을 예고했다. 이 작품 속 해골에 가까운 깡마른 성 예로니모 모습은 심리적 불안감과 긴장감을 극대화하며, 이전의 성스럽고 권위 있는 성인들 모습과 완전히 다른 성인상이 등장한 것이다.

일 롯소의 작품은 1521년에 제작된 매너리즘의 대표작으로도 꼽히는 「십자가에서 내려지는 그리스도」에서 절정을 이룬다. 볼테라로 활동 도시를 옮긴 후 제작된 작품으로 매너리즘 최고의 걸작으로 꼽히는 폰토르모의 「십자가에서 내려지는 그리스도」보다 5년이나 먼저 제작되었다는 점에서 그의 천재성을 짐작하게 한다. 일 롯소는 이 작품에서 보이는 금속판을 연상시키는 하늘, 화면 전경을 꽉 채운 십자가와 거기에 놓인 사다리에 올라 아슬아슬하게 죽은 예수를 십자가에서 끌어내리는 사람들, 예수의 발아래에서 절규하는 성모 마리아와 막달라 마리아와 사도 요한을 그때까지 볼 수 없었던 완전히 새로운 구도와 색채로 선보였다. 이는 이후 매너리즘 회화의 특징으로 자리 잡았으며 미켈란젤로의 제자 다니엘레 다 볼테라 등이 유사한 작품을 많이 탄생시켰다.

일 롯소는 1523년부터 27년까지 로마에서 활동했으며, 1527년 로마 약탈 이후 베네치아를 거쳐 1530년 프랑스 왕 프랑수아 1세의 퐁텐블로궁으로 건너가 이탈리아 매너리즘을 프랑스에 이식했으며, 그곳에서 생을 마감했다. 프리마티초와 함께 이 궁의 그랑 갤러리를 장식한 회화와 스투코 작품은 프랑스에 이탈리아 르네상스와 매너리즘 회화를 옮겨놓은 것으로 프랑수아 1세는 이들 예술가들의 가치를 인정함으로써 프랑스에 예술이 꽃필 수 있는 기반을 마련했다. 이 궁의 장식 방식은 이후 베르사유궁을 비롯하여 유럽 궁 장식에서 모델과 같은 역할을 했다는 점에서도 중요하다. 프랑스는 이탈리아를 정치적으로는 지배했지만 예술에서는 따라야 할 모범으로 모신 것이다.

자기 아버지에게서 물려받은 자질을 발전시키려고 온 노력을 기울이는 유능한 사람들은 세상이 인정하는 최상의 영예를 지니게 된다. 이런 일이 바로 피렌체의 화가 롯소에게 일어났다. 그가 만약 로마나 피렌체에서 만족할 만한 인정을 받지 못했다면 그는 틀림없이 프랑스에서 더 많은 행복을 누렸으리라. 실제로 그는 프랑스에서 가장 야심 많은 예술가들을 물리칠 정도의 영광을 손에 넣었다. 정말 그는 프랑스의 군주에게 총애와 존경을 받으면서 예술가로서 높은 평가를 받았다.

　　그는 그림에 뛰어난 재주 외에도 훌륭한 외모에 말씨도 우아하고 정중했으며, 완벽한 음악가요 조예 깊은 철학자였다. 특히 더 중요한 것은 그림에서 인물 구성의 시적詩的 환상, 대담하고도 견실한 드로잉, 경쾌한 스타일, 그로테스크한 화풍은 물론 구도가 아름답고 힘차다. 건축가로도 탁월했으며 호주머니는 항상 가벼웠으나 마음은 풍부하고 넓었다. 그를 따르는 사람들도 그의 언행처럼 칭찬받을 만했다. 롯소의 그림 스타일을 따르는 사람은 언제나 칭찬받을 것이다. 왜냐하면 가치 없는 사물을 애써 중요한 것처럼 표현하지 않기 때문이다.

　　롯소는 젊었을 때 미켈란젤로의 밑그림을 연구했으며, 다른 화가들의 스타일에 상치되는 자기 나름대로의 의견을 지녔기 때문에 어느 거장하고도 관련을 맺지 않았다. 이런 점은 피렌체 산 피에로 가톨리니S. Piero Gattolini 성문 밖의 마리뇰레Marignolle 성당 감실에서 볼 수 있다. 그는 피에로 바르톨리Piero Bartoli를 위하여 「그리스도의 두상頭像」을 프레스코화로 그렸는데, 여기서 우리는 다른 화가들보다 뛰어난 대담하고도 웅장하며 경쾌한 터치를 시도하려는 그의 최초 표현을 볼 수 있다.

　　교황 레오*가 로렌초 푸치Lorenzo Pucci를 추기경에 임명했을 때, 풋내기 롯소가 세르비 수도원의 산 세바스티아노S. Sebastiano 출입문 위에 푸

* 1513년이다.

그림 436 일 롯소 (롯소 피오렌티노), 「영광의 성모」, 1517,
캔버스에 오일, 110×75cm, 에르미타주, 상트페테르부르크.

치가家의 문장紋章을 만들었는데 거기에는 두 인물상이 들어 있다. 그가 이런 성공을 거두리라고 예상했던 예술가들도 깜짝 놀랐다. 용기를 얻은 그는 시詩를 연구하는 세르비에토 교단의 수사修士 자코포Jacopo를 위하여 「상반신의 성모 마리아와 사도 요한」을 그린 다음 수사의 권유로 폰토르모Pontormo의 작품 「방문」과 「성모 마리아 승천과 춤추는 어린 나상의 천사」들을 가득 그렸다. 이들의 우아한 윤곽은 아름다운 단축법을 사용했는데, 만일 채색이 그 후 그가 체득한 것만큼 원숙했다면 그곳에 있는 다른 작품들을 훨씬 능가했을 것이다. 복음 전도자들은 옷의 넓은 주름과 더불어 그 자세와 얼굴이 신성을 보여준다.

산타 마리아 노벨라 성당 병원장이 롯소를 고용하여 패널화를 그리려고 했는데, 원래 그림을 몰랐기 때문에 성인의 스케치를 마치 악마처럼 보았다. 롯소는 인물들을 처음에는 거칠게 스케치하고 차차 부드럽게 손질하는 편이었다. 결국 병원장은 집을 뛰쳐나와 속았다고 외치면서 그림을 인수하지 않았다. 롯소는 세르비 수도원 식당으로 들어가는 출입문 위에 교황 레오의 문장도 만들었는데 이미 파괴되었다. 교황 레오가 피렌체에 행차할 때 롯소는 비스케리Bischeri 네거리에 아름다운 아치를 제작했다. 그다음 피옴비노Piombino 각하와 경당을 위하여 「죽은 그리스도」*를, 볼테라Volterra에는 「그리스도 십자가 강하」**를 그렸다.

그는 명성이 높아짐에 따라 산토 스피리토 성당에 그림을 그리게 되었다. 그것은 원래 라파엘로에게 할당되었던 것인데 그가 로마로 떠났기 때문이다.그림 437*** 어느 정도 떨어져 살펴보면, 인물들의 대담한 표현이 느슨하지 않고 더 힘차게 보이며, 이보다 더 훌륭한 작품은 없는

* 루브르에 있는 「피에타」와 구별하기 힘들다.
** 볼테라의 피나코테카 소장품.
*** 피렌체 피티 미술관의 세 여신: (그리스 · 로마신화의) 운명을 맡은 세 여신.

그림 437 일 롯소 (롯소 피오렌티노), 「십자가에서 내려지는
그리스도」, 1521, 패널에 오일, 375×196cm, 시립 미술관,
볼테라.

것 같다. 롯소의 작품은 다른 사람들 것과 달라 괴짜인 것같이 보였으나, 그 훌륭함이 사람들에게 점점 알려지게 되었다. 밝은 빛이 중간 빛으로 스며들어가고 또 그것이 이 같은 부드러움을 느끼게 하며, 인물상들도 마치 조각의 돋을새김같이 서로 조화를 이루면서 그늘 속으로 들어가는 색채의 조화를 표현한다는 것은 참으로 어려운 기술이다. 그의 판단력과 뛰어난 기능으로 보아 롯소 작품은 정말 다른 거장들의 것과 비길 만하다.

그는 산 로렌초 성당에 카를로 지노리Carlo Ginori를 위하여 「마리아의 결혼」을 그렸는데 매우 아름답다. 그림 제작 솜씨, 부드러운 채색, 우아하게 걸친 옷차림 등 그를 따를 만한 사람이 없다. 해부학 지식을 보여주는 섬세한 나체 그림을 본 사람은 누구나 내 말이 진실임을 인정할 것이다. 그가 그린 여인들은 모두 우아하고 의상이 신기하며 환상적이다. 그가 그린 노인의 얼굴은 기이하지만 여인이나 어린이는 감미롭고 즐겁다. 그의 창의력이 이렇게 풍부하니 화면에 불필요한 것이 없을 정도이며, 모든 사물을 놀랄 만큼 쉽게 또 우아하게 처리한다.

조반니 반디니Giovanni Bandini를 위하여 모세가 이집트 사람들을 죽이는 장면 속에 아름다운 나상들을 그린 것이 있는데 아마 프랑스로 보낸 것 같다.* 또 조반니 카발칸티Giovanni Cavalcanti의 유혹으로 야코포가 우물에서 여인에게 물을 떠주는 그림을 제작했는데, 퍽 우아한 나상과 여인들을 섬세한 의상, 머리장식, 긴 웃옷 등 그가 가장 좋아하는 스타일로 묘사했으며, 참으로 신품神品이라 하겠다. 이 작품은 후에 영국으로 가져갔다. 이 작품을 만드는 동안 그는 보르고 데 틴토리Borgo de'Tintori에 거주했는데, 방에서는 산타 크로체 수도원의 정원이 보인다.

롯소는 비비狒狒, 개코원숭이를 퍽 좋아했으며, 자기 자신만큼 사랑했다. 비비는 동물이라기보다는 사람에 더 가까우며 매우 영리했다. 비

* 피렌체 우피치 미술관 소장.

그림 438 일 롯소(롯소 피오렌티노), 「옥좌의 성모와
네 성인들」, 1518, 패널에 오일, 172×141cm, 우피치 미술관,
피렌체.

비는 풍채 좋은 제자 바티스티노Battistino를 좋아하게 되어 서로 신호로 소통했다. 방 뒤는 수도원으로 통하는데, 큰 포도가 열리는 덩굴이 있다. 롯소의 들창에서는 멀었기 때문에 제자들이 비비에게 끈을 주어 포도를 따러 보내곤 했다. 포도가 없어지는 이유를 모르는 포도 주인이 혹시 쥐를 의심하여 지키기로 했다.

범인이 롯소의 비비임을 알아낸 주인은 화가 나서 지팡이를 들고 비비에게 달려들었다. 비비는 그 자리에 머물러 있어도, 기어올라도 붙잡히리라고 생각했는지 덩굴이 무너질 만큼 뛰어올라 수사에게 자기 몸을 내던지듯 재빨리 움직여 두 손으로 격자울타리를 붙잡았다. 그동안 수사가 지팡이를 들고 오자, 비비는 공포로 제정신을 잃고 덩굴시렁을 부수고 수사의 머리 위에 쓰러졌다. 수사는 "사람 살려"라고 외쳤고, 바티스티노와 다른 사람들은 끈을 끌어서 비비를 방으로 데려왔다.

포도밭 주인은 화가 나서 가장 무서운 행정장관이 있는 피렌체 정청의 8인위원회 사무소로 가서 불평을 호소했다. 롯소는 소환되었고 비비는 다리에 무거운 짐을 묶는 벌을 받아 다시는 포도밭으로 뛰어내리지 못하게 했다. 롯소는 쇠로 무거운 고리를 만들어 비비에게 달아놓아 밖으로 못 나가게 만들었다. 비비는 자기가 수사 때문에 벌 받는 것을 아는 듯했다. 그 동물은 매일 뛰기 연습을 하여 끝내 자기 목적을 달성했다. 즉, 어느 날 지붕에서 지붕으로 뛰어넘어 수사가 만과晚課를 기도하는 동안 수사 방 지붕에 도달하여 쇠고리를 떨어뜨려 반시간을 놀면서 깨지지 않은 기와가 하나도 남지 않도록 했다. 사흘 후에 큰비가 쏟아지자 빗물이 새어 수사가 몹시 불평을 늘어놓았다고 한다.

롯소는 제작을 끝낸 뒤 바티스티노와 비비를 데리고 로마로 떠났다. 그의 디세뇨는 아름답고 신기神技와도 같았으며, 잘 마무리 지었기 때문에 주문이 많았다. 그러나 파체의 라파엘로 작품 위쪽에 있는 그의 작품은 최악이었다. 어떻게 해서 이 모양으로 만들었는지 모르지만 나라가 바뀌면 자연도, 능력도, 습성도 달라지는 건가 싶게 이상하다. 아

그림 439 일 롯소(롯소 피오렌티노), 「성모자와 성녀 안나」,
1522, 캔버스에 오일, 161×117cm, 카운티 박물관,
로스앤젤레스.

마 그리하여 사람도 변하고 둔해지는 것 같다. 로마의 공기가 그의 건강을 해쳤는지도 모른다. 미켈란젤로의 건축, 그림, 조각 등 엄청난 작품들이 그를 압도했을지도 모른다.

그렇게 생각하면 프라 바르톨로메오와 안드레아 델 사르토도 아무 작품도 남기지 못하고 로마를 떠났다. 롯소의 작품도 라파엘로 다음가는 작품이 될 걸로 기대했는데 불행한 일이다. 당시 그는 친구인 토르나부오니Tornabuoni 주교를 위하여 두 천사가 부축한 그리스도를 제작했다. 퍽 아름다운 작품이며 카사Casa 각하의 후손이 간직하고 있다.

바이에라Baviera를 위하여 말로 변신하는 사탄과 플루토가 프로세르피네Proserpine를 강탈하는 모습을 그렸는데 그 후에 야코포 카랄리오Jacopo Caraglio가 조판彫版했다. 또 세례자 요한의 참수斬首를 스케치한 작품이 로마 살비아티가街 성당에 있다. 로마 약탈 때 롯소는 독일인들에게 붙들려 옷이 벗겨지고 짐을 나르는 등 학대를 받다가 치즈 장사꾼의 지팡이처럼 풀려났다. 페루자까지 간신히 도망갔는데, 그곳에서 화가 도메니코 디 파리스Domenico di Paris가 반가이 맞아들여 옷도 얻어 입었다. 그를 위하여 롯소는 「동방박사의 경배」의 밑그림을 그렸는데 매우 아름다우며 아직 그가 간직하고 있다. 그는 토르나부오니 주교가 로마에서 피난하여 보르고에 왔다는 소문을 듣고 그를 만나러 곧 떠났다.

당시 화가이며 줄리오 로마노의 제자인 라파엘로 달 콜레Raffaello dal Colle가 그곳에 살았다. 콜레는 산타 크로체 대성당을 위하여 플라겔란트*회 경당에 걸 패널 그림을 싼값으로 제작 중이었는데, 롯소에 대한 우정 때문에 포기하고 말았다. 그것은 롯소가 이 도시를 위하여 어떤 기념물을 남기게 해야겠다는 생각에서였다. 수도자들이 이에 반대하자 주교가 조정에 나서 롯소를 두둔했다. 그림이 완성되자 롯소는 명성

* 13~14세기 유럽의 고행(苦行) 수도자(Flagellants).

을 얻었고, 그것을 산타 크로체 대성당에 걸었다. 즉 「그리스도 십자가 강하」인데, 그리스도가 죽을 때 일식日蝕으로 일어난 어둠의 색채가 보기 드물게 아름다우며 몹시 공력功力을 들인 작품이다.

그가 치타 디 카스텔로에서 패널 그림* 제작을 위촉받고 작업하던 도중에 천장이 무너지는 바람에 석고 가루가 완전히 그림을 망쳐버렸으며, 설상가상으로 죽음의 문턱까지 몰고 간 열병 때문에 카스텔로에서 보르고로 실려갔다. 거기에서 열병이 계속되자 그는 신선한 공기를 마시려고 산 스테파노의 본당本堂으로, 그다음에는 아레초로 가서 베네데토 스파다리Benedetto Spadari의 영접을 받았다.

아레초에서 스파다리, 안토니오 라폴리Antonio Lappoli와 그의 친척들과 친구들은 롯소가 마돈나 델레 라그리메** 성당의 둥근 천장에 프레스코화를 그리도록 허락을 받는 데 성공하고, 그가 이 도시에 이 같은 기념물을 남기고 떠날 때 금화 300두카트를 지불하도록 하는 데 의견이 일치했다. 원래 이 그림은 니콜로 소지에게 부탁하기로 되어 있었다. 롯소는 무렐로Murello라는 곳에 마련해준 화실에서 밑그림 4폭을 완성했다. 하나는 아담과 이브가 원죄의 나무에 매여 있으며, 이브는 입에 사과를 물고 벌을 받는 장면이다. 뱀이 지상에, 페브스Phoebus***와 디아나Diana****가 해와 달에 둘러싸면 하늘에서는 성모 마리아의 발현 장면이 있다. 다음에는 모세가 법궤法櫃를 들고 있어, 오은五恩에게 둘러싸인 성모 마리아를 나타낸다.

또 하나는 솔로몬 왕의 관冠이다. 성모 마리아의 은총을 받으려고 오는 사람들을 보여주는 맹세, 다른 신기한 환상을 그린 그림은 아레초의 조반니 폴라스트라Giovanni Pollastra가 마련한 것으로 그의 친구 롯소가

* 1528년.
** 1537년.
*** 그리스신화의 태양신.
**** 로마신화의 달의 여신.

그를 기쁘게 하려고 이 그림 전체의 섬세한 모델을 만들었는데, 지금 아레초의 우리 집에 보관하고 있다. 그는 제작을 위하여 나체화 습작을 했는데 여간 아름답지 않으나 미완성품이어서 아쉽다. 그것이 만일 프레스코가 아니라 유채화였다면 하나의 기적으로 남았을 것이다.

롯소는 항상 프레스코를 그리기 싫어했으며, 라파엘로가 완성할 예정인 보르고*의 밑그림 그리기에 시간을 허비했다. 예의 바른 그는 아레초와 다른 곳에서 그림과 건축을 위한 밑그림을 많이 만들었다. 예를 들면 지금 볼토 산토Volto Santo가 있는 광장 밑의 프라테르니티Fraternity 수도원장을 위하여 여기에 걸 예정이었던 패널 그림의 데생, 즉 성모 마리아와 그의 망토 밑 군중, 기타 아름다운 데생을 많이 그렸다. 성모 마리아 데생은 내가 가지고 있다.

롯소는 마돈나 델레 라그리메 성당에 제작을 하려고 돌아왔다. 그의 충실한 친구 조반니 안토니오 라폴리가 그의 보증인이 되어 그를 위하여 온갖 노력을 기울였다. 그러나 1530년 피렌체 약탈이 일어났을 때 파포 알토비티Papo Altoviti의 파렴치한 속박에서 해방된 아레초 사람들은 성채城砦를 공략하여 파괴했다. 아레초 시민들이 피렌체 사람들을 적대시했기 때문에 롯소는 그들을 믿지 못하고 자기가 그린 밑그림과 소묘집을 성채 안에 숨겨둔 채 보르고 아 산 세폴크로Borgo a San Sepolcro 로 떠났다.

카스텔로 마을이 패널 그림을 자기에게 위촉하여 완성하기를 원했으나 이 마을에서 자신이 병에 걸렸기 때문에 그는 이곳에 되돌아오고 싶지 않았다. 그러므로 그는 패널 그림들을 보르고 아 산 세폴크로에서 완성하여 이 그림을 감상할 수 없게 했다. 즉 군중과 하늘에는 그리스도가 그를 경배하는 네 인물상, 즉 무어인, 집시, 그밖에 세상의 기이한 인물상들에게 둘러싸여 있는데 참으로 아름다우며 완전한 구도를

---

* 그가 그린 바티칸궁, 스탄차의 보르고의 큰 화재.

그림 440 일 롯소(롯소 피오렌티노), 「예트로의 딸들을
지키는 모세」, 1523~24, 캔버스에 오일, 160×117cm,
우피치 미술관, 피렌체.

이룬다. 그는 당시 교구 묘지에 매장된 시체를 파내어 해부학적 연구를 하기도 했다. 실로 그는 근면하게 미술을 탐구하는 연구자였으며, 실물을 보고 나상裸像을 사생하지 않는 날이 거의 없었다.

롯소는 프랑스에 가서 살다가 죽기를 원했다. 당시에는 토스카나 지방의 많은 사람이 재난과 빈곤에서 벗어나려고 떠나기를 원했다. 서둘러서 출발해야 할 기회가 생길 때를 대비하여 그는 라틴어를 배워 식견을 넓혔다. 어느 해 부활절 성 목요일, 저녁기도[晚課] 때 아레초의 그의 제자 하나가 테네브레le tenebrae*를 이상한 억양으로 멋대로 부르면서 성냥으로 불꽃을 튀게 하여 수사들에게 호된 꾸지람을 받고 살짝 맞기도 했다. 어린 제자가 혼나는 것을 본 롯소가 홧김에 수사의 얼굴을 때렸고, 그 때문에 소동이 일어나서 지각없는 사람들이 수사들과 다투는 가엾은 롯소에게 칼을 빼들었다. 다행히 그는 도망쳐서 다치지 않고 집에 도착했다.

이번 사건으로 생긴 불명예를 생각한 끝에, 카스텔로가 위촉한 패널 그림을 끝내고 아레초에서의 작업과 선금 150두카트를 받았을 때 보증인 조반니 안토니오의 손해를 고려할 겨를도 없이 그는 밤중에 출발하여 페사로를 지나 베네치아에 도착했다. 그곳에서 피에트로 아레티노Pietro Aretino의 영접을 받고 그를 위하여 「잠자는 마르스Mars와 그 옆에 비너스와 큐피드」를 그렸는데, 세 여신이 그의 옷을 벗기고 있으며, 갑옷을 질질 끌고 있는 그림이다.

그 후** 그는 프랑스로 떠나 거기에서 피렌체 사람들에게 따뜻한 영접을 받았다. 그는 작품 몇 점을 제작했는데, 뒤에 퐁텐블로Fontainebleau 미술관에 소장되었다. 그는 그것들을 프랑수아 왕에게 헌정했고, 왕은

---

* 부활전례 시기 성삼일(聖三日) 성무일도(officium) 중 심야기도(matutinum) 때 어둠의 응답송(responsorium).
** 1530년경.

매우 기뻐했다. 이 군주는 롯소의 태도, 대화, 성품 그리고 정중하고 진지한 풍채, 뛰어난 판단력을 특히 마음에 들어했다. 그에게 봉급 400두카트와 파리에 주택을 주었는데 그는 별로 사용하지 않고 대부분 시간을 퐁텐블로의 저택에서 보내면서 제후와 같은 생활을 했다. 왕은 그에게 궁전 안의 모든 건축물, 그림, 장식에 관한 직책을 주었다.

그는 낮은 안뜰에 미술관을 만들기 시작하여 둥근 천장을 만들지 않고 뼈대를 노출시켜 지붕을 평평하게 만들고 아름답게 칸막이를 했다. 측면은 스투코와 기이하고 환상적인 패널 그림으로 장식했다. 거기에는 실물 크기의 인물화가 들어 있는 쇠시리는 물론 아래쪽은 꽃줄을 스투코로 장식하고 각종 식물과 과일을 그렸다. 큰 공간에는 프레스코화 25장면을 그렸는데, 좀 자세하게 이야기하면 알렉산더 대왕의 공적을 음영법chiaroscuro으로 그린 수채화다.그림 441

이 미술관 두 끝에는 그가 그린 유채화 두 점이 있는데, 아주 완벽하여 이보다 나은 그림이 몇 점이나 있을까 싶다. 하나는 바쿠스Bacchus이며, 또 하나는 베누스다. 바쿠스는 벌거벗은 청년인데, 늘씬하고 부드러워 그 살이 마치 박동하는 듯하다. 옆에는 금은으로 만든 화병, 갖가지 값진 돌이 보는 사람으로 하여금 놀라게 한다. 또 하나는 사티르Satyr인데, 머리는 수려한 염소의 뿔로 되어 있으며 아름다운 젊은이들을 보고 기뻐하는 모습이다. 곰을 탄 소년도 있어 우아한 장식으로 꾸며져 있다. 또 한 장면에는 비너스, 큐피드 기타 아름다운 인물화가 들어 있다. 롯소가 가장 힘들인 곳은 큐피드로 12명을 매우 힘차고 아름답게 만들었다.

왕이 이 작품을 보고 무척 마음에 들어 롯소를 매우 칭찬했으며, 후에 파리의 노트르담Notre-Dame에 마구간과 다른 수입도 하사하여 그는 마치 제후와 같이 하인과 말을 거느리고 친구들, 특히 이탈리아에서 온 친지들에게 연회를 베풀곤 했다. 가장 높은 곳은 홀, 외양이 누각 같은 방은 스투코로 장식하고, 아래층에서부터 맨 위까지 일정한 간격을 두

그림 441 일 롯소(롯소 피오렌티노), 프레스코와 스투코로 장식,
1534~36, 스투코, 프랑수아 1세 화랑, 퐁텐블로.
바사리는 프레스코화 가운데 이 장면을 알렉산더 대왕의
공적을 나타낸 것이라고 설명하지만, 퐁텐블로 미술관의
이 일련의 그림은 신화적 또는 역사적 주제들이다. 바사리는
화가들의 작품을 직접 보지 못한 채 가끔 오류를 범한다.

고 인물상을 돋을새김으로 만들었으며 소년·꽃줄·각종 동물 좌상을
프레스코로 그려서 고대의 수많은 신을 나타냈다. 들창 뒤에는 그림이
없고 다만 스투코로 장식한 프리즈가 보인다. 다른 홀에는 스투코와 그
림이 있는데 그 복제물을 거리에서 볼 수 있다. 이것들도 모두 아름답
고 우아한데 그가 고안한 소금그릇, 꽃병, 수반, 그밖에 신기한 물건들
이며, 왕이 은제로 만들게 했는데, 일일이 헤아릴 수 없을 정도다. 한마
디로 왕의 홀들에 진열한 그릇들을 위한 것은 그가 디자인한 것들이며,
말, 마스크, 개선식 등 기타 행사에 사용하는 기괴하고 환상적인 물건
들이다.*
　1540년에 샤를 5세가 퐁텐블로에 왔을 때 프랑수아 왕 책임 아

* 1537년경에 롯소가 디자인한 「가면」들은 루브르 박물관에 있다.

래 12명을 데리고 롯소와 볼로냐의 프란체스코 프리마티초Francesco Primaticcio가 왕이 황제에게 경의를 표하고자 꾸민 경기대회를 거행한 일이 있다. 롯소의 아치, 거상巨像 같은 것들은 과거에 없던 엄청난 것이었다. 롯소가 거기에 제작했던 것들은 그 후 프리마티초가 새롭게 더 큰 건조물들을 조영하느라고 많이 파괴했다. 롯소가 작업할 당시 주변에서 함께 거든 장인들을 살펴보면 피렌체의 로렌초 날디노Lorenzo Naldino, 오를레앙의 거장 프란체스코, 파리의 거장 시모네Simone, 마에스트로 로렌초 피카르디Lorenzo of Picardy 등 여러 사람이 있다. 그중에서도 뛰어난 사람이 도메니코 델 바르비에리Domenico del Barbieri이며, 그는 훌륭한 화가인 동시에 스투코의 대가로, 그가 만든 조각에서 알 수 있듯이 뛰어난 작가다.

롯소가 퐁텐블로에서 고용한 화가 루카 펜니Luca Penni는 조반니 프란체스코 펜니의 형제이며, 일 파토레Il Fattore라고도 부른다. 레오나르도 피아민고Leonardo Fiamingo는 롯소의 소묘를 아름답게 채색한 유능한 화가이며, 피렌체의 바르톨로메오 미니아티Bartolommeo Miniati, 프란체스코 카치아니미치Francesco Caccianimici, 조반 바티스타 다 바냐카발로 Giovan Battista da Bagnacavallo 등이 있다. 프리마티초는 왕의 명에 따라 라오콘Laocoon, 아폴로, 기타 희귀한 고대 유물의 청동靑銅 주조물을 만들려고 로마에 가 있는 동안에도 롯소를 위하여 일했다. 조각공, 목공 등 그밖에 기록 없이 일한 사람들을 모두 이야기할 수 없지만 그들은 훌륭한 일들을 했다.

위에 기록한 것 이외에도 롯소는 좋은 작품을 많이 만들었다. 예를 들면 「성 미카엘」과 「죽은 그리스도」는 패널 그림으로서 드물게 보는 걸작인데, 성주城主의 위촉으로 에코우엔Ecouen으로 보냈다.* 그는 또

* 콘스타블레 데 몬트모렌키(Constable de Montmorency)를 위하여 만든 「피에타」가 루브르 박물관에 있다.

왕을 위하여 세밀도도 만들었다. 그 후 프랑스에서 출판할 예정이던 해부학 책도 만들었는데, 그 일부분이 내 화집에 들어 있다. 그가 죽은 후에 그의 유물 가운데에서 아름다운 밑그림 두 폭이 발견되었는데, 그 하나는 레다Leda, 또 하나는 티부르티네Tiburtine로서 무녀인바 성모 마리아와 그리스도의 영광을 옥타비아누스Octavianus 왕에게 보여주는 것이다. 그는 이 그림 속에 프랑수아 왕과 왕후, 호위병과 군중을 그렸는데 그 많은 인물상이 참으로 아름다워 그의 걸작 가운데 하나다.

왕이 그를 몹시 총애하여 그는 죽기 전 작품에서 들어오는 수입 이외에도 금화 1,000두카트를 봉급으로 받았다. 그는 수많은 하인과 말을 거느리고 양탄자와 은제, 그밖에 아름다운 가구가 들어선 주택에서 화가라기보다는 왕자와 같은 생활을 했다. 그러나 운명의 여신은 틀림없이 자신에게 너무 기대는 자들을 오랜 세월 좋은 자리에 그대로 두는 법은 없으며, 그를 아주 불가사의한 방법으로 몰락시킨다. 피렌체 출신이자 롯소의 친구이며 미술애호가인 프란체스코 디 펠레그리노는 롯소와 친한 사이였는데, 어느 날 롯소가 금화 100두카트를 도둑맞았다. 롯소는 펠레그리노를 의심하여 그를 고발했고 궁중에서 그를 샅샅이 조사했으나 혐의가 없어 풀려났다.

자기에게 거짓 죄과罪科를 씌운 롯소를 향해 극단의 분노에 사로잡힌 펠레그리노는 친구인 롯소를 심하게 공격하고 나섰다. 롯소는 친구를 허위 고발했을 뿐만 아니라 스스로 명예를 추락시켰으며, 자신이 부도덕자임을 깨닫고 자기를 가둘 길을 찾지 못한 채 곤경에 빠지고 말았다. 따라서 그는 자살하기로 결심하고 어느 날 농부에게 니스가 필요하다고 속여 독약을 사오라고 파리에 보냈다. 독약을 가지고 돌아온 농부의 손은 거의 상처투성이였다. 밀랍으로 포장은 했으나 약병을 손가락으로 막고 왔기 때문이다. 롯소는 독을 마시고 곧 절명했다.

이 소식을 들은 왕은 당대의 가장 탁월한 예술가를 잃어버린 것을 퍽 애통해했다. 작업이 중단되지 않도록 왕은 볼로냐의 프란체스코 프리마티초에게 일을 맡겼다. 그는 이미 여러 가지 작업을 수행한 바 있다. 왕은 롯소에게 성당 참사회 의원직을 주었던 것과 같이 그에게도 훌륭한 수도원을 주었다. 롯소는 1541년에 죽었으며, 보편적으로 예술가가 군주를 섬기는 태도가 예의 바르고 온후하면 자신에게도 이익이 된다는 것을 직접 삶으로 보여주었다. 실로 그는 여러모로 정말 탁월한 예술가였으며 높이 평가할 만하다.*

* 롯소(Rosso)=조반니 바티스타 데이 롯시(Giovanni Battista dei Rossi). 그는 롯소 피오렌티노(Rosso Fiorentino)라고도 알려졌으며, 피렌체의 마니에리스트 화가다. 미켈란젤로의 스타일을 과장한 그는 프랑스 퐁텐블로파의 창시자이기도 하다. 그의 엉뚱한 성격이 바사리의 필치로 잘 나타나 있다.

바르톨로메오 다 바냐카발로
Bartolommeo da Bagnacavallo
1484~1542

로마냐의 여러 화가

BARTOLOMEO DA BAGNACAV.
PITTOR ROMAG.

〔해설〕

16세기 초반 볼로냐에서 활동한 매너리즘 화가다. 바사리의 인간을 꿰뚫어보는 통찰력이 이 작가의 전기 도입부에서도 번뜩인다. "예술에서 경쟁의식은 극히 바람직한 것이지만, 만약 경쟁으로 자존심과 허영이 자극된다면 자신의 우쭐한 생각과 의견 때문에 갈망하는 명성이라는 것은 연기와 안개 속으로 사라지게 된다. 즉, 자신의 결점과 남의 작품의 두려움을 모르기 때문에 자신을 완전하게 발전시킬 수 없다"라면서 겸손의 중요성을 이 작가를 통해 강조했다. 아울러 이 작가가 좋은 작품을 만드는 데 힘쓰기보다는 경쟁자들을 질투하고 짓밟는 데 관심이 있었다고 질타했다.

바사리가 바르톨로메오의 작품이 한때 볼로냐의 대성당이었던 산 페트로니오 성당 입구 오른쪽에 있다고 설명하는 것으로 보아 볼로냐에서 그의 작품을 자세히 관찰했고, 또한 그림 수첩에 이 화가의 그림을 스케치했다고 한 것에서 알 수 있듯이 여행 중 작가의 그림들을 보면서 스케치했음을 알 수 있다. 사진기가 없었던 시절 스케치는 화가들의 유일한 기록 방식이었음을 보여준다.

　　예술에서 경쟁의식은 극히 바람직한 것이지만, 만약 경쟁으로 자존심과 허영이 자극된다면 자신의 우쭐한 생각과 의견 때문에 갈망하는 명성이라는 것은 연기와 안개 속으로 사라지게 된다. 즉, 자신의 결점과 남의 작품의 두려움을 모르기 때문에 자신을 완전하게 발전시킬 수 없다. 홀륭한 화가의 작품을 존경하고 충실하게 모방하는 겸손한 사람들에게 성공의 길이 가까울 것이며, 막연한 자존심으로 머리가 가득 차 있는 사람들, 즉 로마냐 지방의 화가들, 바르톨로메오 다 바냐카발로,* 아미코 볼로냐Amico of Bologna**, 지롤라모 다 코티뇰라Girolamo da Cotignola, 인노첸치오 다 이몰라 이야기는 여러 면에서 큰 교훈이 될 것이다.

　　그들은 같은 시대에 볼로냐에 살았는데 서로 질투했으며, 그들의 작품에 걸맞지 않은 자존심과 허영이 그들로 하여금 좋은 작품을 만드는 데 힘쓰지 않고 경쟁자들을 짓밟는 데만 관심을 돌리고 있었다. 그리하여 자신들이 거장이 되겠다는 주제넘은 생각과 달리 멀리 동떨어진 곳에 머물러 있었다.

　　바르톨로메오 다 바냐카발로는 라파엘로 시대에 로마로 가서 거장이 되겠다는 부푼 마음으로 공부를 했다. 이 젊은 화가는 볼로냐에서 명성을 떨쳤기 때문에, 로마의 파체로 들어가는 오른쪽 첫째 경당을 장식하도록 위촉되었다. 즉 시에나의 발다사레 페루치의 경당 위편에 있다. 그러나 그가 예기했던 만큼 성공을 거두지 못하고 볼로냐로 되돌아와서 앞서 이야기한 다른 여러 화가와 함께 산 페트로니오 성당의 마돈나 경당에「그리스도와 성모 마리아의 생애」를 몇 장면 그렸는데, 그것

---

* 바르톨로메오 다 바냐카발로=바르톨로메오 라멘기(Bartolommeo Ramenghi). 바사리는 로마냐 지방에서는 유명한 화가를 찾아내지 못했으나 바르톨로메오가 제일인자라 하겠다. 그는 볼로냐에서 주로 활약했다.
** 아미코 볼로냐=아미코 아스페르티니(Amico Aspertini, 1474~1552).

은 성당을 들어서면 오른편 건물 정면의 출입문 가까이에 있다. 그림들은 보기에 큰 차이가 없었으나 바르톨로메오는 그 수법이 부드럽고 힘차다고 해서 칭찬을 받았다.

아미코의 그림 「그리스도의 부활」에는 괴상한 자세를 한 사람들이 나온다. 즉, 몸을 비튼 병정들에 그중 몇 사람은 무덤의 돌에 맞은 자세다. 바르톨로메오의 디세뇨와 채색이 조화되었다고 화가들이 칭찬한다. 그리하여 바르톨로메오는 화가로서 중진에 속하는 비아조 볼로네세Biagio Bolognese*와 직접 교제하게 되었다. 그들은 스코페티니Scopetini 수사들을 위하여 산 살바토레S. Salvatore 성당 휴게실에 일부분은 프레스코로, 일부분은 세코secco로 「5천 명의 식사」를 그렸다. 또 도서관 담벼락에는 「성 아우구스티누스의 토론」을 원근법으로 표현했는데 평범한 그림이다.

이 화가들은 라파엘로 그림을 본 일이 있고, 또 그와 교제한 일이 있어 어느 정도 특징은 인정할 수 있으나, 예술의 개성을 나타내지는 못했다. 그러나 볼로냐에는 이렇다 할 화가가 없었기 때문에 이 도시의 관리나 시민들은 이 화가들을 이탈리아에서 가장 유명한 사람들이라고 생각했다.

포데스타 궁전 안의 둥근 천장 원형공간에는 바르톨로메오가 그린 프레스코화가 몇 점, 또 그 맞은편 판투치Fantucci 궁전의 산 비탈레S. Vitale 경당에도 「성모 마리아의 성녀 엘리자베스 방문」이 있다. 볼로냐의 세르비테 수도원에는 「성모영보」를 그린 유채화 둘레를 프레스코로 장식한 인노첸치오 다 이몰라의 그림이 있다.

바르톨로메오는 보스코읍의 산 미켈레 성당 안에 있는 라마초토의 경당을 프레스코로 장식했으며, 산 스테파노 경당에 두 성인과 지품천신들을 아름답게 프레스코화로 그렸고, 산 야코포 경당에는 안니발레

---

* 비아조 볼로네세=비오조 푸피니(Biogio Pupini).

델 코렐로를 위하여 「그리스도의 할례割禮」를, 이곳의 반월창에는 「이삭saac을 희생하는 아브라함」을 그렸다. 이 그림은 정말 재치 있게 아름다운 스타일로 제작되었다. 볼로냐 교외의 미세르코르디아 성당에 「성모 마리아와 성인들」*을 템페라로 그렸는데, 여기에는 그밖에 다른 사람이 그린 작품이 많다.

바르톨로메오는 생활 태도나 작품으로 보아 상당히 평가할 만한 화가이며 디세뇨 실력과 창의력이 이곳의 다른 화가들보다 뛰어났다. 내 그림수첩에는 그리스도가 신전에서 박사들과 토론하는 그의 스케치가 있는데, 건축물에 대한 판단과 구조가 훌륭하다. 그는 58세로 죽었는데, 항상 아미코의 질투에 시달렸다.

아미코는 기묘하고 환상적인 기질이 있으며, 한동안 볼로냐에서 살면서 미친 사람 특유의 환상적인 초상을 그렸는데, 이 그림들이 이탈리아 각처에 흩어져 있다. 만일 아미코가 그림에 바친 많은 노력을 일시적 변덕에서가 아니라 계통적 오브제에 관해서 추적했다면 우리가 유능하다고 생각하는 화가들보다 훨씬 뛰어났을 것이다. 그렇지만 그가 만든 수많은 작품 중에는 훌륭한 것들도 있다. 예를 들면 마르실리 광장 정면에 흑백으로 그린, 동물들이 싸움하는 장면들이다. 그는 또 산 마몰로S. Mammolo 성당 정면의 그림은 물론 산 살바토레 성당의 본당 주위 프리즈에 수많은 미친 사람을 그렸는데, 아무리 우울한 사람이라도 이 그림을 보면 웃지 않을 수 없을 것이다. 사실 볼로냐의 성당이나 거리치고 그가 그리지 않은 데가 없다.

로마에서도 많은 그림을 그렸다.그림 442 루카에 있는 산 프리아노** 성당 안의 한 경당을 장식했는데 「십자가의 이야기」에는 칭찬할 만한

---

* 「성모 마리아와 성인들」이 발로냐(Balogna)의 아카데미아 미술관에 있다.
** 산 프리아노(S. Friano)=산 프레디아노(S. Frediano), 1506년 이후에 제작했다.

그림 442 아미코 볼로냐, 「볼토 산토(그리스도의 시신을
덮었던 천에 묻은 얼굴 모습)를 루카로 옮기다」,
아고스티노 경당, 산 프레디아노 성당, 루카.

몇 가지 사물이 있고, 「성 아우구스티누스의 이야기」에는 그 도시의 명
사들 초상을 수없이 그렸는데, 변덕스럽기는 하지만 감상할 만하다. 이
것들은 그가 색채로 그린 프레스코 가운데 가장 뛰어난 작품이다. 볼로
냐 산 야코포 성당의 산 니콜라 경당 제대에 그가 그린 성인들의 이야

기와 그 밑에 프리즈를 원근법으로 만든 것도 칭찬할 만한 작품이다.

황제 샤를 5세가 볼로냐를 방문할 무렵, 아미코는 궁전 정면에 개선문을, 알폰소 롬바르디Alfonso Lombardi는 거기에 돋을새김으로 조상들을 새겼다. 아미코가 볼로냐의 어느 화가보다도 많은 작품을 만들었다는 것이 놀랄 만한 일은 아니다. 왜냐하면 그의 성품이 괴짜인데다가 사교성이 없었으며, 이탈리아 전국을 편력하면서 좋은 것, 나쁜 것 가리지 않고 닥치는 대로 그렸고 모사도 했기 때문이다. 그리하여 그는 꾸며내는 데 능숙해졌으며, 자신에게 필요한 것은 무엇이든 손아귀에 넣고, 쓸모없으면 부숴버려서 다른 사람이 쓰지 못하게 했다. 그 결과로 괴상하고 환상적인 작품을 만들어내게 되었다.

그는 70세가 되자 미쳐서 날뛰게 되었는데 시민 전체의 웃음거리가 되었다. 이것이 당시 볼로냐 시장이며 역사가였던 피렌체의 귀족 프란체스코 구이차르디니Francesco Guicciardini의 주목을 적잖게 끌었다. 그가 미쳤을 때, 또는 궁핍할 때에는 자기 재산을 헐값에 팔아넘겼다가 건강이 회복되면, 그것들을 적당한 조건에 도로 사들이곤 했기에 사람들은 그를 평하여 그가 미친 탓으로만 볼 수 없고 간계奸計가 섞였다고 했다. 그는 조각에도 손을 댔으며, 산 페트로니오 성당 입구 오른쪽에 니고데무스가 죽은 그리스도를 안고 있는 대리석 조상을 만들었는데, 그의 그림과 똑같은 스타일로서 그의 유능함을 보여주는 작품이다.

그는 그림을 그릴 때 양손에 화필을 들 경우가 많았다. 즉 한 손에는 밝은 물감을 칠한 화필, 또 다른 손에는 짙은 물감을 칠한 화필을 들었다. 그러나 더 우스운 것은, 가죽 허리띠에 주렁주렁 작은 병을 매달고 그 속에 물감을 넣었는데, 그가 이 허리띠를 차면 마치 성 마카리오S. Macario가 본 악마와도 같았다.* 그가 잡담할 때는 20명이 모였을 때

---

* 성 마카리오가 어느 날 사람 모양을 한 악마를 보았는데 그 누덕누덕한 옷에는 작은 병들이 주렁주렁 매달려 있었다. "너는 어디서 왔느냐"고

이상으로 떠들어대며 태도가 희극배우와 같아 아마 돌멩이도 웃었을 것이다. 그는 누구든 좋게 말하지 않았고 지껄이기를 좋아했다. 어떤 볼로냐의 화가가 어느 날 저녁 채소를 사가지고 가던 길에 광장에서 아미코를 만났는데 최근에 듣고 본 이야기를 이튿날 아침까지 계속한 다음 화가의 손을 흔들면서 "빨리 돌아가서 채소를 끓이게"라고 말했다는 이야기가 있다.

그는 재담과 악담을 많이 만들어냈는데 그것들을 일일이 기록할 여유는 없으며, 지롤라모 다 코티뇰라 이야기를 할 차례다.*

지롤라모는 볼로냐 시내에서 초상화를 많이 그렸는데 그중 두 점이 유명하다. 한 점은 비나치 집에 있다. 그는 라벤나 길가에서 피살된 데 포익스de Foix 각하의 사체를 그렸고, 그 후 마시밀리아노 스포르차 Massimiliano Sforza의 초상을 그렸다. 그가 호평을 받은 그림은 산 주세페 성당에 있는 초상화를 담은 패널화와 보스코읍에 사는 산 미켈레를 위하여 그린 유채화인 패널인데, 현재 산 베네딕토 성당에 있다. 이 그림으로 명성을 얻은 그는 볼로냐의 비아조Biagio와 함께 고용되어 성당 주변 여러 곳을 프레스코로 장식했다. 그들은 재치 있게 그렸는데 세코 수법으로 부드럽게 표현한 양식을 나는 비아조의 수법이라고 칭하겠다.

지롤라모는 베네데토 다 페라라Benedetto da Ferrara와 함께 리미니 Rimini의 산 콜롬바 성당 대제단화에 성녀 루치아S. Lucia를 그렸는데, 아

성인이 물었다. 그는 "성직자들을 제정신 없게 만들려고 왔습니다"라고 대답했다. 성인은 악마를 다시 만나 성공했느냐고 물었더니 악마는 대답 했다. "유혹에 빠진 한 사람 이외에는 모두 성인입니다." 성인은 그때 몸을 그르친 수사 한 사람이 머리에 떠올라서 그를 불러 참회하도록 했다. 이윽고 성인이 악마를 다시 만났더니, 악마는 수사들 모두가 성인이었다고 말했다.

* 지롤라모 다 코티뇰라=지롤라모 마르케시(Girolamo Marchesi).

1936

름답다기보다는 좀 요염하게 표현했다. 그곳 성당 설교단에도 「성모 마리아의 대관戴冠」을 12사도와 복음 전도자 네 명과 함께 그렸다. 그런데 두부가 지나치게 크고 표정도 무시무시해서 보기에 좋지 않다.

그는 일시 볼로냐로 되돌아왔다가 로마로 가서 각 계층인사들의 초상화, 특히 교황 파울루스 3세를 그렸다. 그러나 여러 훌륭한 화가 사이에 끼어 명예도, 수입도, 명성도 받을 만한 위치가 아님을 깨달았는지 나폴리로 떠났다. 거기에서 몇몇 친구를 사귀게 되었는데 그중에서도 톰마소 캄비Tommaso Cambi가 그를 환대했다. 캄비는 피렌체의 상인이며, 그림과 대리석제 고대 유물을 특히 좋아했는데 그가 지롤라모에게 필요한 것을 모두 대주었다. 그는 작품을 만들기 시작하여 우선 몬테 올리베토Monte Oliveto의 안토첼로 경당에 「동방박사의 경배」를 유채화 패널로 그렸다. 또 산타 아니엘로S. Aniello 성당의 한 경당에 성모 마리아, 성 바오로, 세례자 요한을 실물에서 사생하여 그렸다.

해가 갈수록 생활이 조금씩 나아졌지만 그는 수전노처럼 돈을 모아서 로마로 되돌아왔다. 그곳 친구들 중 어떤 자가 지롤라모에게 모아둔 돈이 있다는 것을 알고는 그에게 결혼해서 정상적인 생활을 시작하도록 권했다. 그가 기뻐서 아내 선택을 그 친구에게 맡겼더니 그자는 자신이 그전부터 사귀던 매춘부를 소개했다. 결혼 후 얼마 안 되어 이 사실이 알려지자 이 불쌍한 노인은 슬픔에 잠겼다가 곧 죽고 말았다. 그때 나이가 69세였다.

인노첸치오 다 이몰라에 관해서 몇 마디 언급하면,* 그는 마리오토 알베르티넬리와 함께 오랫동안 피렌체에 머무르다가 이몰라읍으로 돌아와서 많은 작품을 만들었다. 당시 볼로냐로 살러 간 조반 바티스타 벤티볼리가 설득하여 그곳에 가서 라파엘로의 작품을 모사해 레오넬

* 인노첸치오 다 이몰라=인노첸치오 프란쿠치(Innocenzio Francucci).

로 다 카르피Leonello da Carpi에게 보냈다.* 보스코읍의 산 미켈레 성당 수사들을 위하여 「성모 마리아의 죽음」과 「그리스도의 부활」을 프레스코로 그곳 휴게실에 그렸다. 이 작품을 그는 정성 들여 재치 있게 그렸다. 그곳 성당의 제단화도 그렸는데 윗부분을 특히 잘 그렸다. 또 볼로냐의 세르비테 성당에 「성모영보」를, 산 살바토레 성당에 「십자가에 못 박힌 그리스도」와 시내에도 많은 그림을 남겼다.

라 비올라la Viola에서는 추기경 이브레아Ivrea**를 위하여 로지아 벽에 다른 화가의 디세뇨로 그림을 그렸는데 두 곳은 채색한 프레스코로 그렸다. 또 산 야코포 성당에 베노자 부인의 위촉으로 프레스코와 유채화를 그렸는데 칭찬받을 만한 작품이다. 추기경 프란체스코 알리도시오 Francesco Alidosio의 초상화는 내가 이몰라에 갔을 때 본 적이 있으며, 베르나르디노 카르바얄Bernardino Carvajal의 초상화도 아름다운 그림이다.

인노첸치오는 성품이 온후하고 예의 바른 사람으로 볼로냐 예술가 협회를 회피했는데, 자기 견해와 정반대 처지에 있었기 때문이다. 그는 과로한 끝에 유행성 열병에 걸려 56세로 죽었다. 죽기 얼마 전 볼로냐 교외에서 일을 시작했으나 결국 완성하지 못할 것 같아 볼로냐의 화가 프로스페로 폰타나Prospero Fontana에게 지시하여 마무리 짓도록 했다.

위에 기술한 여러 화가의 작품은 1506년에서 1542년 사이에 제작되었다. 그들 중 몇몇 화가의 스케치가 내 수첩에 들어 있다.

▌ *「마돈나 델 페셰」(Madonna del Pesce), 현재 마드리드의 프라도 박물관 소장품.
  **필리베르트 페레리오(Philibert Ferrerio), 추기경, 1518~50년 이브레아 주교.

피렌체의 화가

프란차비조
Franciabigio
Francia
1482/83~1525

IL FRANGIA BIGIO PITTOR
FIORENTINO

〔해설〕

16세기 초반 피렌체에서 왕성한 활동을 펼친 전성기 르네상스와 매너리즘 양식의 화가다. 프란차비조는 마리오토 알베르티넬리의 제자이며 피렌체 전성기 르네상스 최고의 거장인 안드레아 델 사르토와 동업했다. 동시대 피렌체에서 활동했던 피에로 디 코시모, 라파엘로, 레오나르도 다 빈치 등의 영향을 받았으며 1515년경 로마로 건너가 라파엘로와 미켈란젤로의 새로운 양식을 목격한 후 자신만의 독창적인 회화를 만들어냈다.

안드레아 델 사르토와 함께 피렌체의 산티시마 아눈치아타 성당과 1521년경 피렌체 근교의 메디치가 별장인 포치오 아 카이아노 별장에 프레스코 벽화「시저의 승리」를 그렸다. 이 별장의 벽화 주제는 당대 인문학자로서 줄리오 데 메디치의 신망이 두터웠던 파올로 조비오Paolo Giovio가 제공했는데 단순한 장식이 아니라 고대 로마의 이야기를 통해 메디치 가문의 영광을 빛내고자 하는 목적으로 고안되었으며 인문학자가 고안한 콘텐츠를 안드레아 델 사르토, 프란차비조, 폰토르모 등 당대 피렌체의 뛰어난 화가들이 회화로 시각화했다. 이 별장은 피렌체 르네상스와 매너리즘 회화를 볼 수 있는 최고의 명소로서 유럽 최초의 별장 문화를 간직한 장소다.

프란차비조는 초상화에서만큼은 안드레아 델 사르토에 못지않았거나 뛰어났다. 그는 라파엘로의 초상화에 영향을 받아 인물의 개성을 절묘하게 표현한 초상화를 다수 남겼으며 우피치 미술관에 소장된「남성 초상화」는 그의 대표작이다.

노력은 자신뿐만 아니라 가족과 친척까지도 빈곤으로부터 구해내고 고통을 즐거움으로 전환시킨다. 그럼으로써 다른 사람에게도 용기를 북돋워주며 자비하신 하느님께서는 연구에 전력을 다하는 이를 굽어 살피시어 보통 이상의 은총을 내려주신다. 바로 피렌체의 화가 프란차비조의 경우인데, 그는 명예를 갈망해서라기보다는 가난한 가족을 도우려고 그림을 공부했다. 아버지가 하층계급의 비천한 화가였기 때문에 프란차비조는 사회적 지위를 얻으려고 애썼으며, 그리하여 친구 안드레아 델 사르토와 경쟁하기로 결심했다. 두 사람은 오랫동안 공방을 함께 쓰면서 화가로서 생활했다.

프란차비조는 그림의 원리를 젊었을 때 마리오토 알베르티넬리 공방에 수개월 머무르면서 배웠는데, 원근법을 열심히 연구하여 그때부터 피렌체에서 이름이 났다. 그의 첫 작품은 자기 집 맞은편 산 판크라치오 경당에 성 베르나르도를 그린 프레스코이며, 루첼라이Rucellai 경당 벽기둥에 시에나의 성녀 카테리나를 그렸는데 그의 그림 실력을 보여준다. 그보다도 나은 그림은 산 피에르 마조레 성당의 한 경당에 그린 「성모와 아기 예수」인데, 어린 성 요한이 예수와 함께 놀고 있다.*

피렌체의 세르비테 수도원 뒤 산 지오베S. Giobbe 성당 모퉁이의 닫집 달린 감실에 성 욥S. Job을 그렸다. 또 세르비테 성당에는 「마리아의 방문」을 그렸는데, 성모 마리아의 인자한 모습과 늙은 엘리자베스의 공손한 태도를 잘 표현한 우수한 작품이다. 성 욥을 가난한 나병환자와 동시에 부유하고 건강하고 회복한 사람으로 그렸다. 이 작품으로 그는 신용과 명성을 얻었으며, 그 때문에 성당 관리자는 그에게 대제단화大祭壇畵를 그리도록 부탁했는데, 그는 거기에 세례자 요한으로는 자신의

---

* 피렌체의 우피치 미술관에서 소장 중인 마돈나 델 포초(Madonna del Pozzo)이며, 라파엘로 작품으로 추정된다.

초상을 그리고, 성모 마리아와 가난한 성 욥도 그려 넣었다.*

당시 피렌체의 산토 스피리토 성당 안에 산 니콜라S. Niccola 경당을 짓고 있었는데, 야코포 산소비노의 모델을 가지고 이 성인의 목각 조상을 만들고 있었다. 프란차비조는 그 양쪽에 하나씩 작은 천사를 사각형 안에 그려 넣고 또 원형 안에 「성모영보」로, 제단의 대에는 성 니콜라오의 기적을 뜻하는 작은 조상들로 장식했다. 정성을 들인 아름다운 그림이다. 산 피에르 마조레 성당 입구 오른쪽에 그는 「성모영보」를 그렸다.** 천사들이 하늘을 날고 있으며, 하례를 받을 성모 마리아는 우아한 자세로 무릎을 꿇고 있다. 그밖에도 원근법으로 그린 아름다운 건축물이 경탄을 금하지 못하게 한다. 그가 너무 노력을 기울인 탓인지 양식이 좀 나약한 듯하지만, 조심스럽고 정성을 들인 결과 그가 그린 조상들은 예술적인 균형이 잡혀 있다.

그는 세르비테 경당 앞의 안뜰에 안드레아 델 사르토와 경쟁하여 한 장면을 그렸다. 즉 「성모 마리아의 결혼식」인데,그림 443 요셉 얼굴에는 두려움과 기쁨이 역력히 나타나 있으며, 굳은 신념도 엿볼 수 있다. 당시 결혼식 때 관습으로 어떤 청년이 이 식을 기념하려고 요셉을 몇 차례 두들기고 있다. 또 한 나상裸像은 꽃피지 않은 장대를 화가 나서 꺾으려고 하는데 표정을 잘 나타냈다. 이 그림과 다른 것들도 내가 모은 스케치북에 들어 있다. 성모 마리아를 둘러싼 여인들은 머리치장을 아름답게 했으며, 모두 즐거운 표정이다. 정말로 훌륭한 장면이다. 한 여인이 어린이를 안고 집으로 들어가고 있는데, 울면서 움직이려고 하지 않는 어린이를 손바닥으로 때린 다음 머리를 다른 손으로 누르고 있다. 그림의 세밀한 데까지 무척 정성 들여 그렸으며, 그가 이 힘든 예술에 불타는 욕망을 가졌을 뿐만 아니라 그 욕망을 극복했음을 보여준다.

* 피렌체 우피치 미술관 소장품.
** 토리노(Torino) 미술관 소장품.

그림 443 프란차비조, 「동정 마리아의 결혼식」(부분), 1513,
프레스코, 321×395cm, 산티시마 아눈치아타 성당, 피렌체.

수사修士들이 어느 축제일에 안드레아와 프란차비조가 그린 그림을 함께 전시하고 싶은 나머지, 프란차비조가 자기 그림을 더는 손질하지 않으리라고 생각하고 경솔하게도 그의 그림을 공개했다. 이튿날 아침 이 소식을 들은 프란차비조는 화가 나서 죽을 지경이었다. 수사들의 무분별하고 주제넘은 행동에 격노한 그는 작업장으로 뛰어가서 아직 풀지 않은 비계 위로 올라 해머로 성모 마리아와 나상들을 때려 부숴서 벽을 파괴하고 말았다. 소음에 놀란 수사들이 뛰쳐나와 더는 부수지 못하도록 프란차비조의 손을 붙들고 파괴된 곳을 다시 손질해주면 갑절로 사례하겠다고 간청했다. 그러나 그는 들은 체도 하지 않았다. 다른 화가들도 그를 존경한다는 생각에서 그림을 손질하려 하지 않았으므로 그림은 그 상태로 남아 있다. 이 그림은 극히 정성 들여 아름답게 그린 프레스코로, 당시 프란차비조의 가장 뛰어난 스타일의 작품인데 프레스코 화가로서는 그가 제일인자라 하겠다.

피렌체 교외 산타 크로체 문밖의 로베차노Rovezzano 성당에 있는 닫집 달린 감실에 「십자가에 못 박힌 그리스도와 성인들」을, 산 피에로 가톨리니S. Piero Gattolini의 산 조반니노S. Giovannino를 위하여 「최후의 만찬」을 프레스코로 그렸다.

얼마 후 안드레아 델 사르토가 프랑스로 떠났다. 그는 프랑스의 스칼조 조합 안에 세례자 요한을 명암법으로 그렸는데, 조합원들이 프란차비조에게 안드레아 양식으로 마지막 손질을 하도록 위촉했다. 프란차비조는 한쪽을 장식하고 또 두 장면을 완성했는데, 세례자 요한이 부친 차카리아스를 하직하고 사막으로 들어가서 그리스도를 만나는 장면이며, 요셉과 성모 마리아는 그들이 포옹하는 것을 바라보고 있다.* 하지만 안드레아가 프랑스에서 되돌아왔기 때문에 그는 더 손대지 않았다.

프란차비조는 리돌포 기를란다요와 함께 로렌초 공작의 결혼식을 위하여 아름다운 도구와 희극을 상연할 때 쓰일 원근법으로 그린 무대를 만들었는데, 좋은 판단력으로 우아하게 제작하여 공작이 마음에 들어했다. 그 결과 그를 고용하여 안드레아 디 코시모와 함께 포조 아 카이아노 별장의 둥근 천장을 금빛으로 칠하게 했다. 프란차비조는 안드레아 델 사르토, 야코포 다 폰토르모와 함께 키케로가 로마 시민의 환영을 받으면서 개선하는 장면을 건물 벽에 프레스코로 그렸다.

이 작업은 교황 레오가 이 궁전을 건조한 부친 로렌초 공작을 기념하려고 화가들을 뽑아서 고대 유품을 주제로 그리도록 한 것이다. 당시 추기경 줄리오 데 메디치의 신임을 받던 유명한 역사가이며 노체라 Nocera 주교인 파올로 조비오Paolo Giovio가 안드레아 델 사르토, 야코포 다 폰토르모, 프란차비조에게 위촉했던 것이다. 오타비아노 데 메디치는 매달 한 사람에게 금화 30두카트씩 지급했다. 프란차비조는 자기가 맡은 장소에 원근법으로 균형 잡힌 건조물들을 그렸다. 그러나 작업은

* 1518년과 1519년 작품이다.

교황 레오의 죽음으로 중단되고 말았다. 그 후 알레산드로 데 메디치의 명에 따라 다시 폰토르모가 고용되었으나 일이 너무 느리게 진행되다가 공작의 죽음으로 또다시 미완성인 채로 남아 있다.

프란차비조의 이야기로 되돌아가자. 그는 그림에 매우 열중하여 자기 공방에서 나상裸像을 그리려고 모델을 준비해놓고 매일 공부를 계속했다. 당시 유명한 의사 안드레아 파스콸리Andrea Pasquali의 요청으로 산타 마리아 누오바 성당에서 해부학을 연구하면서 그림을 많이 그렸다. 또 산타 마리아 노벨라 성당 수도원 도서관의 들창 위 반월창에 성 토마스가 이교도를 논박하는 장면을 그렸는데, 훌륭한 양식으로 마무리했다. 특히 문장紋章을 든 두 어린이의 아름답고 우아한 모습이 일품이다.

그 후 조반 마리아 베닌텐디를 위하여 폰토르모와 경쟁하여 작은 조상들을 그렸으며, 폰토르모는 「동방박사의 경배」를, 프란체스코 달베르티노*는 다른 두 점을 그렸다. 그는 목욕하는 바트세바Bathsheba를 다윗이 바라보는 장면을 그렸으며, 부드러운 자세의 여인들, 원근법으로 그린 건조물들도 보이고, 다윗이 급사急使에게 명령을 내려 히타이트Hittite족의 우리아Uriah**를 죽이도록 전쟁터로 보내는 장면도 보인다. 또 로지아 밑에는 궁중에서 베푼 연회 장면을 그렸다. 이 작품이 프란차비조에게 명예와 평판을 안겨주었다. 그는 큰 조상이나 작은 조상이나 모두 잘 그리는 솜씨를 보였다.

그는 특히 실물의 초상화를 많이 그렸으며, 친한 친구 마태오 소페로니Matteo Sofferroni와 피에솔레의 신사 지롤라모*** 궁전의 프란체스코

* 프란체스코 달베르티노(Francesco d'Albertino), 일명 일 바키아카(Il Bacchiacca).
** 바트세바(Bathsheba) 남편.
*** 베를린 미술관에 있는 초상화인 듯하다. 서명과 1522 일부가 있다.

그림 444 프란차비조, 「남성 초상화」, 1510, 패널에 오일,
60×47cm, 우피치 미술관, 피렌체.

데 메디치 가령家令의 초상화*는 정말 살아 있는 듯하다. 그는 부탁받은 것은 부끄러움 없이 아무것이나 그렸으며, 아주 평범한 작품부터 직조업자 아르칸젤로Arcangelo를 위하여 그린 「내게 손을 대지 마라」Noli me tangere와 같은 걸작도 만들어냈다. 그밖에도 수많은 작품을 제작했는데 일일이 말할 수 없다. 그는 천성이 어질고 남의 일을 잘 돌봐주는 성품이었다. 그는 평온한 생활을 좋아했기 때문에 결혼하지 않았으며, 케케묵은 속담 '아내를 가진 자는 언제나 아픔과 서러움을 각오해야 한다'를 내세워 독신을 외쳤다.

한평생 피렌체를 떠나본 일이 없는 그는 라파엘로 작품과 다른 화가들의 것을 보고 열등감을 느꼈으며, 그들과 경쟁하기를 싫어했다. 가장 큰 지혜와 사려분별이란 자신의 한계를 안다는 것이다. 프란차비조는 천부의 재능을 구비하지 못했을 뿐 아니라 창의력과 능력도 미급했으나 오랜 노력 끝에 재산도 불리고, 1524년에 42세로 죽었다. 동생 아뇰로Agnolo도 그의 밑에서 그림 공부를 하고 산 판크라치오 수도원의 프리즈에 작품을 남기고 곧 죽었다. 아뇰로는 유명한 향수香水 상인 치아노Ciano를 위하여 상표商標로 정장한 집시 여인을 그려주었는데 무척 기발한 착상이라 하겠다.

안토니오 디 도니노 마치에리Antonio di Donnino Mazzieri도 프란차비조 밑에서 그림 공부를 했다. 그는 주로 말과 풍경을 그리는 대담한 공장工匠이었으며, 몬테 산소비노의 수도원에 『구약성서』에서 취재한 그림을 음영법으로 그려서 칭찬을 받았다. 또 아레초의 본당 안에 있는 산 마태오 경당에는 한 성인이 왕에게 세례를 주는 장면을 그렸는데, 독일 사람의 초상화로 마치 살아 있는 듯하다. 프란체스코 델 조콘도를 위하여 피렌체의 세르비테 성당 위의 한 경당에 순교자 이야기를 그렸으나 평판이 나빠져서 그 후로는 별로 그림 위촉을 받지 못했다.

* 현재 윈저성(城) 소장품.

프란차비조는 비시노라는 청년도 가르쳤는데 그가 젊어서 죽지 않았다면 훌륭한 화가가 되었을 것이다. 그밖에도 제자가 많았지만 생략하겠다. 프란차비조 집 맞은편 산 브란치아 성당의 산 지오베 조합 사람들이 1525년에 그를 성당에 매장했다.*

＊프란차비조=프란체스코 디 크리스토파노, 프란체세오 주디니(Francesco di Cristofano, Franceseo Giudini)에 관해서는 안드레아 델 사르토 조항에 나왔다. 서로 공동으로 작품을 많이 만들었다.

모르토 다 펠트로
Morto da Feltro
1470?~1526/27

안드레아 디 코시모 펠트리니
Andrea di Cosimo Feltrini
1490~1554

MORTO DA FELTRO
PITTORE

〔해설〕

　16세기 초에 활동한 화가로 그로테스크라 불리는 고대 로마 벽화의 문양 장식에 능했다. 모르토 다 펠트로는 1505년 피렌체에 머물며 레오나르도 다 빈치와 미켈란젤로의 베키오궁 회화 경합을 지켜봤으며 이후 베네치아로 가서 1508년 조르조네와 폰다코 데이 테데스키에서 작업했다. 이후 고향 산 스테파노 성당을 위해 제단화를, 오니산티 성당을 위해 벽화를 제작했다. 베네치아의 거장인 조르조네, 티치아노 등의 화풍과 로마의 라파엘로 화풍을 결합하여 자신만의 독창적인 화법을 구사했다.

　바사리는 이 장에서 안드레아 펠트리니라는 작가를 통해 그로테스크 양식도 소개했다. 그로테스크는 동굴을 의미하는 그로타Grotta에서 유래한 용어로 미술사에서는 고대 로마의 벽화 등에서 유래한 장식 모티프를 가리킨다. 15세기 말 로마와 나폴리 등에서 발굴된 네로 황제의 궁전 내부 장식의 식물 스타일에서 영감을 받은 것으로 미술사에서는 흔히 기이하고 환상적인 스타일을 가리켜 그로테스크 장식이라고 칭했다. 그로테스크 장식은 궁전이나 교회의 벽화나 그림에서 필수적이라 할 정도로 많이 그려졌는데도 그냥 지나치기 쉬운 이들 장식 그림 작가들을 소개했다는 점에서 바사리가 지역뿐만 아니라 미술 장르에서도 폭넓게 관심을 가졌음을 보여준다.

모르토 다 펠트로Morto da Feltro는 남보다 뛰어난 재주와 그로테스크grotesque 기법으로 유명해졌지만 생활양식에서 남다른 데가 있었다. 그는 젊었을 때 로마에 가서 교황 알레산드로 6세의 명에 따라 핀투리키오Pinturicchio와 함께 산 안젤로성 큰 탑 안의 로지아와 홀을 장식했다. 그는 성격이 매우 차분하여 언제나 로마 유물 연구에 몰두하는 한편 아라베스크도 면밀하게 관찰함으로써 고대풍 나뭇잎 모양 장식에는 당시 제일인자였다. 그는 로마 체류 중 고대의 동굴과 둥근 천장을 연구하기 위하여 티볼리Tivoli의 하드리아누스 별장에서 여러 달 머무르면서 그곳 지상과 지하의 포장도로, 그로토grotto, 조그만 동굴를 모사했다.

　　나폴리에서 약 12밀리아19킬로미터 되는 포추올로의 벽에는 돋을새김, 스투코, 그림으로 장식한 고대의 그로테스크가 많았는데, 그는 거기에 가서 여러 달 머무르면서 공부했다. 그뿐 아니라 고대의 무덤이 많은 캄파나Campana에 가서 여러 고적을 모사하고, 또 바닷가의 트룰로Trullo에서는 지상과 지하 궁전의 그로토를 많이 모사했다. 바이아Baia와 메르카토 디 사바토Mercato di Sabbato에서도 아름다운 그림으로 가득 찬 황폐한 건물들을 상세하게 연구함으로써 그의 예술은 지식에서나 방법에서 눈부신 진보를 가져왔다.

　　그 후 로마로 되돌아와서 수개월 체류하면서 인물화에 관심이 있었으나 그 분야에서는 자신이 거장이 될 수 없음을 깨닫고 그로테스크에 전신했다. 피렌체에서는 레오나르도*와 미켈란젤로가 그린 밑그림들이 훌륭하다는 소문을 듣고 쏜살같이 그곳으로 가서 그 그림들을 보았지만 역시 그림에서 그들보다 뛰어날 만한 자신이 없어 그로테스크에 전념하기로 결심했다.

　　당시 피렌체에는 안드레아 디 코시모 펠트리니Andrea di Cosimo Feltrini

　　* 레오나르도 다 빈치.

라는 화가가 있었는데 부지런하고 유능한 젊은이인 그는 모르토를 자기 집으로 맞아들여 정성껏 보살펴주었다. 안드레아는 모르토가 제작하는 그로테스크 작품이 마음에 들어, 자신도 이 방면으로 나아가기로 결심하고 정진한 결과, 후에 이야기하는 바와 같이 도리어 모르토보다 훌륭한 예술가가 되어 피렌체 시민에게 큰 존경을 받게 되었다.*

안드레아는 모르토의 일자리를 맡는 데 성공했다. 당시 피렌체 시장 피에르 소데리니의 궁전을 아라베스크로 장식하는 일이었다. 이 작품은 큰 성공을 거두었으나 후에 코시모 공이 이 홀을 수리할 때 뭉개버렸다. 세르비테 수도원 수사 발레리오Valerio를 위하여 아름다운 층계를, 아뇰로 도니를 위해서는 신기한 외양을 한 아라베스크를 제작했다. 그러나 모르토는 회화에 열망을 품고 있었으며, 혹시 명성을 기대하면서 「성모 마리아」를 제작한 적도 있다.그림 445

피렌체에 싫증이 난 모르토는 베네치아로 가서 당시 폰다코 데 테데스키Fondaco de' Tedeschi를 그리고 있던 조르조네를 도와주면서 장식 일을 맡았다. 그러면서도 몇 달 동안 향락에 젖어서 지냈다.

그는 프리울리에 일자리를 찾아왔으나 얼마 안 되어 베네치아 통치자가 군인을 징집함에 따라 아무런 경험도 없었지만 병사 200명을 지휘하는 대위에 임명되었다. 베네치아 군대가 스클라보니아의 차라Zara로 진격할 때 전초전이 벌어졌는데, 그는 예술보다는 군인으로 명성을 떨치고 싶어 용감하게 전진하여 난투 끝에, 그가 항상 지니고 다니던 이름과 같이** 전장에서 죽고 말았다. 당시 그의 나이가 45세였다. 그러나 그의 명성은 결코 사라지지 않았으며, 그의 공적은 식견 있는 역사가에게 축복받을 것이다.

* 베네치아 출신으로 로마에서 활약하던 모르토 다 펠트로와 피렌체의 화가 안드레아 디 코시모 펠트리니의 생애 이야기는 고대풍 장식이 풍부한 그로테스크의 부흥에 관한 짧은 역사를 말한다.
** 모르토(Morto)는 죽음을 뜻한다.

그림 445 모르토 다 펠트로, 「자화상」, 피티 미술관, 피렌체.

　진실로 예술가들의 작품이 역사가에게 영원히 평가받을 수 있다는 것은 정말로 고무적인 일이다. 모르토의 아라베스크 작품은 누구보다도 고대의 작품에 접근하고 있으며, 이 점에서 그는 칭찬받을 만하다. 그의 작품을 조반니 다 우디네와 기타 여러 예술가가 계승하고는 있지만 그들의 작품이 아무리 훌륭하다고 해도 모르토를 따라잡을 수는 없다. 그는 이 방면 예술의 창시자이자 모든 노력을 여기에 바쳤으며, 그의 작품이 거의 모두 로마의 유적을 본뜬 것이었기 때문이다.

　그로테스크 화법은 피렌체에 사는 안드레아 펠트리니에게 계승되었는데, 그는 일명 디 코시모라고 부른다. 코시모 로셀리의 제자였으며, 인물화도 잘 그렸다. 그가 후에 모르토에게 그로테스크를 배웠다는 것

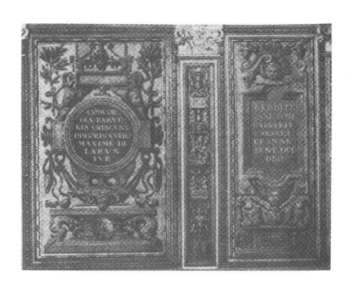

은 이미 이야기한 바와 같다. 안드레아는 그로테스크 기법에 타고난 재
주가 있어 우아하고 장대하며 풍부하고 풍족함이 고대 로마의 것과 비
교할 바가 아니며, 그 수법이 전연 다르다. 특히 조상들을 풍부하게 가
미한 점은 로마나 피렌체에서 찾아볼 수 없다.그림 446 이런 점에서 피
렌체의 산타 크로체 대성당 안 세리스토리 경당 제대를 장식한 피에트
로 페루지노의 「피에타」Pietà 주위를 채색한 작은 그로테스크 장식 대
좌台座를 예로 들 수 있다. 붉은색과 검은색 바탕에 여러 색으로 돋보이
게 하여 별로 힘들이지 않고 우아한 효과를 거두었다.

　안드레아는 건축물, 궁전 등 정면을 부드럽게 간 숯검정이나 불에
탄 벼 지푸라기를 섞은 석고石膏로 덮고, 석고가 아직 신선할 때 흰 석
고 가루를 뿌린다. 그로테스크를 그린 다음 밑그림을 원하는 곳마다 구
멍을 뚫는다. 그리고 철로 만든 도구를 가지고 표면을 긁어내면서 건
물 정면을 그린다. 다음 그로테스크 바닥에서 흰 것들을 벗겨내고 음

영陰影이 되도록 되풀이해서 가는 선을 긋는다. 그러고 나서 약간 검은 색 물감으로 그늘지게 한다. 이런 방법으로 보기 좋고 아름다운 효과를 내게 만든다. 좀더 자세한 방법은 이 책 「기법론」의 조목 26장에 기록했다.*

이런 방법으로 처음 만든 작품은 오니산티 마을에 있는 곤디의 저택인데 퍽 섬세하고 우아하다. 그다음 작품은 산토 스피리토 근처, 산타 트리니타교橋와 카라야교 중간에 위치한 란프레디노 란프레디의 집이다. 역시 각 홀을 다양한 장식으로 꾸몄다. 그밖에도 파델라Padella 광장의 산 미켈레 성당 근처 안드레아 세르티니 집에는 더 다양한 의상으로 아름답게 장식했다. 또 그는 세르비테 수도원 수사들을 위하여 성당 정면을 그리자이유**로 제작하면서 벽감 두 곳에는 화가 톰마소 디 스테파노Tommaso di Stefano로 하여금 천사들이 동정 마리아에게 성모영보를 아뢰는 장면을 그리도록 했다. 그 안뜰에는 안드레아 델 사르토의 「성 필리포」와 「성모 마리아」의 생애에서 몇 장면을 그린 것이 있다. 안드레아는 이곳 두 출입문 사이에 교황 레오 10세의 문장紋章을 제작했다.

교황이 피렌체를 방문했을 때, 그는 산타 마리아 델 피오레 대성당 정면을 그로테스크 양식으로 아름답게 장식했다. 그는 자기 누이를 야코포 산소비노와 결혼시켰다. 그밖에도 아름다운 아라베스크로 장식한 푸른빛의 닫집과 교황의 문장이 새겨진 수단, 교회의 문장들을 제작했는데 이것들은 모두 피렌체의 산 로렌초S. Lorenzo 성당에 보존되어 있다. 그는 교황 방문에 쓰이는 기旗, 교황과 군주들이 기사騎士를 임명할 때 쓰이는 기를 많이 장식했는데, 그중에서 지금 이곳 성당 안에 드

---

* 바사리 원본 첫머리에 건축, 조각 및 회화의 기술과 방법에 관한 26장으로 된 논문(Le Tecniche Artistiche)이 있다(영역본 *Vasari on Technique*, Louisa S. MacLehose 번역. J. M. Dent and Co., 1907). 한길사 판본(2018)에서는 제6권 끝부분에 게재되었다.
** 흑백으로만 채색하는 그림.

리운 것들도 있다. 메디치 집안의 줄리오 공과 로렌초 공의 결혼식 때 고용되어 트로피와 장식물을 제작했으며, 이들의 장례식 때 쓰이는 물건들도 장식했다. 그밖에도 프란차비조, 안드레아 델 사르토, 폰토르모, 리돌포 기를란다요, 그라나초Granaccio 등에게 고용되어 전승 행렬, 축제 때 쓰이는 물건들을 제작했는데, 그가 아니면 감당할 수가 없었기 때문이다.

안드레아는 그로테스크 제작자로서는 제일가는 사람이었다. 그는 마음이 약해서 자신이 값을 정하는 제작을 시작하지 못했다. 사람들에게 괴로움을 당하는 것이 싫어서 하루 종일 일만 하면서 즐겼으며, 도금공鍍金工 마리오토 디 프란체스코Mariotto di Francesco가 유일한 친구였다. 마리오토는 도금 예술에서는 세상에서 가장 뛰어난 기술을 가졌을 뿐만 아니라 일을 맡아오거나 거래하는 데도 아주 능숙했다. 마리오토는 동업자 라파엘로 디 비아조Raffaello di Biagio를 끌어들여 함께 일하면서 그들이 일해서 얻은 이익을 똑같이 나누었는데, 이 사람들은 죽음이 떼놓을 때까지 계속 우정을 지켰다. 마리오토가 제일 나중에 죽었다.

안드레아 이야기로 되돌아가자. 그는 조반 마리아 베닌텐디의 위촉으로 그 집 가문家紋이 붙은 방패, 프란차비조와 야코포 다 폰토르모의 그림이 들어 있는 홀을 장식했다. 또 프란차비조와 함께 포조로 가서 점토로 장식품 몇 점을 제작했는데 여간 뛰어난 작품이 아니다. 라르가 가街의 구이도티Guidotti 기사 집 정면을 그로테스크로 장식하고, 알리 Agli 광장에 면한 바르톨로메오 판티아티키의 저택도 섬세하게 꾸몄는데, 지금은 로베르토 데이 리키의 소유로 돌아갔다. 이 도시 모두가 그의 돈을새김, 흉상胸像, 둥근 천장으로 가득 차 있으므로 나는 더 이야기하지 않겠다. 그뿐 아니라 수많은 문장으로 장식한 메달을 남겼으며, 결혼식이 있을 때마다 그의 공방은 시민들로 붐볐다. 나부끼는 플래카드나 옷이 그가 디자인하지 않은 것이 없었으며 참으로 우아했다. 모두 아름답고 다채롭고 생기에 넘쳤다. 만일 그의 실력을 모두 발휘했다면 큰 행운을 기대할 수 있었겠지만, 그는 다만 생활과 예술을 즐길 뿐이었다.

나는 젊었을 때 알레산드로 공을 섬기고 있었는데, 샤를 5세가 피렌체를 방문한 적이 있다. 당시 성城이라기보다는 성채城砦라는 곳을 장식할 기旗를 만들었다. 길이 40브라차, 넓이 18브라차 크기인 주홍빛 헝겊 테두리를 금빛으로 꾸미고, 샤를 5세와 메디치가의 가문家紋으로 장식한 뒤 한가운데에는 샤를 5세의 문장을 넣었다. 여기에 금으로 만든 잎 4,500개로 장식하게 되었는데, 나는 안드레아에게는 테두리 장식을, 마리오토에게는 도금을 부탁했다. 그 기회에 나는 이 착한 안드레아에게 많은 것을 배웠다. 그의 예술에 대한 태도와 사랑은 참으로 진지했다. 그는 훌륭한 기량을 발휘하여 내가 환영 아치를 제작하는 구석구석까지 도와주었으므로, 나는 트리볼로와 함께 그도 같이 일하기로 했다. 샤를 5세의 딸 마르게리타가 이곳에 와서 마르코 광장의 오타비아노 데 메디치의 궁전을 장식하기도 했는데, 그에게는 그로테스크를, 트리볼로에게는 조상들을, 나는 인물화와 장면을 그렸다.

그는 후에 알레산드로 공 장례식 때 고용되었으며, 코시모 공의 결혼식에서는 더욱 훌륭한 작품을 만들었는데, 이 사정은 프란체스코 잠불라리Francesco Giambullari가 자세하게 기록한 것이 있다. 안드레아는 우울증으로 여러 번 자살을 기도한 일이 있었지만, 용의주도한 마리오토의 보살핌을 받으며 64세에 세상을 떠났다. 그에게는 아라베스크의 거장이라는 호칭이 부여되었으며, 그의 기법은 피렌체를 비롯하여 여러 예술가가 모방하고 있다.

마르코 칼라브레세
Marco Calavrese
1486~1542?

MARCO CALAVRESE
PITTORE

16세기 전반기에 활동한 화가다. 바사리가 기록한 마르코 칼라베르세Marco Calaverse는 오늘날에는 마르코 칼라브레세Marco Calabrese로 표기한다. 이탈리아 남부의 칼라브리아 지방 출신으로 형성 과정에 대해서는 알려지지 않았다. 1515년과 1518년 사이 로마에서 라파엘로의 제자인 폴리도로 다 카라바조 공방에서 견습공으로 일했다. 라파엘로 사후 나폴리로 옮겨 「동방박사의 경배」카스텔 누오보 박물관 등의 작품을 남겼다. 로마에서 배운 라파엘로풍의 고전주의 회화를 매너리즘 양식을 통해 이탈리아 남부에 알렸다.

 어떤 위대한 권위자가 나타날 때에 그 빛을 받는 지방은 환경과 처지에 따라 밝게 혹은 어둡게 비친다. 마찬가지로 어떤 특별한 종류의 일에 알맞은 지혜를 가진 사람이 많이 배출되는 특별한 지방을 우리는 목도한다. 반면에 아무리 노력해도 그런 지혜로운 사람을 하나도 배출하지 못하는 지방도 있다. 그러나 인재가 나오리라고 꿈에도 기대하지 않았던 지방에서, 이런 방면의 천재를 발견하는 기쁨을 맛보는 때가 가끔있다. 바로 화가 마르코 칼라브레세*가 그러하다. 그는 고향을 떠나 처음에는 로마에 가서 그림 공부를 완성했으나, 후에 나폴리가 마음에 들어 거기에 거처를 정했다.

그는 노래를 즐겨 불렀으며, 류트를 잘 연주했고 죽을 때까지 그곳에 머물러 있었다. 유화油畵와 프레스코를 많이 제작하여 같은 시대의 화가들보다 뛰어났으며, 그의 작품으로는 나폴리에서 10밀리아16킬로미터되는 아베르사Aversa와 특히 산 아우구스티노 성당 안의 제단화인 유화를 들 수 있다. 이 제단화에는 테두리를 크게 장식했고 여러 장면과 인물이 그려져 있으며 여러 가지 자세를 취한 그리스도와 성인들에게 둘러싸인 아우구스티누스 성인이 이교도들과 논쟁하는 장면이 있다.** 그의 수법은 흐르는 듯 미끈하며 아름답고 기교 있는 부채로 현대적인 스타일이다. 그는 생활을 즐기면서 유쾌한 나날을 보냈다. 또 그림에 관한 한 경쟁자도 없었으며 귀족들과 친교를 맺으면서 작품에 대한 보수

---

* 바사리는 마르코 칼라브레세(일명 칼라브레세Calabrese=마르코 카르디스코Marco Cardisco)와 그의 제자 조반니 바티스타 크레시오네(Giovanni Battista Crescione), 레오나르도 카스텔라니(Leonardo Castellani) 등을 열거하여 17세기 나폴리파의 엉성한 일별을 시도했을 뿐, 이 남쪽 이탈리아 지방 화가의 화풍에 관해서도 포괄적인 언급이 없다.
** 현재 나폴리 국립 미술관 소장품.

그림 447 콜라 달라 마트리체, 「성모승천」(3폭 제단화),
패널에 오일, 바티칸 미술관, 바티칸.
이 작품을 마르코 칼라브레세 또는 마르코 카르디스코에게
귀속하는 데는 미술사가 사이에 논쟁이 있다.

도 많이 받았다. 그는 56세 때 죽었다.

그가 남긴 제자로는 나폴리의 화가 조반 필리포 크레시오네Giovan
Filippo Crescione가 있다. 이 사람은 의형제인 레오나르도 카스텔라니
Leonardo Castellani와 합작으로 많은 그림을 그렸다. 거장 마르코의 작품
들은 1508년과 1542년 사이에 제작된 것이 많다. 그는 칼라프리아 사
람과도 합작하여 작품을 만들었다. 이름은 잘 기억나지 않지만 이 사
람은 로마에서 조반니 다 우디네와 함께 많은 작품을 제작했는데, 주
로 그리자이유로 건축물의 정면을 만들었다. 그밖에도 트리니타 성당
안의 콘세치오네 경당에 아주 정성을 다하여 교묘하게 프레스코를 그
렸다. 당시 그곳에서 활약하던 나콜라—콜라 달라 마트리체Cola dalla

Matrice*라고 알려진 —는 아스콜리, 칼라브리아, 노르시아에서 좋은 작품을 많이 만들어 이 지방에서는 거장이라고 명성이 자자했다. 건축에도 조예가 깊어 아스콜리에 많은 건물을 지었다. 로마에 가볼 욕심도 없었으며 아스콜리에 줄곧 살면서 미덕을 갖춘 양가의 딸과 결혼하여 행복하게 살았다.

교황 파울루스 3세 때 아스콜리에 분쟁이 일어났을 무렵 그녀의 아름다움 때문에 병사들에게 추격당하자 피할 수가 없어 벼랑에서 떨어져 자살함으로써 정조를 지켰으며, 남편의 목숨도 구했다. 정말 미모의 여인이었다. 남편은 아스콜리로 되돌아왔으나 여생을 쓸쓸하게 지냈다. 얼마 후에 마트리체의 영주로 임명된 알레산드로 비텔리Alessandro Vitelli는 이미 늙은 콜라Cola를 시타 델 카르텔로로 데려다가 자기 저택을 프레스코와 다른 작품으로 장식하게 했다. 그는 제작을 끝내고 마트리체로 돌아와서 생애를 마쳤다. 그에게 만일 경쟁자가 있었더라면 그림 공부를 좀더 열심히 하여 천부의 자질을 북돋아서 대성했을 것이다.

* 니에코 라 (콜라) 디 마리아노 필로테시오(Nieco la (Cola) di Mariano Filotesio).

파르마의 화가

프란체스코 마추올리 일명 파르미자니노
Francesco Mazzuoli, called
Parmigianino
1504~1540

FRANCESCO MAZZVOLI PIT.
PARMIGIANO

〔해설〕

파르미자니노가 서양 미술사에서 매너리즘을 대표하는 작가로 알려진 이유는 아마도 곰브리치의 『서양미술사』에 소개된 「목이 긴 성모 마리아」 때문일 것이다. 실제로 그는 이탈리아의 대표적 매너리즘 작가이지만 그 자신이 매너리즘을 탄생시키지는 않았다. 이 화가의 이름 파르미자니노는 파르마Parma 출신 사람이라는 의미로, 파르마는 이탈리아 북부의 에밀리아 지방 구릉에 위치한 도시다. 지역적 특성으로 파르마에는 이탈리아의 가장 유명한 우유회사인 파르말라트Parmalat 본사가 있는가 하면 파스타 등에 뿌려먹는 파르메산 치즈를 이탈리아에서는 파르미자노parmigiano라 부르는데 이 역시 파르메산이라는 의미가 있다. 파르마는 이미 중세 때부터 유서 깊은 대성당과 세례당이 지어진 이탈리아 중북부의 중심 도시 중 하나다. 바로 이곳에서 르네상스 시대에 코레조라는 대가에 이어 파르미자니노라는 걸출한 작가가 배출된 것이다.

파르미자니노는 르네상스 고전주의 양식에서 벗어나 이미 20대 초부터 기발한 발상과 표현으로 관심을 끌었다. 그가 21세에 그린 「볼록거울에 비친 자화상」은 볼록거울에 비친 왜곡된 자신의 모습을 묘사한 것으로 길게 변형된 손과 원형 거울 안에 쭈그려놓은 듯한 방 모습 등은 이전에는 볼 수 없었던 독창적 발상이다. 그는 당시 파르마의 대가였던 코레조의 영향을 받았으며, 1524년 로마로 건너가 미켈란젤로, 라파엘로, 일 롯소 피오렌티노 등 르네상스와 매너리즘 거장들의 작품을 알게 되었다. 그의 작품에서 볼 수 있는 특유의 우아함과 리듬감, 환상적이면서도 세련된 인체 표현과 정교함, 추상성 등은 로마의 거장은 물론이고 무엇보다 1524년 로마에서 일 롯소 피오렌티노와 만나 얻은 열매였다.

파르미자니노를 일약 세계적인 작가로 만든 「목이 긴 성모 마리아」는 라파엘로의 우아함과 피렌체 매너리즘의 긴 인체 비례 그리고 추상성을 교묘하게 결합한 것이다. 이 작품에서 아기 예수를 안고 있는 성모 마리아는 더 이상 8등신의 고전적 미인이 아니라 길게 늘어진 인체로 기이함마저 느껴지며 성모의 긴 비례로 아기 예수는 성모 무릎에서 떨어지지 않으려 안간힘을 쓰는 듯이 보인다. 이제 미술은 객관적 묘사, 사실적 묘사에서 벗어나 작가의 주관적 생각을 표현하는 현대미술과 가까워지는 중이다. 파르미자니노는 많은 성화를 남겼으며, 초상화에서도 특유의 기이한 분위기와 섬세함을 살린 초상화를 다수 그렸다. 그의 독창적인 양식은 동시대 화가들에게 많은 영향을 미쳤다.

 그림에 천부적인 능력을 타고난 롬바르디아 사람들 가운데 가장 뛰어난 이는 프란체스코 마추올리Francesco Mazzuoli일 것이다. 그의 두뇌는 작품에 필요한 모든 자질을 갖추었으므로 그의 매혹적인 화풍을 모방하는 사람이 많았으며, 그의 작품은 항상 높이 평가받았고 디세뇨를 공부하는 학생들은 그를 매우 존경했다. 신은 그를 화가로 만들기로 작정했지만, 그의 마음은 항상 변하여 돈을 벌려고 수은을 응고하는 비밀에 몰두했는데, 만일 그가 그렇지만 않았다면 비할 데 없는 훌륭한 화가가 되었을 것이다. 그러나 찾아낼 수 없는 것을 찾아내려고 시간만 낭비하고 자기 생활과 명성에 차질을 가져왔다.

그는 1504년에 파르마에서 태어났으나 어렸을 때 부친을 여의었고, 화가였던 삼촌 둘이서 그를 기르면서, 선량한 신앙인이자 신사로 만들고자 했다. 그가 자라서 글쓰기를 배우게 되자 타고난 재주로 소묘를 아름답게 그렸다. 선생이 그의 취미를 간파하고 그를 화가로 만들도록 삼촌들에게 권고했다. 삼촌들은 벌써 나이가 들었고 이름난 화가는 아니었지만 올바른 분별이 있어 신과 대자연만이 이 어린아이의 제일가는 스승인 줄 알았지만 동시에 훌륭한 교사에게 맡겨 좋은 디세뇨를 연구하도록 했다. 그가 손에 브러시를 쥐고 태어난 듯 너무 열심히 공부했으므로 혹시 건강을 해치지나 않을까 두려워 삼촌들은 때때로 그를 데리고 교외로 나갔다.

소묘를 훌륭하게 끝마친 그는 불과 16세에 「그리스도에게 세례 주는 성 요한」의 패널화를 제작하여 모두를 놀라게 했다.* 이 그림은 파르마에 있는 프란체스코 교단 수사들의 눈치아타 수도원에 있다. 프

---

* 칼라브리아(Calabria) 여행에서 급히 북쪽으로 돌아온 바사리는 코레조 (Correggio)의 제자 프란체스코 마추올리(일명 파르미자니노)의 과장된 매너리즘의 경향을 발견하고, 이 화가의 매력을 극찬했다(Parmigianino= Parmigiano).

그림 448 프란체스코 마추올리(파르미자니노),
「폰타넬라토의 백작 잔 갈레아초 산비탈레」, 1524,
패널에 오일, 109×81cm, 나폴리 국립 미술관, 나폴리.

란체스코는 이에 만족하지 않고 프레스코에서 자기 기량을 발휘하려고 산 베네데토S. Benedetto 교단 수사들이 사는 산 조반니 에반젤리스타 S. Giovanni Evangelista 성당의 한 경당에 프레스코를 7점이나 그려서 성공을 거두었다.

그 무렵 교황 레오가 프로스페로 콜론나Prospero Colonna를 군대와 함께 파르마에 파견했을 때 삼촌들은 프란체스코가 시간을 허송하지나 않을까 두려워 그의 사촌인 젊은 화가 지롤라모 마추올리와 함께 만토바 공의 땅 비아다나Viadana로 보냈다.* 그는 전쟁 동안 거기에 머무르면서 템페라 그림 두 폭을 그렸는데, 하나는 성 프란체스코가 성흔聖痕을 받는 장면과 성녀 키아라S. Chiara를 그린 것이며, 베네딕토회 수사들의 성당에 보관되어 있다. 또 하나는 성녀 카테리나의 신혼神婚 장면인데 여러 인물화가 보이며 산 피에로S. Piero 성당 소장품이다. 이 그림을 본 사람들은 누구나 초보자가 아니라 나이가 들고 경험이 풍부한 화가의 작품으로 안다.

전쟁이 끝나자 프란체스코는 사촌과 함께 파르마로 되돌아와서 그동안 내버려두었던 작품을 완성했다.** 그 무렵 그는 「성모 마리아와 아기 예수」를 유채화로 그렸다. 그림 양쪽에는 성 히에로니무스와 복자 베르나르디노 다 펠트로Bernardino da Feltro를 그렸는데,*** 그중 한 인물은 기진자의 얼굴이며, 다만 숨을 쉬지 않을 뿐이다. 이 작품들은 모두가 그의 나이 19세 이전의 것이다.

라파엘로와 미켈란젤로 같은 거장들의 명성만 듣고서 로마에 가기가 걱정된 프란체스코는 삼촌들에게 의견을 묻고 찬성을 받았다. 삼촌들이 그에게 충고하기를, 로마에서 어떤 보호자나 화가에게 소개를 받

* 1520년경이다.
** 1522년이다.
*** 파르마의 팔라초 두칼레(Palazzo duccale)에 있다.

으려면 자기 작품을 견본으로 가져가는 것이 좋겠다고 했다. 그 의견이 옳다고 생각한 프란체스코는 작은 그림 두 점과 큰 그림 한 점을 가져 갔다. 한 작품은 「성모 마리아와 아기 예수」인데, 아기 예수가 천사 무릎에서 열매를 가져가는 장면을 그린 것으로 화면 구성과 매치가 좋고 채색도 아름답다.

또 다른 작품은 「볼록거울에 비친 자화상」인데,그림 449 그는 어느 날 이발소에서 쓰는 볼록거울을 보면서 자화상을 그리기 시작했다. 그는 거울 안에 비친 건물과 출입문의 구부러진 영상을 주의 깊게 들여다보 면서 모든 것을 충실히 재현해보고 싶은 생각으로 나무를 깎아서 볼을 만들고, 거울 앞에서 크기와 모양이 같아 보이도록 반으로 자르고 자신 이 보는 모든 것을 흡사하게 그리려고 설치한 거울 앞에 놓았다. 특히 그는 자신의 얼굴을 믿기 어려울 만큼 닮게 그렸다.* 거울 가까이에 있 는 물건들은 모두 확대되었으며, 거리가 멀어짐에 따라 점점 작아졌다. 그리하여 거울에 나타난 대로 자신의 손을 크게 그렸다. 프란체스코의 얼굴은 잘생기고 우아함마저 있어, 어른이라기보다 천사와 같이 말쑥 한 얼굴의 소년이 이 거울에 비치니 성스럽게까지 보인다. 그는 글라스 의 광택과 반사, 그늘광선을 쓰는 데 성공하여 사람의 재주로는 매우 홀륭하게 만들었다.

이 작품이 완성되고 난 뒤 선배들은 물론 예술감정가들에게 절찬을 받았으며, 그의 삼촌 한 사람이 이 작품을 다른 그림과 함께 상자에 넣 어서 로마에 보냈다. 교황청 사무관이 이 그림을 보고서 그 가치를 인 정하고 곧 프란체스코와 삼촌을 교황 클레멘티우스에게 소개했다. 성 하께서 젊은 프란체스코를 매우 칭찬했고 궁정 사람들도 마찬가지였 다. 그리고 프란체스코에게 교황의 방을 그림으로 장식하도록 명했다. 원래 이 홀의 천장은 조반니 다 우디네가 스투코와 그림들로 장식한 바

* 비엔나의 미술사 박물관 소장품.

그림 449 프란체스코 마추올리(파르미자니노),
「볼록거울에 비친 자화상」, 1524, 패널에 오일,
미술사 박물관, 비엔나.

있다.

프란체스코는 그림을 그리고, 교황에게서 약속 이상의 선물과 사랑을 받았다. 그는 무척 아름다운 「할례」 장면을 그렸는데, 기이한 세 줄기 빛으로 특히 유명하다. 즉 첫째 인물화들은 그리스도의 얼굴이 영광에 비치며, 둘째 것은 십자가에 못 박힌 그리스도에게 선물을 가져오는 사람들과 그들이 쥐고 있는 횃불의 빛이고, 셋째 것은 아름다운 풍경과 수많은 건물을 비추는 동틀 녘의 빛이다. 이 그림을 교황에게 증정하자 다른 작품과 달리 특별 취급했다.

교황은 「성모 마리아」를 조카인 추기경 이폴리토 데 메디치에게, 거울의 초상화는 시인 피에트로 아레티노Pietro Aretino에게 주었으나, 「할례」 그림만은 자기가 보관했는데, 아마 그 후 황제에게 기증한 듯하다. 내가 아주 어렸을 때 기억이지만 아레초에 있는 아레티노의 집에 소장 중인 이 그림을 호사가들에게 전시했을 때 본 것 같다. 그 후의 사정은 잘 모르지만 이 그림이 한때 조각가 발레리오 비첸티노Valerio Vicentino 손에 들어갔다가 지금은 야코포 산소비노의 제자인 베네치아의 조각가 알레산드로 비토리아Alessandro Vittoria 소유로 되었다.

프란체스코 이야기로 되돌아가자. 그는 로마에서 고대와 현대 미술과 조각을 연구했는데, 특히 그가 숭배하는 라파엘로와 미켈란젤로를 연구했다. 그의 아름다운 작품과 우아한 수법을 보고 사람들은 라파엘로의 영혼이 그에게 옮아갔다고까지 이야기했으며, 특히 그림은 더욱더 그러했다. 그가 로마에서 만든 작품은 대부분 추기경 이폴리토 데 메디치 손에 들어갔는데 정말 아름다운 작품들로서, 아놀로 체시스Agnolo Cesis를 위하여 그린 원형 「성모영보」는 이 집의 가보다. 또 하나는 성모와 아기 예수와 작은 천사들과 성 요셉의 그림인데, 그 얼굴들의 채색이 여간 아름답지 않다. 루이지 가디Luigi Gaddi 소유였다가 지금은 자손들이 간직하고 있다.

당시 교황의 근위병 장교 로렌초 치보Lorenzo Cibo가 프란체스코의 명성을 듣고 자기 초상화를 부탁했는데 실물같이 그렸다.* 또 치타 디 카스텔로의 마리아 부폴리니Maria Bufolini를 위하여 산 살바토레 델 라우로S. Salvatore del Lauro 성당 출입문에 가까운 경당에 두려고 패널화를 그렸는데, 하늘에서 독서하는 성모와 그 양 무릎 위의 아기 예수와 한쪽 무릎을 꿇고 아기 예수에게 인사드리는 성 요한의 환한 얼굴, 땅 위에 누워서 잠든 성 히에로니무스를 그린 것이다.**

1527년 로마 약탈 때 한동안 모든 예술가를 추방했으므로 이 작품을 완성할 수 없었고, 또 많은 예술가도 죽었다. 약탈이 있을 때 그는 마침 제작 중이었는데 간신히 변을 면했다. 즉, 혼란이 심하여 집 안에서 꼼짝 못하고 있을 때 독일 병정들이 침입하여 그가 작업 중인 것을 보고 깜짝 놀랐지만 훌륭한 신사들처럼 그대로 내버려두었다. 이런 만행은 계속되어 이 불행한 도시에서 세속적인 것과 신성한 것 모두가 파괴되는 동안에도 프란체스코는 독일 사람들에게 아무런 상처도 받지 않고 작업할 수 있었다. 그러나 당시 불쾌했던 것은 수채화의 디세뇨와 펜 그림을 많이 그려서 몸값을 치르지 않으면 안 되는 것이었다. 병정들이 교체될 무렵, 그는 친구를 만나러 가다가 붙잡혀 투옥되어서 또 몸값을 지불해야만 했다.

그의 삼촌은 프란체스코가 제작을 중단한 것과 황폐한 로마를 보고 상심했으며, 스페인의 포로가 된 교황을 구출하여 파르마로 데려가려고 피했다. 프란체스코는 며칠 더 로마에 머무르다가 마리아 부폴리니를 위하여 그린 그림을 두고서 라 파체la Pace 수사들과 함께 떠났다. 이 그림은 몇 해 동안 수도원 식당에 있었는데, 그 후 줄리오 부폴리니가 치타 디 카스텔로 성당으로 가져갔다.

프란체스코가 볼로냐로 되돌아오자 많은 친구가 그를 영접했는데,

* 아마 윈저성에 있는 그림 가운데 하나인 듯하다.
** 1527년 작품, 현재 런던 국립 미술관 소장품.

그중에서도 가장 친한 친구인 마구제작인馬具製作人 집에 수개월 머무르면서 성 베드로와 성 바오로의 참수斬首, 디오게네스Diogenes 등을 그렸으며, 그리자이유로 조각한 작품들도 제작했다. 그는 명암법으로 그리고 조각도 약간 했다. 그는 안토니오 다 트렌토Antonio da Trento를 동판에 쪼려고 준비까지 했으나 한 볼로냐 귀족에게 맡은 일이 많아서 그만두었다.

처음으로 작업한 것이 성 페트로니오 성당 안의 몬시뇨레Monsignore 경당에 커다란 성 로코를 그린 것인데, 성인이 페스트를 앓고 난 고통 속에서도 머리를 숙이고 하느님께 감사하고 경배하는 표정이 담긴 아름다운 그림이다. 이 그림은 파브리초 다 밀라노Fabrizio da Milano를 위하여 그린 것이며, 앞서 프란체스코는 이 사람의 실물 크기 상반신을 개 한 마리와 함께 아름다운 풍경을 곁들여 그렸다. 또 파르마의 의사 알비오Albio를 위하여 성 바오로의 개종改宗을 아름다운 풍경과 함께 그렸다. 마구馬具를 만드는 친구를 위하여 「성모」가 옆길로 향하는 우아한 모습과 다른 여러 인물을 그렸고, 조르조 만주올리Giorgio Manzuoli 백작을 위하여 「성모」를 그렸으며,* 루카 다이 레우티Luca dai Leuti를 위하여 작은 인물들을 그린 수채화도 두 점 있다.

그 무렵 조각을 하려고 프란체스코를 따라갔던 안토니오 다 트렌토가 프란체스코가 아직 잠자리에 있을 때 몰래 상자를 열고 동판화, 목각, 디세뇨를 몽땅 도둑질해가지고 도망쳐서 다시는 나타나지 않았다. 프란체스코는 볼로냐에 있는 친구 집에 맡겨두었던 인쇄물만은 도로 찾았으나 밑그림들은 영원히 없어졌다. 이에 실망한 그는 다시 그림을 그리기 시작했으며, 돈이 필요하여 볼로냐에 있는 백작의 초상화를 그렸고, 「지구를 들고 있는 아기 예수를 안은 성모」도 그렸다.** 성모의 표

---

* 로마의 코르시니(Corsini) 미술관 소장품.
** 마돈나 델라 로자(Modonna della Rosa). 드레스덴 미술관 소장품.

정은 우아하며, 아기 예수는 퍽 자연스럽다.

프란체스코는 어린이 그림에서는 언제나 어린이 같은 생동감과 예리하고 장난기 있는 예지를 보여준다. 성모의 아름다운 외투는 노란 바탕 소매에 금으로 줄무늬로 놓아 우아하며, 성모 마리아의 섬세한 피부와 머리카락은 더 말할 나위 없다. 이 그림은 피에트로 아레티노를 위하여 그린 것인데, 교황 클레멘티우스가 볼로냐에 왔을 때 교황에게 증정했다. 그 후 디오니지 잔니Dionigi Gianni의 손에 들어갔으며, 지금은 그의 아들 바르톨로메오가 가지고 있는데, 50점이나 모사했을 만큼 높이 평가되는 작품이다.

프란체스코는 볼로냐에 있는 산 마르게리타S. Margherita 성당의 수녀들을 위하여 패널화를 그렸는데, 성모와 성녀 마가레타, 성 페트로니오, 성 히에로니무스, 성 미카엘의 표정과 기타 부분이 높이 평가받을 만한 값어치가 있다.* 그는 그밖에도 디세뇨를 많이 했으며, 특히 지롤라모 델 리노Girolamo del Lino를 위하여 몇 점, 또 동판화를 만들려고 부탁해온 금은세공가 지롤라모 파주올리Girolamo Fagiuoli를 위하여 매력적인 디세뇨를 만들어주었다.

프란체스코는 보니파치오 고차디노Bonifazio Gozzadino의 초상화와 그 부인 것도 제작했으나 미완성에 그쳤다. 그는 또 볼로냐에서 성모의 스케치 한 점을 만들어 아레초 사람 조르조 바사리에게 팔았는데, 바사리는 이것을 아레초에 새로 짓는 자기 집에 다른 여러 귀한 그림, 조각, 기타 대리석 작품들과 함께 두었다.

샤를 5세가 대관식을 거행하려고 볼로냐에 왔을 때 프란체스코는 그를 식탁에서 만나 큰 초상화를 유채화로 그렸는데 명성이 왕에게 월계관을 씌우고 있으며, 한편 어린 헤르쿨레스가 그에게 세계를 드리는 장면이다. 이 작품을 교황 클레멘티우스에게 보였더니 무척 마음에 들어

---

* 현재 볼로냐 국립 미술관 소장품.

하면서 프란체스코를 시켜 황제 비서인 바소나Vasona의 대주교에게 보냈으며,* 황제가 기뻐하며 그림을 두고 가라고 명했다. 그러나 프란체스코는 사악한 친구의 말을 듣고 아직 미완성 작품이라고 하여 황제에게 대가를 받지 못했다. 이 그림은 후에 만토바의 추기경 이폴리토 데 메디치 손에 들어갔다가 지금은 메디치 공의 의상실에 진열되어 있다.

프란체스코는 오랫동안 집을 비우고 좋은 친구들을 많이 사귀었으므로 돈은 벌지 못했으나 예술에 풍부한 경험을 쌓고 고향 파르마로 돌아와 친구들과 친척들을 즐겁게 했다. 그는 곧 산타 마리아 델라 스테카타S. Maria della Steccata 성당의 크고 둥근 천장 그림을 그리기 시작했다. 둥근 천장 전면의 아치에서 시작하여 커브를 따라 인물 여섯 중에서 둘은 채색하고 넷은 그리자이유로 그렸으며, 자신의 독특한 환상적 수법인 반쯤 돋을새김의 구리로 만들어 둘러쌌는데 여간 공력을 들이지 않았다.

그는 동시에 아주 친한 친구이자 파르마의 귀족인 바이아르도Baiardo를 위해서도 그림을 한 폭 그렸다.** 활을 만드는 큐피드의 발밑에 두 어린이가 앉아 하나는 다른 아이의 팔을 붙들고 웃으면서 큐피드를 만지려고 하는데, 또 한 어린이는 '사랑'의 불에 몸을 녹이려고도 하지 않고 무서워서 울고 있다. 채색이 아름답고 착상이 비범하며 스타일이 우아하여 예술가들과 미술품감식가들이 높이 평가했다. 이 그림은 그의 후손 안토니오 카발카Antonio Cavalca 집에 프란체스코의 다른 디세뇨와 함께 보관되어 있다.

나도 그의 아름다운 밑그림과 스케치를 여럿 보관하고 있으며, 그중에서도 성 베드로와 성 바오로 참수에 관해서는 이미 이야기했다. 그는

---

* 황제 샤를 5세는 1530년 2월 24일 볼로냐에서 대관식을 했다. 1523~33년 사이에 바이손의 주교였던 성직록(聖職錄) 원장에 따름.

** 프란체스코 보이아르디(Francesco Boiardi)일 것이다. 그림은 1536년에 제작되었으며, 현재 비엔나 미술관 소장품.

볼로냐에 있을 때 목판화와 동판화를 회람시킨 일이 있다. 그는 산타 마리아 데 세르비 성당을 위하여 패널화 한 장을 그렸는데 성모와 잠든 아기 예수가 있고, 그 옆에는 천사들이 수정 항아리를 들고 있어 성모가 바라보는 십자가를 반사하고 있다. 그는 이 그림이 마음에 들지 않아 미완성인 채 내버려두었다.그림 450*

한편 그는 스테카타 성당의 그림 제작을 소홀히 하기 시작했으며, 적어도 진도가 너무 느려서 무엇인가 잘못되어가는 느낌을 주었는데, 그것은 그가 연금술을 시작했기 때문이다. 즉, 수은水銀을 응결시킴으로써 자기 자신을 풍부하게 하려는 희망을 품고서 그림을 게을리했다. 이처럼 아름다운 생각을 마음에 품거나 붓을 움직이는 대신 숯, 나무, 화로를 만지면서 나날을 낭비하여 하루에 쓰는 비용이 그가 스테카타 성당에서 일주일을 일해서 얻는 것보다 많았다. 그에게는 돈이 별로 없었지만 화로는 계속해서 더 많은 돈을 소비했다.

스테카타 성당 위원들이 그가 작업을 포기한 것으로 알고 다시 돈을 더 많이 지불함으로써 그에게 압력을 가하자, 그는 몇몇 친구와 카살 마조레Casal Maggiore로 야반도주했다. 거기서는 연금술을 계속할 길이 없자 그는 산 스테파노 성당을 위하여 「승천하는 성모 마리아」와 밑에서 있는 세례자 요한과 성 스테파노를 그렸다.** 그의 마지막 작품은 「루크레티아」Lucretia인데, 가장 뛰어나지만 그 행방을 알 수 없다.*** 그의 다른 작품은 치타 디 카스텔로의 니콜로 부폴리니 집에 있는 「님프」와 알레산드로 비텔리 부인인 파르마의 안졸라 데 롯시Angiola de' Rossi를 위한 「어린이들」이다.

* 1534년 작품으로 마돈나 델 콜로 룽고(「목이 긴 성모 마리아」)이며 현재 피티 미술관 소장품.
** 현재 드레스덴 미술관 소장품.
*** 프란체스코의 대표작 「루크레티아」를 바사리는 당시 행방을 모르겠다고 했으나, 현재 나폴리의 피나코테카(Pinacoteca) 소장품이다.

그림 450 프란체스코 마추올리(파르미자니노),
「목이 긴 성모 마리아」, 1534~40, 패널에 오일, 216×132cm,
우피치 미술관, 피렌체.

그림451 프란체스코 마추올리(파르미자니노),
「성녀 카테리나의 신비한 결혼식」, 1527~30, 패널에 오일,
74.2×75.2cm, 국립 미술관, 런던.

프란체스코는 아직 연금술에 열중했고 수염은 자랄 대로 자라서 외양이 마치 야만인같이 되어 옛 신사의 면모는 찾아볼 수 없었다. 그는 차차 나태해지고 우울증이 점점 더하여져 괴상한 사람이 되고 말았다. 마침내 악성 열로 앓아누워 이삼일 만에 죽었다. 그리하여 언제나 괴로움과 고민에 가득 찼던 그의 세계에 종지부를 찍었다. 그의 희망은 죽은 뒤 카살 마조레에서 약 1밀리아 1.6킬로미터 떨어진 라 폰타나la Fontana라고 부르는 세르비테 성당에 묻히는 것이었으므로, 그가 원한 대로 벌거 벗긴 채 가슴에 삼나무가지 십자가를 안겨서 매장했다.

그는 1540년 8월 24일에 죽었다. 그의 죽음은 그가 타고났던 야릇하고 우아한 풍을 지닌 그림 세계에서는 커다란 손실이라 하겠다. 그는 류트를 즐겨 연주했으며, 거의 그림 솜씨만큼 숙달되었다. 만일 그가 연금술이라는 어리석은 짓만 하지 않았다면 틀림없이 우리 시대의 유명한 화가의 한 사람이 되었을 것이다. 나는 영감을 기다리는 것을 좋지 않다고는 할 수 없으나 자기가 도저히 성취할 수 없는 일에 시간을 낭비한다는 것은 어리석다고 본다. 만일 프란체스코가 우아한 작풍과 명석한 정신으로 착실하게 제작에 종사했다면 독특한 디세뇨로 누구보다도 알려졌을 것이다.

그는 뒤에 사촌 지롤라모 마추올리Girolamo Mazzuoli*를 남겼다. 이 사람은 우리가 파르마와 비아다나에 있는 그의 작품에서 보듯이 프란체스코 스타일을 이어받았다. 그는 비록 젊었으나 프란체스코 교단의 수도원을 아름다운 「성모영보」로 장식했으며, 산타 마리아 네 보르기S. Maria ne' Borghi에도 같은 그림을 그렸다. 그는 또 파르마에서 프란체스코 수도원에 대제단화를 그렸는데, 요아킴이 성전에서 쫓겨나는 장면이다. 그곳 산 알레산드로 수녀원에도 하늘의 성모 마리아와 아기 예수가 성녀 유스티나S. Giustina에게 종려棕櫚를 주는 장면을 패널에 그렸

---

* 그의 정확한 성명은 지롤라모 베돌로(Girolamo Bedolo)다.

는데, 거기에는 천사들과 성 베네딕토와 성 알레산드로가 장막을 열고 있다.

카르멜리테 교단의 성당에도 대제단화를 아름답게 그리고, 산 세폴크로 성당에도 같은 크기의 그림을 그렸다.* 이 도시 수녀들의 성당인 산 조반니 에반젤리스타에도 그가 그린 패널이 두 점 있으나 제단화인 「그리스도의 변용」이나 오르간실에 있는 것만 못하다.** 이 수녀 집회소에 원근법을 사용한 프레스코와 「최후의 만찬」을 그린 유채화가 있고, 이곳 대성당 대제단에는 역시 프레스코가 있다. 파르마의 후작부인인 오스트리아의 마르게리타 왕녀를 위하여 그녀의 아들 돈 알레산드로가 갑옷을 입고 칼을 빼든 초상화를 그렸다. 지구의地球儀와 무장한 파르마가 그 앞에 무릎을 꿇고 있다.

파르마의 스테카타 성당 안의 한 경당에 그가 그린 프레스코***가 있는데, 사도들이 성령을 받는 장면이다. 또 같은 아치 안에는 그의 삼촌 프란체스코가 그린 무녀巫女 6명의 그림이 있는데 그중 둘은 채색한 것이고, 넷은 흑백으로 그린 것이다. 아치 맞은편 벽감에는 지롤라모가 그린 「그리스도의 강생과 축하하는 목동」이 있는데 미완성이지만 매우 아름답다.**** 파르마 교외에 있는 체르토사 성당 대제단화로 「동방박사의 경배」를, 파비아의 산 베르나르도 수녀원의 산 피에로 성당에 패널 그림을, 만토바 대성당의 추기경을 위하여 역시 패널 그림 한 장을 그렸다.

---

* 「Sic eum volo manere…」, 불가타(Vulgata, 4세기에 쓰인 라틴어 역의 성서)에서 온 말. 요한 복음서 21:22. "예수께서는 '내가 돌아올 때까지 그가 살아 있기를 바란다고 한들 그것이 너와 무슨 상관이 있느냐? 너는 나를 따라라' 하고 말씀하셨다."
** 1555년 작품.
*** 1546년 작품.
**** 1553년에 시작.

그는 같은 도시의 산 조반니 성당에 사도들과 성 요한에 둘러싸인 「그리스도의 영광」을 그렸는데, 그리스도는 성 요한에게 "내가 돌아올 때까지 그가 살아 있기를 내가 바란다고 한들 그것이 너와 무슨 상관이 있느냐?"고 이야기한다.* 이 그림은 성 요한이 행한 여섯 가지 기적에 둘러싸여 있다. 프란체스코 교단의 성당 왼편에는 그가 그린 「요한의 회심」이 있는데 훌륭한 작품이며, 만토바에서 약 15밀리아24킬로미터 되는 곳인 폴리로네Pollirone의 산 베네데토 성당에는 「구유의 아기예수」와 경배하는 양치기들과 노래하는 천사들이 보인다. 지롤라모가 「큐피드」 다섯 명을 그린 것도 있는데, 언제 그렸는지는 모르지만 한 큐피드는 잠들었고, 다른 큐피드들이 옷을 벗기고 활과 화살, 횃불 등을 가져간다. 이 그림은 오타비오 공작 소유인데, 그가 매우 소중히 간직하고 있다. 사실 지롤라모는 사촌에게 뒤지지 않는 기교 있고 훌륭하고 예절 바른 화가였다. 그는 쉬지 않고 아름다운 그림을 그렸다.

프란체스코와 막역한 사이인 빈첸치오 카차니미치Vincenzio Caccianimici가 있다. 그는 볼로냐의 명사이며 그림도 그리는데, 프란체스코 스타일을 모방하고 있다. 그는 심심풀이로 그림을 그렸으나 색채가 아름다우며, 친구에게나 영주에게 선사하는 데는 칭찬할 만한 작품들이다. 특히 산 페트로니오 성당 안 가족 경당에 세례자 요한이 참수되는 장면을 그린 패널 한 장이 유명하다. 이 재치 있는 명사는 1542년에 죽었으며, 나는 그가 그린 훌륭한 디세뇨 몇 장을 가지고 있다.

* 요한 복음서 21:22.

야코포 팔마 일명 팔마 베키오
Jacopo Palma, called Palma Vecchio
1480?~1528

로렌초 로토
Lorenzo Lotto
1480?~1556

LIONARDO DA VINCI PITT.
E SCVLTOR FIOR.

〔해설〕

야코포 팔마는 16세기 초에 활동한 베네치아의 대표 화가로 이탈리아 북부 베르가모에서 태어나 베네치아에서 사망했다. 영어의 'The Old'에 해당하는 일 베키오는 그의 증손자 팔마 일 조바네와 구분하기 위해 붙여진 별칭이다. 팔마는 젊은 시절 베네치아로 건너가 활동을 시작했다. 로렌초 로토가 베네치아에서 태어나 베네치아의 주변 도시로 옮겨 활동한 것과는 대조적이다. 베네치아의 카르파초 공방에서 미술을 배웠으며 이후 조르조네, 티치아노 등 베네치아 거장들의 화풍을 익힌 다음 이를 자신만의 스타일로 완성했다.

인물과 자연을 자연스럽게 조화시키고, 밝고 경쾌한 색채와 빛을 사용하여 고전적이면서도 개성 있는 화풍을 완성한 그의 작품은 당대인들에게 큰 인기를 끌었으며 티치아노를 비롯한 베네치아 거장 사이에서도 주목을 받은 베네치아 최고 화가 중 한 사람이다. 대표작으로 「목동들의 경배」루브르 박물관, 파리, 「성스러운 대화」국립 미술관, 나폴리 등이 있다.

로렌초 로토는 16세기 전반기를 대표하는 베네치아 출신의 대표적 화가다. 로렌초 로토 역시 르네상스 미술사의 보석 같은 존재이지만 국내에는 거의 소개되지 않은 작가다. 베네치아의 황금기에 살았던 로토는 조반니 벨리니와 함께 미술을 시작했으며 조르조네, 티치아노와 동시대에 활동했던 베네치아 회화 황금기의 대표 화가다. 그의 활동무대는 베네치아가 아니라 이탈리아 중북부의 소도시였다. 당시 베네치아에는 티치아노와 틴토레토, 베로네세 같은 거장들이 활동하고 있었으므로 베네치아를 벗어나 20대 초반부터 이탈리아 북부의 트레비소, 베르가모 등에서 활동했으며 군소 도시의 귀족이나 상류층 사람들로부터 작품을 주문받았다.

로토의 초기 대표작 「베르나르도 데 롯시 추기경 초상화」는 플랑드르 회화의 세밀함과 안토넬로 다 메시나의 영향을 받은 밝은 빛과 색채를 사실적으로 그려낸 것으로 주인공 모습을 마치 눈앞에서 보듯이 생동감이 있으면서도 절제미가 느껴진다. 북부 이탈리아 특유의 자연주의를 바탕으로 인간의 미묘한 표정과 감정을 포착한 로토의 초상화는 16세기 이탈리아를 대표하는 최고의 초상화로 꼽힌다. 그는 초상화 외에 동시대 가톨릭 개혁운동을 반영한 영성이 깊은 성화도 다수 제작했다.

이탈리아의 성지 중 가장 중요한 곳으로 로레토Loreto라는 작은 마을이 있다. 성지로 인해 마을이 형성된 곳으로 이곳이 유명한 이유는 이 마을의 대성당 안에 예수가 어릴 적 성모 마리아, 요셉과 함께 살았던 성스러운 집이라 불리는 산타 카사Santa Casa가 보존되어 있기 때문이다. 이스라엘에 있던 예수의 집을 지키기 위해 십자군 전쟁 때 병사들이 이 집의 벽돌을 옮겨와 로레토에 복원했다고 한다. 바로 이 성스러운 마을의 수도원에서 로토는 말년을 보냈다. 그의 그림은 단순한 성화가 아니라 영성이 깊이 느껴지는데 그가 수도원에 칩거하며 말년을 보낸 것이 우연은 아니라는 생각도 든다.

몇 해 전 이 도시를 방문했을 때 주교좌 박물관을 보고 나오는데 로토의 카탈로그가 눈에 띄어 보니 그곳 2층에 로토의 그 유명한 「성 크리스토포로」가 전시되어 있다는 정보가 있었다. 단숨에 뛰어 올라가 그 그림 앞에서 한참을 보며 감회에 젖었다. 이런 우연은 필자가 여행 중에 자주 경험하는 특별한 선물이다. 나의 저서 『명화로 읽는 성인전』에서 성 크리스토포로를 설명하면서 로토의 이 작품을 소개할 때는 그 작품을 직접 보지 못한 상태였는데 뜻밖에 그 작품을 만나는 행운을 누린 것이다.

비록 작품 수가 한둘에 지나지 않는다 하더라도 그 것들이 아름답기만 하다면 미술감정가들은 그 작가를 칭찬하지 않을 수 없으며, 나 같은 저술가마저 지금 이 베네치아의 야코포 팔마Jacopo Palma를 칭찬하게 만든 다. 그의 그림은 비록 완전한 경지에 도달하지 못했으나 근면하고 충실 하게 자연을 모방하고 잘 다듬었으므로 어떤 그림은 정말 좋은 점을 간 직했다.

그의 데생은 대담하지는 못하지만 색채가 조화되어 있고 좀 환상적 이다. 그가 베네치아에서 그린 귀족들의 초상화에서 보는 바와 같이 그 는 매우 우아하고 세련된 그림을 그렸다. 그의 작품 가운데 신비롭고 불가사의한 조상과 패널 그림 몇 점을 소개하겠다. 즉, 카스텔로 근방 에 있는 베네치아의 산 안토니오 성당과 몬테 올리베토Monte Oliveto 수 사修士들의 수도원이 있는 리도Lido에 가까운 산타 엘레나S. Elena 성당 의 패널 그림만 이야기하겠다. 이곳 대제단 위에는 그가 그린 「동방박 사의 경배」가 있는데, 그리스도에게 바칠 선물과 훌륭한 솜씨로 그린 몇몇 인물과 아름답게 주름 잡힌 양탄자가 보인다. 그는 또 산타 마리 아 포르모사S. Maria Formosa 성당 봄바르디에리Bombardieri 제단에 실물 크기의 성녀 바르바라S. Barbara와 옆에는 두 성인, 즉 성 세바스티노와 성 안토니오의 인물화를 작게 그렸는데, 성녀 바르바라의 인물화에는 이 화가의 특징이 가장 잘 나타나 있다.

산 마르코 광장 근처의 산 모이제S. Moise 성당 안에도 그가 그린 「천 상의 모후와 그 발밑의 성 요한」 패널 그림이 있다. 또 조반니와 파올 로S. Giovanni e Paolo 광장에 위치한 산 마르코 학교 회의실에도 그가 그 린 장대한 그림이 있다. 이 그림은 그가 조반니 벨리니, 조반니 만수에 티Giovanni Mansueti, 기타 화가들과 경쟁하여 그린 것이다. 배 한 척이 성 마르코의 시체를 싣고 베네치아로 가는 장면인데, 바다에는 무서운 폭 풍우가 일고 작은 배가 휘몰아치는 바람에 고생하는 그림이다. 뛰어난

그림 452 야코포 팔마, 「옷이 흐트러진 여인」, 25×20cm,
폴디 페촐리 박물관, 밀라노.

착상과 표현으로 이루어진 작품이다. 거기에는 군중도 보이며, 하늘에는 여러 모습의 악마가 이 배들을 향해 바람을 불어대고 있어 선원들은 배를 삼켜버릴 듯한 파도를 이겨내려고 열심히 노를 젓고 있다.그림 453*

이 그림이 얼마나 훌륭한 작품인지 살펴보자. 그 폭풍의 세기와 이에 대처하는 사람들의 의지와 능숙한 동작, 파도의 움직임, 명암법과 노에 흩어진 물방울, 물결에 휜 노, 노 젓는 사람들의 분투하는 모습 등을 극히 자연스럽게 묘사했으니 그 누구도 감히 이를 흉내 낼 수 없을 것이다. 나는 이와 같은 예리한 관찰, 밑그림, 의상과 채색으로 나타낸 훌륭한 그림을 본 적이 없으며, 모든 것이 사실 그대로인 듯, 이 패널은 생명이 약동하는 듯하다. 이 작품으로 야코포는 가장 높은 찬사를 받았고 예술가로서 지위와 함께 회화에서 어려운 의상을 표현하는 뛰어난 능력을 지녔다고 인정받았다. 그런데 대다수 화가는 이런 힘든 제작에 처음에는 영감의 열정으로 적극적으로 임하지만 때로는 전체보다 부분에 집착하고 신경을 씀으로써 결국 열정이 식고 힘을 잃게 되어 완성된 작품을 보면 우수성과 활력이 빛을 잃고 마는 경우가 많다.

그러나 야코포의 작품은 시종 같은 수준을 유지했으므로 이 두 가지 점에서 최고의 찬사를 받을 가치가 있다. 그의 훌륭한 많은 작품 가운데서도 이 그림은 매우 비범하다고 평가받는다. 그의 그림 중 낙타의 털을 가져다 자기 머리에 쓰고 타래째 드리운 것이 있는데 마치 실물같

---

* 「바다의 폭풍우」(Tempesta di More)는 현재 베네치아의 아카데미아 미술관 소장품이며, 1341년 2월 25일에 베네치아에 닥친 무서운 폭풍우를 그들이 어떻게 이겨냈는지를 성 니콜라오, 성 조르조, 성 마르코의 저술을 소재로 그린 것이다. 이 그림의 작풍에 대해서는 의견이 분분한데, 자노토(Zanotto) 교수는 팔마(Palma)가 시작하여 보르도네(Bordone)가 마무리한 작품으로 주장하며, 베렌슨(Berenson) 교수는 조르조네(Giorgione)가 그리기 시작하여 보르도네가 완성한 것으로 판단하고 있다.

그림 453 파리스 보르도네(팔마 베키오가 시작하여),
「바다의 풍랑을 성 마르코, 조르조, 티몰라스가 가라앉히다」,
캔버스, 스쿠올라 디 산 마르코, 베네치아.

이 보인다. 그의 이 아름다운 작품을 매년 예수승천 축일 시기에 보게
된다. 이 작품의 밑그림, 채색 등은 당대 베네치아의 어느 화가 작품보
다도 완전무결하다는 평을 받을 만하다. 특히 눈매를 처리한 솜씨는 레
오나르도나 미켈란젤로에 조금도 뒤지지 않으며, 이 초상화의 우아함
과 무게를 평評하는 일은 아예 시도하지 않는 것이 좋겠다. 만일 그가
이 초상화를 완성한 후에 죽었다면 그를 드물게 보는 신비로운 정신의
소유자들 중에서도 으뜸가는 사람이라고 평했을 것이다. 그러나 그 후
부터는 만인이 기대했던 그 높은 수준을 지탱하지 못하고 다만 한두 작
품을 남김으로써 사람들을 실망시켰다. 그는 48세 나이로 베네치아에

그림 454 야코포 팔마, 「성스러운 대화」,
나폴리 국립 미술관, 나폴리.

그림 455 로렌초 로토, 「베르나르도 데 롯시 추기경 초상화」,
1505, 패널에 오일, 54.7×41.3cm, 나폴리 국립 미술관,
나폴리.

서 죽었다.

베네치아의 화가 로렌초 로토Lorenzo Lotto는 팔마Palma의 친구이며 동시에 동반자였다. 그는 얼마 동안 벨리니 화풍을 모방한 후 조르조네를 본받았다. 즉, 이것은 당시 베네치아 귀족들 집에 있는 그림과 초상화를 보면 곧 알 수 있다. 안드레아 오도니Andrea Odoni 저택에 로렌초가 그린 이 사람의 훌륭한 초상화 한 폭이 있으며,* 또 피렌체의 톰마소 다 엠폴리Tommaso da Empoli 저택에는 「예수 강생」을 그린 아름다운 작품이 있다. 캄캄한 밤인데 예수의 영광이 이 그림을 비추고 있다.** 마리아는 무릎을 꿇고 있으며 전신대로 그린 마르코 로레다노Marco Loredano가 예수를 경배하고 있다.

카르멜 수도원 안에는 주교 정장을 한 성 니콜라오가 세 천사와 함께 구름 안에, 그 발밑에는 성 루카와 성 요한, 또 그 밑에는 아름다운 풍경과 이곳저곳에 인물과 동물을 그린 장면이 있다.*** 한쪽에는 말을 탄 성 조반니가 뱀을 찌르고 있고, 그 옆에 소녀가 서 있다. 배경에는 마을과 내포內浦가 보인다. 피렌체의 대주교좌인 산 안토니오 성당과 산 조반니 에 파올로 성당 안에는 두 사제와 회중과 앉아 있는 성인을 그린 것이 있다.****

그가 젊었을 때, 즉 벨리니와 조르조네에게 사사했을 때 레카나티Recanati에 있는 산 도메니코 성당 안의 여섯 칸막이에 그림을 그렸다.***** 중앙 칸막이에는 성모 마리아와 아기 예수가 천사를 시켜 무릎을 꿇고 있는 성 도메니코에게 제의를 주는 광경이 있으며, 두 어린이가 각각

* 1527년 작품이며 현재 햄프턴 궁전(Hampton Court, London) 소장.
** 베네치아의 아카데미아 미술관에 있는 그림인 듯하다.
*** 1529년 작품이다.
**** 1542년 작품이다.
***** 1506~1508년 작품으로 현재 리카나티의 무니시피오(Municipio)에 소장.

그림 456 로렌초 로토, 「루치나 브렘베티 초상화」, 1518,
패널에 오일, 53×45.8cm, 카라라 아카데미아 미술관,
베르가모.

류트와 레벡을 연주하고 있다. 다음 칸막이에는 교황 그레고리우스와 성 우르반S. Urban을 그렸으며, 그다음 칸막이에는 성 토마스 아퀴나스 S. Thomas Aquinas와 다른 성인들과 레카나티의 주교들이 있다. 그 위에는 중앙에 그림이 세 폭 있는데 천사들은 죽은 그리스도를 부축하고, 성모와 막달레나가 예수의 팔에 키스하는 장면이다.그림 457

성 그레고리우스 그림 위쪽은 마리아 막달레나와 성 빈첸치오를 그린 것이고, 성 토마스 아퀴나스 그림 위쪽은 성 지스몬도S. Gismondo와 시에나의 성녀 카테리나를 그린 것이다. 또 작은 조상들로 이루어진 제단의 대는 천사들이 스클라보니아에서 현재 위치까지 이끌고 온 로레토의 성모 마리아를 표현한 것이다. 한쪽에는 성 도메니코가 강론하는 모습을 아주 작은 조상으로 매력 있게 제작했으며, 교황 호노리우스 Honorius가 도메니코 교파의 종규宗規를 확인하는 장면이 있다. 이 성당 안에 그는 수사修士 성 빈첸치오의 프레스코화를 그렸다. 또 카스텔누오보Castelnuovo의 산타 마리아 성당 안에 예수의 변용을 유채화로 그렸는데,* 제단의 대에는 작은 조상들이 들어 있는 장면이 세 개 있다.** 즉, 사도들을 타보르Tabor산으로 데리고 가는 그리스도, 겟세마니 동산의 그리스도, 그리스도의 승천이다.

그 후 로토는 안코나Ancona로 가서 마리아노 다 페루자Mariano da Perugia에 있는 산 아우구스티노 성당 안에 큰 테두리가 있는 제단화를 그렸으나 그리 칭찬할 만한 것이 못 된다. 또 이 성당 한가운데에 성모자와 하늘에는 두 천사가 성모에게 관을 씌우는 광경을 원근법으로 그렸다.*** 그가 늙고 기력이 없어졌을 때 안코나에서는 주목할 만한 일은 못하고 로레토의 마돈나della Madonna 성당으로 갔다.**** 이 성당 출입구

* 역시 리카나티의 무니시피오 소장품.
** 리카나티의 무니시피오에 소장.
*** 1546년경 작품으로 추정됨. 현재 안코나의 피나코테카 소장품.
**** 1554년.

그림 457 니콜로 론디 넬리, 「사도 요한이 앞에 나타나다」,
패널에 오일, 브레라 미술관, 밀라노.
전설에 따르면 테오도시우스(Theodosius)의 딸이 라벤나의
산 조반니 경당을 사도 요한에게 봉헌하자, 그가 그녀 앞에
나타나서 성물을 주었다고 한다.

오른쪽에 있는 경당 안에 패널 한 폭을 제작했다.

　이 성스러운 방에 기거하면서 그는 성모 마리아에 봉사하는 생애를
살기로 결심했다. 그리하여 그는 사제석司祭席 위의 성가대석 주위에
1브라차 크기로 인물화를 그리기 시작했다. 즉, 「예수 강생」, 「동방박
사의 경배」, 「시메온Simeon의 출현」, 그다음은 「요한에 의한 세례」, 또

「간음한 여자」 등을 우아하게 제작했다. 그는 그밖에도 두 장면, 즉 「다비드의 희생」,* 또 하나는 「성 미카엘이 하늘에서 말을 타고 내려와 루치페르Lucifer와 싸우는 장면」을 실물 크기로 그렸다.

이 작품을 끝내고 신앙심 깊은 기독교도인 로토는 얼마 안 있어 죽었다. 그의 만년은 참으로 행복했고 평화로웠으며, 바라건대 그는 아마 영생永生을 얻었을 것이다. 그가 만일 속세의 일에만 집착했다면 영혼의 고귀한 행복과 기쁨은 얻을 수 없었을 것이다.

같은 시대에 로마냐에서 활약하던 우수한 화가 론디넬로Rondinello가 있다. 이 사람에 관하여는 조반니 벨리니의 생애에 관한 조목에서 언급한 바 있는데, 벨리니의 제자이며 동시에 모방자였다.** 그는 스승을 하직한 뒤 열심히 그림을 연마하여 아름다운 작품을 많이 만들었다. 예를 들면 포를리의 대성당 안에 제단화 「최후의 만찬」을 그렸다. 그 윗자리에는 죽은 예수를 그리고, 제단의 대에는 성 십자가를 발견한 콘스탄티누스Constantinus 대왕의 모친 성녀 헬레나의 거동을 정성 들여 그렸다.

또 다른 장소에는 성 세바스티아노의 초상을 제작한 것이 있다. 라벤나Ravenna의 대성당 안 성녀 마리아 막달레나 제단에는 이 성녀를 유화로 그린 것이 있고, 그 밑 제단의 대에는 그리스도가 정원사로 막달레나 앞에 나타나는 장면을 그린 작은 조상과 성 베드로가 물 위를 걸어서 그리스도 앞으로 가는 장면과 그 사이에 그리스도 모습을 참 아름답게 그렸다. 또 이곳 산 조반니 에반젤리스타 성당 안에 패널 두 작품을 제작했는데, 하나는 성 요한이 교회를 봉헌하는 장면***이고, 그림458 또 하나는 성 칸초S. Cancio, 성 칸차노S. Canciano, 성녀 칸치오닐라 S. Cancionilla가 순교하는 장면이다.

---

* 멜키세데크(Melchisedec)의 희생을 그린 듯하다.
** 니콜로 론디넬로(Niccolo Rondinello), 1480~1500년경에 생존.
*** 현재 밀라노의 브레라 미술관 소장품.

그림 458 로렌초 로토, 「죽은 그리스도가 천사와 아리마테아의
요셉과 성모 마리아, 막달레나의 부축을 받다」
(산 도메니코 성당 제단화의 일부분), 1508, 패널에 오일,
시립 미술관, 레카나티.

또 이곳 산 아폴리나레S. Apollinare 성당 안에 그가 그린 걸작 두 폭이
있는데, 세례자 요한과 성 세바스티아노 등이다. 산토 스피리토 성당
안에도 패널 그림 하나를 제작했다. 즉, 성모 마리아와 양쪽에는 처녀
로 순교한 성녀 카테리나와 성 히에로니무스가 있다.* 산 프란체스코S.
Francesco 성당 안에 그의 패널 그림 두 폭이 있는데, 하나는 성녀 카테리
나와 성 프란체스코를 그렸으며, 또 하나는 성모 마리아와 사도 성 야
고보와 성 프란체스코를 포함해 여러 인물을 그린 것이다.

산 도메니코S. Domenico 성당 안에도 그의 패널 작품 둘이 있는데, 계
단 왼쪽에는 성모 마리아와 여러 인물이 있고, 다른 하나는 성당 벽에

---

* 정확히 말하면 성 요한이다. 현재 라벤나 미술관 소장품.

그림 459 로렌초 로토, 「성모자와 세례자 요한과 성녀
카테리나」, 1522, 패널에 오일, 74×68cm, 팔마 카모치
베르토바 컬렉션, 코스타 디 메자테.

그림 460 로렌초 로토, 「마르실리오 카소티 부부 초상화」, 1523,
패널에 오일, 71×84cm, 프라도 박물관, 마드리드.

그림 461 로렌초 로토, 「십자가를 진 그리스도」, 1526,
패널에 오일, 66×60cm, 루브르 박물관, 파리.

그림 462 로렌초 로토, 「안드레아 오도니 초상화」, 1527,
패널에 오일, 104×116cm, 개인 소장.

붙어 있다. 산 니콜로S. Niccolo 성당에도 그의 패널 그림이 있는데, 이것은 성 로렌초S. Lorenzo와 성 프란체스코의 조상이다. 이 작품들 덕분에 그의 명성은 라벤나뿐만 아니라 로마냐 지방에까지 퍼졌다. 론디넬로는 60세에 죽었으며 산 프란체스코 성당에 매장되었다.

그는 자기 뒤에 프란체스코 다 코티뇰로Francesco da Cotignola, 일명 프란체스코 차가넬리Francesco Zaganelli를 남겼는데, 이 사람은 라벤나에서 명성이 높았으며 작품도 많이 만들었다. 그중에서도 특히 라벤나 클라시Classi 수도원의 바디아 성당chiesa della Badia에 그린 라자루스의 부활Resurrezione di Lazzarus은 현저하게 아름답다. 그 맞은편에는 1548년에 조르조 바사리가 베로나의 수도원장 돈 로무알도Don Romualdo를 위하여 그린 많은 인물화와 함께 「그리스도 십자가 강하」가 있다.

그밖에도 프란체스코는 작품을 많이 남겼다. 산 니콜로 성당에 「예수 강생」 패널 한 장, 산 세바스티아노 성당에 많은 인물을 그린 패널 두 장, 산타 카테리나 병원에 성모와 성녀 카테리나의 그림 한 장이 있으며, 산타 아가타 성당을 위하여 십자가에 못 박힌 그리스도와 그 밑에 성모와 여러 사람의 조상을 그린 것들이다. 산 아폴리나레 성당 안에는 제단화로서 3폭[翼]으로 된 패널 그림이 있다. 즉 성모와 세례자 요한, 성 아폴리나레, 성 히에로니무스와 다른 성인들을 제단화로 그렸으며, 다른 하나는 십자가에 못 박힌 예수와 성모, 성 베드로, 성녀 카테리나인데, 이 화가가 죽어서 그림을 완성하지는 못했다.

그의 부채법은 매력이 있으나 소묘는 론디넬리만 못하다. 그는 라벤나 사람들에게 많은 존경을 받았다. 그는 애써 제작한 작품 속에 들어 있는 자기 초상과 함께 안식하려고 산 아폴리나레 성당에 묻히기를 원했다.

메디치 가문의 가계도

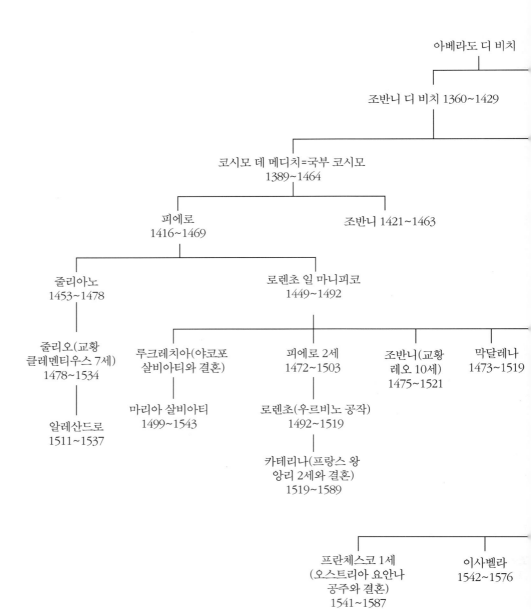

아베라도 디 비치

조반니 디 비치 1360~1429

코시모 데 메디치=국부 코시모
1389~1464

피에로
1416~1469

조반니 1421~1463

줄리아노
1453~1478

로렌초 일 마니피코
1449~1492

줄리오(교황
클레멘티우스 7세)
1478~1534

루크레치아(야코포
살비아티와 결혼)

피에로 2세
1472~1503

조반니(교황
레오 10세)
1475~1521

막달레나
1473~1519

알레산드로
1511~1537

마리아 살비아티
1499~1543

로렌초(우르비노 공작)
1492~1519

카테리나(프랑스 왕
앙리 2세와 결혼)
1519~1589

프란체스코 1세
(오스트리아 요안나
공주와 결혼)
1541~1587

이사벨라
1542~1576

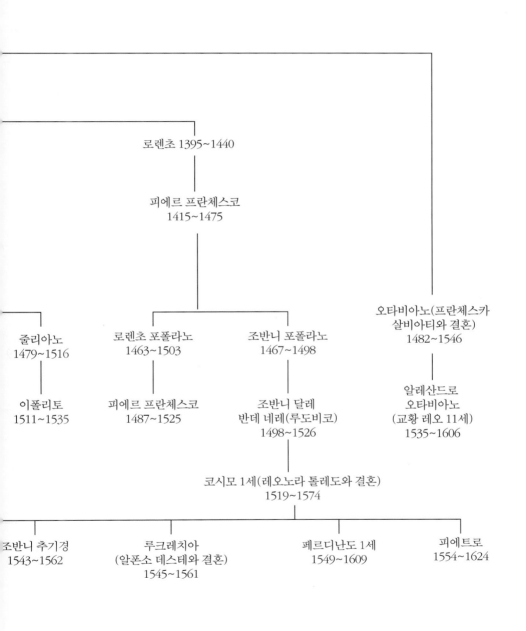

로렌초 1395~1440

피에르 프란체스코
1415~1475

줄리아노
1479~1516

로렌초 포폴라노
1463~1503

조반니 포폴라노
1467~1498

오타비아노(프란체스카
살비아티와 결혼)
1482~1546

이폴리토
1511~1535

피에르 프란체스코
1487~1525

조반니 달레
반데 네레(루도비코)
1498~1526

알레산드로
오타비아노
(교황 레오 11세)
1535~1606

코시모 1세(레오노라 톨레도와 결혼)
1519~1574

조반니 추기경
1543~1562

루크레치아
(알폰소 데스테와 결혼)
1545~1561

페르디난도 1세
1549~1609

피에트로
1554~1624

에스테 가문의 가계도

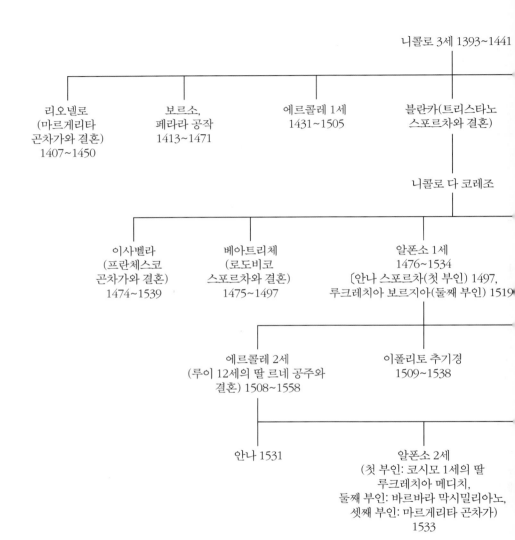

니콜로 3세 1393~1441

리오넬로
(마르게리타
곤차가와 결혼)
1407~1450

보르소,
페라라 공작
1413~1471

에르콜레 1세
1431~1505

블란카(트리스타노
스포르차와 결혼)

니콜로 다 코레조

이사벨라
(프란체스코
곤차가와 결혼)
1474~1539

베아트리체
(로도비코
스포르차와 결혼)
1475~1497

알폰소 1세
1476~1534
〔안나 스포르차(첫 부인) 1497,
루크레치아 보르지아(둘째 부인) 1519〕

에르콜레 2세
(루이 12세의 딸 르네 공주와
결혼) 1508~1558

이폴리토 추기경
1509~1538

안나 1531

알폰소 2세
(첫 부인: 코시모 1세의 딸
루크레치아 메디치,
둘째 부인: 바르바라 막시밀리아노,
셋째 부인: 마르게리타 곤차가)
1533

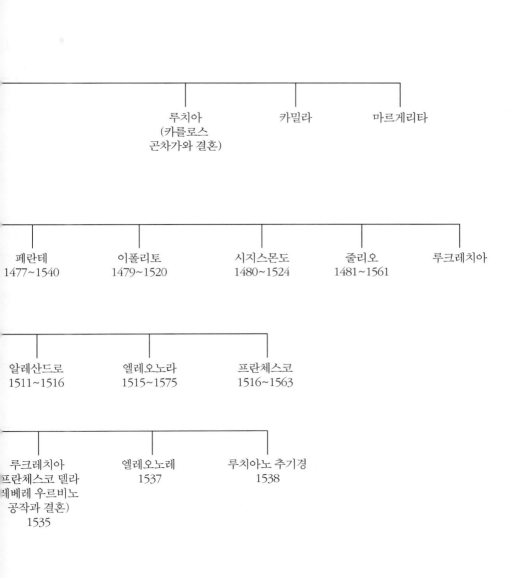

루치아
(카를로스
곤차가와 결혼)

카밀라

마르게리타

페란테
1477~1540

이폴리토
1479~1520

시지스몬도
1480~1524

줄리오
1481~1561

루크레치아

알레산드로
1511~1516

엘레오노라
1515~1575

프란체스코
1516~1563

루크레치아
프란체스코 델라
레베레 우르비노
공작과 결혼)
1535

엘레오노레
1537

루치아노 추기경
1538

곤차가 가문의 가계도

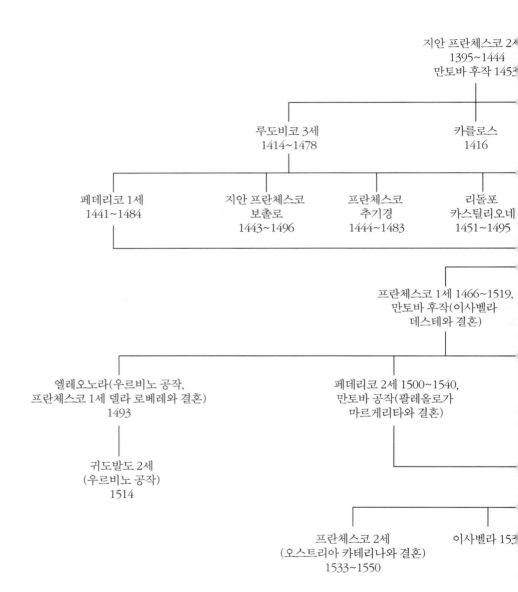

지안 프란체스코 2세
1395~1444
만토바 후작 1453

루도비코 3세
1414~1478

카를로스
1416

페데리코 1세
1441~1484

지안 프란체스코
보촐로
1443~1496

프란체스코
추기경
1444~1483

리돌포
카스틸리오네
1451~1495

프란체스코 1세 1466~1519,
만토바 후작(이사벨라
데스테와 결혼)

엘레오노라(우르비노 공작,
프란체스코 1세 델라 로베레와 결혼)
1493

페데리코 2세 1500~1540,
만토바 공작(팔레올로가
마르게리타와 결혼)

귀도발도 2세
(우르비노 공작)
1514

프란체스코 2세
(오스트리아 카테리나와 결혼)
1533~1550

이사벨라 153

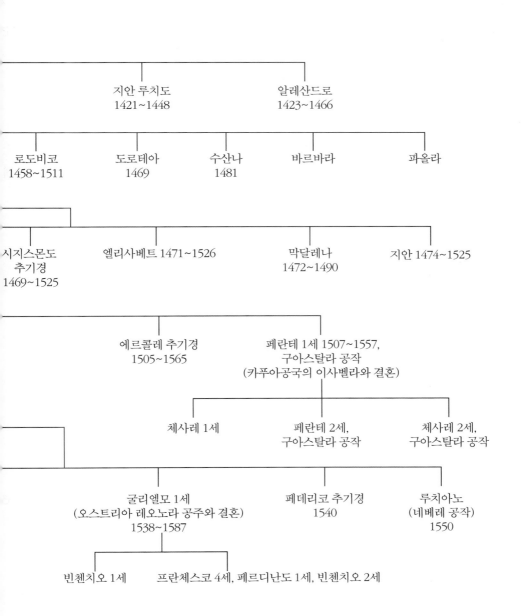

작품목록

그림 331 레오나르도 다 빈치, 「담비를 안고 있는 여인」, 1485~90, 패널에 오일, 54×39cm, 차르토리스키 박물관, 크라코비아.

그림 332 레오나르도 다 빈치, 「음악가의 초상」, 1490, 패널에 오일, 44.7×35cm, 피나코테카 암브로시아나, 밀라노.

그림 333 레오나르도 다 빈치, 「자화상」, 1515, 종이에 붉은 초크, 33×22cm, 왕립 도서관, 토리노.

그림 334 레오나르도 다 빈치, 「자궁 속 아기」, 1510~12, 종이에 잉크, 30.5×22cm, 로열 라이브러리, 윈저.

그림 335 조반 안토니오 볼트라피오, 「성모자와 아기 예수와 성인들 및 기진자」, 1500, 패널에 오일, 186×184cm, 루브르 박물관, 파리.

그림 336 조르조네 다 카스텔프랑코, 「목동들의 경배」, 1500~1505, 패널에 오일, 91×111cm, 내셔널 갤러리, 워싱턴.

그림 337 조르조네 다 카스텔프랑코, 「폭풍우」, 1502~1503, 패널에 오일, 82×73cm, 아카데미아 미술관, 베네치아.

그림 338 조르조네 다 카스텔프랑코, 「폭풍우」(부분).

그림 339 조르조네 다 카스텔프랑코, 「세 철학자」, 1509, 패널에 오일, 123.5×144.5cm, 미술사 박물관, 비엔나.

그림 340 조르조네 다 카스텔프랑코, 「다비데로서 자화상」, 1510, 캔버스에 오일, 52×43cm, 헤르초크 안톤 울리히 미술관, 독일.

그림 341 조르조네 다 카스텔프랑코, 「여인 초상화」, 1506, 패널에 오일, 68×59cm, 아카데미아 미술관, 베네치아.

그림 342 조르조네 다 카스텔프랑코, 「남성 초상화」, 1508, 캔버스에 오일, 30×26cm, 파인 아츠 갤러리, 샌디에이고(캘리포니아).

그림 343 조르조네 다 카스텔프랑코, 「십자가를 진 그리스도」, 1505, 캔버스에 오일, 68.2×88.3cm, 산 로코 성당, 베네치아.

그림 344 조르조네 다 카스텔프랑코, 「드레스덴의 비너스」, 1510, 캔버스에 오일, 108×175cm, 게멜데 갤러리, 드레스덴.

그림 345 조르조네 다 카스텔프랑코, 「인간의 세 시기」, 1500~1501, 패널에 오일, 62×77cm, 피티 미술관, 피렌체.

그림 346 안토니오 다 코레조, 「동방박사의 경배」, 1516~18, 캔버스에 오일, 84×108cm, 브레라 미술관, 밀라노.

그림 347 안토니오 다 코레조, 「이집트로 피난 중에 휴식하는 성가정」, 1517, 캔버스에 오일, 123×106cm, 우피치 미술관, 피렌체.

그림 348 안토니오 다 코레조, 「성모승천」(부분), 프레스코, 파르마 대성당, 파르마.

그림 349 안토니오 다 코레조, 「나를 만지지 마라」, 1525, 캔버스에 오일, 130×103cm, 프라도 박물관, 마드리드.

그림 350 안토니오 다 코레조, 「그리스도의 죽음을 애도함」, 1525, 캔버스에 오일, 160×186cm, 국립 미술관, 파르마.

그림 351 안토니오 다 코레조, 「성모승천」, 1526~30, 프레스코, 1093×1195cm, 파르마 대성당, 파르마.

그림 352 안토니오 다 코레조, 「성모승천」(부분).

그림 353 안토니오 다 코레조, 「레다와 백조」, 1531~32, 캔버스에 오일, 152×191cm, 달렘 미술관, 베를린.

그림 354 안토니오 다 코레조, 「성 요한의 환시」, 1520~23, 프레스코, 940×875cm, 산 요한 성당, 파르마.

그림 355 안토니오 다 코레조, 「아기 예수를 경배하는 성모 마리아」, 1518~20, 캔버스에 오일, 81×67cm, 우피치 미술관, 피렌체.

그림 356 안토니오 다 코레조, 「성 예로니모의 성모 마리아」, 1525~28, 캔버스에 오일, 205×141cm, 국립 미술관, 파르마.

그림 357 안토니오 다 코레조, 「목동들의 경배」, 1528~30, 캔버스에 오일, 256.5×188cm, 겜말데 미술관, 드레스덴.

그림 358 피에로 디 코시모, 「페르세우스가 안드로메다를 풀어주다」, 1513, 패널에 오일, 70×123cm, 우피치 미술관, 피렌체.

그림 359 피에로 디 코시모, 「성모자와 성인들과 천사들」(부분), 1493, 패널에 오일, 203×197cm, 오스페달레 인노첸티 박물관, 피렌체.

그림 360 피에로 디 코시모, 「시모네타 베스푸치의 초상화」, 1480, 57×42cm, 콩데 미술관, 샹티.

그림 361 브라만테 다 우르비노, 「산 피에트로 인 몬토리오」, 1505~1506, 대리석, 산 피에트로 인 몬토리오 템피에토, 로마.

그림 362 브라만테 다 우르비노, 「기둥에 묶인 그리스도」, 1490, 패널에 오일, 93×63cm, 브레라 미술관, 밀라노.

일, 170×117cm, 브레라 미술관, 밀라노.

그림 379 라파엘로 다 우르비노, 「풀밭의 성모」, 1506, 패널에 오일, 113×88cm, 미술사 박물관, 비엔나.

그림 380 라파엘로 다 우르비노, 「검은 방울새의 성모 마리아」, 1507, 패널에 오일, 107×77cm, 우피치 미술관, 피렌체.

그림 381 라파엘로 다 우르비노, 「대공의 성모」, 1505~1506, 패널에 오일, 84×55cm, 우피치 미술관, 피렌체.

그림 382 라파엘로 다 우르비노, 「죽은 그리스도를 옮김」, 1507, 패널에 오일, 184×176cm, 보르게세 미술관, 로마.

그림 383 라파엘로 다 우르비노, 「파르나수스」, 1509~10, 프레스코, 스탄차 델라 세냐투라, 교황청궁, 바티칸.

그림 384 라파엘로 다 우르비노, 「성가정」, 1507, 패널에 오일, 29×21cm, 프라도 박물관, 마드리드.

그림 385 라파엘로 다 우르비노, 「아테네 학당」, 1510, 프레스코, 길이 약 770cm, 서명의 방, 바티칸.

그림 386 라파엘로 다 우르비노, 「시스티나 성모」, 1512~15, 캔버스에 오일, 265×196cm, 게멜데 갤러리, 드레스덴.

그림 387 라파엘로 다 우르비노, 「의자의 성모」, 1513, 패널에 오일, 지름 71cm, 피티 미술관, 피렌체.

그림 388 라파엘로 다 우르비노, 「볼세나의 미사」, 1512, 프레스코, 길이 약 660cm, 엘리오도로의 방, 바티칸.

그림 389 라파엘로 다 우르비노, 「성 베드로의 감옥에서 해방」, 1514, 프레스코, 660cm, 엘리오도로의 방, 바티칸.

그림 390 라파엘로 다 우르비노, 「교황 율리우스 2세의 초상화」, 1512, 패널에 오일, 108×80cm, 우피치 미술관, 피렌체.

그림 391 라파엘로 다 우르비노, 「교황 레오 10세와 두 추기경」, 1518~19, 패널에 오일, 154×119cm, 우피치 미술관, 피렌체.

그림 392 마르칸토니오 라이몬디, 「유아 살해」, 라파엘로의 소묘를 옮긴 동판화.

그림 393 라파엘로 다 우르비노, 「보르고의 화재」, 1514, 프레스코, 길이 약 770cm, 보르고의 화재의 방, 바티칸.

그림 394 라파엘로 다 우르비노, 「성 바오로의 아테네 설교」, 1515, 타피스트리(아

라치)를 위한 밑그림, 종이에 수채화, 390×440cm, 빅토리아 앨버트 박물관, 런던.

그림 395 라파엘로 다 우르비노, 「그리스도의 변용」(윗부분), 1518~20, 패널에 오일, 405×278cm, 바티칸 미술관, 로마.

그림 396 라파엘로 다 우르비노, 「발다사레 카스틸리오네 초상화」, 1514, 패널에 오일, 82×67cm, 루브르 박물관, 파리.

그림 397 굴리엘모 다 마르칠라, 「성 마태오의 부름」, 스테인드글라스, 아레초 대성당, 아레초.

그림 398 베네데토 다 마이아노와 일 크로나카, 스트로치 궁전, 피렌체.

그림 399 니콜로 그로소, 「촛대, 철」, 스트로치 궁전, 피렌체.

그림 400 도메니코 풀리고, 「피에로 카르네세키의 초상화」, 1525, 패널에 오일, 106×74cm, 피티 미술관, 피렌체.

그림 401 안드레아 다 피에솔레, 「마르실리오 피치노」, 대리석, 산타 마리아 델 피오레 대성당, 피렌체.

그림 402 티모테오 다 우르비노, 「무염시태 성모와 세례자 요한, 성 세바스티아노」, 1512~20, 패널에 오일, 260×182cm, 브레라 미술관, 밀라노.

그림 403 안드레아 달 몬테 산소비노 외, 「산타 카사를 위한 보호벽」, 16세기 초반, 대리석, 로레토 대성당, 로레토.

그림 404 안드레아 달 몬테 산소비노 외, 「성모영보」, 16세기 초반, 대리석, 로레토 대성당, 로레토.

그림 405 안드레아 달 몬테 산소비노, 「성모영보」, 1522, 대리석, 성전의 지성소, 로레토.

그림 406 안드레아 달 몬테 산소비노 외, 「동방박사의 경배」(부분), 1502~1505, 대리석, 282 and 260cm with bases, 로레토 대성당, 로레토.

그림 407 베네데토 다 로베차노, 「성 베드로 이그네우스 불에 호된 시련을 겪다」(성 요한 구알베르트의 무덤에서, 일부분 파괴됨), 대리석, 바르젤로 미술관, 피렌체.

그림 408 바초 다 몬테루포, 「사도 요한」, 청동, 오르산미켈레 성당, 피렌체.

그림 409 로렌초 디 크레디, 「성모 마리아와 성 율리아노, 성 니콜라오」, 1490~92, 패널에 오일, 163×164cm, 루브르 박물관, 파리.

그림 410 로렌초 디 크레디(베로키오의 밑그림), 「성모자와 성인들」, 1475~83, 목

판, 189×191cm, 피스토이아 대성당, 피스토이아.

그림 411 로렌체토, 「요나」, 1519~20, 대리석, 키지 경당, 산타 마리아 델 포폴로 성당, 로마.

그림 412 발다사레 페루치, 「파르네세궁」, 1505~11, 로마.

그림 413 발다사레 페루치, 「페르세우스가 메두사와 성좌의 목을 베다」, 1510~11, 프레스코, 둥근 천장, 살라 델라 갈라테아, 파르네세궁, 로마.

그림 414 발다사레 페루치, 「건축학적 계층 설치」, 종이에 펜, 가비네토 데이 디세니 에 스탐페, 피렌체.

그림 415 조반 프란체스코 펜니 작품으로 추정, 「콘스탄틴의 세례」, 1520~24, 프레스코, 살라 디 콘스탄티노, 바티칸, 로마.

그림 416 안드레아 델 사르토, 「성모승천」, 1526~29, 패널에 오일, 236×205cm, 피티 미술관, 피렌체.

그림 417 안드레아 델 사르토, 「페트라르카의 책을 들고 있는 여인」, 1514, 패널에 오일, 87×69cm, 우피치 미술관, 피렌체.

그림 418 안드레아 델 사르토, 「하르피아의 성모자」, 1517, 패널에 오일, 208×178cm, 우피치 미술관, 피렌체.

그림 419 안드레아 델 사르토, 「군중의 세례」, 1515~17, 프레스코, 콤파니아 디 산 조반니 바티스타 알로 스칼조 수도원, 피렌체.

그림 420 안드레아 델 사르토, 「벌받은 신성모독자들」, 1510, 프레스코, 360×304cm, 산티시마 아눈치아타 성당, 피렌체.

그림 421 안드레아 델 사르토, 「최후의 만찬」, 1520~25, 프레스코, 528×871cm, 산 살비아티 성당, 피렌체.

그림 422 안드레아 델 사르토, 「이삭의 희생」, 1527~28, 패널에 오일, 213×159cm, 게멜데 갤러리, 드레스덴.

그림 423 안드레아 델 사르토, 「계단의 성모」, 1522~23, 패널에 오일, 177×135cm, 프라도 박물관, 마드리드.

그림 424 프로페르치아 데 롯시(추정), 「요셉과 포티파르의 아내」, 1520년경, 대리석, 산 페트로니오 성당 박물관, 볼로냐.

그림 425 알폰소 롬바르디, 「성모 마리아의 죽음」, 테라코타, 산타 마리아 델라 비타 병원, 볼로냐.

그림 426 돗소 돗시, 「키르케」, 1514~16, 캔버스, 내셔널 갤러리, 워싱턴.

그림 427 돗소 돗시, 「주피터, 메르쿠리오, 비르투」, 1515~18, 캔버스에 유채, 1113×150cm, 미술사 박물관, 비엔나.

그림 428 돗소 돗시, 「키르케」, 1520, 캔버스에 오일, 170×172cm, 보르게세 미술관, 로마.

그림 429 돗소 돗시, 「아폴로」, 1524, 캔버스에 오일, 1194×118cm, 보르게세 미술관, 로마.

그림 430 조반니 안토니오 리치니오, 「성 세바스티아노, 성녀 카테리나, 성 로코」, 1535, 패널에 오일, 산 조반니 엘레모시나리오 성당, 베네치아.

그림 431 조반니 안토니오 솔리아니, 「천사들로부터 양식을 받는 성 도메니코와 십자가에 못 박힌 그리스도, 성 안토니오, 시에나의 성녀 카테리나」, 1536, 프레스코, 산 마르코 미술관, 베네치아.

그림 432 지롤라모 다 트레비소, 「성인들이 경배하는 성모와 아기 예수」, 1529~31, 패널에 오일, 225.4×147.3cm, 국립 미술관, 런던.

그림 433 폴리도로 다 카라바조와 마투리노 플로렌티네, 「로마의 역사에서 몇 장면」, 단색 프레스코, 리치 궁전 정면, 로마.

그림 434 폴리도로 다 카라바조, 「성 안드레아」, 나폴리 국립 미술관, 나폴리.

그림 435 폴리도로 다 카라바조 그림의 복사, 「니오베의 이야기」(부분), 얕은 채색, 암브로시아 도서관, 밀라노.

그림 436 일 롯소(롯소 피오렌티노), 「영광의 성모」, 1517, 캔버스에 오일, 110×75cm, 에르미타주, 상트페테르부르크.

그림 437 일 롯소(롯소 피오렌티노), 「십자가에서 내려지는 그리스도」, 1521, 패널에 오일, 375×196cm, 시립 미술관, 볼테라.

그림 438 일 롯소(롯소 피오렌티노), 「옥좌의 성모와 네 성인들」, 1518, 패널에 오일, 172×141cm, 우피치 미술관, 피렌체.

그림 439 일 롯소(롯소 피오렌티노), 「성모자와 성녀 안나」, 1522, 캔버스에 오일, 161×117cm, 카운티 박물관, 로스앤젤레스.

그림 440 일 롯소(롯소 피오렌티노), 「예트로의 딸들을 지키는 모세」, 1523~24, 캔버스에 오일, 160×117cm, 우피치 미술관, 피렌체.

그림 441 일 롯소(롯소 피오렌티노), 프레스코와 스투코로 장식, 1534~36, 스투코, 프랑수아 1세 화랑, 퐁텐블로.

그림 442 아미코 볼로냐, 「볼토 산토(그리스도의 시신을 덮었던 천에 묻은 얼굴 모

습)를 루카로 옮기다」, 아고스티노 경당, 산 프레디아노 성당, 루카.

그림 443 프란차비조, 「성모 마리아의 결혼식」(부분), 1513, 프레스코, 321 × 395cm, 산티시마 아눈치아타 성당, 피렌체.

그림 444 프란차비조, 「남성 초상화」, 1510, 패널에 오일, 60 × 47cm, 우피치 미술관, 피렌체.

그림 445 모르토 다 펠트로, 「자화상」, 피티 미술관, 피렌체.

그림 446 안드레아 디 코시모 펠트리니, 그로테스크 장식, 프레스코, 카펠라 데이 프리오리, 피렌체.

그림 447 콜라 달라 마트리체, 「성모승천」(3폭 제단화), 패널에 오일, 바티칸 미술관, 바티칸.

그림 448 프란체스코 마추올리(파르미자니노), 「폰타넬라토의 백작 잔 갈레아초 산비탈레」, 1524, 패널에 오일, 109 × 81cm, 나폴리 국립 미술관, 나폴리.

그림 449 프란체스코 마추올리(파르미자니노), 「볼록거울에 비친 자화상」, 1524, 패널에 오일, 미술사 박물관, 비엔나.

그림 450 프란체스코 마추올리(파르미자니노), 「목이 긴 성모 마리아」, 1534~40, 패널에 오일, 216 × 132cm, 우피치 미술관, 피렌체.

그림 451 프란체스코 마추올리(파르미자니노), 「성녀 카테리나의 신비한 결혼식」, 1527~30, 패널에 오일, 74.2 × 75.2cm, 국립 미술관, 런던.

그림 452 야코포 팔마, 「옷이 흐트러진 여인」, 25 × 20cm, 폴디 페촐리 박물관, 밀라노.

그림 453 파리스 보르도네(팔마 베키오가 시작하여), 「바다의 풍랑을 성 마르코, 조르조, 티몰라스가 가라앉히다」, 캔버스, 스쿠올라 디 산 마르코, 베네치아.

그림 454 야코포 팔마, 「성스러운 대화」, 나폴리 국립 미술관, 나폴리.

그림 455 로렌초 로토, 「베르나르도 데 롯시 추기경 초상화」, 1505, 패널에 오일, 54.7 × 41.3cm, 나폴리 국립 미술관, 나폴리.

그림 456 로렌초 로토, 「루치나 브렘베티 초상화」, 1518, 패널에 오일, 53 × 45.8cm, 카라라 아카데미아 미술관, 베르가모.

그림 457 니콜로 론디 넬리, 「사도 요한이 앞에 나타나다」, 패널에 오일, 브레라 미술관, 밀라노.

그림 458 로렌초 로토, 「죽은 그리스도가 천사와 아리마테아의 요셉과 성모 마리아, 막달레나의 부축을 받다」(산 도메니코 성당 제단화의 일부분), 1508, 패널에

오일, 시립 미술관, 레카나티.

그림 459 로렌초 로토, 「성모자와 세례자 요한과 성녀 카테리나」, 1522, 패널에 오일, 74×68cm, 팔마 카모치 베르토바 컬렉션, 코스타 디 메자테.

그림 460 로렌초 로토, 「마르실리오 카소티 부부 초상화」, 1523, 패널에 오일, 71×84cm, 프라도 박물관, 마드리드.

그림 461 로렌초 로토, 「십자가를 진 그리스도」, 1526, 패널에 오일, 66×60cm, 루브르 박물관, 파리.

그림 462 로렌초 로토, 「안드레아 오도니 초상화」, 1527, 패널에 오일, 104×116cm, 개인 소장.

찾아보기

라폴리, 안토니오 1920, 1921

레노, 줄리안 1529

레오나르도 델 타소 1732

레우티, 루카 다이 1976

로도비코 카포니, 로도비코 디 1545, 1676, 1785

로레다노, 레오나르도 1467

로렌제토(로렌초 디 로도비코) 1648, 1759~1763

로마 1436, 1444, 1446, 1478, 1481, 1498, 1501, 1517, 1519, 1520, 1524, 1527, 1541, 1556, 1558, 1574, 1583~1589, 1592, 1597, 1603, 1613, 1626, 1636, 1670, 1671, 1675, 1681, 1682, 1712, 1714, 1725, 1747, 1759, 1760, 1763, 1764, 1770, 1776, 1778, 1787, 1788, 1807~1809, 1819, 1829, 1850, 1854, 1895, 1902, 1904, 1919, 1931, 1933, 1937, 1951, 1963, 1971, 1974

로마노, 줄리오 1409, 1490, 1639, 1645, 1656, 1759, 1785, 1819, 1919

로베차노, 베네데토 다 1537, 1538, 1737~1740

로셀리, 코시모 1407, 1501, 1533, 1551, 1798, 1953

로셀리, 피에트로 1543

로조, 안토니오 델 1781

로토, 로렌초 1995, 1997, 1999

롬바르도, 지롤라모 1724, 1730, 1732

롬바르디, 알폰소 1847, 1848, 1850, 1852, 1854

롭비아, 루카 델라 1645

롯시, 프로페르치아 데 1838, 1839

루스티치, 가브리엘레 1548

루스티치, 조반 프란체스코 1448, 1573

루피노, 베르나르디노 델 1764

리노, 지롤라모 델 1977

리베랄레, 젠시오 1866

리치니오, 조반니 안토니오 1864, 1866, 1868, 1871~1873

리카솔리, 조반 바티스타 다 1580

리피, 필리피노 1436, 1437

|ㅁ|

마르칠라, 굴리엘모 다 1669~1673, 1675~1678

마르칸토니오 델라 토레 1434, 1639

마르코 페루치, 피에로 디 1703

마르티니, 조반니 1863

마사초 1572, 1612

마시니, 프란체스코 1631, 1778

마에스트로, 차노비 델 1557

마이니, 미켈레 1703

마이아노, 베네데토 다 1533, 1682, 1704

마이아노, 줄리아노 다 1584

마추올리, 프란체스코(파르미자니노) 1409, 1969, 1971, 1972, 1974~

베로나, 파올라 다 1567

베로키오, 안드레아 (델) 1406, 1420,
  1423, 1472, 1751, 1752, 1759

베르가모, 바르톨로메오 다 1751

베르길리우스 1426, 1619, 1641

베르첼리, 베르나르도 다 1868

베스푸치, 아메리고 1428

베스푸치, 조반니 1510

베체리, 도메니코 1770

베카푸미, 도메니코 1781, 1872, 1880

베토리, 피에로 1832

베트라이오, 조반 프란체스코 1900

벤치, 아메리고 1430, 1437

벤투라 1529, 1530

벨리니, 조반니 1407, 1461, 1863,
  1864, 1987, 1995, 1999

벨리키니, 로도비코 1672

보나벤투라 1619

보로, 바티스타 1678

보르게리니, 조반니 1465, 1828

보르게리니, 피에르 프란체스코 1737,
  1809

보르고, 산티 티티 달 1877

보르기니, 돈 빈첸치오 1567

보르자, 체사르 1552

보스콜리, 마소 1706

보카치노 1763, 1764

보칼리노, 조반니 1730

보티, 마태오 1545, 1564, 1639

보티첼리, 산드로 1407

볼로냐, 아미코 1931~1933, 1935

볼로네세, 조반니 다 카스텔 1467

볼테라, 차카리아 다 1748, 1848

볼트라피오, 조반 안토니오 1450

부다, 베르나르도 델 1828

부오나로티, 미켈란젤로 1410, 1446,
  1526, 1541, 1573, 1574, 1587,
  1588, 1592, 1601, 1605, 1607,
  1611, 1612, 1626, 1628, 1651~
  1653, 1675, 1687, 1704, 1706,
  1723, 1745, 1746, 1748, 1763,
  1822, 1842, 1852, 1884, 1911,
  1919, 1951, 1971, 1974, 1992

부오닌세니, 도메니코 1591

부자르디니, 줄리아노 1537, 1547,
  1558, 1573

부채법 1409, 1487, 1612, 1696, 1700,
  1877, 2005

부폴리니, 니콜로 1979

부폴리니, 마리아 1975

부폴리니, 줄리오 1975

불리오니, 베네데토 1538

브루넬레스키, 필리포 1515, 1682

브라만테 다 우르비노 1515~1517,
  1519, 1520, 1522~1527, 1529,
  1586, 1588, 1613, 1626, 1637,
  1644, 1645, 1669, 1670, 1728,
  1730, 1771, 1775, 1776

비니치아노, 세바스티아노 1474, 1648

비아조, 라파엘로 디 1956

비앙코, 베르나르도 델 1537, 1538

비텔리, 파올로 1574

조르조 바사리 Giorgio Vasari, 1511-74

이탈리아 토스카나 지방의 아레초(Arezzo)에서 태어났다.
16세 때 피렌체로 가서 안드레아 델 사르토(Andrea del Sarto)의 문하에서
그림을 배웠고 미켈란젤로(Michelangelo)의 제자로서,
메디치가의 원조를 받으면서 회화, 조각, 건축에 종사한 예술가다.
당시 메디치가의 수장이었던 코시모 1세의 힘과 영광을
드러내기 위하여 프레스코화를 무수히 제작했고 우피치 미술관을
설계하는 등 대작들을 연달아 수행했다.
화가로서 바사리는 화려하고 지적이지만 독창성은 부족한 보수적인 미술가였다.
그러나 건축가로서는 간결하고 강건한 건축물을 만들어냈다.
그의 이름을 유명하게 만든 작업은 1550년 이탈리아 르네상스 시대의
예술가 200여 명의 삶과 작품에 대해 기록한 『르네상스 미술가 평전』이다.
건축·회화·조각에 대해 전반적으로 수록한 이 책은 르네상스 미술사에서
결코 빼놓을 수 없는 중요한 자료로서 후세의 미술사가들에게서
바사리는 미술 비평의 아버지라는 찬사를 받고 있다.

옮긴이 이근배李根培, 1914-2007

평양 출생. 평양의전(1936)과 일본 나가사키(長崎)의대 대학원(1940)을 졸업하고
1943년 의학박사 학위를 받았다(일본 文部省).
1944년 소장하던 일만여 권의 한국학 관련 서적을 일본 경찰에 압수당하고 중국으로
망명하여 북경 중국대학교 중앙도서관 한국학 부장으로 재직 중 광복을 맞는다.
1946년부터 1992년까지 서울의대, 전남의대, 경희의대, 중앙의대,
조선의대 등에서 생화학교수를 지냈다.
소르본, 밀라노, 하버드대학에 초빙되어 연구했다(1956~1960).
한국생화학분자생물학회 초대회장(1966) 및 종신명예회장(1992~)을 역임했다.
저서로는『생화학』교과서(1967, 신영사)와 160여 편의 전공 논문이 있다.
주요 번역서로는『이탈리아 르네상스 미술가전』(전 3권, 탐구당, 1986)과
『완역-파브르 곤충이야기』(전 10권, 탐구당, 1999, 안응렬과 공역) 등이 있다.

해설 고종희高鍾姬, 1961-

이탈리아 국립피사대학교 미술사학과에서 서양미술사를 전공했으며,
동 대학에서 르네상스미술 전공으로 문학박사 학위를 받았다.
현재 한양여자대학교 산업디자인과 교수로 재직 중이다.
주요 저서로 한길사에서 펴낸『명화로 읽는 성인전』
『이탈리아 오래된 도시로 미술여행을 떠나다』
『르네상스의 초상화 또는 인간의 빛과 그늘』『명화로 읽는 성경』을 비롯하여
『인생 교과서 미켈란젤로』(공저),『고종희의 일러스트레이션 미술탐사』
『미켈란젤로를 찾아 떠나는 여행』
『천재들의 도시 피렌체』『서양미술사전』(공저) 등이 있다.

르네상스 미술가 평전 3

지은이 조르조 바사리
옮긴이 이근배
펴낸이 김언호

펴낸곳 (주)도서출판 한길사
등록 1976년 12월 24일 제74호
주소 10881 경기도 파주시 광인사길 37
홈페이지 www.hangilsa.co.kr
전자우편 hangilsa@hangilsa.co.kr
전화 031-955-2000~3 **팩스** 031-955-2005

부사장 박관순 **총괄이사** 김서영 **관리이사** 곽명호
영업이사 이경호 **경영이사** 김관영
편집 백은숙 노유연 김광연 김지연 김대일 김지수 이상희
관리 이중환 문주상 이희문 김선희 원선아 **마케팅** 김단비
디자인 창포 031-955-9933
CTP 출력 및 인쇄 예림인쇄 **제본** 광성문화사

제1판 제1쇄 2018년 8월 16일

값 45,000원
ISBN 978-89-356-6471-9 94080
ISBN 978-89-356-6427-6 (세트)

● 잘못 만들어진 책은 구입하신 서점에서 바꿔드립니다.
● 이 도서의 국립중앙도서관 출판시도서목록(CIP)은 서지정보유통지원시스템 홈페이지(seoji.nl.go.kr)와
국가자료공동목록시스템(www.nl.go.kr/kolisnet)에서 이용하실 수 있습니다.
(CIP제어번호: CIP2018023402)